Bibliothek der
phantastischen Abenteuer
Herausgegeben von
V. C. Harksen

Schwertschwester. Marion Zimmer Bradleys Sammlung umfaßt 15 magische Geschichten mit dem vorherrschenden, für die ›Schwert- und Magie‹-Literatur eher atypischen Hauptmotiv der Frau als Kämpferin und Heldin. Die Frauen schwingen ihre Schwerter mit Charme, List und liebenswürdiger Durchtriebenheit, nutzen auch ihre Schwächen geschickt aus und siegen auf der ganzen Linie. Einige Frauen dieser Stories haben einen bissigen Humor und nehmen die ganze Magie nicht so schrecklich ernst. Andere setzen sich hart und entschlossen zur Wehr und können dem Leser das Fürchten lehren. Top-Fantasy-Stories, zusammengetragen von einer Frau, die selbst in dieser Gattung Hervorragendes geleistet und die Frauen dabei immer den Männern gleichgestellt hat. Marion Zimmer Bradleys Magische Geschichten sind in vier Bänden im Fischer Taschenbuch Verlag erschienen: Neben ›Schwertschwester‹ die Bände ›Wolfsschwester‹, ›Windschwester‹ und ›Traumschwester‹.

Marion Zimmer Bradley wurde 1930 in Albany, New York, geboren. Internationale Bekanntheit erlangte sie vor allem mit ihren Science-fiction- und Fantasy-Romanen. Zu ihren berühmtesten Werken zählen der ›Darkover‹-Zyklus sowie ›Die Nebel von Avalon‹, ›Tochter der Nacht‹ und ›Die Feuer von Troia‹.
Im *Fischer Taschenbuch Verlag* sind ›Die Feuer von Troia‹ (Bd. 10287), ›Die Nebel von Avalon‹ (Bd. 8222), ›Tochter der Nacht‹ (Bd. 8350), ›Lythande‹ (Bd. 10493), ›Luchsmond‹ (Bd. 11444) und die von ihr herausgegebenen ›Magischen Geschichten‹ in vier Bänden: ›Schwertschwester‹ (Bd. 2701), ›Wolfsschwester‹ (Bd. 2718), ›Windschwester‹ (Bd. 2731) und ›Traumschwester‹ (Bd. 2744) erschienen.

Schwertschwester

Magische Geschichten

Herausgegeben von

Marion Zimmer Bradley

Aus dem Amerikanischen
von Günter Panske

Fischer Taschenbuch Verlag

49.–51. Tausend: August 1993

Deutsche Erstausgabe
Veröffentlicht im Fischer Taschenbuch Verlag GmbH,
Frankfurt am Main, Januar 1986

Die amerikanische Originalausgabe erschien 1984 unter dem Titel
›Sword and Sorceress‹ bei Daw Books, Inc., New York

Gesamtherstellung: Clausen & Bosse, Leck
Printed in Germany
ISBN 3-596-22701-1

Gedruckt auf chlor- und säurefreiem Papier

Gewidmet
C. L. Moore,
die uns Jirel von Joiry gab,
die erste Frau, die
ihr Schwert gegen Hexerei erhob.

Und allen von uns,
die sich als Kinder wünschten,
einmal so zu werden wie Jirel.

Inhalt

MARION ZIMMER BRADLEY

Das heroische Image von Frauen: Die Frau als Zauberin und Kriegerin

Jene spezielle Unterart der Fantasy-Fiction, die man »Sword and Sorcery« nennt, war die letzte, die sich weiblicher Gleichberechtigung öffnete. Bis vor kurzem bildete diese Sparte die letzte Bastion des männlichen Muskelhelden; zwar waren Frauen bei seinen Abenteuern Anlaß oder Lohn, doch teilten sie diese nie mit ihm. Handelte es sich nicht um eine »schreiende Maid«, die es vor Drachen, bösen Zauberern und sonstigen Gefahren zu retten galt, so hatten weibliche Geschöpfe sich gefälligst im Hintergrund zu halten, bis auf Gelegenheitsauftritte: um den siegreichen Helden mit ihrem ererbten Königreich und einem keuschen Kuß zu belohnen.

Aber Fantasy wird auch von Frauen gelesen, und wir sind es leid, uns mit männlichen Helden zu identifizieren. Viele von uns wünschen sich eigene Abenteuer, etwa in der Art von Jirel von Joiry, jener Schöpfung der früheren Fantasy-Autorin C. L. Moore.

Mitunter fanden sich weibliche Charaktere, die durchaus selbständig wirkten. Robert E. Howard, der Schöpfer von »Conan der Barbar«, schuf auch die Rote Sonya, jene Heldin, die mitansehen mußte, wie ihre Mutter vergewaltigt und ermordet wurde; und die sich fortan einem Mann nur dann hingab, wenn er sie mit dem Schwert bezwingen konnte. Elric von Melniboné, in der von Michael Moorcock geschaffenen Serie, begegnete gelegentlich einer Kriegerin oder Bösen Zauberin.

Als ich zu schreiben begann und später auch einschlägige Anthologien herausgab, entdeckte ich sehr bald, daß ich nicht einfach die übliche Story schreiben und den streitbaren Helden durch eine gewaltige Amazonen-Kriegerin ersetzen konnte. Anders als männliche Heroen gehen weibliche im allgemeinen nicht auf die Suche nach einem Gral oder was immer. (Ich überspringe an dieser Stelle rund vier Absätze Freudscher Psychologie, wo die Sehnsüchte weiblicher Krieger definiert werden als Sexual- bzw. Penisneid: So simpel ist die Chose nicht.)

Es ist von einer Reihe von Autoritäten darauf hingewiesen worden, daß es sich bei den Amazonen, über die es in fast allen Kulturen Legenden gibt, keineswegs um weibliche Erfindungen handelt. Manche Experten, deren »Wissenschaftlichkeit« recht dürftig wirkt, nehmen das universelle Phänomen von Amazonensagen als »Beweis« für die vorgeschichtliche Existenz einer »matriarchalischen Gesellschaft«, in der die Frauen herrschten und die Männer dienten. Ich finde nicht den geringsten klaren Beweis für die Existenz einer solchen Kultur, und es regt mich denn doch ein wenig auf, wenn Feministinnen munter von den »alten Tagen des Matriarchats« plappern, als handele es sich um eine erwiesene Tatsache. Ich liebe es, sorgfältig zwischen Historie und Phantasie zu unterscheiden. Falls die feministische Theorie meint: »Wenn es keine Amazonen gegeben hat, so müssen wir sie halt erfinden«, dann ist das um so schlimmer für die feministische Theorie. Falls wir nicht mit der Wahrheit leben können, dann um so schlimmer für *uns*.

Den Begriff der Amazone gibt es nun allerdings schon sehr lange. In einem ausgezeichneten Buch weist Abby Kleinbaum darauf hin, daß »weder in der griechischen noch in der römischen klassischen Tradition das Amazonenimage dazu diente, Frauen zu glorifizieren. Vielmehr wurde es von männlichen Schriftstellern, Künstlern und politischen Führern benutzt.« In den immer wiederkehrenden Geschichten, fährt die Autorin Kleinbaum fort, existierten Amazonen praktisch zu dem Zweck, von Männern besiegt und meist vergewaltigt oder sexuell gedemütigt zu werden. »Das Image der Amazone«, betont Abby Kleinbaum, »ist ständig im Entstehen oder Vergehen.« Die Amazone wird erfunden, um wieder und wieder bezwungen zu werden: eine Frau, die der Mann erobert, tötet oder auch in ein untertäniges Eheweib verwandelt.

»Aber ob sie am Ende nun lebt oder stirbt, die Amazone in ihr überlebt nie.« Abby Kleinbaum befindet: »Was alle hören möchten, ist die Geschichte von jener glanzvollen Amazonenkönigin, deren Haß gegen die Männer dahinschmolz vor der militärischen und sexuellen Tüchtigkeit eines wahren Helden.« Die Griechen, so scheint sie zu sagen, mußten Amazonen erfinden, um zu beweisen, daß sie Frauen überlegen waren: nicht nur jenen weiblichen Halbkretins, die sie zu heiraten pflegten, um sie dann in bestimmte Gemächer zu verbannen, sondern auch die sozusagen hypothetische »starke Frau«.

Dieses Image wirkt ebenso magnetisch wie bedrohlich, sowohl für Männer als für Frauen. Als ich im Rahmen der Darkover-Stories von Freien Amazonen (Entsagenden) zu schreiben begann, fühlten sich viele Frauen dadurch beunruhigt und teilten mir, der Fremden, brieflich mit: Sie seien in ihrer Ehe wahrhaft frei und hätten mit der Idee »Freier Frauen« absolut nichts im Sinn. Mochten die meisten Feministinnen meine realistischen und relativ zahmen Freien Amazonen auch als »einen Ausverkauf an Männern« betrachten, als »ein Kneifen von der Herausforderung, eine wahrhaft feministische Gesellschaft zu schaffen«, so hatten viele Männer und Frauen doch das Gefühl, ich sei mit den Freien Amazonen weiter gegangen, als sicher oder angebracht sei. Nicht wenigen Frauen boten die Freien Amazonen von Darkover ein Rollenmodell und eine Freiheitskonzeption; doch für sehr viel mehr andere waren sie, wie alle Amazonen, eine unerträgliche Bedrohung und Gefahr. Manche nannten meinen ersten Roman über Freie Amazonen »ein Women's-Lib-Pflichtbuch, wie es jede Schriftstellerin schreiben muß«.

Aber es waren keineswegs nur Männer, welche althergebrachte Stories schrieben, in denen geschildert wurde, wie »lässig« Männer mit dem Amazonen-Image fertig wurden; und nicht nur Männer erfanden die Amazone, um zu zeigen, daß sie besiegt werden konnte. Auch Frauen schrieben von Amazonen, um zu beweisen, daß sie die Amazone *in sich selbst* besiegen konnten. Als ich zwei Bände mit Stories von Freien Amazonen zusammenstellte – denn wir erhielten zwei oder drei Free-Amazon-Stories für jede Darkover-Story über ein beliebiges anderes Thema –, klassifizierte ich die übliche Amazonen-Story tatsächlich als das, was wir »Thema A« nannten. Im allgemeinen war dies der Kern: »Freie Amazone findet einen Mann, den sie lieben und dem sie vertrauen kann.«

Während ich zu erkunden versuchte, ob Sword-and-Sorcery-Fiction die Frau *überzeugend* als Zauberin und Kriegerin zeigen konnte, entdeckte ich, daß sich auf diesem Gebiet bereits spezifische Klischee-Situationen entwickelt hatten. Schema Nummer eins war dabei jenes, das ich soeben erwähnte: »Thema A«, worin sich die weibliche Besorgnis über den Wettstreit mit dem Mann dokumentiert: Die Story, in der eine Freie Amazone, einsam und unglücklich unter lauter Frauen, einen Mann findet, den sie lieben und dem sie vertrauen kann; einen Mann, dem gegenüber, ach, sie sich allzu oft verpflichtet fühlt, ihre ohnehin ungeliebte Freiheit aufzugeben. Mich persönlich stößt diese Art Story ab. Doch besitzt sie offensichtlich eine eigentümliche Anziehungskraft, sonst würde sie nicht von so vielen Frauen geschrieben.

Das zweite klassische Thema – oder vielleicht sogar das erste – ist die Story von Vergewaltigung und Vergeltung. Die Rote Sonya, oben bereits erwähnt, ist ein Charakter, die dieses klassische Image verkörpert. Ein weiteres Beispiel findet sich in Jirel von Joirys erstem Abenteuer *Der Kuß des Schwarzen Gottes.* Vor einem halben Jahrhundert schon erzählte Catharine Moore die Geschichte von Jirel von Joiry, die von Guillaume gefangengenommen und gedemütigt wird und sich in eine schreckensvolle Welt fremdartiger Zauberei begibt, um Rache zu üben – eine Rache, die ihr wichtiger ist als die durchaus mögliche Flucht. Nach vielen Schrecken in der Unterwelt findet Jirel die Möglichkeit zur Rache im »Kuß des Schwarzen Gottes«: Dieser, hinausgebracht ans Licht und ihrem Bezwinger dargeboten, tötet Guillaume auf der Stelle – woraufhin Jirel bewußt wird, daß sie ihren Bezwinger liebte und daß durch seinen Tod alles Licht in der Welt für sie erloschen ist. Es handelt sich also um die

»klassische Frauengeschichte«, derzufolge es der Stolz der Heldin ist, der ihrem eigenen Glück im Wege steht: Hätte sie nur rechtzeitig kapituliert ...

Aber eine solche Interpretation der »Moral von der Geschichte« teilten wohl nur wenige von uns, die wir als Leserinnen der frühen Sword-and-Sorcery-Fiction aufwuchsen. Vielmehr erregte uns der Gedanke an eine mögliche Freiheit und Unabhängigkeit als Schwertkämpferin eigener Prägung. Vielen von uns gelang es sogar, sich darüber hinwegzutäuschen, daß eine solche Rache für uns selbst eine größere Strafe wäre als für unsere Bezwinger; oder daß unser eigentliches Glück in der Kapitulation liegen sollte. Und viele von uns fuhren fort, Frauen zu erschaffen, die wirklich autonom waren. Anders als Jirel widerfährt es den heutigen Amazonen nicht, daß sie ihre Bezwinger lieben und sich ihnen beugen.

Bei der Zusammenstellung dieser Anthologie versuchte ich, Stories auszuwählen, die das alte Klischee einfach auf den Kopf stellten, so daß nun die Frauen die Männer dominierten. Nicht anders verfuhr ich mit Stories, in denen Frauen nur den gefügigen »Kumpel« oder die »treue indianische Gefährtin« des Gewaltigen Helden spielten – oder wo sie als Herrin über einfältige Männer dargestellt wurden. Ausschlaggebend war für mich, daß die geschilderten Personen ganz einfach Menschen waren, ob nun männlichen oder weiblichen Geschlechts: Mitmenschen, mit denen man zusammen leben kann, ohne daß dieser oder jener das Bedürfnis hätte zu dominieren oder zu unterjochen.

Eigentlich hatte ich gehofft, auf Geschichten von der Art »Vergewaltigung und Vergeltung« verzichten zu können, doch erkannte ich bald, daß es sich hierbei um einen echten Archetyp der heroischen Fiction handelt. Ich habe einmal gesagt, bei der Sword-and-Sorcery-Story heiße die Kehrseite stets Vergewaltigung; wo Männer auf Abenteuer aus seien, verlocke sie offenbar auch immer die Aussicht auf weibliche »Beute«. Rachegeschichten als solche sind in jeglicher Dichtung gang und gäbe: Der Mann, dem Heim, Familie oder Besitz geraubt wurden, will es dem oder den Übeltätern heimzahlen. Eines der häufigsten Rachemotive in Geschichten über oder von Frauen – und zwar von Jirel von Joiry bis zum heutigen Tag – ist das der von der Heldin geforderten Sühne für ihre eigene Vergewaltigung oder Entehrung. Das Thema der Frau, die sich selbst verteidigt oder rächt, ist ein durchaus ehrenhaftes Thema, und ich kaufte drei Geschichten, in denen es eine Rolle spielt. In »Abgetrennte Köpfe« geht Glen Cooks junge Heroine auf eine weite Reise, um Vergeltung zu üben: Nicht nur, daß ihr Schänder sie entehrt hat – er hat ihr einen besonderen Tort zugefügt, indem er den kleinen Sohn raubte, den sie als Folge der Vergewaltigung geboren hat. Die Schmach der ersten Gewalttat hätte sie ertragen können, den Schmerz der zweiten tatenlos hinzunehmen, weigert sie sich. In Jennifer Robersons »Blut der Zauberei« muß die gefangengehaltene Gestaltwechslerin sich ihren Weg in die Freiheit erkämpfen, wenn sie nicht mit der Last der Besudlung durch den Zauber leben will. Und in »Schwert von Yraine« muß die junge Shanna erleben, wie ihre Priesterinnen und ihre jungen Freundinnen vor ihren Augen attackiert und vergewaltigt werden; soll auch sie das mit sich geschehen lassen oder aber, zur eigenen Verteidigung, das Schwert erheben? In keinem dieser Fälle handelt es sich um Klischee-Situationen; es gilt jeweils, eine ernste moralische Entscheidung zu treffen, eine persönliche Verantwortung zu übernehmen.

Es gibt andere Arten von Geschichten. In Phyllis Ann Karrs Story von Frostblume und Dorn wie auch in Emma Bulls »Zerreißendes Dunkel« begegnen wir jeweils einer Kriegerin und einer friedvolleren Reisegefährtin, die beiden Seiten der Weiblichkeit. Aynber in Charles de Lints »Tal des Trolls« und ihr Zauberfreund Dorn Falkenwald bilden ein ähnliches Gespann, und auch Skorpia in Janet Fox' »Tor der Verdammten« gehört in diese Reihe. Die Dahomey-Kriegerin in Charles Saunders' »Gimmiles Lieder« ist empfänglich für den Musikanten in Gimmile. Warum werden Frauen Kriegerinnen oder Zauberinnen? Die Antworten sind so zahlreich wie die Geschichten.

Grundsätzlich läßt sich feststellen, was für alles Gut-Erzählte gilt. Mag die Skala dieser Stories auch vom herzzerreißenden Drama bis zur vergnüglichen Farce reichen – wie in der entzückenden Dieb-überlistet-Dieb-Narretei von »Geraubtes Herz« oder in »Tal des Trolls« –, so sehen sich die Protagonisten doch immer wieder mit Abenteuern konfrontiert, die sie dazu zwingen, sich zu entscheiden, was sie sind und was sie sein werden. Dies, meine ich, ist der Wert der sogenannten heroischen Fiction: daß sie uns dazu zwingt, uns selbst in die Augen zu blicken – uns unseren Alpträumen und Selbstimages zu stellen. Dieses Bedürfnis, so scheint mir, ist weder auf Männer noch auf Frauen beschränkt. Geschichten, in denen nur der männliche Aspekt geschildert wird, sind bloß die halbe Wahrheit. Ein gleiches gilt entsprechend für die weibliche Seite. In jedem von uns gibt es Männliches und Weibliches, und ich glaube, daß Männer wie Frauen diese Geschichten lesen und das Gute und das Schlechte in uns selbst finden können, die ganze menschliche Wahrheit also. Tapferkeit kennt weder Rasse noch Hautfarbe – noch Geschlecht.

Daß ich Stories über Männer und Frauen ausgewählt habe, geschrieben von Männern und Frauen, ist, wie ich hoffe, ein Zeichen der Zeit und ein verheißungsvoller Ausblick auf die Zukunft der heroischen Fiction. Und da das Leben stets die Kunst imitiert, mag es ein heroisches Zeichen für die Zukunft von Frauen und Männern sein. Jeder kann männliche sexistische Fiction schreiben, jeder kann feministische Propaganda schreiben. Ich hoffe, beides zu vermeiden und Sie, meine Leser, dabei gut zu unterhalten. Diese Anthologie enthält Stories von Anfängern wie von längst beliebten Autoren. Ich bin stolz auf die Auswahl und hoffe, daß Sie mir zustimmen.

Denn welche für philosophische Maßstäbe man beim Auswählen auch immer setzen mag, im Grunde kommt es immer nur auf eines an: den Leser oder die Leserin zu unterhalten und ihn oder sie zum Nachdenken anzuregen.

Marion Zimmer Bradley

PHYLLIS ANN KARR

Zu den besten modernen Sword-and-Sorcery-Autoren gehört zweifellos Phyllis Ann Karr; ihre beiden Romane Frostflower and Thorn *sowie die Fortsetzung* Frostflower and Windbourne *sind eine große Bereicherung der Literatur von Kriegerinnen und Zauberinnen, wobei Phyllis auf das billige Mittel der »nackten Amazone mit Blech-BH« verzichtete. Sie hat auch einen ausgezeichneten Artus-Roman verfaßt, doch erst als ich um biographische und bibliographische Einzelheiten für diese Biographie bat, erfuhr ich, daß sie überdies eine engagierte Krimi-Autorin ist, deren Stories in einem so hochangesehenen Krimi-Magazin wie* Ellery Queen's Mystery Magazine *erschienen sind.*

Phyllis Ann Karr lebt im amerikanischen Mittelwesten, ursprünglich aus Indiana, zur Zeit in Wisconsin ansässig. Sie beschreibt sich selbst als »ledig und mit dem Zölibat zufrieden«, was, wie sie versichert, nur für das Schreiben moderner Liebesgeschichten ein Handicap sei. Für die literarische Welt dürfte das kaum ein Verlust sein, solange sie fortfährt, von Frostblume und Thorn zu erzählen, der Zauberin und der Schwertkämpferin, die gemeinsam reisen und immer wieder weltliche wie magische Gefahren zu bestehen haben, so wie in diesem neuen Abenteuer. – MZB

PHYLLIS ANN KARR

Der Granat und die Glorie

Die Männer aus den Alten Hügeln erzählten Frostblume, ein Nebel wie dieser bedeute, daß Dathru der Schreckliche Volk zu sich gerufen habe: Volk von fremden Orten, zu denen niemand gelangen konnte, wenn der Nebel sich hob.

Diese beiden Alte-Hügel-Männer hießen Erstsohn und Drittsohn. Trotz ihres Geschlechts schienen sie Krieger zu sein, wennschon von sanfterer Art als die meisten weiblichen Krieger aus den Wirrländern. Sie sagten, sie seien hier postiert, um nach jenen Ausschau zu halten, die Dathru zu seinen »Großen Gemächern« rief. Manchmal wirkten diese Fremden grimmig, fast so böse wie Dathru selbst, und dann blieben die Beobachter im Nebel verborgen. Meistens jedoch schienen es, so wie Frostblume und ihre Gefährtin, einfache, ehrliche Leute zu sein, die nichtsahnend und arglos Dathrus Ruf folgten. Ihnen zeigten sich die Beobachter, um sie zu warnen: damit sie umkehrten, solange sie das noch konnten.

Manche der Fremden folgten dem Rat. Andere setzten unbeirrt ihren Weg fort, der sie auf geheimnsivolle Weise zu Dathrus Großen Gemächern führte. Manchmal kam von dort lautes Kreischen, manchmal Gelächter, manchmal sanfte Musik oder andere Geräusche.

Frostblume wäre bereit gewesen, jener unspürbaren Führung zu folgen, mit deren Hilfe Dathru seine Gäste zu sich holte. Kein Zauberer konnte seine Macht zu bösen Zwecken mißbrauchen, ohne sie hinterher zu verlieren: Das gewöhnliche Volk aus den Alten Hügeln, genau wie jenes aus den Wirrländern, sah ganz einfach Böses, wo keines existierte. Und Frostblume, die Zauberin, hätte nur zu gern Geheimnisse erfahren von einem solchen Meistermagier, der über die ganz und gar unglaubliche Fähigkeit verfügte, Besucher von fernen Orten zu »rufen«, so wie Dathru die junge Zauberin und Dorn, die Kriegerin, zu sich in Bewegung gesetzt hatte, irgendwie: als wenige Stunden zuvor Nebel sich senkte über dem trägen alten Glant-Fluß ... Denn als Frostblume den Nebel fortgescheucht hatte, war die Umgebung plötzlich verwandelt. Anstelle des vertrauten, verwucherten Ufers sahen die beiden Frauen die felsigen Ränder eines Flusses, den die Leute aus den Alten Hügeln Hinab-zum-Frieden nannten.

Dorn indes blieb voller Argwohn gegen fremde Zauberer. Ein Jahr Freundschaft mit Frostblume hatte nicht genügt, um ihre Ängste und ihren Abscheu vor »Zauberer-Volk« ganz zu beseitigen. »Höllengestank, Frost«, beharrte die Kriegerin, »du kennst ja nicht einmal alle Zauberer in den Wirrländern. Wie, bei der Dämonenkralle, kannst du sicher sein, daß es keinem von denen gelungen ist, Leuten ein Leid zuzufügen – deinem Bann zum Trotz? Hast du nicht selbst gesagt, du seist da nicht mehr genau im Bilde? Dieser Dathru, glaubst du, meint es gut mit uns? Er sehnt sich nach unserer Gesellschaft bei gutem Käse und Apfelwein? Nun, warum läßt er dann nur dich die Sprache dieses verruchten Ortes sprechen? Götter, ich würde diese Kerle – Erstsohn und Drittsohn – als Wegelagerer durchbohrt haben, wenn du mir nicht gesagt hättest, was sie uns zuriefen.«

»Vielleicht«, sagte Frostblume sanft, »konnte Dathru nur meine Zunge berühren, weil ich, wie er, von der Zauberzunft bin. Wäre seine Macht in dieser Sache vollkommen, so hätte er gewiß nicht nur meine Zunge, sondern auch meinen Verstand berührt, damit ich den Unterschied zwischen den beiden Sprachen gewahre, wenn ich sie spreche und höre.«

Dorn murrte. »Dämonengestank, du kannst doch nicht einfach sagen: ›Er meint es gut, weil er ein Zauberer ist‹, und ignorieren, was unsere Freunde Erstsohn und sein Bruder hier uns klarzumachen versuchen.«

Frostblume war davon überzeugt, daß Dorn, ihrem prahlerischen Gehabe zum Trotz, zuerst geglaubt hatte, sie seien alle drei ahnungslos ertrunken – Dorn selbst, Frostblume und der Hund Dowl

– und irrten nun umher in jenem Höllenpfuhl, an den Bauernvolk glaubte, oder im Jenseits des Einen Gottes oder vielleicht irgendwo dazwischen.
»Womöglich sind wir tatsächlich tot«, sagte die Zauberin ein wenig boshaft. »Dathru – das klingt doch sehr wie der Name einer deiner Götter, nicht? Jehandru, Alrandu –«
»Fehlt der Sinn.«
»Was?«
»Ich meine«, erklärte Dorn, »die anderen Namen – wenn du sie sagst – haben doch jeweils eine ganz klare Bedeutung: Erstsohn, Drittsohn, Hinab-zum-Frieden. Aber mit Dathru ist das anders. Dathru bleibt Dathru – was immer das bedeuten mag.«
»Vielleicht hat es irgendeine Bedeutung in einer älteren Sprache, so wie die Namen deiner Götter«, meinte Frostblume.
»Ja. Und vielleicht hatte Dathru seine Gründe, dir *nicht* die Kenntnis der älteren Sprache zu verleihen: Weil sein Name etwas so Entsetzliches bedeutete, daß selbst du zurückschrecken würdest. Komm, Frost, kehren wir zum Boot zurück und machen wir, daß wir fortkommen, solange wir's noch können.«
»Wenn Dathru so böse ist, wie du glauben möchtest«, erwiderte die Zauberin, »könnte es dann nicht geschehen, daß wir für alle Zeiten im Nebel auf einem fremden Fluß rudern? Ehe wir uns daranwagen, brauchen wir zumindest ein wenig Rast, Dorn!«
So gingen sie schließlich mit Erstsohn und Drittsohn zu deren Quartier, um zu rasten, bis der Nebel sich hob.

Erstsohn und Zweitsohn waren beide verheiratet, und ihre Frauen hießen Ersttochter (aus einer anderen Familie offenbar) und Wahrscheinlich. Diese Frauen waren tapfer genug, hier auf dem Vorposten mit ihren Männern zu leben, indes die Drei-Söhne sich in die Pflicht teilten, Fremde, die im Nebel kamen, zu beobachten und zu warnen, aber Kriegerinnen waren sie selber nicht, und alle fünf Alte-Hügel-Leute schienen es höchst sonderbar zu finden, daß Dorn einem solchen Gewerbe nachging.
Dies war jedoch nichts im Vergleich zu ihrer Reaktion, als sie zum

erstenmal Stecher, Dorns Dolch, sahen: Die Kriegerin schwang den nebelfeuchten Umhang von ihren Schultern, und die Alte-Hügel-Leute erblickten den Griff über der alten Lederscheide. Sogleich drängten Zweitsohn, Erstsohn und Wahrscheinlich herbei und griffen nach der Waffe. Erstsohn zog sie aus der Scheide und beugte sich vor, um sie im Feuerschein zu betrachten, während sich die anderen lärmend um ihn versammelten. Ersttochter allerdings schien sich vor der Klinge der Fremden zu fürchten und hielt sich fern: scheuerte die Finger über die rußigen Balken oberhalb des Feuers und malte sich schwarze Zeichen auf Wangen und Stirn, wie um sich zu schützen, indes Drittsohn allen im Wege stand und zusammen mit Frostblume Dorn zu beschwichtigen versuchte.

Wie sich zeigte, waren die Alte-Hügel-Leute schier außer sich vor Entzücken: so sehr hatte es ihnen der große Granat im Heft von Dorns Dolch angetan. Einen Edelstein dieser Art kannten sie noch nicht, und obwohl ihnen auch der Bernstein im Griff gefiel (den Dorn ihrerseits höher schätzte), so war es doch der Granat, der sie am meisten faszinierte. Sie meinten, das müsse doch ein Talisman, ein Glücksbringer, sein, und Ersttochter wischte sich den Ruß vom Gesicht und erbot sich, den Edelstein in Rinde zu wickeln, die Rinde sodann anzuzünden – um zu ergründen, ob's auch unter Wasser weiterbrennen würde. Dorn schlug das rundweg ab, steckte Stecher in die Scheide zurück und sicherte ihn mit einem alten Band gegen allzu stürmische Gunstbezeugungen.

An diesem Abend langte Dorn herzhafter zu als Frostblume. Fleischvorräte hatten die Alte-Hügel-Leute reichlich, doch Gemüsekost war knapp, und an Milch oder Milchprodukten fehlte es ganz. Frostblume verzichtete darauf, ihre Gastgeber zu erschrekken, indem sie vor ihren Augen frisches Gemüse wachsen ließ, und beschied sich mit einer Schüssel schlecht gemahlener Grütze und einem Krug voll Wasser.

Dorn trank zwar niemals Wein, doch hatte sie nicht mit der Wirkung des braunen Getränks gerechnet, das irgendwie aus Tierblut hergestellt war. Es mußte ein Gärungsprozeß stattgefunden ha-

ben, denn nach etlichen Schlucken fühlte Dorn sich sichtlich entspannt. Als Frostblume sich in einer Art Wanne voller Kräuter schlafen legte, saß Dorn mit den Alte-Hügel-Leuten beim Würfelspiel. Mit Hilfe der Zeichensprache hatte sie ihnen ein paar Wirrländer-Spiele beigebracht.
Laut ging es dabei zu, der Raum war rauchgeschwängert und von Feuerschein durchloht, und die Zauberin fühlte sich übermüdet und ziemlich hungrig; doch zum wenigsten rochen die Kräuter auf ihrer Lagerstatt süß genug, um die übleren Gerüche zu mindern. Sie schloß die Augen, konzentrierte sich auf eine einfache Entspannungsübung und war im Nu eingeschlafen.
Als sie erwachte, kam von der Feuerstelle nur schwaches Glühen. Der Raum lag fast völlig im Dunkeln, Schnarchen tönte von überallher. Wie ein weißer Schatten in einer schwarzen Landschaft fiel, durch die Rauchluke im Dach, ein Lichtflecken auf Dorn, und Frostblume sah, wie ihre Gefährtin ruhig atmete, selbst beim Schlafen mit dem Dolch umgürtet.
Frostblume lächelte, stand leise auf und tastete sich zur Tür. Nur Dowl wachte auf, und sein leises Winseln verschmolz gleichsam mit dem Quietschen der Türpflöcke. Kurz streichelte sie dem Tier den zottigen Kopf. Dowl schlug mehrmals mit dem Schwanz auf den Boden und seufzte sich wieder in den Schlaf. Frostblume glitt nach draußen.
Der Nebel hatte sich gelichtet, und dunkelgrau in langer, sanfter Einbuchtung dehnte sich die Landschaft zwischen dem Vorposten und den fernen Kämmen niedriger, doch steiler Hügel. Bäume und Felsen schienen zwei Schatten zu werfen, in entgegengesetzter Richtung. Am Himmel sah Frostblume drei Monde, alle in voller Rundung, zwei davon an entgegengesetzten Himmelsseiten, der dritte fast genau oben im Scheitelpunkt. Keiner von ihnen war so hell wie der Mond, den sie kannte, doch zusammen verbreiteten sie genügend Licht, um nahezu alle Sterne zu überstrahlen.
Die Zauberin zögerte einen Augenblick. Dann schloß sie die Augen und bewegte sich aufs Geratewohl voran, bis ihre Füße der Richtung sicher zu sein schienen. Wie der Zauberer sie führte,

wußte sie nicht, doch es war, als sei da eine lockende Spur von Hoffnung in der Luft: ein Zeichen, das an Kraft gewann, je weiter sie ging.

Als einer der Monde unterging, war sie weit genug gelangt, um genauer zu erkennen, was sie für einen scharf umrissenen Hügelkamm gehalten hatte. Neun gleichmäßig geformte, zylindrische Silhouetten erhoben sich dort, wuchtigen Wachtürmen gleich, Dathrus Große Gemächer.

Eine Luftspiegelung entstellte das Bild des untergehenden Monds. Er glich, in ovaler Streckung, einem teils purpurnen, teils moosgrünen Ei und warf sein Licht nun hinter die Großen Gemächer. Melancholisch wirkten sie und einsam trotz ihrer Anzahl und Nähe, jedoch kaum unheilvoll. Keine Schreie, kein Kreischen hallte aus ihnen. Frostblume näherte sich.

Der mittlere Turm stand auf einem halbkreisförmigen Wall und vier dicken Säulen. Zuerst reichte das spärliche Licht gerade, um Säulen und Wölbungen zu erkennen, doch je näher Frostblume kam, desto stärker wuchs eine Helle von innen her, bis ihr Glanz fünf breite Streifen auf den Boden zeichnete, der bedeckt schien von grünem Gras.

Sie schritt unter dem mittleren Bogen durch, und das Licht entschwand, nur eine feine, helle Linie zeichnete sich wie ein Haar auf den glatten Steinboden hier. Am entfernteren Ende, wo sie auf eine Treppe fiel, zerbrach sie gleichsam in kurze Stücke. Dathru schien über Licht in ähnlicher Weise Macht zu besitzen, wie es die Zauberer aus den Wirrländern über das Wetter besaßen, und er spielte damit zur Unterhaltung seines Gastes und seiner selbst. Lächelnd folgte Frostblume der Linie und erklomm die Stufen. Oben befand sich eine Türöffnung, verschlossen von einem Vorhang, der aus einem sonderbaren Material gewoben schien: Fischschuppen, zart zu glänzenden Fäden ausgesponnen. Behutsam schob Frostblume den Vorhang auf.

Zuerst war sie von der Fülle des Lichts fast geblendet. Dann sah sie Dathru. Er war in ein scharlachrotes Gewand gekleidet und trug an einer schweren Goldkette einen Anhänger aus verschiedenen Hölzern, eine Intarsienarbeit. Sein Gesicht wie auch sein Körper wirkten weder dünn noch dick. Eine tiefe Furche prägte seine Stirn, und in den Augenwinkeln zeigten sich Fältchen. Das dichte, braune Haar, an den Schläfen silbrig, wallte ihm voll Anmut über die Schultern, und einige Locken waren wie verwoben mit dem prachtvollen braunen Bart, der halb bis zum Anhänger reichte. Sein Anblick übte auf Frostblume fast die gleiche Wirkung aus wie jener von Wunderhoffnung vor zehn Jahren: Als sie beide eine Zeitlang mit dem Gedanken gespielt hatten, auf ihre Zaubermacht zu verzichten, um sich lieben zu können.

Es währte nur einen kurzen Augenblick. Dann sah sie in Dathru nur einen anderen Zauberer, weise, gelehrt und gütig, der allerdings weitaus prächtiger residierte, als das irgendein Zauberer der Wirrländer tat. Das Licht, das Frostblume verwirrt hatte, kam von fünf leuchtenden Glaswürfeln, jeder von anderer Farbe, die an Silberketten von der bemalten Decke hingen. Die getäfelten Wände waren geschmückt mit bildlichen Darstellungen in Kupfer-, Gold- und Silberfiligran. Den Fußboden bildete ein geometrisches Mosaik aus schwarzem, weißem und rotem Marmor, vollkommen glatt und von fast metallenem Glanz. Dathru saß in einem hochlehnigen Stuhl aus wasserklarem Glas, und er trug einen Gürtel, Ringe und Sandalen, besetzt mit facettierten Metallstücken, die so hell glänzten, daß Frostblume sie einen Augenblick lang für Edelsteine hielt.

Lächelnd erhob er sich und kam mit ausgestreckten Armen auf sie zu. »Willkommen, Schwester, und vergib mir. Ich hatte anfangs nicht erkannt, daß deine Welt eine jener seltenen Welten ist, wo Macht von Jungfräulichkeit abhängt. Das war ein unentschuldbarer Irrtum, aber laß mich dir sagen, daß ich es, wenn ich dich so sehe, zutiefst bedauern könnte, daß du nicht aus einer der vielen Welten stammst, wo das entgegengesetzte Gesetz gilt.«

Irgend etwas in seinen Worten wollte nicht recht zu seiner Erscheinung und seinem Auftreten passen. »Wie kann ich eigentlich wissen«, fragte Frostblume, »daß du tatsächlich Dathru bist und nicht einer seiner Gefährten?«

»Dathru hat keine Gefährten.« Sein Lächeln vertiefte sich. »Ein paar Bedienstete, gewiß, jedoch nur bei Bedarf.«

»Mir scheint«, sagte Frostblume langsam, »daß dieses andere Gesetz der Macht, der ... Gegensatz zu Jungfräulichkeit, nicht der einzige Unterschied zwischen deinen und unseren Sitten ist.«

Er nickte. »Nicht all meine Gäste begreifen das sogleich. Doch würde ich einen ständigen Gefährten nicht verschmähen. Oder eine ständige Gefährtin, wenn ich nur die richtige fände.«

Er legte seine Arme um sie. Doch irgend etwas an seiner Berührung stieß sie ab, und mit einem Schaudern löste sie sich von ihm. Er lächelte und berührte ihren Arm, diesmal wie ein Vater oder ein Lehrer. »Keine Sorge, süße Zauberin, ich würde nichts tun, was dich deiner Macht berauben könnte. Wie nennt man dich in deiner Welt?«

»Frostblume.« Sie war verblüfft. »Du hast mir die Sprache der Alten Hügel in die Zunge gezaubert, und du kennst meinen Namen nicht?«

»Das mit der Sprache – das ist eine einfache Fertigkeit. Ich lernte sie von einem meiner ersten Gäste, Eriside aus der Welt der zwei Sonnen. Ich werfe diesen Zauber aus gleich einem Netz, und er wirkt bei fast allem Zaubervolk – vorausgesetzt, die Macht der Magier in ihrer jeweiligen Welt ist meiner Macht genügend verwandt, um sich auch in diese meine Welt zu fügen. Deinen Namen habe ich jedoch nicht gekannt. Gewiß klingt er in deiner Sprache nicht weniger schön als in meiner.«

»Warum hast du dann mich ausgewählt, um mich hierher zu bringen? Oder wirfst du ein Netz aus in all diese Welten, von denen du sprachst, und nimmst dann das erste Geschöpf, das du fängst?«

»›All diese Welten‹?« sagte er. »Das klingt fast, als stammtest du selbst gleichsam aus der Provinz?« Er lachte. »Nein – ich habe deine Welt gesehen. Oder jedenfalls jenen kleinen Teil deiner Welt, den deine Leute bewohnen. Und ich weiß, was – und wie kläglich wenig – du mit der Macht auszurichten vermagst. Allerdings hatte ich nicht gehofft, daß mir der ›Fang‹ deines Zauberervolks so glücken würde.«

Mit der Fingerkuppe pochte er gegen eines der Holzstücke in seinem Anhänger. Sofort tauchte vor seinem Stuhl ein Glaspiedestal auf. Darauf befand sich, auf einem kleinen Holzsockel, ein dünner Ring aus Weißgold, aufrecht stehend und mit etwa handbreitem Durchmesser.

Dathru führte Frostblume zum Stuhl, auf dessen Sitz ein blaues Samtkissen lag. Kein Wirrland-Zauberer verwendete Samt oder Seide, da solch Tuch nur gemacht werden konnte, wenn man die Würmer tötete; bevor sie Platz nahm, entfernte Frostblume das Kissen, und in ihren Fingern kribbelte es vor Widerwillen. Dathru stand auf der anderen Seite des Piedestals und sah sie durch den Ring hindurch an. »Konzentriere dich auf den hölzernen Sockel.«

Sie gehorchte. Der Wunsch nach Wissen überwand den leichten Argwohn, der in ihr gegen Dathru aufgestiegen war. Bald vergaß sie das Gesicht, das durch den Ring hindurch zu ihr spähte. Wie perlend quoll ein Nebel vom Sockel empor, und Frostblume ließ ihren Blick folgen, bis der Nebel den Ring ausfüllte.

Der Nebel löste sich auf, und im Ring sah Frostblume jetzt ein Bild, das einen kleinen Teil der Wirrländer zeigte. Zwei Zauberer waren dabei, ihr Mittagsmahl zu bereiten. Der eine ließ Korn wachsen, und er erhob sich von den Knien auf die Füße, um eine Hand auf den Halmen zu halten, während sie reiften. Der – oder die – andere blieb auf den Knien, indes zwischen ihren Händen eine violette Aubergine gedieh.

»Ich habe deine Leute dabei beobachtet, wie sie Pflanzen zogen und Krankheiten heilten mit Hilfe dessen, was mir ein Manipulieren der Zeit zu sein scheint«, sagte Dathru, »und ich habe gesehen, wie sie Winde, Wolken und Blitze lenkten. Eure belanglosen Wettermanipulationen interessieren mich nicht. Ich brauche nicht zu warten, bis sich von selbst Stürme erheben; ich kann sie hervorbringen aus klarem Himmel.«

Zum erstenmal in ihrem Leben empfand Frostblume, was zweifellos die gewöhnlichen Menschen in den Wirrländern empfanden, wenn sie Frostblume bei der Ausübung des »Gewerbes« sahen, das sie von Kindesbeinen an erlernt hatte.

Wieder breitete sich im Ring Nebelhauch, und als er diesmal wich, wurde eine andere Landschaft sichtbar, ein Wald, dichter als sie ihn je zuvor gesehen. Fremdartige Pflanzen wucherten dort, Gewächse mit ungeheuren, feucht glänzenden Blättern, die gegeneinander stießen. Grellbunte Vögel und riesige Insekten flogen, und ein fast nackter Mann mit schimmernder Haut und einer Maske aus geschnitztem Holz kochte irgend etwas über einem kleinen, grünlichen Feuer. Die dritte Welt, die Dathru ihr zeigte, schien ausgefüllt von einer gewaltigen Stadt, wo von Horizont zu Horizont – wie Schafe einer riesigen Herde – kelchförmig gestreckte Gebäude in die Höhe ragten, verbunden durch Straßen, die auf hohen Stelzen zu ruhen schienen. Eine vierte Szene zeigte schwarzen Sand unter dunstigem Himmel, wo zwei Sonnen mit ihren rötlichen Strahlen die trüben Schleier nur mit Mühe durchdrangen und ein Geschöpf sich bewegte, das ein Mensch zu sein schien; doch hatte es, von den Armen zu den Knien, fledermausartige Flügel, und wie eine Fledermaus stürzte es sich denn auch von einem rotbelaubten Baum wieder und wieder zu einer Quelle hinab, daß hoch das Wasser aufstob.
In dieser Weise fuhr Dathru fort, Frostblume Welt nach Welt zu zeigen, sämtlich ohne irgendein Geräusch – dies ließ sich durch den Ring nicht beschwören –, doch in jeder winzigen, exquisiten Einzelheit; bis Frostblume ihn schließlich glühend beneidete um die Macht, die er besaß. Unter den Weisheiten und Fertigkeiten so vieler Welten, unter den vielen verschiedenen Arten, Macht anzuwenden und auszulegen, da mußte es zweifellos auch Antworten geben, wie Frostblume sie suchte.
»Könnte ich diese Fertigkeiten erlernen?« fragte sie leise und ohne den rechten Mut, den Ring zu berühren. »Könnte ich mit Hilfe eines solchen Rings aus all diesen Welten andere Zauberer herbeirufen?«
Das letzte Bild verblich, und sie sah wieder Dathrus Gesicht. »Du könntest es mühelos lernen«, sagte er, »aber ich habe nur diesen einen Kreis.«
»Könnte man nicht weitere fertigen?«

»Vielleicht. In meiner Welt ist die Macht dazu heimisch, kleine Schwester Frostblume, und möglicherweise ließe sie sich deinen Fähigkeiten und Fertigkeiten anpassen.«

»Ich werde lernen! Begierig und voll Freuden, wenn ich die Macht dazu habe ...«

»Und was gibst du mir dafür als Entgelt?« fragte Dathru.

Für einen Augenblick führte sie sich verwirrt. Daß ein Zauberer ein Entgelt verlangte, weil er sein Wissen mit einem anderen teilte, hatte sie noch nie gehört. Aber da man für andere Dinge bezahlen mußte, weshalb nicht auch für einen solchen Unterricht.

»Was habe ich«, fragte sie, »was du als angemessenen Preis dafür betrachten würdest?«

»Deine Technik der Zeitmanipulation. Dafür hätte ich schon Verwendung.«

»Zeitmanipulation?« Dies war die erste Fertigkeit, welche man in den meisten Teilen der Wirrländer die Kinder lehrte – nach einer gewissen Grundausbildung. »Ich hätte nicht gedacht, daß ein Zauberer von deinen Fähigkeiten unbewandert sein könne in der einfachen Handhabung der Zeit, wie wir sie praktizieren.«

Dathru schüttelte sein schönes Haupt. »Was in einer Welt elementar ist, mag in einer anderen unbekannt sein. Deine Leute, Frostblume, haben die Kontrolle der Zeit bis zu einem Grad perfektioniert, der in anderen Welten rar ist. Diese Fähigkeit, mit einer bloßen Berührung einen Feind aus kraftstrotzender Jugend ins Greisenalter welken zu lassen!«

Ihr schauderte. Zeit ließ sich zu den verschiedensten Zwecken manipulieren, doch Dathru sprach ausschließlich von der traurigsten Anwendungsmöglichkeit zum Zweck der Zerstörung, und sein Enthusiasmus war unverkennbar! »Mir scheint, daß du von unseren Fertigkeiten weniger gesehen hast, als du glaubst«, sagte sie. »Die zerstörerische Kraft kann kein Zauberer mehr als einmal einsetzen, ohne daß er alle Macht verliert. Auch vermögen wir nicht, Jugend wiederzugeben. Wir können nur die normale Entwicklung verlangsamen oder beschleunigen – nicht jedoch umgekehrt, vom Halm zum Samenkorn sozusagen.«

»In deiner Welt«, sagte Dathru, »mag es ja sein, daß du nur einmal einen Feind vernichten kannst. Aber wer weiß, wie es damit in einer anderen Welt ist. Vielleicht ergeben sich da ganz neue Möglichkeiten.«

Frostblume nahm sich vor, keine Arglist zu sehen, wo es womöglich gar keine gab. Was denn schon wußte sie von Dathru? »Wenn meine Fertigkeit im Umgang mit der Zeit in deiner Welt so rar ist«, sagte sie, »sollte ich als Entgelt dafür vielleicht mehr verlangen.«

»Du wirst mehr bekommen.« Er streichelte ihren Arm, und sie gab sich Mühe, ein Schaudern zu unterdrücken. »Du wirst hier bei mir leben«, fuhr er fort. »Es sei denn, wir ließen uns in einer noch angenehmeren Welt nieder. Wir werden den Ort und die Möglichkeit finden, dich vom Zwang der Jungfräulichkeit zu befreien – eine pervertierte Ausnahme im Gesetz des Universums –, und ich werde dich die Wonnen jenes anderen, ebenso üblichen wie natürlichen Gesetzes lehren, des Gesetzes der Macht. Wir werden die Herrscher unserer Welten sein, du und ich – stets gefürchtet, stets hofiert, jung bleibend für Äonen, um unsere Macht und unseren Reichtum zu genießen ...«

Sie versuchte sich vom Stuhl zu erheben. Dathru streckte beide Hände rund um das Piedestal mit dem Kreis und berührte die Armlehnen des Stuhls – und bannte sie auf den Sitz.

»Ich werde dich nichts lehren, Dathru«, sagte sie. »Es sei denn, du könntest mich davon überzeugen, daß das, was die einfachen Leute in diesen Alten Hügeln von dir erzählen, genauso falsch ist wie das, was das Bauernvolk der Wirrländer über uns erzählt.«

Er lächelte. »In deiner Welt, kleine Schwester, seid ihr demnach alle albernes, argloses Zaubervolk? Macht ist dazu da, um voll genossen und zum eigenen Nutzen verwendet zu werden, und nicht, damit man sie für lächerliche Nichtigkeiten vergeudet.« Wieder berührte er sie.

Was für ein Glück, daß zwischen ihnen noch das Glaspiedestal stand! So konnte Dathru sie höchstens mit seinen Händen berühren. Sie packte den Kreis mit der einen Hand, das Piedestal mit der anderen. »Laß mich gehen, Dathru! Laß mich gehen oder –«

Er lachte, umschloß mit seinen Fingern ihre Oberarme. Sie hob den Kreis hoch, stieß gegen das Piedestal, versuchte Dathru aus dem Gleichgewicht zu bringen. Wieder lachte er, fiel dann auf Frostblume. Das Piedestal befand sich nicht mehr zwischen ihnen. Er hat es erscheinen lassen, jetzt war es auf sein Geheiß wieder verschwunden. Und verschwunden war auch der Kreis, noch ehe sie dazu kam, Holzsockel und Ring Dathru ins Gesicht zu schleudern. Er lag auf ihr, lachte zufrieden. Schaudernd sperrte sie sich gegen ihn.

»Laß mich gehen, Zauberer«, sagte sie, »oder ich werde dich, bei der Bauern großem Gott Jehandru, ins Greisenalter befördern, obschon solche Macht mir sonst kaum gegeben ist.«

Sofort erhob er sich. Und drückte gleichzeitig mit dem Daumen gegen den hölzernen Anhänger. Eine glühende Last senkte sich auf Frostblumes Brust, unsichtbar und unkörperlich und doch so schwer, daß sie sich nicht bewegen und auch nicht atmen konnte. Hilflos sah sie zu, wie Dathru eine biegsame Kupferkette aus dem Marmorboden emporzüngeln ließ wie eine Schlange, und schlangengleich wand sich diese Kette nun um Frostblumes Körper, fester und immer fester. Als seine Gefangene ihm hinlänglich gefesselt schien, nahm Dathru seinen Daumen vom Anhänger, und Frostblume konnte wieder atmen, wennschon ihr Brustbein noch immer schmerzte. An einer bestimmten Stelle.

»Dort hat mein Stück Holz dich berührt«, sagte der Zauberer. »Ich kann es also benutzen, um dir Schmerzen zuzufügen. Klug erdacht, wie? Ein Werkzeug, das ich den Künsten verdanke, welche Jitasa, die Schuppenfrau der Sumpfigen Orte, mich gelehrt hat. Hätte dies einen anderen Teil deines Körpers berührt . . .«

Langsam schritt er um sie herum. Sie schloß die Augen, spürte das leise Vibrieren des Marmorfußbodens, auf dem er sich bewegte. Dann fühlte sie unter sich dickes Tuch, das sich bauschig zu Kissen wölbte – zu samtenen Kissen! Dathru ließ unter ihr ein Bett emporwachsen. Gern hätte sie sich von diesem Bett heruntergerollt, doch als sie die Augen öffnete, saß sie, daß sie dort umpfercht war von einer Art Gitterwerk aus Kupfer.

»Ich habe genug beobachtet«, sagte Dathru, »um zu wissen, daß auch die Zauberer deiner Welt, bei all ihrer Macht über die Zeit, nichts bewirken können gegen eine Person, die sie nicht berühren. Möglich, daß du es eines Tages lernen wirst, deine Kontrolle über die Zeit durch die Luft hindurch gegen jemanden zu richten, mit dem du nicht in körperlichem Kontakt stehst. Wenn du mich lehrst und meine Lehre akzeptierst, schöne Frostblume, so werden wir eine solche Technik hier vielleicht gemeinsam vervollkommnen können. Im Augenblick jedenfalls kannst du mir nichts anhaben.«

Frostblume schloß wieder die Augen. Falls es ihr gelang, sich tief genug in Trance zu versetzen, bevor Dathru in Angriff nehmen konnte, was immer er plante, vielleicht ...

Sie fühlte, wie sein Atemstoß auf ihre Stirn traf. Dathru sprach ihren Namen.

Dorn erwachte mit einem Schnaufen, mit Kopfschmerzen und mit dem dringenden Bedürfnis, ihre Blase zu leeren. »Verdammte braune Brühe«, murmelte sie und meinte das Getränk, von dem sie, beim Abendessen und dann beim Würfelspiel, fast zwei Becher voll getrunken hatte. Mußte wohl irgend so ein verruchter Wein gewesen sein, und sie verfluchte sich dafür, das nicht erkannt zu haben, um sich lieber mit Wasser zu begnügen, genau wie Frost.

Sie tastete nach Stecher: vergewisserte sich, daß er sich noch in seiner Scheide an ihrer Hüfte befand, mit seinem Granat an Ort und Stelle. Dann erhob sie sich und tastete sich nach draußen. Überrascht gewahrte sie die drei Vollmonde, von denen einer schon halb hinter dem Horizont – dem westlichen? dem östlichen? – verschwunden war. Bei ihrem Schein fand sie die Stelle, wo ihre Gastgeber sich zu erleichtern pflegten.

Der Nebel hatte sich gelichtet. Falls es auch am Morgen noch so klar war, konnten sie bei Tagesanbruch aufbrechen, um das Boot und den Fluß zu suchen. Götter, es war hell genug, um sich schon in der Nacht auf den Weg zu machen ... aber Frost und der Hund brauchten wohl ihren Schlaf. Auch Dorn selbst konnte noch ein

wenig Ruhe vertragen. Allerdings waren ihre Nerven, jetzt nach dem Erwachen im dämonenverhexten Land, bis zum äußersten gespannt.
Sie ging in die Behausung der Alte-Hügel-Leute zurück. Beim Eingang blieb sie jedoch stehen. Im Inneren war die Luft sehr stikkig, hier in der geöffneten Tür ließ sich leichter atmen. Sie stand an einen Türpfosten gelehnt und blickte sich um in dem Raum, den jetzt Mondlicht erhellte. Und plötzlich wurde ihr bewußt, daß die Lagerstatt, wo Frost geschlafen hatte, jetzt leer war.

Frostblume wanderte durch Gefilde aus grauem Himmel und schwarzem Gras. Hier und dort im flachen Land ragten Bäume hoch, kahle Bäume, verkrümmt und verwinkelt, mit mächtigen Ästen, die hervorstarrten wie spitze Messerklingen. Und doch schienen diese Bäume, denen Laub und feineres Gezweig fehlte, keineswegs tot zu sein. Es war, als bedürften sie dessen nicht, nicht der Blätter und nicht des Sonnenlichts.
Das einzige Licht in diesem Land kam von einem Doppelmond, der aussah wie zwei schalenlose, in einer Pfanne halb ineinandergelaufene Eier. Er schien sogar zwei Dotter zu besitzen: zwei kreisförmige Flecken von dunklerem Braun inmitten etwas hellerer Ringe. Das Licht dieses Mondes warf keine Schatten. In der Ferne waren Berge – wild gezackt und zerklüftet, ragende Felstürme. Ansonsten sah Frostblume ringsum nur flaches Land mit verstreuten Bäumen, in deren Geäst hier und dort Girlanden hingen.
Frostblume wanderte in Richtung Gebirge. Das Gras unter ihren Füßen war schlüpfrig, der Boden schien sogar ein wenig sumpfig zu sein. Ein unangenehmer Geruch lag in der Luft, wie eine Mischung aus Salz, Pfeffer, Gewürzen und dem stickigen Brodem einer Bauernmetzgerei, so daß das Atmen schwerfiel. Niemand war zu sehen. Außer Frostblume schien es hier keine Lebewesen zu geben.
Einmal kam sie zu einem Fluß, der jedoch so sämig und übelriechend dahinfloß, daß sie nicht davon trank, obwohl entsetzlicher Durst sie quälte. Als sie den Kopf wieder hob, schien sie plötzlich

ringsum von Bäumen eingesperrt. Irgendwie hatte sie sich verirrt. Sie gelangte zu einer Lichtung in einem Wald aus schwarzen Bäumen. Und jetzt sah sie große, triefende Batzen, die dort hingen; auch rote, zwischen Geäst geklemmte Seile.
Sie zwang sich, zwischen zwei Bäume zu treten, und nun erkannte sie, daß die großen Batzen nichts anderes waren als die Kadaver frischgeschlachteter Tiere.
Rasch wollte die Zauberin zurückfliehen zur Lichtung, doch als sie sich umdrehte, gab es diese Lichtung nicht mehr. Frostblume befand sich mitten in einem Wald, wo unbekannte Fleischesser ihre Nahrung aufbewahrten. Unwillkürlich schloß sie die Augen, streckte die Arme aus und machte ein paar Schritte in der Hoffnung, daß diese sie in Richtung Gebirge führten ...
Ihre Hand berührte einen feuchten Fleischklumpen, und entsetzt zuckte sie zurück und öffnete die Augen. Lieber sehen als berühren ... Ihre Finger waren gegen einen kleinen toten Körper gestoßen, der von einem Hund zu stammen schien ... oder von einem Kind.
Sie begann zu laufen, wieder in Richtung Gebirge, wie sie hoffte; doch sie verschätzte sich in den Abständen zwischen den Stämmen und prallte gegen einen Baum. Gegen die Fleischlast dort auf dem Baum. Als sie zurückwich, sah sie, daß es sich um einen Torso handelte – ohne Kopf, ohne Beine, mit nur einem Arm. Ein Dolch durchbohrte das Handgelenk und steckte im Stamm. Und von diesem Dolch baumelte eine Leiche – die Leiche einer Menschenfrau.
Wild stürzte Frostblume davon. Unter ihren Füßen spritzte ein roter Bach, und keuchend erklomm Frostblume den unteren Teil eines Baums, der zum Glück frei zu sein schien von allem Fleisch. Doch als sie hinabblickte, sah sie den Kopf des Kindes Sternenwind – das kleine Kind, das sie in der Geborgenheit von Windslope Retreat zurückgelassen hatte –; und als sie emporblickte, sah sie Dorns Kopf, aufgespießt auf einen Ast über ihr.
Sie stieß einen gellenden Schrei aus, und dieser Schrei brachte sie ins Bewußtsein zurück.

»Ich weiß zwar nicht, was für ein Traum das war«, sagte Dathru, »doch ich weiß, daß er böse und widerwärtig war. Und solche Träume kannst du von mir wieder und wieder haben – bis du mich lehrst, was ich zu wissen begehre.«

Dorn gab Dowl einen Faustschlag in die Rippen. Winselnd und schwanzpochend wachte der Hund auf. »Du dummer Köter«, murrte die Kriegerin, »sie hat sich aufgemacht, um diesen Abschaum von einem Zauberer zu suchen. Warum, beim Höllensumpf, bist du nicht aufgewacht und hast sie zurückgehalten – oder wenigstens gebellt?« Dowl winselte wieder und erhob sich.
Die Alte-Hügel-Leute aufzuwecken, hatte wenig Sinn; die konnten jetzt doch nicht helfen. Und so brach Dorn auf, mit Schwert, mit Dolch, mit dem neuen Speer, den sie jetzt sicher genug schleudern konnte, um damit ein dahinjagendes Eichhörnchen zu durchbohren. Neben ihr trottete Dowl, Frostblumes Witterung in der Nase.

Die Zauberin begriff nur zu gut, daß sie viele solcher Träume nicht würde ertragen können. Auch konnte sie diesen Träumen mit Hilfe einfacher Trance nicht entkommen. Aber wenn sie vielleicht auf Frei-Reise ging ... Das war gefährlich. Denn falls Dathru entdeckte, daß sie sich nicht in ihrem Körper befand, würde er diesen womöglich zerstören. Aber das war immer noch besser, als wenn sie ihm in seiner Verderbtheit half. Er schien ja versessen darauf, von ihr unterwiesen zu werden.
Drei Alpträume hatte sie durchgemacht. Hatte die Köpfe und die verstümmelten Leiber jener gefunden, die sie liebte – Sternenwind, alte Mondnarbe, Wunderhoffnung, Dorn ... manchmal mußte sie mitansehen, wie sie starben: wie zum Beispiel ihre Mutter und die Priesterin Inmara sich gegenseitig entleibten, während aus den Rissen eines metallenen Bodens Dampf hervorquoll. Nein, ihrem Körper tat Dathru nichts zuleide, doch ihrem Geist gewährte er, zwischen Alptraumtorturen, nur eine kurze Erholungspause.

Sie stellte sich schlafend, konzentrierte sich. Und endlich gelang es ihr: Sie löste sich aus ihrer fleischlichen Hülle.
Der Körper, obschon ohne Bewußtseinsessenz jetzt, fuhr fort zu atmen; das Herz schlug weiter. Dathru schien nicht zu ahnen, daß der Geist seines Opfers nicht länger im Körper – und durch das kupferne Gitterwerk – eingesperrt war.
Aber irrte sie sich auch nicht? War sie wirklich frei von ihrem Kerkermeister? Dathru beugte sich ein Stück vor, ließ seinen Atem gegen ihre Stirn streichen, sprach dann ihren Namen. Sie verlor den Halt. Diesmal war es ein roter Sumpf, wo sie bis zu den Knien in Schlamm versank, inmitten von wimmelnden Schlangen und Insekten. Doch blieb ihr diesmal wenigstens bewußt, daß es ein Traum, eine Illusion nur war. Sie kämpfte dagegen an und sah, wie sich der Zauberer über ihre körperliche Hülle neigte und sie gierig betrachtete. Vielleicht wußte Dathru ja nichts über die Fertigkeit des Frei-Reisens; jedenfalls schien ihm nichts Ungewöhnliches aufzufallen.
Irgendwann jedoch würde er mit Sicherheit bemerken, daß sich sein Opfer nicht mehr ganz in seiner Gewalt befand. Inzwischen nutzte sie die Gelegenheit: entfernte sich eilends aus dem Raum, aus den Großen Gemächern, bevor es Dathru gelingen konnte, ihr Bewußtsein tiefer hineinzusaugen in den Alptraum.
Der Nachtmahr schrumpfte, je weiter sie sich von Dathru entfernte, doch die letzten Spuren des Schreckens verschwanden erst, als sie sich gute hundert Schritt vom Domizil des Zauberers befand. Dort verharrte sie. Sie wollte von ihrem Körper nicht weiter entfernt sein, als unbedingt nötig.
Während sie wartete, sah sie, wie Dorn und Dowl im Mondlicht auf sie zukamen.

Er gefiel Dorn nicht, der Anblick des burgartigen Gemäuers, von dem Frost gesagt hatte, daß die Alte-Hügel-Leute es Dathrus »Große Gemächer« nannten. Nun, dieser Dathru, verrottet wohl bis ins Mark, schien reichlich Feinde zu haben. Da brauchte er zu seinem Schutz außer üblen Zaubertricks auch noch starke Mau-

ern. Und wer Mauern brauchte, der war zweifellos nicht völlig gegen einfachen, doch scharfen Stahl gefeit.
Dowl schien vom Anblick der Festung genausowenig angetan. Etwa hundert Meter davor blieb er stehen, ließ ein Winseln hören und begann im Kreis zu schnüffeln.
»Hier draußen ist sie doch nicht, du verdammter Köter«, sagte Dorn. »Hör auf, dich wie ein Hammelhirn aufzuführen.«
Dowl spähte zu Dorn empor, winselte wieder und fuhr fort, im Kreis zu schnüffeln. »Also gut«, sagte die Kriegerin, »bleib hier und kühl dir die Pfoten. Ich brauche dich nicht mehr. Frostblume hat sich offenbar in dieses Türmeverlies gewagt, komm du mir jetzt also nicht in die Quere.«
Die Kriegerin ging auf den mittleren Turm zu, und sie fragte sich, ob der Zugang durch die untere Wölbung dort wirklich so einfach sein würde, wie es den Anschein hatte. Nach kurzem Zögern kam Dowl hinter ihr hergetrottet.

In den Wirrländern konnten Tiere niemanden wittern, der sich auf Frei-Reise befand. Hier jedoch, dessen war Frostblume sicher, hatte Dowl ihre Gegenwart gespürt. Obschon er ihr Streicheln nicht zu fühlen schien, schnüffelte er dicht bei der Stelle herum, die sie »einnahm«. In dieser Welt hier teilte sich ihre Nähe dem Tier irgendwie mit.
Angestrengt versuchte sie, irgendwie Dorns Bewußtsein anzurühren, so wie ihr das, unerwarteterweise, bei Dowl gelungen war. Menschen jedoch schienen dafür hier genausowenig empfänglich zu sein wie in den Wirrländern. Und so konnte Frostblume ihre Freundin nicht davor warnen, Dathrus Feste zu betreten. Sie konnte ihr nur folgen. Aber zu welchem Zweck? Nicht nur, daß sie außerstande war, Dorn zu helfen: Im gleichen Maße, wie sie sich Dathru wieder näherte, gewannen die Alpträume allmählich die Oberhand über die Wirklichkeit. Dennoch kehrte die Zauberin zurück, war an der Seite ihrer Freundin, ungesehen, ungefühlt, hilflos.

Es schien allzu leicht zu sein. Das unterste Stockwerk des Turms, von vier Säulen umgrenzt, glich zur Hälfte einem Hof, offen, halbkreisförmig gerundet. Eine kurze Treppe führte zu einer Türöffnung mit einem Vorhang, durch den genügend Helle drang, um Dorn den Weg zu den Stufen sicher finden zu lassen.
Hoffentlich, dachte Dorn, bleibt Dowl ganz still. Sie ließ ihren Speer in seine schmale Scheide auf ihrem Rücken gleiten. Für den Nahkampf zog sie ihre anderen Waffen, Langschwert und Messer, ganz entschieden vor. Einen kurzen Augenblick zögerte sie. Doch sie mußte handeln. Sonst gab Dowl womöglich Laut und machte den Überrumplungseffekt zunichte. Mit ihrer Dolchhand stieß sie den Vorhang zur Seite.

Wie durch einen blutroten Dunstschleier, in dem es wimmelte von verschwommenen, schwankenden Gebilden, sah Frostblume, daß Dathru offenbar immer noch nicht bemerkt hatte, daß sie den Alptraum jetzt außerhalb ihres Körpers durchlitt; doch konnte sie ihren eigenen Körper nicht deutlich erkennen – nur dunkle Umrisse hinter dem kupfernen Gitterwerk rings um das Bett. Auch Dorn würde ihre äußere Gestalt nicht erkennen können.
Wie ein Erschrecken ging es durch den Raum, als Dathru seinen Blick Dorn zuwandte. Doch das änderte sich im Nu. Jetzt war da ein Pulsieren, und die Zauberin wußte, daß es sich um den Köder handelte, den das eine Geschlecht für das andere auswirft. Ein Köder, nach dem Dorn, im Gegensatz zu Frostblume, stets bereitwillig schnappte.

»Sieh da«, sagte der Mann in Scharlachrot, »eine Besucherin. Willkommen, meine liebe Freundin aus einer anderen Welt.«
Er strich sich über den seidigen braunen Bart, und Dorn konnte geradezu fühlen, wie verführerisch die Berührung seiner Hände auf ihrem Haar, ihrem Rücken, ihrer Haut sein würde. Dennoch blieb sie genügend auf der Hut, um den gierigen Blick zu bemerken, mit dem er ihren Dolch betrachtete.
»Jetzt kannst du also in meiner Sprache zu mir reden«, sagte sie.

»Warum hast du es nicht so eingerichtet, daß ich jene Leute dort draußen verstehen konnte?«
»Du bist nicht allein gekommen? Oh doch, du mußt allein gekommen sein. Keiner der Narren in diesem Land wagt sich in meine Nähe. Sie fürchten mich, verstehst du, und vielleicht mit Grund ... aber mit einer Frau wie dir an meiner Seite, mit der ich die Macht teile ...«
Dorn spürte das Zucken ihres Fleisches und versuchte es zu ignorieren. Fester spannten sich ihre Hände um ihre Waffen. »Ich bin keine Zauberin, Dathru, und ich denke auch nicht daran, mit einem Zauberer zusammenzuleben. Für ein paar Stunden ... nun, vielleicht. Warum, beim Höllensumpf, starrst du so auf mein Messer? Wen willst du, Stecher oder mich?«
»Mag sein, daß du in deiner Welt keine Zauberin bist«, sagte Dathru, »hier jedoch besitzt du magische Macht. Warst du nicht imstande, meinen Vorhang zu öffnen? Ja, eine Frau wie du, gekleidet in feinen Samt und schöne Seide, direkt auf deiner Haut ... wenn du beschließt, dich wie eine Frau zu kleiden ...«

Dorn schwankte – Frostblume kannte ihre Freundin gut genug, um das zu sehen.
Dowl, wie zerrissen zwischen der Witterung von Frostblumes Nähe und dem Geruch ihres Körpers auf der anderen Seite des Raums, lief ein Stück auf das Bett zu und winselte und kehrte zurück, um sich vor Dorn zu ducken. Sie drängte das Tier beiseite und machte einen Schritt auf Dathru zu. Der Zauberer kam ihr entgegen, wie um sie auf halbem Weg zu treffen; damit sie keine Gelegenheit fand, den Körper ihrer Freundin zu sehen.
Es gab nur eine Möglichkeit, Dorn zu alarmieren. Der Alptraum schien sich, wie gewohnt, nach und nach Frostblumes Gehirns zu bemächtigen. Sie spürte, daß er sich seinem Höhepunkt näherte. Gelang es ihr, wieder in ihrem Körper zu sein, wenn der Nachtmahr sie mit voller Gewalt packte, so war sie wenigstens nicht dazu verdammt, stumm zu bleiben wie jetzt. Dann hatte sie eine Kehle, um zu schreien ...

In ihren Körper zurück, gerade in dieser Phase – das war, als solle sie langsam in ein loderndes Feuer schreiten. Doch es half nichts. Dorn hatte einen weiteren Schritt auf Dathru zu gemacht, und er kam ihr entgegen: mit ausgestreckten Händen, wie um ihr Schwert und ihren Dolch in Empfang zu nehmen.

... Wie unter Schlamm lag Frostblume begraben, und um sich daraus zu befreien, mußte sie ein schuppiges Etwas emporklimmen, das sich unter ihren tastenden Händen wand. Fauliger Schleim drang ihr in Mund und Nase, die Lunge schien ihr zu platzen, ihre Finger krallten sich in die scharfen, zuckenden Schuppen. Endlich schob sie ihren Kopf über die Oberfläche empor und hustete und spuckte Schlamm, bis ihre Atemwege wieder frei waren. Sie öffnete die Augen, zwinkerte heftig, um klare Sicht zu haben, und erblickte einen riesigen, schuppigen Kopf, der auf sie herniederstieß. Von den Raubtierzähnen hing, durchbohrt, Dorns verstümmelter Körper.

Frostblume schrie.

Der Schrei durchbrach Dorns Faszination. Plötzlich begriff sie, was das für ein schwarzes Bündel war, das dort im kupferumgitterten Bett lag; verstand nun auch, warum Dowl hochgesprungen war, um daran zu lecken. Und im Augenblick ihrer Desillusionierung sah Dorn, daß Dathru nicht ihren Körper begehrte, sondern ihre Waffen.

Er war zwar ein Mann, aber er war auch ein Verbrecher und ein Zauberer, und sie mußte handeln, bevor er wieder ihre Wollust erregen konnte. »Du bist doch so versessen auf Stecher«, rief sie, »da, nimm ihn!« und sie schleuderte die Klinge gegen ihr Ziel, einen Punkt unmittelbar über dem hölzernen Anhänger auf Dathrus Brust.

Es war Frostblumes eigener Schrei, der sie aus dem Alptraum aufwachen ließ. Als Dathru zu Boden stürzte, war ihr Körper plötzlich von allen Fesseln befreit. Das Bett mit den Samtkissen entschwand ins Nichts, und Frostblume lag auf dem Boden und weinte in Dowls Fell.

Dorn wälzte die Leiche des Zauberers mit dem vorgestreckten Fuß herum und nahm Stecher wieder an sich. »Wie ungeheuer mächtig er doch war«, sagte die Schwertkämpferin. »Konnte uns hierherbringen, konnte die Sprache in deinen Kopf zaubern – mögen die Götter wissen, was sonst noch. Doch ein gutes Messer hat sein Herz durchbohrt und ihn getötet, wie es jeden töten würde.«
»Der Granat«, sagte Frostblume. »Der Granat in Stechers Griff. Solche Edelsteine gibt es hier nicht, Dorn ... ihm muß hier große Macht innewohnen.«
Dathrus Glasstuhl war verschwunden, genau wie das Bett, doch nun war der weißgoldene Ring wieder da, der Kreis, der dort neben Dathrus Leiche lag. Während es sich bei Bett und Stuhl offensichtlich um Trugbilder gehandelt hatte, existierte der Kreis wirklich, und der Zauberer hatte diesen Ring nur mit Hilfe einer Täuschung verschwinden lassen. Frostblume kroch auf dem Marmorboden darauf zu, machte dabei jedoch um Dathrus Leiche einen Bogen. Schließlich hockte sie auf dem Boden, in der einen Armbeuge den weißgoldenen Ring, den anderen Arm um Dowl geschlungen, und weinend wippte sie den Oberkörper vor und zurück, bis Dorn kam und sie an sich drückte wie eine Mutter.
»Du bist eine bessere Zauberin als dieser tote Lump jemals ein Zauberer war«, sagte Dorn. »Du kannst uns wieder zurückbringen zu den Wirrländern.«
»Wie?«
»Wenn er es geschafft hat, uns herzubringen«, sagte Dorn, »so kannst du bestimmt herausfinden, wie er das gemacht hat. Du bist eine gute Zauberin, Frost, eine sehr gute.«
Frostblume lächelte. Ihre Freundin setzte so großes Vertrauen in sie. Nun, sie würde wohl noch von Dathrus Zauberkunst lernen können, allerdings mußte sie da vorsichtig experimentieren. »Dorn«, sagte sie, während sie den Kreis behutsam zu Boden setzte und Dowl dann mit beiden Händen kraulte, »würdest du mir bitte den Anhänger bringen – den hölzernen Anhänger, den er um den Hals trug?«

GLEN COOK

Glen Cook, dessen »Abgetrennte Köpfe« eine von den drei Geschichten von »Vergewaltigung und Vergeltung« ist, die ich in der Einleitung zu diesem Band erwähnte, hat hier eine ungewöhnliche und bewegende Story mit diesem universellen Thema erzählt. Als ich für diese Anthologie zu lesen begann, war ich, wie ich zugeben muß, voreingenommen gegen männliche Autoren, die sich an heroischer Fantasy versuchen; ich hatte ganz einfach allzu viele hirnlose Geschichten im alten Stil heroischer Fiction gelesen, und meine Einstellung war deutlich genug:

»Blut und Donner, oh große Not,
Heldengeschichten langweilen den Leser tot.«

Doch Autoren wie Charles Saunders, Charles de Lint, Steve Burns und Robin Baley – um nur Männer zu nennen, die in dieser Anthologie vertreten sind – bekehrten mich bald zu einer anderen Ansicht.

Als ich »Abgetrennte Köpfe« zum erstenmal las, hielt ich Cook für einen neuen Autor; eine Rückfrage bei seinem Agenten belehrte mich dahingehend, daß er ein außergewöhnlich produktiver Neuling ist, der in den letzten drei oder vier Jahren elf Romane verfaßt und verkauft hat und überdies ein paar Dutzend Stories, die in so ziemlich allen existierenden Magazinen erschienen sind, darunter F&SF, Asimov's, Whispers, Night Voyages *und viele andere.*

Narriman, die wohl jüngste Heroine in dieser Anthologie, lebt die Wahrheit, von der in der Geschichte die Rede ist: daß wir ohne unseren Mitmenschen nicht mehr sind als abgetrennte

*Köpfe, die allein durch die Wüste rollen. Kann es sein, daß einer der Gründe für das gedankenlose Vorurteil gegen die altmodische Blut-und-Donner-Schwert-und-Zauber-Fiction – die so viel geschmähte – darin bestand, daß die damaligen Verfasser immer nur vom Mit-*Mann*, statt vom Mit-*Menschen *schrieben und Frauen nur als Staffage, Objekte, Pappfiguren benutzten, die praktisch ohne jedes wirkliche Gefühlsleben waren im Gegensatz zu den Heroen? Folglich waren auch die männlichen Charaktere bloß »abgetrennte Köpfe«, die haltlos herumrollten in der Wüste der »Knall-und-Fall«-Fiction, wo es jede Menge Blut und Verstümmelungen gab, jedoch keine emotionale Wirklichkeit. Glen Cook findet seinen Weg mit absoluter Sicherheit. Er strauchelt kein einziges Mal. – MZB*

GLEN COOK

Abgetrennte Köpfe

I

Narriman war zehn, als der schwarze Reiter nach Wadi al Hamamah kam. Hoch und stolz ritt er auf einem Renner, der so weiß war wie seine Djellaba schwarz. Und nicht rechts und nicht links blickte er auf seinem Weg zwischen den Zelten. Alte Männer spien vor die Hufe seines Pferdes. Alte Frauen machten Zeichen gegen das Böse. Kinder und Hunde wimmerten und flohen davon. Makrams Esel brüllte vor Entsetzen.

Narriman empfand keine Furcht, nur Verwirrung. Wer war dieser Fremde? Warum fürchteten sich ihre Leute vor ihm? Weil er Schwarz trug? Sie kannte keinen Stamm, wo man Schwarz zu tragen pflegte. Schwarz war die Farbe von Ifrits und Djinni, die Farbe der Herren von Jebal al Alf Dhulquarneni, dem hohen, dunklen Gebirge, welches emporragte über Wadi al Mamamah und die heilige Stätte der al Mubarak.

Narriman war von verwegenem Schlag. Wie oft schon hatten die Erwachsenen sie gewarnt! Doch sie benahm sich nicht so, wie es einem Mädchen zukam. Die Älteren schüttelten die Köpfe und sprachen von Mowfiks mißratener Tochter. Aber war das ein Wunder bei *dem* Vater, der teilgenommen hatte an den Kriegen oben im Norden? Was gingen jene Kriege einen Angehörigen der Mubaraks an?

Narriman rannte nicht davon. Sie beobachtete den Reiter.

Vor ihres Vaters Zelt, das abseits stand, zügelte er sein Pferd und zog eine schwarze Rute aus dem Köcher und hauchte dagegen. Die Spitze glühte. Und mit der glühenden Spitze zeichnete er ein Zeichen in das Zelt, das Symbol ♁. Die alten Leute murmelten, stießen Verwünschungen aus; und sie versicherten einander, sie hätten es schon immer gewußt – Verzweiflung werde Mowfiks Zelt heimsuchen.

Narriman folgte eilends dem Fremden, welcher das Tal entlangritt in Richtung Heiligtum. Die alte Farida rief hinter ihr her. Sie stellte sich taub. Und hastete von Schatten zu Schatten, von Felsblock zu Felsblock – zu jenem Versteck, von wo sie die Rituale der Erwachsenen zu beobachten pflegte.

Jetzt sah sie, wie der Reiter hochmütig durch den Kreis ritt, unversehrt. Nicht einen Blick warf er auf Karkur, dachte nicht an Gehorsam noch Opfergaben. Gewiß würde ihn der Große Tod erschlagen, noch bevor er den Kreis verließ; doch er ritt weiter und entschwand, ungestraft.

Narriman blickte zum Gott. War auch er ein furchtsamer Alter? Narriman fühlte sich irritiert. Denn der Zorn Karkurs, des Gottes, waltete doch immerdar. Ob Mühsal, ob Wonne, alles war seinen Wünschen anzupassen – der Willkür des Wuterfüllten. Doch tatenlos hatte er dagehockt wie ein Klumpen aus rotem Stein, während ein Heide seinen Kreis entweihte.

Die Sonne war im Westen, als Narriman zum Lager zurückkehrte. Sofort rief die alte Farida sie zu sich. Narriman berichtete, was sie gesehen hatte. Die alten Leute murmelten und flüsterten und machten ihre Zeichen.

»Wer war er, Farida? Was war er? Warum habt ihr Angst gehabt?«

Farida spie durch die Lücke zwischen ihren Zähnen. »Der Botschafter des Bösen. Ein Shaghûn vom Jebal.« Farida richtete ihre alten Augen auf das Gebirge der Tausend Zauberer. Sie machte ihr magisches Zeichen. »Welch eine Gunst, daß deine Mutter dies nicht mehr hat erleben müssen.«

»Warum?«

Doch in diesem Augenblick erscholl das Wächterhorn mit triumphierendem Klang. Die Jäger waren zurückgekehrt. Karkur hatte den Stamm reich belohnt. Narriman rannte los, um ihrem Vater von dem Fremden zu erzählen.

II

Mowfik hatte Beute hinter seinem Sattel, eine Antilope, Wachteln, Hasen, sogar eine Schildkröte. »Eine große Jagd, kleiner Fuchs. Nie zuvor war sie so gut. Selbst Shukri erlegte sein Wild.« Shukri war zu allem zu ungeschickt. Doch schien es ausgemacht, daß Narriman ihn heiraten würde, weil sie die Tochter ihrer Mutter war.

Ihr Vater sah so glücklich aus, daß sie den Fremden nicht erwähnte. Die anderen Jäger jedoch erfuhren die Geschichte von den Alten. Aufmerksame Blicke richteten sich auf Mowfik. Narriman fürchtete für ihren Vater, bis sie spürte, daß aus den Blicken Mitleid sprach. Die Männer nickten einander zu. Der Besuch des Fremden bestätigte ihre Befürchtungen.

Mowfik verhielt vor seinem Zelt. »Kleiner Fuchs, wir werden heute nacht nicht viel schlafen. Hoffentlich hast du viel Holz gesammelt.«

Sie hörte die Erschöpfung in seiner Stimme. Er hatte härter gearbeitet als die anderen. Schließlich war da keine Frau, die hinter ihm herritt und die Jagdbeute säuberte; auch keine Frau, die hier zu Hause half. Nur die alte Farida, Schwester seiner Mutter, bot manchmal ihre Hilfe an.

Narriman nahm die Wachteln und die Hasen und legte sie auf eine Matte. Sie holte ihre Geräte, schürte das Feuer, ließ sich zur Arbeit nieder.

Im Westen – und ganz leicht gen Süden hin – ging die Sonne zur Ruh. Zwischen Gipfelhöhen stach ein Finger aus Feuer vor und stieß ins Wadi, verscheuchte die Schatten. Mowfik hob den Kopf.

Er wurde bleich. Sein Mund öffnete sich, schloß sich wieder. Schließlich stammelte er: »Was?«

Sie erzählte ihm von dem Reiter.

Er saß mit gebeugtem Kopf. »Ah, nein. Nicht mein kleiner Fuchs.« Und wie als Antwort auf eine zuvor gestellte Frage: »Da

sind jene, die auch Karkur nicht kränken mag. Der Reiter dient einem größeren, als er es ist.« Dann, nachdenklich: »Aber vielleicht wurde ihm der Weg gewiesen. Für sein Erscheinen muß es einen tieferen Grund geben als ein Fest zur Feier einer erfolgreichen Jagd.« Er erhob sich, trat in die Schatten und blickte zu dem gefürchteten Gebirge, in das kein Stamm vorzudringen wagte. Dann sagte er: »Bereite nur solches Fleisch zu, das verderben könnte, ehe wir es räuchern.«
»Verrate mir, was das bedeutet, Vater.«
»Ich glaube, du bist alt genug. Und du bist – *erwählt*. Die Herren oder Meister – haben ihn geschickt, um ihr Zeichen zu setzen, damit alle es wissen können. Es ist lange her, daß ein Shaghûn kam. Das letzte Mal geschah es zur Zeit meiner Mutter.«

III

Mowfik war im Norden gewesen, und er hatte in fremden Wassern gebadet. Er konnte das Undenkbare denken. Er konnte sich vorstellen, den Meistern zu trotzen. Und er griff tief in seine Kriegsbeute, um Makrams Esel zu kaufen. Dann lud er alles, was er besaß, auf zwei Tiere und schritt davon. Nur ein einziges Mal blickte er zurück. »Ich hätte niemals zurückkommen sollen.«
Sie zogen in nördlicher Richtung, über Wildfährten, durch hohes Felsgelände, vorbei an den Gefilden anderer Stämme. Zwölf Tage verbrachten sie in den Hügeln, bevor sie hinabstiegen zu einer großen Oase. Zum erstenmal sah Narriman Menschen, die in Häusern wohnten. Sie hielt sich dicht bei Mowfik. Wie fremd war doch alles!
»Dort. Im Osten. Das ist el Aswad, die Wahlig-Feste.« Narriman sah ein großes Steinzelt, das einen kahlen Hügel krönte. »Und dort – in einer Entfernung von einem Vier-Tage-Ritt – liegt Sebil el Selib, der Zugang zum Meer.« Er wies in nordöstlicher Rich-

tung. Und schwenkte den Arm gen Westen. »Dort draußen befindet sich das große Erg mit dem Namen Hammas al Nakir.«
Hitze flimmerte über der Wüste des Todes. Für einen Augenblick glaubte Narriman, die Märchentürme von Ilkazar zu sehen, aber das war nur Einbildung: Phantasie, erzeugt durch die Geschichten, die Mowfik über seine Abenteuer in der Fremde erzählte. Ilkazar war seit vier Jahrhunderten eine Ruine.
»Wir werden hier tränken, dann das Erg überqueren und uns dort drüben niederlassen. Der Shaghûn wird uns niemals finden.«
Sie brauchten acht Tage, manche nutzlos verschwendet, um Wadi el Kuf zu erreichen, die einzige Oase im Erg. Und weitere vierzehn Tage dauerte es, bis sie einen Platz fanden, um sich niederzulassen.
Das neue Leben war verwirrend. Zwar sprachen die Menschen dieselbe Sprache, doch gingen ihre Gedanken ganz andere Wege. Narriman hatte das Gefühl, den Verstand zu verlieren, bevor sie sich einleben konnte. Aber sie lebte sich ein: Sie, Mowfiks Tochter, von verwegenem Schlag, die alles bezweifeln konnte und nur glaubte, was sie für richtig hielt. Sie und ihr Vater blieben Außenseiter, doch in geringerem Maße als unter ihren eigenen Leuten. Narriman mochte diese – die seßhaften – Menschen lieber. Ihr fehlten nur die alte Farida und Karkur. Mowfik behauptete, Karkur weile im Geist bei ihnen.

IV

Narriman war zwölf, als der Reiter abermals erschien.
Mit ihren Freunden Ferial und Feras befand sie sich draußen auf dem Feld, einem Stück kargen, steinigen Bodens. Ferials Vater hatte es billig gekauft und Mowfik ein Viertel des Ertrages angeboten als Entgelt für seine Hilfe. An diesem Morgen – die beiden Männer waren abwesend – beschäftigten sich die Kinder damit,

Steine herauszuklauben und zu einer Art Wall aufzuschichten. Feras drückte sich nach Kräften vor der Arbeit und wurde von Narriman und seiner Schwester mit Verachtung gestraft. Er war es, der den Reiter entdeckte.

Vor dem Hintergrund aus Schatten und dunklem Fels ließ sich der Mann kaum erkennen. Überdies verbarg ein mächtiger Block den Leib seines Tiers. Doch er war dort. Spähte reglos herüber. Narriman fühlte ein Schaudern. Wie hatte er sie gefunden?

Er diente den Meistern. Deren Zauberkraft war gewaltig. Mowfik hatte sich getäuscht: Man konnte ihnen nicht entkommen.

»Wer ist er?« fragte Ferial. »Warum fürchtest du dich?«

»Ich fürchte mich nicht«, log Narriman. »Er ist ein Shaghûn.« Hier im Norden hatten manche Herren eigene Shaghûns. Sie mußte ergänzen: »Er reitet für die Meister des Jebal.«

Ferial lachte.

Narriman sagte: »Hättest du im Schatten des Jebal gelebt, du würdest es glauben.«

Feras sagte: »Kleiner Fuchs, deine Lügen sind riesengroß.«

Narriman spie vor seine Füße. »Du bist so ungeheuer mutig, wie?«

»Ich habe keine Angst vor ihm.«

»Dann komm mit mir mit. Fragen wir ihn, was er will.«

Feras blickte zu Narriman, zu Ferial, wieder zu Narriman. Sein männlicher Stolz ließ ihn nicht zurückweichen.

Auch Narriman besaß ihren Stolz. Ich werde nur ein Stück des Weges gehen, dachte sie. Bis Feras den Schwanz einklemmt und Fersengeld gibt. In die Nähe des Reiters gehe ich nicht.

Ihr Herz schlug wie wild. Feras schluckte, lief dann zu ihr. Ferial rief: »Komm zurück, Feras. Ich werde es Vater sagen.«

Feras stöhnte. Am liebsten hätte Narriman laut gelacht, doch ihre eigene Angst war zu groß. Feras saß in der Falle seines eigenen Stolzes.

Mit zusammengebissenen Zähnen hielt er sich an Narrimans Seite. Von einem Mädchen würde er sich nicht ausstechen lassen, niemals.

Nur noch einen Steinwurf waren sie von dem Reiter entfernt. Plötzlich machte Feras kehrt und rannte davon. Narriman fühlte den harten Blick des Shaghûn. Nur noch ein paar Schritt, um zu zeigen, daß sie Feras ausgestochen hatte.
Sie nahm sich zusammen, machte entschlossen fünf große Schritte und blickte auf. Der Shaghûn blieb reglos. Sein Pferd schleuderte den Kopf, schüttelte Fliegen ab. Ein anderes Pferd, doch derselbe Mann ... Sie begegnete seinem Blick.
Sie fühlte einen sonderbaren Bann. Der Shaghûn winkte, eine kaum wahrnehmbare Gebärde. Ihre Füße bewegten sich, Schritt um Schritt, näher und näher. Ihre Angst stieg. Der Shaghûn saß ab, ohne den Blick von ihr zu lösen. Er nahm sie beim Arm, zog sie in den Schatten des Felsens, schob sie gegen die Wand aus Stein.
»Was willst du?«
Er nahm das verhüllende Tuch von seinem Gesicht.
Ein noch junger Mann, kaum über zwanzig, von stattlichem Äußeren, den Hauch eines Lächelns auf den Lippen, doch mit kalten, gnadenlosen Augen.
Er streckte die Hand vor und entfernte den Schleier, den sie erst seit Monaten trug. Sie zitterte wie ein gefangener Vogel.
»Ja«, flüsterte er. »Du bist so schön, wie sie es verhießen.« Er berührte ihre Wange.
Sie konnte seinen Augen nicht entkommen. Sacht, sacht zog er hier, lockerte dort, löste, löste; und sie war nackter denn je seit ihrer Geburt.
In ihrem Herzen rief sie Karkur an. Karkur hatte Ohren aus Stein. Sie erzitterte bei der Erinnerung an Mowfiks Worte: daß es Mächte gab, vor denen Karkur sich beugen mußte.
Der Shaghûn häufte beider Gewänder auf einem schmalen Lager. Wie ein Keuchen kam es aus Narrimans Mund, als er hochaufgerichtet vor ihr stand, und sie schloß die Augen; doch es half nichts. Seine Hände griffen nach ihrem nackten Fleisch und zwangen sie sacht zu Boden.
Er stieß ein glühendes Eisen in sie, zur Strafe für ihre Flucht. All

ihrer Entschlossenheit zum Trotz begann sie zu wimmern, zu flehen: nein, nein. Da war kein Erbarmen in ihm.
Beim zweitenmal ließ der Schmerz nach. Sie war wie betäubt. Mit zusammengepreßten Augen ertrug sie. Und versagte ihm den Triumph, sie winseln zu hören.
Als er zum dritten Mal in sie eindrang, öffnete sie die Augen, und beider Blicke verschränkten sich ineinander.
Die Wirkung war unbeschreiblich: tausendmal stärker als zuvor. Ihre Seele verschränkte sich mit seiner. Sie wurde ein Teil von ihm. Ihre Lust war so groß, so allverschlingend, wie es beim erstenmal ihr Schmerz gewesen war. Sie flehte, doch nicht um Gnade.
Dann erhob er sich, griff nach seinen Kleidern, und sie weinte wieder, in doppelter Scham, weil er sie dazu gebracht hatte zu genießen, was er tat.
Seine Bewegungen wirkten jetzt fahrig, nicht mehr so sicher. Hastig und nachlässig kleidete er sich an. In seinen Augen war Furcht. Er schwang sich auf sein Pferd, bohrte seine Fersen ein.
Narriman krümmte sich zusammen in Erniedrigung und Schmerz, und schluchzte.

V

Männer brüllten. Pferde wieherten. »Dorthin ist er geritten!«
»Da ist er! Hinter ihm her!«
Mowfik saß ab und warf seinen Mantel über Narriman. Sie vergrub ihr Gesicht in seinen Kleidern.
Der Lärm entfernte sich: das Donnern der Hufe, die Schreie der Wut, das Rasseln der Waffen. Mowfik berührte sie. »Kleiner Fuchs?«
»Geh fort. Laß mich sterben.«
»Nein. Dies wird vorübergehen. Dies wird vergessen sein. Den

Tod vergißt man nicht.« Seine Stimme bebte vor Zorn. »Sie werden ihn fangen. Sie werden ihn zurückbringen. Ich werde dir mein Messer geben.«
»Sie werden ihn nicht fangen. Er besitzt die *Macht.* Ich konnte mich nicht gegen ihn wehren. Er machte es, daß ich ihn *wollte.* Geh fort. Laß mich sterben.«
»Nein.« Mowfik war in den Kriegen des Nordens gewesen. Er hatte Vergewaltigungen gesehen. Frauen überlebten. Gewiß, wenn die eigene Tochter das Opfer war, schien es besonders schlimm; doch er wußte, daß das Leben weiterging.
»Du weißt, was sie sagen werden.« Narriman hüllte sich enger in seinen Mantel. »Ferial und Feras werden erzählen, was sie gesehen haben. Die Leute werden glauben, ich sei freiwillig gegangen. Sie werden mich eine Hure nennen. Und was sie mich nennen, werde ich sein müssen. Welcher Mann würde mich jetzt noch haben wollen?«
Mowfik seufzte. Es war nur zu wahr. Wenn die Jäger zurückkehrten, darüber enttäuscht, daß ihnen auf eigenem Territorium ein Mann entkommen war, würden sie nach einer Ausflucht suchen – und sich kaum noch sehr um Gerechtigkeit scheren. »Zieh dich an.«
»Laß mich sterben, Vater. Laß mich meine Schande von deinen Schultern nehmen.«
»Hör damit auf. Zieh dich an. Wir haben einiges zu tun. Wir werden verkaufen, solange die Leute noch voll Mitgefühl sind. Wir haben hier neu begonnen. Wir können woanders wieder anfangen. Auf. In deine Kleider. Willst du, daß man dich so sieht? Zeit, Mut zu beweisen.«
Wenn andere sie kränkten, ihr weh taten, sagte er das stets zu ihr: »Zeit, Mut zu beweisen.«
Unter Tränen kleidete sie sich an. »Hast du das auch zu Mutter gesagt?« Ihre Mutter war ein mutiges Mädchen aus dem Norden gewesen. Die Liebe hatte sie nach Süden geführt, in eine Fremde, die ihr fremd blieb.
»Ja. Sehr oft. Aber ich hätte den Mund halten sollen. Es wäre

besser gewesen, im Norden zu bleiben. Nichts von allem wäre geschehen, wenn wir bei ihren Leuten geblieben wären.«
Es gelang Mowfik, seinen Besitz günstig abzustoßen. Sein Partner versuchte nicht, ihn zu übervorteilen. Er bezahlte großzügig. Es blieb Mowfik erspart, auf seine Kriegsbeute zurückzugreifen.

VI

Ein Hauptmann namens Al Jahez, dem Mowfik in den Kriegen gedient hatte, gab ihm einen Posten als Jäger. Mowfik und Narriman waren jetzt achthundert Meilen weit vom Wadi al Hamamah geflohen.
Bald nach ihrer Ankunft begann Narriman das Schlimmste zu befürchten. Aber sie schwieg, bis kein Irrtum mehr möglich war. Dann vertraute sie sich Mowfik an.
»Vater, ich erwarte ein Kind.«
Seine Reaktion war unerwartet. »Ja. Das war ja sein Ziel – etwas von seiner Art zu zeugen.«
»Was sollen wir tun?« fragte sie entsetzt. Ihr Stamm hatte sich unversöhnlich gezeigt. Die seßhaften Völker waren in diesen Dingen auch nicht viel großzügiger.
»Kein Grund zur Besorgnis. Ich habe bereits bei unserer Ankunft mit Al Jahez darüber gesprochen. Er ist ein harter und religiöser Mann, kommt jedoch ursprünglich von el Aswad. Er weiß, was vom Jebal zu erwarten ist. Der Schäfer, der seine Ziegen hütet, ist alt. Al Jahez wird uns in die Hügel schicken, um ihn abzulösen. Wir werden uns dort mehrere Jahre aufhalten, während Al Jahez das Gerücht ausstreut, du seiest eine Witwe. Wenn du zurückkommst, wirst du für dein Alter jung aussehen. Für eine solche Witwe werden Männer miteinander kämpfen.«
»Warum bist du so gütig? Seit der Reiter ins Wadi kam, hast du mit mir nur Mühe und Plage gehabt.«

»Du bist meine Tochter. Du bist alles, was ich habe. Ich lebe, wie es der Jünger gebietet – anders als so viele, die sich zu seinem Glauben bekennen, weil es ihnen opportun erscheint.«
»Und dennoch verbeugst du dich vor Karkur?«
Er lächelte. »Man sollte keine Möglichkeit außer acht lassen. Ich werde mit Al Jahez sprechen. Noch in dieser Woche brechen wir auf.«
Das Leben in den Hügeln, das Ziegenhüten, war nicht unangenehm. Zwar schien das Land hart, doch so wild wie das Land in der Heimat war es nicht. Wenige Wölfe und Löwen gab's. Selten nur gerieten Zicklein in Gefahr.
Indessen ihr Leib schwoll und der Zeitpunkt der Entbindung nahte, stieg in Narriman die Angst. »Vater, ich bin dafür nicht alt genug. Ich werde sterben. Das weiß ich.«
»Nein, du wirst nicht sterben.« Er sagte ihr, daß auch ihre Mutter Angst gehabt hatte. Daß alle Frauen Angst hatten. Er versuchte nicht, ihr einzureden, daß ihre Furcht grundlos sei. Doch versicherte er, gefährlicher als das Gebären selbst sei eben diese Furcht. »Ich werde bei dir sein. Ich werde dafür sorgen, daß alles seinen Gang geht. Und Al Jahez hatte versprochen, seine beste Hebamme zu schicken.«
»Vater, ich begreife nicht, weshalb du so gut zu mir bist. Und mich verblüfft, daß er so gut zu dir ist. Ihm kann doch nicht soviel an dir liegen, nur weil du mit ihm geritten bist.«
Mowfik hob die Schultern. »Vielleicht weil ich ihm in der Schlacht der Kreise das Leben gerettet habe. Im übrigen gibt es mehr gerechte Menschen, als du glaubst.«
»Du sprichst nie über die Kriege. Nur von den Orten, wo du warst.«
»Das sind keine glücklichen Erinnerungen, kleiner Fuchs. Sterben und töten und sterben. Und am Ende – nichts gewonnen, weder für mich, noch zum Ruhme des Herrn. Wirst du, wenn du einmal alt bist, den Jungen von diesen Tagen erzählen? Jene Tage waren nicht glücklich, aber ich habe mehr gesehen als irgendein al Mubarak zuvor oder seither.«

Er war der einzige von einem Dutzend Freiwilliger, der überlebt hatte. Und hierin – und weniger in seiner Verheiratung mit einer Fremdländischen – lag wohl der Grund, daß er zum Ausgestoßenen geworden war: Die alten Leute verübelten es ihm, daß er noch lebte, während ihre Söhne das Leben hatten lassen müssen.
»Was werden wir mit einem Baby tun, Vater?«
»Was? Was Menschen immer tun. Wir werden ihn großziehen, damit ein Mann aus ihm wird.«
»Es wird ein Junge werden, ja?«
»Daran zweifle ich nicht, aber ein Mädchen wird genauso willkommen sein.« Er lachte leise.
»Wirst du ihn hassen?«
»Ihn hassen? Wir sprechen vom Kind meiner Tochter. Ich kann den Vater hassen, aber nicht das Kind. Das Kind ist schuldlos.«
»Du bist in fremden Länder gereist. Kein Wunder, daß die Alten dich nicht mochten.«
»Die Alten gehen dahin. Ideen sind unsterblich. So spricht der Jünger.«
Später fühlte sie sich besser, doch ihre Furcht legte sich nicht.

VII

»Ein Prachtsohn«, sagte die alte Frau mit zahnlosem Lächeln. »Ein Prachtsohn. Ich sage dir voraus, kleine Herrin, daß er einer von den Großen werden wird. Schau, hier steht es, in seinen Händen.« Sie hielt das winzige, rosafarbene, wie verschrumpfte Wesen in die Höhe. »Und er kam mit der Glückshaube zur Welt. Nur bei den wirklich Erwählten, den Auserwählten ist das so. Ja, du hast einen Großen geboren.«
Narriman lächelte, obwohl nur ein Bruchteil des Geschwätzes an ihr Bewußtsein drang. Endlich war der Kampf vorbei, schienen die Schmerzen erträglich, nur das zählte jetzt. Sie empfand eine große

Wärme für das Kind, doch fehlte es ihr an Kraft, dies auszudrükken.
Mowfik steckte den Kopf ins Zelt. »Sadhra. Ist alles in Ordnung?« Sein Gesicht wirkte bleich. Undeutlich begriff Narriman, daß auch er Angst ausgestanden hatte.
»Beide haben es ausgezeichnet überstanden. Al Jahez hat einen Patensohn, auf den er stolz sein kann.« Sie wiederholte ihre Prophezeiung.
»Alte Mutter, erzähle ihm das lieber nicht. Das schmeckt nach Aberglauben. Er ist sehr streng, was religiöse Abweichungen betrifft.«
»Was Menschen glauben, seien sie gewöhnliche Menschen oder die Erwählten des Herrn, kann nichts am Gesetz der Natur ändern. Omen sind Omen.«
»Mag sein. Mag sein. Solltest du ihr nicht das Kind geben?«
»Ja, das sollte ich wohl. Ich wiege ihn so in den Armen, damit ich später einmal sagen kann, daß ich einen solchen gehalten habe.« Sie legte das Kind an Narrimans Brust. Es nahm die Brustwarze, doch ohne Begeisterung.
»Keine Sorge, kleine Herrin. Bald wird er herzhaft saugen.«
»Danke, Sadhra«, sagte Mowfik. »Al Jahez hat eine gute Wahl getroffen. Ich stehe in euer beider Schuld.«
»Es war mir eine Ehre, Herr.« Sie verließ das Zelt.
»Ein *solcher*, wie, kleiner Fuchs? Erweist sich als Hammer Gottes, noch bevor er den ersten Atemzug macht.«
Narriman blickte zu ihm empor. Er war nicht bloß müde. Er wirkte beunruhigt. »Der Reiter?«
»Er ist dort draußen.«
»Dachte ich's doch. Ich habe ihn gespürt.«
»Ich habe versucht, mich an ihn heranzupirschen; konnte ihn nicht stellen. Weit habe ich mich nicht hinausgewagt.«
»Vielleicht morgen.« Während sie langsam in Schlaf sank, dachte sie jedoch: »Du wirst ihn niemals fangen. Mit Hilfe der *Kraft* wird er dich irreleiten. Kein Krieger wird ihn fangen. Zeit oder Zauber werden sein Tod sein.«

Sie schlief. Und träumte von dem Reiter und davon, wie es für sie beim drittenmal gewesen war.
Davon träumte sie oft. Es war das einzige, was sie vor Mowfik geheimhielt. Er würde es nicht verstehen, verstand sie es doch selber nicht.
Vielleicht war sie ja im Herzen eine Hure.

VIII

Narriman nannte das Kind Misr Sayed bin Hammad al Mubarak, und das hieß, Misr Sayed, Sohn der Wüste, vom Stamm der al Mubarak. Hammad konnte auch ein Männername sein, und so wurde er der Name ihres nichtvorhandenen Gatten. Misrs Großvater allerdings nannte den Knaben Towfik el-Masiri oder Kamelfüße, was er aus irgendeinem Grunde lustig fand.
Misr wuchs rasch, lernte schnell und strotzte vor Gesundheit. Er war weder anfällig noch zimperlich, auch nicht, als er die ersten Zähne bekam. Meist fühlte er sich glücklich, und seinen Großvater herzte er stets voll Freude. Narriman hörte nicht auf, sich zu wundern, daß sie einen einzigen Menschen so sehr lieben konnte.
»Wie bringen es Frauen fertig, mehr als ein Kind zu lieben?« fragte sie.
Mowfik zuckte die Achseln. »Das ist für mich ein Geheimnis. Ich war meiner Mutter einziges Kind. Du bist deiner Mutter einziges Kind.«
Die ersten beiden Jahre verliefen idyllisch. Das Kind und die Ziegen hielten sie genug in Atem, um die Sorgen zu vertreiben. Im dritten Jahr jedoch wurde Mowfik immer mürrischer. Sein Herz war nicht beim Spiel mit Misr. Eines Tages fand ihn Narriman, wie er sein Kriegsschwert schliff und die Hügel beobachtete. Nun begriff sie. Er erwartete den Reiter.
Der Gedanke befeuerte ihre Phantasie. Es gelüstete sie nach dem

Shaghûn. Sie hielt die linke Hand dicht ans Feuer, bis die Schmerzen die tiefe Lust vertrieben.
Kurz nach Misrs drittem Geburtstag sagte Mowfik: »Ich werde Al Jahez besuchen. Es ist an der Zeit, daß du Hammads Witwe wirst.«
»Werden wir dort sicherer sein? Wird der Shaghûn nicht genauso herbeireiten wie zuvor?«
»Al Jahez glaubt das nicht. Er meint, die Priester könnten ihn verjagen.«
Narriman trat zum Zelteingang. Ihr Blick glitt über die abweisenden Hügel. »Reite zu ihm. Zwar fürchte ich die Menschen mit ihrem Schandgeschrei, aber noch mehr fürchte ich den Shaghûn.«
»Darauf hatte ich gehofft.«

Ihre innere Anspannung begann sich zu verlieren. Die Nacht war ohne Zwischenfall verstrichen. Gegen Mittag würde Mowfik zurücksein. Jetzt nur keine Unruhe aufkommen lassen; sie mußte sich irgendwie beschäftigen.
Es war fast schon Mittag, als Misr rief: »Mama, Großvater kommt.« Seufzend legte sie ihre Flickarbeit aus der Hand und erhob sich, um Mowfik entgegenzugehen.
»Oh, nein. Karkur beschütze uns.« Misr hatte sich geirrt, ein verzeihlicher Irrtum: Das Kind kannte, außer Mowfik, kaum einen Reiter.
Der Shaghûn war noch weit unten im Tal; er hielt auf Narriman zu. Überlebensgroß wirkte er, wie eine ferne Stadt, deren Bild im Flimmern über dem Erg aufstrahlte. Ganz ohne Eile bewegte er sich, und der stete Rhythmus seines Pferdes war von eigentümlicher Faszination. Doch er schien nicht näherzukommen.
»Geh ins Zelt, Misr.«
»Mama?«
»Geh schon. Und komm nicht heraus, bevor ich's dir sage. Egal, was geschieht.«
»Was ist denn, Mama.«

»Misr! Geh!«
»Mama, du machst mir angst.«
Ihr Blick war streng. Er eilte nach innen. »Schließe den Eingang.«
Sie wandte den Kopf. Der Reiter wirkte jetzt doppelt so groß. Dennoch schien er kaum nähergekommen zu sein. Noch immer bewegte er sich ohne Eile. Die Scham in ihrem Herzen wuchs mit der Hitze in ihren Lenden. Sie wußte, daß er sie nehmen würde, und in ihr war eine große Gier.
Er kam näher. Für einen Augenblick dachte sie an Flucht: an ein Entkommen in die Hügel. Aber welchen Sinn sollte das haben? Er würde sie fangen. Und Misr wäre allein.
Sie griff nach dem Bogen, den Mowfik bei der Jagd benutzte. Schon schwirrte ein Pfeil dem Reiter entgegen. Und verfehlte ihn.
Sie verstand sich auf diese Waffe. Handhabte sie besser als ihr Vater, der sich immer wieder verwunderte, daß eine Frau etwas besser konnte als ein Mann. Sie hätte ihr Ziel nicht verfehlen dürfen. Sie ließ den zweiten Pfeil folgen, den dritten.
Keiner traf. Erst der vierte ritzte die Djellaba des Shaghûns, doch da war er schon ganz nah. Einen fünften Schuß tat sie nicht. Sie hatte seine Augen gesehen.
Der Bogen entfiel ihrer Hand. Er saß ab und kam auf sie zu, griff nach ihr.
Zeit verging, eine Stunde vielleicht. Ein kurzer Zwischenfall haftete in ihrer Erinnerung fest, ebenso absurd wie amüsant. Während der Reiter in sie hineinstieß, kam Misr aus dem Zelt – und rannte herbei und biß dem Mann ins Hinterteil; ein Vorfall, den sie niemals vergessen würde in seiner eigentümlichen Mischung aus Heiterkeit und Qual.
Danach starrte der Shaghûn ihr in die Augen. Sein Wille bezwang sie. Betäubt taumelte sie in Schlaf.

Flüche weckten sie auf. Wilde Verwünschungen voller Haß. Sie fühlte sich zu erschöpft, um die Augen zu öffnen.
Die Erinnerung kehrte zurück. Wieder sah sie den Mann in

Schwarz, wie er das Tal heraufgeritten kam, unausweichlich, in schnurgerader Linie, wie der Pfeil der Zeit. Sie erinnerte sich an seine Berührung, an ihre wie fieberhafte Reaktion. Sie spürte die Sonne auf ihrer Nacktheit. Und erhob sich hastig, um sich wieder in ihr Gewand zu hüllen.

Mowfik stand mit seiner Axt bei einem umgestürzten Baum. Fluchend hieb er darauf ein. Er lästerte Karkur und auch den Herrn des Jüngers. Furchtsam schlüpfte Narriman in ihre Kleider.

Erschöpfung lähmte Mowfik. Er setzte sich auf den Baumstamm und weinte. Narriman trat zu ihm, um ihn zu trösten.

»Es ist gut, Vater. Er hat mir nicht weh getan. Er hat mich wieder geschändet, aber er hat mir nicht weh getan.« Sie schlang die Arme um ihn. »Es wird wieder alles gut sein, Vater.«

»Kleiner Fuchs, er hat Misr mitgenommen. Diesmal ging es ihm nicht um dich.«

IX

Narriman wurde eine andere, verbittert, hart. Die Narriman von Wadi al Hamamah hätte diese Narriman nicht wiedererkannt. Sie hätte sich vor ihr gefürchtet.

Mowfik nahm sie mit zu Al Jahez. Der Hauptmann war vor Empörung außer sich. Er schickte seine Leute aus, um im Land nach dem Shaghûn zu suchen. Er versetzte das Königreich in Alarmzustand. Und vom Allerhöchsten Mrazkim-Heiligtum erbat er einen Bannfluch sowie Gebete, um Gott den Herrn zum Eingreifen zu bewegen.

»Das ist alles, was ich tun kann. Doch es ist zwecklos. Niemand wird ihn sehen. Jene, die den Meistern dienen, kommen und gehen, wie es ihnen gefällt.«

»Kann denn keiner etwas tun?« fragte Narriman scharf. »Wie

lange geht das schon so? Wie viele Frauen haben dies erleiden müssen?«

»Wie lange? Nun, seit jeher«, erwiderte Al Jahez. »Das war während der Zeit des Imperiums so und auch schon vor dem Imperium. Es wird morgen nicht anders sein.«

»Warum wird dem nicht Einhalt geboten?«

»Weil es zwecklos ist. Einer der Kaiser hat es versucht. Er schickte eine Armee in den Jebal. Nicht ein einziger Mann kehrte zurück.«

Der Stachel der Enttäuschung saß tief. Narriman wußte, wie vergeblich der Kampf gegen die Meister war. Doch hier handelte es sich um etwas Persönliches. Zwischen ihr und diesem einen Shaghûn. Die Meister waren nur Schatten jenseits des Horizonts, viel zu vage, um von Gewicht zu sein im Widerstreit der Gefühle.

»Dieser Mann hat meinen Sohn entführt. *Meinen* Sohn. Ich lasse seinen Anspruch nicht gelten. Er hat nichts getan, als mich auf den Rücken zu zwingen.«

»Narriman?« sagte Mowfik verblüfft.

»Ich will meinen Sohn zurück!«

»Wir können da nichts tun«, sagte Al Jahez. »Der Shaghûn ist, wer er ist, und wir sind, wer wir sind.«

»Nein.«

»Narriman?« Wieder war Mowfik bestürzt.

»Ich habe den ganzen Tag darüber nachgedacht, Vater. Ich werde Misr suchen.«

Al Jahez sagte: »Aber du bist noch ein Kind. Und eine Frau.«

»Ich bin in den letzten Jahren erwachsen geworden. Mag ich auch klein sein, so bin ich doch kein Kind. Was mein Geschlecht betrifft, so magst du sagen, was du willst. Es wird meinen Entschluß nicht ändern,«

»Narriman!«

»Vater, hör endlich damit auf. Du hast zu mir gehalten, als ich dich bat, mich mir selbst zu überlassen. Du hast mich mit einer Liebe umhegt, die ich nicht verdiente. Halte jetzt zu mir. Gib mir, was ich brauche, um Misr zurückzubekommen. Lehre mich, was ich wissen muß.«

Al Jahez schüttelte den Kopf. »Mowfik, du hattest recht. Sie *ist* außergewöhnlich.«

»Kleiner Fuchs ... Es würde so lange dauern. Und ich bin nicht reich. Ich habe nicht die Mittel für Waffen und Pferde und ...«

»Wir haben ein Pferd. Wir haben ein Schwert. Du warst Soldat. Ich kann in der Wildnis überleben.« Mowfik seufzte. »Das Schwert ist zu schwer, Mädchen.«

Narriman blickte zu Al Jahez. Der Hauptmann schien zwischen seinen Kissen verschwinden zu wollen.

»Kleiner Fuchs, ich möchte nicht auch noch dich verlieren. Das könnte ich nicht ertragen.« Mowfik stockte. Narriman sah eine Träne in seinem Auge. Das war viel, sehr viel für einen Mann, der sich nur selten etwas von seinen Gefühlen anmerken ließ.

Er wollte sie nicht davonreiten lassen. Sein Herz sagte ihm, daß er sie nie wiedersehen würde.

Der dunkle Reiter hatte sie ihm geraubt, genauso wie er Misr geraubt hatte. Narriman schlang ihre Arme um Mowfik. »Vater, ich muß dies tun. Kannst du das nicht verstehen?«

»Ja, ja, gewiß. Ich muß es wohl verstehen können.«

Al Jahez sagte: »Dies ist alles andere als klug. Ganz abgesehen von der Unmöglichkeit, es mit dem Shaghûn und dem Jebal aufzunehmen – was würde mit einer einsamen jungen Frau geschehen? Selbst ehrenwerte Männer würden in ihr Freiwild sehen, von Sklavenhändlern und Banditen ganz zu schweigen. Zwar hat der Jünger ein Gesetz verfügt, Kleine, doch herrscht, wie stets, der Böse über den größten Teil des Landes.«

»Mit solchen Problemen muß man fertigwerden, wenn sie sich stellen.« Aber er hatte recht. Das konnte sie nicht leugnen. Frauen genossen keinerlei Recht, keinen Schutz. Als der Shaghûn sie auf den Rücken zwang, entehrte er ihren Vater, nicht sie. Eine unbegleitete Frau war eine Nicht-Person.

Ihr Entschluß blieb unerschütterlich. Verdammt sollten sie sein, die Probleme und jeder, der sich ihr in den Weg stellte.

X

Wenn Narriman etwas wirklich wollte, setzte sie ihren Kopf durch. Mowfik gab schließlich nach, und Al Jahez erklärte sich mürrisch bereit, für ihre Ausbildung zum Kampf zu sorgen.

Mit grimmiger Entschlossenheit unterzog sie sich den Übungen und gewann nach und nach die Achtung von Al Jahez' Leuten. Sie kam früh und ging spät und arbeitete härter als irgendeiner der Jünglinge.

Sie war hart. Wehleidigkeit kannte sie nicht. Ihre Ausbilder nannten sie Füchsin und wichen zurück, wenn in ihren Augen das tödliche Feuer glühte.

Eines Tages bedrängte sie Mowfik, sie zum Hauptmann zu führen. Sie sagte zu Al Jahez: »Ich bin bereit. Morgen breche ich auf.«

Al Jahez blickte zu ihrem Vater. »Willst du dies zulassen, Mowfik? Eine Frau in Waffen? Es ist gegen die Natur.«

Narriman sagte: »Halte mich nicht auf. Vater ist längst einverstanden. Ich werde gehen, ob mit deinem Segen oder ohne.«

»Mowfik, untersage ihr diesen Wahnsinn.«

»Hauptmann, du hast ihre Worte gehört. Soll ich sie in Eisen legen?«

Al Jahez betrachtete sie, als wollte er sie einkerkern, zu seinem eigenen Schutz. »Dann gib sie mir zur Frau, Mowfik.«

Narriman musterte ihn sprachlos, doch sie begriff. Er wollte ihr rechtsmäßiger Ehemann werden, um über sie gebieten zu können. Falls sie dann rebellierte, konnte er sie jagen lassen wie eine entlaufene Sklavin.

Schrecken fiel sie an. Sie blickte zu ihrem Vater und sah, daß er sich versucht fühlte.

»Hauptmann, mein Herz und meine Seele bedrängen mich zu akzeptieren. Und doch vermag ich es nicht. Eine stärkere Stimme befiehlt mir, sie ziehen zu lassen, mag es mir auch noch so schwerfallen.«

Seufzend schickte Al Jahez sich drein. »Wie du willst. Kind. Bereite deinem Vater keine Sorgen, keine Schande.« Er musterte sie düster. »Füge ihm aus eigenen Stücken keine Unehre zu. Was ein Shaghûn tut, ist nicht deine Sache. Sie sind wie die großen Stürme im Erg. Der Mensch, ob Mann, ob Frau, kann nur sein Haupt beugen, bis die Stürme vorüber sind. Komm jetzt. Die Priester werden deine Suche segnen.«
Sie warteten, angetan mit schönen, feierlichen Gewändern. Al Jahez zwinkerte Narriman zu. »Siehst du? Selbst der alte Hauptmann fängt an, dich zu begreifen.«
»Vielleicht.« Doch konnte er wirklich auf den Grund ihrer Seele blicken?
Sie unterzog sich der Zeremonie, weil Mowfik und Al Jahez soviel daran lag. Sie ihrerseits würde mit Karkur reiten.
»Nun denn«, sagte Al Jahez. »Jetzt nur noch eines, dann mag es genug sein. Gamel. Das Kästchen.«
Ein Priester reichte ein Kästchen aus Sandelholz. Al Jahez öffnete es. Darin lag, auf weißer Seide, ein Anhänger: ein kleiner, hellgrüner Stein, wie ihn Narriman ähnlich schon oft gesehen. Al Jahez sagte: »Möge dieses Geschenk genügen, um dich zu belohnen, Mowfik.« Und zu Narriman: »Kind, der Jünger lehrt, daß selbst stillschweigende Billigung von Zauberei eine Sünde ist, doch Menschen müssen praktisch sein. Der Jünger selbst hat Shaghûn-Berater.
»Der Stein ist ein Amulett. Es wird dich warnen, wenn du in der Nähe von einem bist, der die *Kraft* besitzt. Befindest du dich in einer Entfernung von einer Meile oder mehr, so bleibt der Stein kühl. Kommst du ganz nah, so verbreitet er ein grünes Licht. Es ist die beste Waffe, die ich dir geben kann.«
Narriman versuchte, ihre Gefühle zu beherrschen. Doch es gelang ihr nicht. Tränen traten ihr in die Augen. Sie umarmte den Hauptmann. Unwillkürlich wich er zurück, doch auf seinem Gesicht spiegelte sich Zufriedenheit.
»Geh mit Gott, kleiner Fuchs. Und mit Karkur, wenn es dir gefällt.«

»Danke«, sagte sie. »Für alles. Besonders dafür, daß du Vaters Freund bist.«
Al Jahez schnaufte. »Ach, Kind. Was wären wir ohne Freunde? Nichts als abgetrennte Köpfe, dahinrollend durch den Sand.«

XI

Kurz bevor Al Jahez' Festung ihrem Blick entschwand, drehte Narriman sich noch einmal um. »Das ist gestern.« Sie blickte nach Süden, zum großen Erg. »Dort liegt morgen. Achthundert Meilen.« Sie straffte die Zügel, berührte das Amulett zwischen ihren Brüsten, auch ihre Waffen – und den Beutel, den Mowfik mit Kriegsbeute gefüllt hatte, als er sich unbeobachtet glaubte. Er hatte nichts unversucht gelassen, um sie von ihrem Vorhaben abzubringen; und alles getan, um ihr zu helfen.
Wieder drehte sie den Kopf. Würde man ihr Soldaten auf die Spur setzen, männliche Hüter für ihre angeblich hilflose Weiblichkeit?
»Los, Getreue«, sagte sie zu ihrer Stute. Die Festung entschwand. Narrimans Herz pochte. Sie war auf dem Weg. Allein. Ein abgetrennter Kopf, dahinrollend durch Sand – buchstäblich vom Rumpf gehauen, falls es dem schwarzen Reiter gefiel.
Sie rief sich seine Erscheinung zurück: wie er an dem Tag gewesen war, da er Misr entführt hatte. Wieder überkam sie jenes warme, gleichsam feuchte Gefühl, doch längst nicht so machtvoll. Haß hatte begonnen, jenes Feuer auszulöschen.
Wenn – dachte sie – eine Frau einem Mann doch nur antun könnte, was er mir angetan hat.

Die Wildnis war so, wie sie es hatte erwarten müssen, hart, grausam, ohne Erbarmen. Zweimal begegnete sie Männern, die in ihr ein Geschenk des Himmels sahen. Das erste Mal ritt sie ihnen

davon. Das zweite Mal, in die Enge getrieben, kämpfte sie. Und behielt zu ihrer eigenen Überraschung die Oberhand.
Immer wieder hatte sie sich gesagt, sie sei jedem Mann ebenbürtig; ohne jedoch im tiefsten Herzen daran zu glauben. Konnte die Weisheit der Jahrhunderte falsch sein? Sie ritt weiter, zuversichtlicher, reifer.

Das Erg war weit größer, als sie es in Erinnerung hatte. Und es war auch heißer, härter. Hier gab es nichts und niemand außer ihr.
»Der abgetrennte Kopf muß ohne seinen Körper rollen?« Oft sprach sie ihre Gedanken laut aus. Wer hätte sie hören sollen?
Ihr blieb keine Wahl: Sie mußte ins Wadi el Kuf. Dort musterte man sie erschrocken, eine Frau in Männerkleidung und voller Waffen, mit einer Sprache so rauh wie die wandernder Kämpen. Selbst die Huren zeigten sich entsetzt. Niemand wußte, was von ihr zu halten war. Sie kaufte Wasser, stellte Fragen und ritt weiter, bevor sich die Verblüffung legte.
Ein Mann folgte ihr, doch ein Pfeil brachte ihn zur Besinnung.
Sie ritt, und Staubteufel waren ihre Gefährten. Die al Mubarak glaubten, Staubteufel seien tanzende Ifrits. Sie rief ihnen zu, erhielt jedoch keine Antwort. Nach ein paar Tagen hatte sie sonderbare Gedanken: Ob das wohl Spione für die Meister seien. Sie verspottete, verhöhnte sie. Wieder blieb jede Reaktion aus.
Schließlich prüfte sie das Amulett. Weder zeigte es irgendein Licht, noch war es kühl. »Das sind so alte Geschichten.«
Sie ließ das Erg hinter sich und verweilte bei der Oase, die sie von der Reise gen Norden kannte. Wie in Wadi el Kuf fragte sie nach einem Mann in Schwarz, der ein Kind bei sich hatte. Aber auch dort hatte niemand einen solchen Reisenden gesehen.
»Natürlich«, murmelte sie. »Und vielleicht sprechen sie die Wahrheit. Aber er ist ein Mensch. Er *mußte* in Wadi el Kuf Station machen.« Doch brauchte er ja nicht als Shaghûn aus dem Jebal aufzutreten, nicht wahr?
Was tat's. Sie kannte ja sein Ziel.
Zwei Wochen vergingen. Sie ritt ins Wadi al Hamamah.

Die al Mubarak waren nicht dort. Es war die falsche Jahreszeit. Sie befanden sich weiter im Westen, wo sie wilde Kamele einzufangen versuchten, um ihre Herden zu vergrößern.
Narriman kampierte am gewohnten Ort, und als die Nacht sank, ging sie zu Karkur.
Sie erwies ihm Gruß und geziemende Ehrerbietung, und dann erzählte sie ihre Geschichte; denn es konnte ja sein, daß Mowfik sich irrte und er den al Mubarak nicht überallhin folgen konnte. Karkur saß und hörte zu, und Feuerschein ließ Schatten über sein häßliches Gesicht huschen.
Sie sagte: »Vater behauptet, du seist nicht so groß, wie ich dachte. Es gebe Mächtigere, so daß du manchmal nicht zu helfen wagst. Doch wenn du irgendwie helfen kannst, so hilf mir bei dem, was ich tun muß.«
Sie blickte das Bildnis an. Das Bildnis starrte zurück. Zeit verging. Das Feuer erlosch. Der Mond stieg, füllte den Kreis mit schwankenden Schatten.
»Karkur, da ist ein Mann namens Al Jahez. Er folgte dem Jünger, doch er ist ein guter Mann. Kannst du ihn belohnen? Kannst du Vater sagen, daß ich sicher hierher gelangt bin?«
Sie dachte: Ich spreche zu einem Felsklumpen, als ob dieser wirklich etwas tun könnte. »Sage Al Jahez, der abgetrennte Kopf spielt verrückt, sobald er abgestückelt ist.«
Der Mond war eine große, volle Scheibe, und wie in Wellen spülte Silberlicht über den Wadi. Sie lehnte sich zurück und schaute.
Irgendwas ließ sie erschrecken. Dummkopf, dachte sie. Du bist eingeschlafen. Ihr Dolch schmiegte sich in ihre Hand. Ihre Augen spähten in die Schatten, sahen nichts. Sie lauschte. Vergeblich. Und sog prüfend die Luft ein. Wieder nichts.
Sie fröstelte. Es wurde kalt. Kälter, so schien ihr, als sonst um diese Jahreszeit. Sie hüllte sich enger in ihren Umhang.
Plötzlich begriff sie: Die Kälte strahlte von einem ganz bestimmten Punkt aus – vom Amulett!
Sie holte es hervor. Grün! Glühendes Grün. Ihre Augen forsch-

ten in den Schatten? War der Shaghûn gekommen? Wollte er sie hier treffen?
Der Stein flammte. Ein Geräusch war zu hören, wie ein Knistern. Eine smaragdgrüne Schlange wand sich zwischen dem Amulett und Karkur. Ein kalter Wind umwirbelte den Kreis, trieb totes Laub gegen Narriman. Sie hob den Kopf. Nein. Der Himmel war klar, Sterne funkelten zu Myriaden. Der Mond verbreitete ein sanftes Licht.
Das Smaragdgrün der Schlange wandelte sich zu Bernstein, blutgeädert. Narriman starrte. Hatten sie nicht eben hiervon gesprochen, die Alten, wenn die Rede ging vom Großen Tod?
Die Schlange starb. Langsam wich die Kälte aus dem Amulett, das nun nichts war als ein kleiner, fahlgrüner Stein in ihrer Hand. Sie blickte zu Karkur.
»Was hast du getan? Was hast du mir gegeben? Nicht die Macht des Großen Todes?«
Das Bildnis starrte zurück, stumm wie stets. Gern hätte sie ihrem Zorn Luft gemacht. Doch Karkur zürnte dem Undank. Er war eher ein strafender als ein hilfreicher Gott. »Seinem Volk jedoch treu«, sagte sie. »Danke dir, Karkur.«
Hastig brachte sie das Abschiedsritual hinter sich und kehrte zu ihrer Lagerstätte zurück. Und sank in Schlaf, noch immer verwundert, daß Karkur auf seine Weise Antwort gegeben hatte.
Da waren Träume. Verwegene Träume. Sie ritt in den Jebal, ihres Weges absolut sicher. Und wußte, wann genau die erste Herausforderung zu erwarten war.
Der Traum endete. Die Sonne hatte sie geweckt. Sie fühlte sich frisch und ausgeruht. An jede Einzelheit des Traums erinnerte sie sich. Sie blickte ins Wadi hinab. Ein tumber Steingott? Sie betrachtete das Amulett, Al Jahez' Stein. Er wirkte nicht weniger gewöhnlich an diesem Morgen.

XII

Zuversichtlich folgte sie den Fährten, so schwach sie auch waren. Einmal bemerkte sie einen Stein, dessen freiliegende Seite dunkler wirkte: Erst vor kurzem hatte jemand diesen Weg genommen. Sie zuckte die Schultern. Das Amulett würde sie warnen.

Die Berge waren stumm. So stumm wie die ganze Welt, wenn man alleine ritt. Das große Erg war erfüllt gewesen von einer Stille, die so ungeheuer war wie der Tod. Hier jedoch, so schien es, hätte irgend etwas ertönen müssen, und sei es auch nur der Ruf eines Rotschwanzfalken im Flug. Aber die einzigen Geräusche kamen vom Wind in den verkrüppelten Eichen, von einem Bach mit plätscherndem Wasser.

Sie gelangte höher und höher hinauf. Manchmal blickte sie zurück, über die Hügel hinweg zum Wadi, zur Ebene dahinter, in eine Ferne, die wie erstarrt war in Dunst.

Nacht sank. Narriman lagerte, ohne Feuer. Sie trank Wasser, aß geräuchertes Fleisch und schlief dann, die Sterne hoch am Firmament.

Einmal schrak sie hoch, doch ihr Stein warnte vor keiner Gefahr. Stille herrschte in den Bergen, nur in den nahen Pinien rauschte der Wind. Über ein Dutzend Meteore zählte sie, schlief dann wieder ein.

Ihre Träume waren voll Leben. In einem sah sie ihren Vater. Hörte, wie er zu Al Jahez sagte, sie werde Wadi al Hamamah sicher erreichen.

Noch waren die Gipfelhöhen weit. Immer öfter mußte sie rasten. Die Mittagszeit kam, und sie gelangte auf Gelände, das verwüstet war von Feuer. Nackte, kahle Weite, eine fremdartige Landschaft.

Der Baumbestand wechselte. Eichen wurden seltener, Kiefern zahlreicher. Das Gebirge wandelte sein Gesicht, unähnlich allem, was Narriman je zuvor gesehen. Bizarre Felsgebilde ragten hoch, wie verdrehte Gelenke. Mit vertikaler, nicht horinzontaler Schich-

tung. Selbst dort, wo Erdreich und Gras den Fels deckte, ließ sich dies ahnen. Ferne Bergwände, unter grellem Licht, schienen mit Zebrastreifen verziert.
Noch höher hinauf. Die Eichen entschwanden. Und dann, auf dem Grund eines Canyons, entdeckte sie Bäume von so gewaltiger Größe, daß nicht einmal ein Halbdutzend Männer mit ausgebreiteten Armen den Stamm hätten umspannen können. Narriman fühlte sich winzig in ihren Schatten.
Am vierten Tag ritt sie diesen Canyon hinauf. Der Abend kam früh. Und fast wären ihr die Zeichen entgangen, die verrieten, daß sie sich dem ersten Wächter näherte. Rechtzeitig besann sie sich. Im schwindenden Licht war Eile verfehlt. Sie ritt ein Stück zurück und lagerte.
Irgendwann wurde sie wach. Was hatte sie aufgeweckt? Sie lauschte in die Nacht, begriff dann. Ein Traum war es gewesen. Und der Traum gebot ihr, den Wachposten zu umgehen.
»Komm, Getreue«, flüsterte sie. Und nahm die Zügel und schritt voran.
Sie wußte, welchen Weg sie nehmen mußte; und doch war es schwer. Ein steiler Anstieg, dichtes Gestrüpp. Nach wenigen Schritten verhielt sie und lauschte.
Dem Gestrüpp folgte kahles Gelände. Der lockere Boden bot keinen Halt. Mehrmals glitt sie aus. Dann strauchelte, schrill wiehernd, die Stute und rutschte eine Schräge hinab. Verbissen hielt Narriman sich fest.
Endlich war es vorbei. »Nur ruhig«, sagte sie zu dem Tier. »Ganz still, Getreue.«
In der Tiefe gewahrte sie eine Art Glühen, einen lichten Punkt. Überrascht stellte sie fest, daß sie viel höher geklettert war, als sie geglaubt hatte. Der lichte Punkt bewegte sich den Canyon entlang.
»Jetzt kann ich nicht scheitern. Nicht am ersten Hindernis.«
Ihr Herz hämmerte. Sie wollte schreien vor Zorn über all die Qual, die Torheit, die Laune des Schicksals.
Der lichte Punkt, tief unten im Canyon, trieb dahin; wanderte

höher am gegenüberliegenden Hang; kehrte um. Und machte die gleiche Tour auf Narrimans Seite; wiederholte bald darauf diese Wächterrunde, ohne sich weit vom Grund des Canyons zu entfernen. Nie näherte er sich genügend, um das Amulett zum Glühen zu bringen. Schließlich kam er zum Stillstand, schien zu verlöschen. Dennoch wiegte sich Narriman nicht in Sicherheit. Noch fünfzehn Minuten wartete sie.

Es dämmerte schon, als sie sich endlich Ruhe gönnte. Sie war erschöpft. »Brav, Getreue. Laß uns lagern.«

XIII

Ein Wiehern weckte sie. Sie eilte zu ihrem Pferd, preßte die Hände auf die Nüstern.

Nicht die Stute hatte gewiehert. Auf Felsgestein klang das Geräusch von Hufen, näherte sich. Das Amulett wurde zu einem Klumpen Eis. Durch die Bäume sah sie verschwommen einen Reiter, schwarzgewandet.

Dieser war untersetzter als ihr Shaghûn.

Ihr Shaghûn? Hatte er sie so tief berührt? Sie blickte in sich hinein; forschte nach dem Haß auf den Reiter und der Liebe für den Sohn – den Antrieben für ihren Ritt hierher, in den Jebal. Und sie fand ihn, den Haß, den unbesänftigen Haß.

Der Reiter entschwand. Er strebte in den Canyon hinab. Sollte er dort Posten beziehen?

Sie dachte an ihre Träume zurück. Doch in ihrer Erinnerung fand sich nichts über das Gebirge hier oberhalb des Canyons. Karkurs Macht – wurde sie zunichte im Reich der Meister?

Die Ungewißheit wurde unerträglich. Narriman schwang sich vom Pferd. Es war klüger, zu Fuß vorzudringen. Wer in Gefahr sich stürzte, kam darin um.

Minuten später vernahm sie ein rhythmisches Geräusch. Ein

Knacken und Krachen von großer Wucht. Echo hallte bis tief ins Tal. Noch vorsichtiger bewegte Narriman sich voran, glitt von Versteck zu Versteck.
Wo nur kamen die her? Plötzlich waren sie da, auf der anderen Seite des Bachs. Wie Männer bewegten sie sich, zottige Geschöpfe, dunkel und riesengroß. Vier waren es. Der größte ließ ein Grollen hören.
»Verdammt!« Sie spannte ihren Bogen, als einer der Hünen, laut brüllend, auf sie zustürzte.
Der Pfeil traf das Monster mitten in der Brust. Es blieb stehen, versuchte die Spitze herauszuzerren. Jetzt griffen brüllend die anderen an. Zwei Pfeile ließ Narriman von der Sehne schwirren, nur einer traf. Sie zog ihr Schwert, suchte Schutz auf einer steinigen Kuppe.
Die beiden verwundeten Monster hielten sich auf den Beinen. Sie stürzten auf die Stute zu. Die anderen attackierten Narriman.
Das Pferd wollte flüchten; und strauchelte, schrie. Die Bestien stürzten sich auf das Tier.
Narriman schwang das Schwert. Die scharfe Klinge schlitzte einem der anstürmenden Monster den Bauch. Es stolperte ein paar Schritt, starrte auf die Wunde, stopfte Eingeweide zurück.
Narriman wich dem zweiten Monster aus, spähte zur Stute. Die verwundeten Bestien hieben mit Felsbrocken auf das Tier ein.
Eine Faust traf Narriman in die Seite. Sie schwankte, keuchte. Das Monster brüllte und stürmte näher. Sie versuchte ihr Schwert zu schwingen. Es entglitt ihrer Hand. Sie hatte nicht mehr die Kraft, es zu halten.
Das Monster packte sie. Und schüttelte sie und beroch sie und grunzte.
Wie in einem Alptraum war es. Das Monster hockte nieder, Narriman auf dem Schoß. Es fingerte zwischen ihren Schenkeln. An ihrem Rücken spürte Narriman das schwellende Glied.
War das ganze Jebal besessen von brutaler Lust? »Karkur!«
Das Monster zerfetzte ihr Gewand. Grunzend streckte eine zweite

Bestie die Arme nach Narriman. Das erste Monster stieß den Konkurrenten zurück.

Für einen Augenblick war Narriman frei. Sie versuchte zu flüchten. Die Bestie brüllte und verfolgte sie.

Narriman schloß die Hände ums Amulett. »Karkur, gib mir die Kraft, dies zu überleben.«

Die Bestie schnaubte und stieß einen irren Schrei aus, der wie ein Klirren von den Felswänden widerhallte. Das Monster wankte davon: umhüllt von bernsteinfarbenem Licht, das durchzogen war von Blutgeäder.

Das nächste Monster griff an. Seine Schreie verschmolzen mit dem Gebrüll des anderen.

Narriman suchte hastig ihr Schwert. Und fand es, hielt es wieder in der Hand. Das Monster mit dem Pfeil in der Brust starrte aus glasigen Augen. Notdürftig ordnete Narriman ihr Gewand und eilte zur Stute.

»Arme Getreue.« Was sollte sie jetzt tun? Wie konnte sie, ohne ein Pferd für Misr, aus dem Jebal entkommen?

Die Bestien im Bernstein, sie schrien noch immer. Der Große Tod war ein harter Tod. Er verdrehte ihnen die Muskeln, bis die Knochen brachen.

Endlich hörte das Geschrei auf.

Sie vernahm ferne Stimmen.

Hastig packte sie ihre Habseligkeiten zusammen. Dann erklomm sie die Canyonwand. Von einem Felsvorsprung aus warf sie einen Blick auf das, was sie zurückgelassen hatte.

Diese Ungeheuer! Sie erinnerte sich an ihre Größe, an ihren Geruch, und ihr war übel.

Männer kamen, gewöhnliche Männer mit Arbeitsgerät. Späher, nannte Narriman sie für sich. Sie stießen auf die Bestien und schwatzten ängstlich und aufgeregt. Mehrmals vernahm Narriman das Wort Shaghûn. »Ja«, murmelte sie, »glaubt das nur. Kommt bloß nicht auf den Gedanken, ein Fremdling sei hier im Jebal.«

Ihr Zittern legte sich. Sie sagte Karkur ihren Dank und setzte ihren Weg fort, quer über den Hang.

Was für Untiere waren das gewesen? Die Männer hatten sich vor ihnen gefürchtet. Narriman behielt ihr Schwert in der Hand.

Die Späher waren aus einem Holzfällerlager gekommen. Narriman sah, wie die Männer einen Baumstamm eine Straße entlangschleppten, in Richtung Canyon. Wozu? Sie zuckte die Achseln. Gewiß geschah es auf Befehl der Meister.

Sie machte einen Bogen um das Lager, hielt sich dann an die Straße.

Am Nachmittag hörte sie Hufschläge. Sie schlüpfte ins Unterholz. »Oh, verdammt!« Der Reiter hatte den Sattel ihrer Stute, auch zwei ihrer Pfeile. Sie spannte ihren Bogen, sprang auf die Straße und rief: »Halt! Augenblick!«

Der Reiter zügelte sein Pferd, blickte zurück. Sie winkte. Er wandte sich herum.

Ihr Pfeil schwirrte. Der Mann sank zusammen, das Pferd drohte durchzugehen. Narriman packte es rechtzeitig beim Zügel. Sie schleppte die Leiche ins Unterholz, saß dann auf. Wie lange, dachte sie, wird es dauern, bis man ihn vermißt?

Immer näher rückten die Felswände heran. Immer weiter blieb der Bach zurück. Sie erreichte den Gipfel. Die Straße strebte bergabwärts in Richtung auf fernes Gewölke aus Rauch. Viele Lagerfeuer brannten dort.

XIV

Zwei Tage lang ritt sie. Die einzigen Menschen, die sie sah, waren die Holzarbeiter unten auf der Straße. Ihnen ging sie aus dem Weg. Am zweiten Abend erreichte sie einen bewaldeten Bergkamm und erblickte eine Stadt.

Bohrende Gedanken befielen sie, Gedanken an Misr. Sollte sie hinabreiten, an dieser Stelle? Aber woher wollte sie wissen, daß er sich dort befand? Und sie war müde, einer schwierigen Lage kaum gewachsen. Auch ihre Urteilsfähigkeit mochte jetzt getrübt sein.

Sie lagerte am Rande der Straße. Nur zu gern hätte sie ein Feuer gehabt. Die Nächte in den Bergen waren kalt. Sie kaute trockenes Fleisch und murmelte: »Meine Seele würde ich geben für ein anständiges Mahl.«

Der Schlaf brachte Träume. Sie zeigten ihr die Stadt, auch einen Ort, wo Kinder untergebracht waren. Und dazu einen Ort, wo Shaghûns lebten. Und jenseits der Stadt einen Turm: eine Leere voller Dunkelheit – Gefahr oder Verheißung?

Als sie erwachte, wußte sie genau, was zu tun war. Bei Einbruch der kommenden Nacht würde sie in die Stadt schlüpfen, in das Kinderheim eindringen und Misr herausholen. Dann würde sie fliehen, sich bei der Fährte in einen Hinterhalt legen und darauf hoffen, daß es ihr Shaghûn war, der ihr folgte.

Sogleich zerschlug sich ihr Plan. Ihr Pferd hatte sich losgerissen, war fort. Die Spur führte zur Stadt.

Würde man dort Verdacht schöpfen? Nachforschungen anstellen? Natürlich. Also mußte sie weiterziehen, ohne Verzug.

Sie wanderte gen Süden, sichelförmig um die Stadt. Um Bauerngehöfte machte sie einen Bogen. Gegen Einbruch der Nacht fühlte sie sich wieder erschöpft.

Doch es mußte in dieser Nacht geschehen. Es blieb keine Zeit.

Aber sie brauchte ein Reittier, natürlich. Wie wohl sonst sollte die Flucht gelingen?

Nah am Rande der Stadt legte sie sich nieder. »Karkur, wecke mich, wenn es Zeit wird.«

Es war eine dunkle Nacht. Es gab keinen Mond. Gewölk verdeckte die meisten Sterne. Narriman erhob sich zitternd. Erst nach einer Weile bekam sie ihre Nerven in die Gewalt.

Die Straßen waren fremd für ein Mädchen, das noch nie auf Pflaster gegangen war. Ihre Stiefelabsätze klickten. Von den Wänden hallte das Echo wider. »Zu still«, murmelte sie. »Wo sind die Hunde?«

Nirgends klang Geheul. Kein Hund kam, um zu schnüffeln. Ihre Nerven waren zum Zerreißen gespannt. Sie wähnte sich beobachtet aus tausend Augen, und die Stadt glich einer tückischen Falle, zum Zuschnappen bereit. Sie scheuerte die feuchten Hände über die Hüften. In ihrem Magen war ein Knoten aus Übelkeit. Immer wieder blickte sie über die Schulter zurück.
Um den Ort, wo die Shaghûns wohnten, machte sie einen weiten Bogen, näherte sich dann dem Kinderheim. Weshalb waren die Kleinen dort untergebracht? Lebten dort, abgesondert, vielleicht nur Kinder wie Misr? Eine fremdartige Stadt, voller Rätsel. Unlösbar – oder nicht?
Das Rascheln eines Gewandes, es war die einzige Warnung. Narriman fuhr herum, und ihr Schwert schnellte vor. Es geschah instinktiv, ohne bewußten Gedanken. Nun erst erkannte sie ihren Gegner. Es war ein Shaghûn, durch ihren Hieb tödlich verwundet.
Langsam sank er tiefer, streckte gegen Narriman die behandschuhte Hand, einen Zauberbann auf den Lippen. Ihr Schwert traf die Hand, ein zweiter Hieb den Hals. Wieder und wieder schlug sie zu, in Zorn und Furcht.
Was nun? dachte sie. Unmöglich konnte sie ihn hier liegen lassen. Sie betrachtete ihn in der Dunkelheit. Er war kaum älter als sie selbst. Sie fühlte einen Hauch von Bedauern.
Ringsrum war alles ruhig. Nirgends ein Geräusch, eine Bewegung. Ganz in der Nähe war eine Seitengasse. Dorthin schleifte sie den Toten.
Was hatte den Shaghûn in dieser Nacht auf die Straße getrieben? Aus ihren Träumen wußte sie, daß dies ungewöhnlich war. Nach Einbruch der Dunkelheit wanderte draußen höchstens ein Wächter umher.
Natürlich, das Pferd! Vermutlich hatte man es eingefangen und Verdacht geschöpft. Trieben sich noch mehr Shaghûns auf den Straßen herum? Wie eine Faust umspannte es ihren Magen.
Vielleicht hatten sie ja recht, ihr Vater und Al Jahez. Vielleicht war dies wirklich nichts für eine Frau. Und doch – wer wollte wissen, daß Männer sich besser bewährten. Sie schob den Toten in einen

Schatten. »Gib mir eine Stunde, Karkur«, murmelte sie. Und blickte zu dem Haus, wo die Kinder waren.

Der Gedanke an Misr verdrängte alles andere. Sie versuchte, eine Tür zu öffnen. Vergeblich. Auch die nächste Tür war verriegelt. An der entfernteren Seite befand sich eine dritte, doch zweifellos war auch sie zugesperrt.

Im oberen Stockwerk sah sie, wenn auch nur undeutlich, eine Reihe von Fenstern, teils halb geöffnet. Vielleicht war es möglich ...

Sie duckte sich in einen Schatten, Schwert schlagbereit. Eine dunkle Gestalt näherte sich, wieder ein Shaghûn! Hielten denn alle Wache, in dieser Nacht?

Er schritt an ihr vorüber, nur ein, zwei Armlängen entfernt. Narriman hielt den Atem an. Was ging hier vor sich? Lagen alle nach ihr auf der Lauer? Bildete sie sich das in ihrer Angst nur ein?

Es gab ein Nebengebäude, auf der linken Seite, kaum zwei, drei Schritt vom Heim. Eine Außentreppe führte hinauf, und von einem Podest konnte man durch ein Fenster hinübergelangen zum Haus der Kinder. Unter der Treppe fand Narriman ein Versteck für ihre Sachen, dann stieg sie die Treppe hinauf. Die Stufen knarrten. Sie gewahrte es kaum. All ihre Gedanken galten Misr.

Das Fenster war offen. Es befand sich nur eine knappe Armlänge vom Treppenpodest. Narriman schwang sich über das Geländer.

Im selben Augenblick öffnete sich die Tür, zu der die Treppe führte. Licht drang heraus. Ein beleibter Mann fragte: »Du da, was ...?«

Narriman hieb zu. Doch es gelang ihm, die Klinge zu packen. Narriman verlor das Gleichgewicht, klammerte sich an das Geländer und sprang dann hinüber zum Fenster.

Stolpernd streckte der Beleibte die Arme nach ihr. Und krachte gegen das Geländer und stürzte in die Tiefe. Narriman spähte hinab. Zuckend lag der Mann auf dem Boden, und sie dachte: »Karkur, gib, daß er nicht Alarm schlagen kann.«

Sie befand sich in einem dunklen Raum. Ein Kind murmelte. Von draußen klang, aus weiblichem Mund, eine Frage. Narriman trat zu dem schlafenden Kind.
Es war nicht Misr.
Ein schriller Ruf erscholl. Von draußen. Narriman spähte hinaus. Drüben auf dem Treppenpodest stand eine Frau, starrte in die Tiefe.
Narriman glitt in einen Gang, der an anderen Schlafzimmern vorüberführte. Wo nur beginnen? Doch es blieb keine Wahl. Sie mußte Tür nach Tür versuchen.
Im fünften Zimmer fand sie ihren Sohn. Ganz friedlich schlief er, mit dem Gesicht eines Engels. Gesund schien er zu sein. Weinend warf sie sich über ihn und verharrte so, in sich verloren, bis ihr bewußt wurde, daß er wach war.
»Mama! Was tust du hier?« Er umklammerte sie mit verzweifelter Kraft. Und weinte, genau wie sie. Doch sie war froh darüber. Insgeheim hatte sie befürchtet, er habe sie vergessen.
»Ich bin gekommen, um dich nach Hause zu holen.«
»Wo ist Großvater?«
»Daheim. Er wartet auf uns. Komm.«
»Der Mann, Mama. Der dunkle Mann. Er wird uns nicht gehen lassen.« Er begann zu zittern. Körperlich war das Kind gesund, doch lagen Schatten auf seiner Seele.
»Er wird uns nicht aufhalten, Misr. Das lasse ich nicht zu. Zieh dich an. Beeil dich.« Vom Gang her klangen Stimmen.
Misr tat wie geheißen. Doch seine Bewegungen waren langsam.
Eine Gestalt schob sich durch die Tür. »Was geht hier vor? ...«
Die Schwertspitze berührte seine Kehle. »An die Wand dort.«
»Eine Frau? Wer bist du?«
Sie drückte die Schwertspitze gegen seine Brust. »Ich stelle die Fragen. Du gibst die Antworten.« Er gehorchte, schwieg. Durch die Tür spähten kleine Kinder herein. »Wie viele Shaghûns gibt es in dieser Stadt?«
Er musterte sie eigentümlich. Schien nicht antworten zu wollen. Die Schwertspitze drang tiefer. »Vier! Doch einer ist vor drei Wo-

chen zum Holzfällerlager geritten. Er ist nicht zurückgekehrt. Bist du die Schwester des Jungen?«

»Misr, beeil dich!« Vier Shaghûns. Jedoch befand sich einer nicht in der Stadt und ein zweiter war tot. Ein dritter durchstreifte die Straßen. War ihrer der vierte?

»Du kannst den Jungen nicht vor hier fortbringen, Frau.«

Wieder ließ sie ihn die Schwertspitze spüren. »Du sprichst zuviel. Misr!«

»Er gehört den Alten!«

Misr war fertig. Erwartungsvoll sah er sie an.

Was jetzt? Sollte sie denselben Weg nehmen, den sie gekommen war? Von der Seite trat sie zu ihrem Gefangenen, schlug ihn mit dem Schwertknauf nieder. Misr starrte aus großen Augen. Sie zog ihn durch die Tür. »Meine Mutter bringt mich nach Hause«, sagte er stolz zu den anderen.

Wie sehr er gewachsen war! Auch in seiner ganzen Art wirkte er älter. Aber dafür war jetzt keine Zeit. »Komm.« Sie erreichten das Fenster. Mit einem Schwung gelangten sie hinüber auf das Treppenpodest und hasteten die Stufen hinunter. Narriman holte ihre Sachen aus dem Versteck.

Neben dem Beleibten hockte heulend die Frau. »Still!« Wimmernd zog die Frau sich zurück.

Narriman blickte zur Straße. Leute liefen zusammen. »Mirs. Hier entlang.« Sie standen zwischen Haupthaus und Nebengebäude. »Ein Pferd«, murmelte sie. »Wo finde ich ein Pferd?«

Schon wollte sie weiter, als sie hastige Schritte hörte. »Ganz still, Misr. Nicht einen Mucks.« Sie duckte sich.

Die Schritte kamen näher, waren ganz nah. Ein Shaghûn. Er bremste ab. Narriman stieß ihm ihr Schwert in die Brust. Er wankte zurück. Sie schlug abermals zu. Dies war der Shaghûn, der sie vergeblich gesucht hatte. Bis zu diesem Augenblick.

Sie lächelte grimmig. Man würde sich ihrer erinnern, ob die Flucht nun gelang oder nicht.

»Komm, Misr.« Von der rechten Seite klang Stimmengewirr. Also hielt sie sich links, entgegen ihrer ursprünglichen Absicht. Misr

lief neben ihr. Verzweifelt versuchte sie, sich zu erinnern an die Träume: Wo nur konnte sie hier ein Pferd auftreiben? Sie fand keine Antwort.
Und dann kam ein Gedanke, der Rettung verhieß oder doch Hoffnung auf Rettung; und es traf sie wie ein Blitz.
Karkur hatte gewollt, daß sie nach Osten ging. Dort führte eine Straße durchs Gebirge. Niemand würde vermuten, daß sie in jene Richtung floh. Gelang es ihr, die Küste zu erreichen, so konnte sie sich nach Norden wenden und wieder die Berge überqueren bei Sebil el Selib, wo die Meister keine Macht besaßen.
Doch lief die Straße hier vorüber an dem gefürchteten Turm ihrer Träume. Wer konnte wissen, was die Meister tun würden? Wenn es stimmte, daß die Shaghûns nur Schatten der Meister waren, dann stand von diesen Schreckliches zu erwarten.
Narriman fühlte Furcht. Dennoch zögerte sie nicht. Karkur hatte sie noch nie im Stich gelassen.
Und Karkur hatte recht. Es *war* der beste Weg. Sie sah niemanden, und niemand sah sie. Und der dunkle Turm bewies eine Gleichgültigkeit, die fast schon kränkend war. Taten die Meister recht daran, sie mit solcher Nichtachtung zu strafen? Hatte sie denn nicht zwei ihrer Shaghûns getötet?
»Komm nur, Misr. Wir müssen weitergehen, auch wenn wir müde werden. Denn sonst werden uns dunkle Männer fangen.«
Sein kleines Gesicht wirkte sehr entschlossen. Er hielt sich an ihrer Seite. Erst als die Sonne hoch oben am Himmel stand, beschloß Narriman, Rast zu halten.

XV

»Narriman!« Die Stimme klang durch den Wald, scholl von den Bergen wider. »Narriman!« Ein Hauch von Wut schwang darin, Empörung, Ungeduld.

Er war es. Er hatte sich nicht täuschen lassen.
Misr drängte sich an seine Mutter. »Mama – laß nicht zu, daß er mich mitnimmt.«
»Natürlich nicht«, sagte sie und wiederholte: »Natürlich nicht.« Sie gab Misr vom getrockneten Fleisch. »Iß dies. Ich bin bald wieder da.«
»Geh nicht fort, Mama.«
»Ich muß. Bleib du hier und sei brav. Du weißt ja, was geschehen ist, als du mir das letzte Mal nicht gehorcht hast.« Sie biß sich auf die Zunge. Doch es war ihr schon rausgerutscht. Wie nur konnte sie dem Kind die ganze Schuld geben? Sie spie aus, prüfte ihren Bogen, wählte drei gute Pfeile aus und vergewisserte sich, daß sie alle Waffen in Bereitschaft hatte. Dann brach sie auf zur Jagd.
»Narriman!« Die Rufe klangen näher. Warum so tun, als ob sie für ihn unauffindbar war?
Karkur – natürlich. Dieser alte Klotz, der es nicht wagte, irgend etwas im Jebal zu zerschmettern. Er wollte nicht in Verdacht geraten. Doch seine Feinde verwirren, das konnte er immerhin.
Unterholz knackte. Narriman erstarrte. Er war nah. Sie tauchte in einen Schatten, einen Pfeil auf der Sehne.
»Narriman.« Seine Stimme dröhnte. Gedämpfter dann sprach er zu sich selbst. »Verflucht verrücktes Weib. Ich werde ihr das Fell gerben, die Haut abziehen.« Sein Zorn war groß, doch nicht grenzenlos. In Narriman vermengte sich Haß mit Furcht.
Erinnerungen zuckten auf. An den Tag, da er ins Wadi al Hamamah geritten kam. Und sie genommen hatte, mit Gewalt. Auch an den Tag, wo er Misr mit sich nahm. Ihre Knie wurden schwach. Er war ein Shaghûn. Mühelos hatte er sie erobert. Welche Torheit von ihr, es mit ihm aufnehmen zu wollen.
Das Knacken im Unterholz, noch näher jetzt. Zwischen den Bäumen bewegte sich etwas Weißes. Sein Pferd. Es kam auf sie zu.
Dort war er. Der schwarze Reiter. Der Liebhaber aus einem bösen Traum. Misrs Vater. Sie dachte an Mowfik und Al Jahez. »Du!« wisperte sie. »Für das, was du meinem Vater angetan hast.«
Während sie ihren Bogen spannte, knickte ein Zweig. Der Kopf

des Pferdes fuhr hoch, die Ohren stellten sich auf. Der Pfeil drang dem Tier in die Kehle. Und traf also nicht das Herz des Shaghûn.
Schrill wiehernd bäumte das Tier sich hoch, und die Vorderhufe peitschten die Luft. Der Reiter fiel nach hinten. Krachend stürzte er zu Boden.
Narriman schoß den zweiten Pfeil ab. Die Spitze drang durch die Djellaba, dann in den Boden. Für einen kurzen Augenblick nagelte der Pfeil den Gestürzten fest – und Narriman ließ den dritten folgen.
Das Geschoß prallte vom Hüftknochen ab und hinterließ auf dem Hinterteil eine klaffende Wunde. Blutend kam der Shaghûn wieder auf die Beine. Er stöhnte.
Narriman zog ihr Schwert, trat auf ihn zu. Und in ihr ballten sich all die Worte, die sie ihm entgegenschleudern wollte, ehe sie ihn tötete.
Er stand jetzt sicher, ohne Schwanken. Und zog seine Waffe. Ein verzerrtes Lächeln huschte über seine Lippen.
Narriman war auf der Hut. Kalt überlegte sie: Wenn ich nach rechts attackiere, so strengt ihn das, seiner Wunde wegen, mehr an. Er ist zerschunden, er blutet. Er wird langsam sein. Ich kann ihn ermüden.
»Kleiner Fuchs. Du törichtes Weib. Weshalb bist du hier hergekommen? Fremde kommen nicht ins Jebal. Oder gelangen doch nie mehr hinaus.«
Ich werde es schaffen, dachte sie, blieb jedoch stumm. Vieles schoß ihr durch den Kopf, doch kein einziges Wort kam über ihre Lippen. Sie war, wie er gewesen war, als er sie vergewaltigt hatte: hart und erbarmungslos.
Drei Schwertstöße, schnell und voll Wucht. Er wehrte den Angriff ab, blickte besorgt. Hiermit hatte er nicht gerechnet. Offenbar erwartete er, daß sie wieder seinem Bann erlag.
»Narriman! Schau mich an!«
Unwillkürlich gehorchte sie. Begegnete seinem Blick.
Das Feuer pulste in ihr. Sie fühlte die tiefe Lust. Und widerstand,

zu ihrer eigenen Überraschung. Während er sich in Sicherheit wiegte, hieb sie zu. Auf seiner Wange klaffte es rot.
Die Farbe wich aus seinem Gesicht. Seine Augen wurden groß. Er wollte es nicht glauben.
Wieder schlug sie. Er wehrte ab, erwiderte den Stoß, erwischte sie beinahe. Er begriff, daß er es nicht mehr mit einem kleinen Mädchen zu tun hatte.
Seinem Vorstoß folgte ein Rückzug. Er entfernte sich ein, zwei Schritt, und aus seinem Mund kam ein sonderbares Geräusch, wie ein Klagelaut. Laub raschelte. Ein kalter Wind erhob sich. Narriman senkte ihr Schwert, nahm es in die linke Hand. Dann zog sie ihren Dolch, schleuderte ihn. Das hatte sie von Mowfik gelernt.
Der Dolch traf den Shaghûn in der linken Schulter, ließ ihn schwanken. Der kalte Wind erlahmte. Narriman näherte sich, das Schwert wieder in der rechten Hand. In den Augen des Mannes war Furcht.
Er zerrte den Dolch aus der Wunde, und wieder kamen die sonderbaren Laute aus seinem Mund. Seine Wunden begannen sich zu schließen.
Das Überraschungsmoment war Narrimans beste Waffe gewesen. Doch damit war es jetzt vorbei. Sie spürte die aufsteigende Angst: daß sie den Shaghûn vielleicht nicht bezwingen könne.
Wild griff sie ihn an. Er wich zurück, stolperte, fiel. Sie brachte ihm mehrere Wunden bei, bevor er sich wieder erhob.
Doch sein altes Selbstvertrauen erfüllte ihn nun. Sie konnte ihn nicht töten. Er lächelte. Pfeil, Schwert und Dolch – was denn blieb ihr noch?
Sie starrte ihn an. Sie hatte Gift, und da war auch ein Würgeeisen, das ihr einer von Al Jahez' Leuten mit auf den Weg gegeben hatte, mehr als eine Art Souvenir oder Talisman. Wie wohl hätte es ihr gelingen sollen, das eine oder das andere bei dem Shaghûn zu gebrauchen?
Es knackte im Unterholz. Sie fuhr herum. »Misr! Ich habe dir doch gesagt ...«

Ein kräftiger Körper prallte gegen sie, der Shaghûn. Das Schwert entfiel ihrer Hand. Er schob seine Finger unter ihr Kinn und zwang ihren Kopf zu sich herum.

XVI

Verloren! schrie es in ihr. Sie hätte auf Al Jahez und Mowfik hören sollen. Wieder war das Feuer in ihr, und sie konnte sich nicht gegen ihn wehren. Stück für Stück kleidete er sie aus und genoß ihre Demütigung.

Er zwang sie nieder auf die Steine, die Fichtennadeln; und stand über ihr, mit einem Lächeln. Langsam zog er sich aus. Und Misr stand dort und starrte, vor Furcht wie gelähmt.

Tränen quollen, und Narriman lag mit geschlossenen Augen. Wie nah war sie ihrem Ziel doch gewesen – gleichsam nur um das Knacken eines Zweiges entfernt.

Sie fühlte, wie der Shaghûn sich über sie streckte; fühlte, wie er tastete, in sie eindrang. Und spürte in sich selbst das wachsende Verlangen. Oh, wie sie ihn haßte!

Sie bäumte sich gegen ihn, doch nur für einen kurzen Augenblick. Dann war er wieder über ihr, zwang ihre Hände zurück. »Karkur«, weinte sie.

Der Shaghûn stöhnte leise, hörte auf zu stoßen. Sein Körper erschlaffte, wich zurück. Narriman spürte, wie sie sich aus seinem Bann löste.

»Der Große Tod!« flüsterte sie.

Ja, der Shaghûn befand sich in seinen Klauen, doch er kämpfte dagegen an. Bernsteinfarben flammte, flackerte es über ihn hin. Wie Blutgeäder leuchtete es darin auf. Der Mund glich einer klaffenden Öffnung, doch kein Schrei drang hervor, nur ein Geräusch, wie ein Winseln.

Narriman ertrug den Anblick nicht.

Daß es einem bloßen Shaghûn – selbst einem Shaghûn aus dem Jebal – gelingen mochte, Karkurs Großem Tod zu widerstehen, dieser Gedanke kam ihr nicht. Er schob nur das Unausweichliche hinaus. Narriman kroch zu ihrer verstreuten Kleidung.
Misr sagte irgend etwas. Sie mochte ihn nicht ansehen. Ihre Beschämung war zu groß.
»Mama. *Tu* etwas.«
Endlich blickte sie zu ihm. Misr wies mit der Hand.
Das Gesicht des Shaghûn war verzerrt. Die Muskeln seines linken Arms glichen verknoteten Strängen. Der Knochen schien gebrochen. Doch blieb vom Bernstein nur noch ein flackernder Rest, bald schon verbrannt.
Er hatte dem Großen Tod widerstanden!
Ein stummer Angstschrei war in ihr. War er denn wirklich unbezwinglich? Sie griff einen toten Ast und schlug zu. Und Misr nahm einen Zweig, um es seiner Mutter nachzutun.
»Misr! Hör damit auf.«
»Mama, er hat dir weh getan.«
»Hör auf. Ich kann es tun – du nicht.« Wie hätte sie es ihm erklären sollen? Er ist dein Vater, Misr? Ich kann ihn töten, du darfst das nicht? Nein. Manche Dinge ließen sich nicht erklären – nicht wirklich.
Wieder schwang sie den Ast. Der Shaghûn versuchte, den Schlag abzuwehren, mit seinem verletzten Arm. Es mißlang. Die Wucht warf ihn zu Boden. Der Große Tod kroch über ihn. Wieder schlug sie zu.
Er sah sie an mit den Augen der Verdammten. Er flehte nicht, doch da war die Furcht vor dem Tod. Er starrte. Nichts in seinem Blick erinnerte noch an die bannende Kraft. Nur noch Furcht war darin. Und Verzweiflung. Und vielleicht auch Bedauern. Jetzt war er kein Shaghûn. Er war nur ein Mann, der sterben mußte vor seiner Zeit.
Die Keule entglitt ihren Fingern. Sie drehte sich um, suchte ihre Kleider zusammen. »Komm, Misr, wir wollen unsere Sachen holen.« Und plötzlich, aus einem ihr unerfindlichen Grund,

fielen ihr Al Jahez' Worte wieder ein: über die abgetrennten Köpfe.
Das Schwert des Shaghûn – sie nahm es, stand grübelnd, dann gewährte sie ihm die Gnade, die er ihr verweigert hatte.
»Du hast ihn getötet, Mama. Du hast ihn wirklich getötet«, jubelte Misr.
»Sei still!«
Sie hätte sich taub stellen können gegen seine Schreie, niemals jedoch blind gegen das Gesicht des Sterbenden; die Erinnerung daran hätte sie für alle Zeit verfolgt.
Würde sie sich wohl jemals verlieren?
Wenn sie alles andere beiseite ließ, so blieb: Er war ein Mensch gewesen. Und irgendwann einmal hatte eine Mutter um ihn geweint, während ein dunkler Reiter mit ihm davongeritten war in die aufgehende Sonne.

STEPHEN L. BURNS

Ein überaus seltenes Gewächs der Unterart »Sword and Sorcery« ist eine Story mit humoristischem Einschlag. Stößt man auf eine, so verzichtet man gern auf die meisten vorgefaßten Konzeptionen – selbst auf meine Grundbedingung: keine männlichen Protagonisten. In dieser Geschichte spielt die Diebin Clea eine eher untergeordnete Rolle – oder doch nicht? Das zu entscheiden, überlassen wir Ihnen.
Stephen Burns sagt, er sei dreißig und teile sein Haus mit einer Katze. Er lebt auf einer Insel im Sankt-Lorenz-Strom, wo er sich während des strengen Winters der Schriftstellerei widmet. Um diese finanzieren zu können, arbeitet er für den Rest des Jahres als Handwerker und »Mädchen für alles«. Die hier abgedruckte Story ist seine dritte verkaufte – allerdings sind die beiden anderen nie erschienen, weil die Magazine, die sie bringen wollten, zuvor eingingen. So ist es denn ein besonderes Vergnügen, Stephen Burns den »Ruch« zu nehmen, ein Unglücksrabe zu sein, und dem Leser seine erste gedruckte Story vorzulegen – hoffentlich nicht seine letzte! – MZB

STEPHEN L. BURNS

Geraubtes Herz

Aus war's mit der nachmitternächtlichen Stille im Diebsgefängnis von Yuelianq, als ein Messer hervorzuckte aus der Dunkelheit.

Das Messer bohrte sich mit der Spitze in das Holz eines Schemels, genau zwischen die Beine des nächtlichen Wächters, und Schemel und Wächter (samt dem Weinschlauch in seiner Hand) kippten nach hinten um. Kaum war der Mann auf den Boden geprallt, da klang aus dem gleichen Dunkel, aus dem das Messer herbeigeschwirrt war, eine leise, heisere Stimme an sein Ohr.

»Still, wenn dir dein Leben lieb ist! Wieviel Lohn erhältst du, Wächter?« Waghalsig spähte der Wächter über den umgekippten Schemel, am Messer vorbei. »Wenig«, wisperte er.

»Genug, um dafür in dieser Nacht dein Leben zu verlieren?«

Der Wärter schüttelte den Kopf so heftig, daß seine Ohrringe rasselten.

Aus dem lichtlosen Gang löste sich ein Stück Dunkelheit und verwandelte sich in eine kleine Gestalt, dunkelgewandet und mit Kapuze. »Auf!« befahl die Stimme. Das Gesicht war nicht zu erkennen, doch aus einem der langen Ärmel lugte eine Messerklinge hervor, scharf und spitz und einsatzbereit. Rasch rappelte der Wärter sich hoch, die Augen auf dem Messer.

»Deine Schlüssel, Wächter. Wir werden Raalt, dem Dieb, einen Besuch abstatten.« Das aus dem Ärmel lugende Messer entschwand wie ein Blitz. Der Ärmel selbst bewegte sich, und vor den verblüfften Wärteraugen geschah nun dies: Das im Schemel steckende Messer mit dem schwarzen Griff löste sich aus eigenen Stücken aus dem Holz und sauste wie ein irrer Vogel am Gesicht des Wärters vorbei. Es entschwand innerhalb des Ärmels, Griff voran.

»Nimm deine Lampe und geh voraus.«

Im dumpfigen Gang des dunklen Gemäuers blieb der Wärter plötzlich stehen und deutete auf eine eisenbeschlagene Tür.
Ein schwarzer Ärmel fächerte aus. »Öffne!« Die Stimme des nächtlichen Besuchers verriet keine Schärfe, und doch war sie da wie eine geschliffene Schwertklinge in der Verborgenheit der Scheide. Dem Wärter entging das nicht, und nervös, mit klappernden Schlüsseln, öffnete er die Tür. Dann nahm er seine Öllampe und trat mit einem beklommenen Seufzer ein.
Raalt, der Dieb, war ein großer, muskulöser Mann mit blondem Haarschopf und angenehmen Zügen. Schlafend lag er in einer Ecke auf fauligem Stroh, angekettet. Ins Mauerwerk war ein stabiler Eisenring eingelassen, und von dort liefen Ketten zu den Schellen an seinen dicken Handgelenken. Auf die gleiche Weise waren auch seine Fußgelenke gefesselt.
Er erwachte, als das Licht in seine Augen fiel. »Ein Besucher«, meldete der Wärter heiser.
Raalt blickte an dem Mann vorbei: zu der geheimnisvollen Gestalt in Schwarz. Die Gestalt trat näher, stumm, bedrohlich.
Raalt krümmte sich mit bleichem Gesicht, doch er wandte seinen Blick nicht ab. »Bist du Arrmik; gekommen, um dein Herz wiederzuerlangen?«
Denn das Herz von Arrmik war es gewesen, das er gestohlen hatte; und nach langer Jagd und hartem Kampf war er den Häschern erlegen. Nicht weniger als vierzehn Wächter und Soldaten hatte er zu Boden geschlagen, bevor ihn selbst ein Schlag auf den Schädel niederstreckte. Daß er noch lebte, verdankte er einzig dem Umstand, daß es ihm vor seiner Gefangennahme gelungen war, das Herz an geheimer Stelle zu verstecken. Die Rückgabe dieses Kleinods wurde nachdrücklich ersehnt.
Noch näher trat jetzt die schwarzgewandete Gestalt, und Raalts Muskeln begannen ahnungsvoll zu zucken.
Plötzlich jedoch erfüllte hellklingendes Gelächter die Zelle. Aus den langen Ärmeln fuhren zarte Hände hervor und stülpten die Kapuze zurück und zogen einen schwarzen Schleier herab: enthüllten das Gesicht einer Frau mit kurzem, pechschwarzem Haar

und weit auseinanderstehenden schwarzen Augen. Auf ihrem elfenhaften Gesicht malte sich schadenfrohes Entzücken.

»*Clea!*« stöhnte Raalt. Zornig preßte er die Lippen aufeinander, ließ sich mit klirrenden Ketten aufs Stroh zurückfallen.

»Wie würde es dir gefallen, aus diesem grauenvollen Loch herauszukommen, lieber Raalt?« Mit einem Zwinkern lächelte sie ihn an. »Kann der Ruf des Großen Diebes Raalt die Schande verkraften, wenn eine Frau ihn rettet?«

Warum nur, fragte Raalt sich unwillkürlich, hegte Gott einen solchen Groll gegen ihn?

»Natürlich verlange ich einen Preis dafür! Entweder überläßt du mir die Hälfte dessen, was das Herz von Arrmik dir einbringt – oder ich lasse dich hier.« Traurig schüttelte sie den Kopf. »Die Folterung beginnt bei Tagesanbruch, und es heißt ja, daß diese Knechte einen Mann lange leiden lassen können – Tage, ja *Wochen,* wenn er wirklich stark ist ...«

Raalt ließ eine Art Knurren hören. Daß er in diesem modrigen Loch lag, war übel genug; aber noch viel schlimmer war, sich daraus befreien lassen zu müssen: durch Clea und zu einem unverschämt hohen Preis – eine Frechheit! Niedergeschlagen starrte er auf seine Ketten und dachte an die Folterwerkzeuge, Haken und Spieße und heiße Eisen, die sein empfindsames Fleisch malträtieren würden. Ein Schauder überlief ihn. Welche Wahl blieb ihm denn schon?

»Einverstanden«, murmelte er mürrisch – und gelobte insgeheim bittere Rache.

Cleas Lächeln war wie ein Messer, das sich in der Wunde dreht. »Schwöre bei den Seelen deines Vaters und deiner Mutter, daß du mir gehorchen und mich nicht hintergehen wirst, bis wir das Herz von Arrmik verkauft haben.«

»Nein!« rief Raalt. »Du verlangst zuviel!«

»Vielleicht.« Clea wandte sich zum Gehen.

»Warte!« Raalt schluckte, als spüre er einen galligen Geschmack im Mund – was Clea ihm da zumutete, war wirklich ein übler Bissen. »Ja, ich schwöre«, grunzte er mit zusammengepreßten

Zähnen. »– und außerdem schwöre ich, daß du hierfür bezahlen wirst.«

Clea zuckte nur lächelnd mit den Achseln. »Befreie ihn von seinen Fesseln«, befahl sie dem Wärter, und der Mann gehorchte hastig. »Jetzt werde ich denen ein Rätsel aufgeben, in deinem Namen.«

Während Raalt die Ketten von sich streifte, trat Clea an die Mauer, in die der eiserne Ring eingelassen war. Mit einem Stück Kreide, das sie aus den Tiefen ihres Gewandes holte, zeichnete sie um den Ring ein großes Quadrat, das einen beträchtlichen Teil der Wand einnahm. In die vier Winkel des Quadrats malte sie je ein Symbol, und über die obere Linie schrieb sie: HÜTET EUCH! Aus einem schwarzen Lederbeutel nahm sie eine Winzigkeit Pulver, das sie unmittelbar über dem Ring auf den Stein rieb. Deutlich spürte Raalt ein Kribbeln auf der Haut, während Zauberkraft sich sammelte, ballte.

»Jetzt.« Clea bewegte die Hand, und schon befand sich darin eines der Messer mit schwarzem Griff. Über ihre Lippen drang, in einer Art tonlosem Singsang, eine Beschwörungsformel, indessen sie mit dem Messerknauf auf die markierte Stelle pochte.

Ein langgezogenes Seufzen ertönte, und plötzlich wurde die gesamte Fläche des Quadrats pechschwarz, als hätte sich eine nächtliche Kluft aufgetan. Mit dumpfem Geräusch prallte der eiserne Ring auf den Boden, und Raalt starrte: starrte auf das Loch in der Mauer, als fürchte er jeden Augenblick das Auftauchen eines zottigen Ungetüms.

Clea lächelte zufrieden. »Das wird denen wohl ein bißchen zu denken geben.« Mit einem Fußtritt beförderte sie den eisernen Ring durch das Loch. Er fiel, Ketten und Schellen rasselten hinterher, doch vergeblich wartete Raalt auf das Geräusch des Aufprallens. Es blieb aus.

»Jetzt werden sie glauben, daß du mit Hilfe einer Macht entkommen bist, von der sie nichts wissen; und das wird sie eine Zeitlang beschäftigen.« Sie zwinkerte Raalt zu. »Deinem Ansehen wird das gewiß nicht schaden. Sie werden dich für einen Zauberer halten und dich noch mehr fürchten!«

»Du hast an alles gedacht«, murmelte Raalt mit widerwilliger Bewunderung, und er gestand sich ein, daß es ein Vergnügen war, Cleas listenreichen Verstand am Werk zu sehen – solange er sie nicht zur Gegnerin hatte.
»Tue ich das nicht immer?«

Clea führte Raalt zu dichtem Buschwerk ganz in der Nähe des Gefängnisses. Unter Sträuchern lagen drei gefesselte und geknebelte Soldaten, die sich wie Panzerwürmer wanden. Clea sammelte, was sie brauchte: eine Tunika, einen Umhang mit Kapuze, Schwert, Scheide und Gürtel. Dies alles reichte sie Raalt, der keinen Augenblick zögerte.
Kaum hatte er alles angelegt, so brachen sie auch schon auf, ließen die düsteren Gefängnismauern zurück. In gleichmäßiger Bewegung glitt Clea dahin, wie der Schatten eines Falken. Raalt schritt an ihrer Seite, insgeheim voll Zorn über den schäbigen Handel, zu dem sie ihn gezwungen hatte. Einzig sein Schwur und die Erinnerung an unerfreuliche Erfahrungen hielten ihn im Zaum.
Zwei Jahre war es inzwischen her, daß er zum letztenmal mit Clea aneinandergeraten war. Damals hatte eine Horde vom Nariman-Stamm ihn und seine beiden Kumpane um die Beute erleichtern wollen, die aus dem Überfall eines Schmuckhändlers stammte. Unentschieden wogte der Kampf hin und her, bis urplötzlich Clea auf der Bildfläche erschien. Wie ein leibhaftiger Dämon griff sie ein, schleuderte zielsicher ihre geheimnisvollen Messer, die wie Blitze hervorzuckten – und folgsam zur Herrin zurückkehrten.
Als das Scharmützel sich dem Ende näherte, jagte Raalt auf seinem Pferd mit der Truhe voll Schmuck davon. Nicht im Traum dachte er daran, die Beute zu teilen, und der Ausgang des Kampfes scherte ihn wenig.
Clea entging seine Flucht nicht. Vor ihrem Anprall stoben sechs Stammeskrieger auseinander wie Laub. Schon setzte sie Raalt nach, zu Fuß, und erreichte ihn und schleuderte ihn vom Pferd. Er versuchte, seine Beute mit dem Schwert zu verteidigen, doch

Clea wich seinen Hieben und Stößen aus, manövrierte ihn von der Truhe fort, entwaffnete ihn; dann nahm sie sein Schwert, sein Pferd, seinen Anteil der Beuteiund ließ ihn unbewaffnet zurück. Nur mit Mühe galang es ihm, seine wütenden Kumpane zu beschwichtigen, so daß er wenigstens von dieser Seite ungeschoren blieb.

Das war seine letzte »Begegnung« mit Clea gewesen, nicht aber die erste.

Nun also war sie wieder da, und sie hatte ihn zu diesem verdammten Schwur gezwungen – so daß es für ihn noch viel schwerer war, sie irgendwie zu bezähmen.

Clea unterbrach seine Gedanken. »Das Gemäuer liegt jetzt weit genug hinter uns. Sage mir, wo du das Herz versteckt hast.«

Unwillkürlich straffte Raalt die breiten Schultern. Alles zu seiner Zeit, dachte er. Erst einmal das Herz aus dem Versteck holen; dann überlegen, wie er Clea um ihren Anteil bringen konnte. Irgendeine Möglichkeit *mußte* es doch geben. »Mir blieb nicht viel Zeit, es zu verstecken. Die Wächter waren mir dicht auf den Fersen –«

»Weil du deiner Überlegenheit auf so dümmliche Weise sicher warst, daß du den Raub nicht sorgfältig plantest«, sagte Clea verächtlich. »Du hast einfach zugepackt und bist gerannt, stimmt's?«

Zornig fuhr er zusammen, die Hand am Griff seines Schwerts. »Warum auch nicht?« zischte er. »Schließlich bin ich kein schwaches Weib, das den Kampf scheut! Vierzehn Wächter habe ich niedergeschlagen, ich ganz allein, um das Herz dann noch an einem sicheren Ort zu verstecken!«

Er brach ab und atmete tief, bezwang seinen Zorn. Wozu Clea jetzt gegen sich aufbringen, da erst einmal das Herz herbeigeschafft werden mußte? Steif sagte er: »Ich habe das Herz in den Brunnen auf dem alten Ostplatz geworfen.« Er blickte so grimmig drein, als hätte er ihr erklärt, das Herz befinde sich in einer Höhle, bewacht von tausend hungrigen Blutgeistern.

Clea schien überrascht. »Das ist gar kein so übles Versteck.«

»Danke. Aber wir müssen das Herz erst einmal herausholen...«

Clea zuckte die Achseln. »Du tauchst ganz einfach danach – so tief kann der Brunnen doch nicht sein.«
Raalt erbleichte. »In all das *Wasser*? Niemals!« Er schüttelte sich beim bloßen Gedanken daran. Da war's ihm allemal lieber, es mit Blutgeistern oder Sandschlünden aufzunehmen. Einmal war er wegen einer kleinen Wette in einen Käfig geklettert, um mit einem *gûr-rhakhar* zu ringen, und er fürchtete nicht Klinge, nicht Klaue, nicht scharfen Zahn. Nur Wasser – Wasser flößte ihm Beklemmung ein. Er war ein Kind des trockenen, kahlen Landes, und das ließ sich nicht ändern.
Clea rieb sich die Stirn, als ob sie plötzlich Kopfschmerzen hätte. »Aber wie wollen wir das Herz wieder heraufschaffen, wenn du Angst vor dem Wasser hast?«
»Ich habe keine Angst!« fauchte Raalt. »Es ist nur so, daß ich das verdammte Wasser nicht *mag*! Was das Herz betrifft – wahrscheinlich könnte ich jemanden zwingen, es für mich heraufzuholen. Daran hatte ich gar nicht gedacht – ich meine, noch nicht.«
»Das wundert mich nicht.« Clea schüttelte traurig den Kopf. »Komm jetzt, laß uns das Herz holen. Du wirst nicht naß werden, das verspreche ich.«

Durch eine dunkle, mit Unrat übersäte Gasse näherten sie sich dem alten Platz; und blieben dann stehen hinter hochgestapelten Ballen und hielten vorsichtig Ausschau.
»Es sind nur wenige Leute unterwegs«, flüsterte Clea. »Laß uns einen umsichtigen Plan fassen.«
»Was gibt's da groß zu planen?« Raalt zog sein Schwert ein Stück aus der Scheide. »Wir – ich meine, *du* holst das Herz aus dem verfluchten Wasser. Ich halte Wache, und wer uns zu stören wagt, bekommt die Stahlklinge in den Bauch! Wie würdest denn du –« Aus seiner Stimme klang Verachtung. »– die Sache anpakken?«
Clea musterte ihn ernst. »Raalt, du bist gewiß so stark und so schnell wie die besten von denen, und du kannst mit deiner Klinge

besser umgehen als die meisten. Du bist ein guter Dieb, doch deine Einfachheit wird eines Tages dein Verhängnis sein.« Sie kehrte ihm den Rücken zu, und er wußte nicht recht: War dies eine Beleidigung, war es ein Kompliment? Clea lugte über den mondbeschienenen Platz, und ihren scharfen, schwarzen Augen entging nichts. »Ich sehe zwar keine Wächter, keine Soldaten, aber man kann nie wissen ... Wo genau ist das Herz gelandet?«
»Genau in der Mitte des Brunnens. Es sank sehr rasch.«
Clea nickte und deutete auf eine Dirne, ein üppiges Frauenzimmer mit dunkelgeschminkten Augen, das ein Stück weiter in einem Hauseingang lungerte. »Die werden wir für unsere Zwecke benutzen –« Ihre Hand wies auf eine noch geöffnete Weinschenke. »– und die Spelunke auch. Warte hier.«
Bevor Raalt auch nur ein Wort sagen konnte, war Clea verschwunden. »Verdammt soll sie sein«, murmelte er für sich und schickte sich dann drein. Während er wartete, überlegte er, wie er sie mit List um ihren Anteil aus dem Erlös des Arrmik-Herzens bringen könne. Den *direkten* Weg schloß der Schwur, den er hatte leisten müssen, zu seinem Bedauern aus.
Bald tauchte Clea wieder auf. »Es ist alles bereit«, sagte sie zufrieden. »Hier ist unser Plan. Du und ich – wir stellen uns beide betrunken.«
Raalt blieb stumm und dachte: Wäre ich nur wirklich betrunken – und allein.
»Wir schlendern zu der Schenke hinüber und kaufen uns einen Schlauch voll Wein – hier sind ein paar Geldmünzen. Ein Mann und eine Frau bei einem späten Bummel. Das Pärchen kauft etwas Wein, bevor es sich an einen privaten Ort zurückzieht. Alles klar?«
Raalt hörte mit gerunzelter Stirn zu, nickte dann.
»Wir lachen viel und sehen harmlos und glücklich aus. Wenn wir den Wein gekauft haben, bewegen wir uns in Richtung Brunnen. Doch bevor wir den Brunnen erreichen, löse ich mich von dir, lachend und spottend. Dann bin ich beim Springbrunnen und tauche hinein – scheinbar aus lauter Albernheit. Du stehst am Brunnen-

rand, liest meine Kleidung auf und spielst weiter deine Rolle. Alles klar?«

Von Minute zu Minute, so schien es Raalt, wirkte Cleas Plan absurder. Nun gut, mochte sie ihren Willen haben – seine Zeit würde schon kommen.

»Wenn ich von dir fortrenne, tritt die Hure in Aktion. Sie geht zur Schenke und fängt Streit an – wegen dem Preis für eine Flasche Wein. Ich habe ihr eingeschärft, so laut und ordinär wie nur möglich zu sein, damit man auf uns nicht so sehr achtet.

Ich finde das Herz, und du hältst am Brunnenrand mein Gewand bereit, so daß ich mich sofort darin einhüllen kann. Das Herz wird nicht zu sehen sein. Dann gehen wir davon, wobei wir weiterhin Komödie spielen – ein betrunkenes Liebespärchen, das niemand verdächtigt!«

Raalt hatte sein Gewerbe vom Großen Dieb Wegan gelernt, der nicht müde geworden war, Raalt einzuschärfen, komplizierte Pläne seien für jene, denen es an der Energie oder am Selbstvertrauen fehlte, sich ganz einfach zu nehmen, was sie begehrten. Für solche Kleinmütigen, denen wahrer Mannesmut mangelte, sei es ratsam, Taschendieb oder Priester zu werden, um sich ihr Scherflein zu ergaunern.

»Hat dich irgend jemand beobachtet, als du das Herz gestohlen hast?« wollte Clea wissen.

»Ich glaube kaum.« Er ballte die Fäuste. »Jedenfalls bin ich ungeschoren davongekommen!«

»Aber nur eine Zeitlang! Gebrauche deinen Arm *und* deinen Kopf! Dann bist du mehr als doppelt so stark! Nie überlasse etwas dem Zufall – nein, *niemals*!« Clea zügelte sich, unterdrückte ihre Verachtung. Ruhiger fuhr sie fort: »Diebstahl ist ein Spiel und eine Kunst; sei stets um wenigstens zehn Schritte voraus und achte bei jedem auf Anmut.«

Wie hochmütig kanzelte sie ihn doch ab! – das war nicht länger zu ertragen. Er zitterte vor unterdrückter, fast berstender Wut; und ums Haar hätte er seinen Schwur gebrochen. Doch im selben Augenblick berührte Clea seinen Arm und sagte: »Tut mir leid.«

Er fühlte ein eigentümliches Kribbeln, das sich von seinem Arm immer weiter breiten wollte, und er roch irgend etwas, nur einen schwachen Hauch, wie von einem süßen Gewürz. Plötzlich verpuffte all seine Wut.
Clea hakte sich bei ihm ein und lächelte ihn an, entschuldigend und fröhlich zugleich. »Bereit, Partner?«
Er hob die Schultern: eine wie unschlüssige Geste. Wohin nur war sein Zorn so plötzlich entschwunden? Auch das Kribbeln war fort – und jener Duft, auf den er sich so gar keinen Reim machen konnte.
Cleas Lächeln wandelte sich zu einem kameradschaftlichen Grinsen: »Also dann – auf geht's!«

Arm in Arm schwankten sie von der Gasse auf den mondbeschienenen Platz. Laut klang Cleas helles und mädchenhaft süßes Gelächter, wie angefacht durch ein Übermaß an Wein; und sie klammerte sich an Raalts Arm fest und stieß bei jedem Schritt mit ihrer Hüfte gegen seine Hüfte: ein junges Mädchen, lachlustig und beschwipst.
Zuerst fühlte Raalt sich unbehaglich. Doch dann fügte er sich in die ihm zugedachte Rolle und schwankte genauso heftig wie Clea, die kaum wiederzuerkennen war. Was denn erinnerte noch an das scharfzüngige Geschöpf voller Widerspruchsgeist, das in dieser Nacht abermals quälend in sein Leben getreten war? Nun, da sie nicht so widerborstig war, wirkte sie attraktiver; mehr wie jene Art Frauen, die er kannte und seinem Willen gefügig machen konnte. Schwach schien sie an seinem Arm zu hängen, und ihm wurde bewußt, wie klein sie doch war und wie schutzbedürftig sie wirkte. Oh, gar kein Zweifel, sie *mußte* auch ihre Schwächen haben.
Dann erinnerte er sich an einen Ausspruch, den Wegan getan hatte und der eine offenkundige Wahrheit betraf: Der schwächste Punkt bei einer Frau ist ihr Herz.
Plötzlich fiel es ihm wie Schuppen von den Augen. An Anzeichen hatte es doch wahrhaftig nicht gefehlt. Clea drang ins Gefängnis

ein, befreite ihn. Sie sorgte für Kleidung, für eine prächtige Waffe. Und selbst ihr ewiger Widerspruchsgeist, war er denn mehr als schelmische Neckerei? Jetzt gehörte es zu ihrem Plan, daß sie beide ein Liebespärchen spielten. Nun ja. Wäre ihr das unangenehm gewesen, so hätte sie sich gewiß etwas anderes einfallen lassen.
Er sah sie an, lächelte unwillkürlich. Auf seinem Gesicht zeigte sich jener Ausdruck von dämonischer Unwiderstehlichkeit, mit dem er Hunderte von Frauen betört hatte. *Der schwächste Punkt bei einer Frau ist ihr Herz.* Oh ja, mit Hilfe dieser Erkenntnis würde er Clea, die Listige, überlisten. Er zog sie näher zu sich und zwinkerte ihr vielsagend zu. Ihre Antwort war ein offenes, gar liebliches Lächeln. So *verletzlich.* Raalt lachte laut.
Sie erreichten die Schenke. Raalt feilschte hartnäckig um den Preis für den Wein, plötzlich ganz Krämerseele unter Krämerseelen. Während er noch schacherte, zupfte Clea ihn am Ärmel, schien ihm etwas zuflüstern zu wollen. Doch als er sich zu ihr beugte, waren es nicht Worte, die in sein Ohr drangen, sondern Cleas feuchte Zunge, was den bärtigen, langnasigen Händler zum Lachen brachte. Und Cleas Zunge verweilte länger, als zu erwarten war – wennschon nicht so lange, wie es Raalt lieb gewesen wäre –, und irgendwie wirkte das überhaupt nicht gespielt. Wieder roch er jenen süßen Duft – war es vielleicht Zimt?
Raalt zahlte, nahm den Weinschlauch, und sie schlenderten weiter, quer über den Platz. Clea lachte in einem fort und scheuerte ihre Hüfte gegen ihn. Dann und wann traf das Paar der Blick eines Passanten, voll Mißbilligung mitunter, meist jedoch mit einem verständnisvollen Lächeln.
Als sie die Mitte des Platzes erreicht hatten, löste Clea sich plötzlich von Raalt. Kichernd und scherzend schleuderte sie ihr Gewand von der Schulter, ließ es lachend zu Boden fallen. Sie tänzelte einen Schritt zurück, und ihre schwarzen Augen funkelten fröhlich. Mit flinkem Finger knöpfte sie, noch immer tänzelnd, ihre Unterwäsche auf.
Nahe beim Brunnen löste sie den letzten Knopf, und wie ein Kranz aus Blütenblättern glitt es an ihr herab, und sie stand bleich und

nackt im sanften Licht des Mondes. Abrupt blieb Raalt stehen, und er hatte nur Augen für die tanzende weiße Flamme des zierlichen Körpers dort.
Dies war seine Absicht gewesen: Clea, sobald er *ihr* Herz besaß, um *das* Herz zu betrügen, mit welchem Trick auch immer. Doch all seine Pläne zerfielen zu Staub, als Cleas Schönheit ihm nun den Atem raubte. Hinter sich vernahm er, nur mit halbem Ohr, eine kreischende, keifende Weiberstimme.
Clea hüpfte zum Brunnenrand, rief Raalt etwas zu. Sie spitzte die Lippen, wie zum Kuß, und drehte sich dann um und tauchte in den Brunnen.
Raalt hob ihr Gewand vom Boden auf. In seiner Brust herrschte Tumult. Furcht und Verlangen lagen im Widerstreit. Da war der Drang, kaum unterdrückbar, sich gleichfalls in den Brunnen zu stürzen, hinter Clea herzutauchen, seiner Angst vor dem Wasser zum Trotz. Doch er besann sich. Ihm war eine andere Aufgabe zugedacht.
Rasch hob er Cleas restliche Kleidung auf. Dann jagte er geradezu zum Brunnenrand, wo er von einem Fuß auf den anderen trat. Grübelnd starrte er auf das Wasser. Dort hinunter? Dazu hätte ihm wohl doch der Mut gefehlt. Auf dem Platz herrschte jetzt Stille. Die Hand am Schwert, blickte er wieder in den Brunnen. Wo blieb nur Clea? War sie ertrunken, widerfuhr ihr gar Schlimmeres? Sie schien bereits eine Ewigkeit unter Wasser zu sein, und wer konnte schon wissen, was für Schrecken das Wasser barg?
Plötzlich jedoch tauchte ihr Kopf hervor, schwarzes Haar auf mondgleißender Oberfläche, und sie streckte die Hand hoch und Raalt den Lederbeutel, in dem sich das Herz befunden, als er es geraubt. Erleichtert nahm er die Beute in Empfang – er war sich ganz und gar nicht sicher gewesen, daß das Wasser sie so willig hergeben würde.
»Schnell, mein Gewand«, keuchte Clea, vom langen Aufenthalt unter Wasser noch ganz außer Atem. Ohne den Lederbeutel loszulassen, half Raalt ihr in das Gewand: legte es Clea über die

Schultern, leckte sich bei ihrem Anblick die Lippen – und schnaufte bedauernd, als sie wieder verhüllt war.
Als Raalt den Lederbeutel in der Hand gefühlt hatte, war da plötzlich ein mächtiger Impuls gewesen: sich mit dem Herz (und Cleas Gewand – sicherheitshalber) spornstreichs aus dem Staub zu machen. Doch der Gedanke an sie, an ihren Körper, hielt ihn zurück. Wie eine magische Flamme brannte diese Vorstellung in ihm.
Clea, in ihrem Gewand jetzt, trat näher und umarmte ihn. Ihre feuchten Hände glitten über seinen Rücken und lösten ein Kribbeln aus. »Ich habe bereits ein paar Gemächer für uns«, flüsterte sie. »Laß uns feiern!«
Raalt hob sie vom Brunnenrand herunter und stellte sie auf den Boden. Clea nahm seinen Arm und hielt ihn ganz fest. Gemeinsam entfernten sie sich vom Brunnen und gingen über den Platz.
»Siehst du, was wir zusammen bewerkstelligen können, Partner?« Sanft lächelnd blickte Clea zu ihm empor.
»Und die Nacht ist noch jung«, erwiderte er und blieb stehen, um sie zu küssen. Sie küßte zurück, mit beträchtlicher Leidenschaft. Wieder jener Duft, und jetzt war sich Raalt sicher – es mußte Zimt sein, betörend und unwiderstehlich.
Sie erreichten den Rand des Platzes, und Raalt glühte wie eine Lampe: Das Herz befand sich wieder in seiner Hand, und Clea würde ihm bald ganz und gar gehören. Am Morgen, das schwor er sich, sollte sie ihn geradezu *bitten*, doch ihren Anteil aus dem Erlös des Herzens zu behalten. Nein, er brauchte seinen Schwur nicht zu brechen; Clea gab garantiert von sich aus klein bei. Und der Gedanke an seinen totalen Triumph über sie ließ ihn behaglich lächeln.

Die reservierten Gemächer erwiesen sich als so luxuriös, daß Raalt kaum seinen Augen trauen mochte. Es handelte sich um zwei große Räume, die verbunden waren durch eine gewölbte Türöffnung mit glitzernden Perlenschnüren. Der Hauptraum war größer und hatte eine Tür zur Straße. Der kleinere Raum, zu dem auch Küche und Bad gehörten, ging auf einen kleinen Garten hinaus.

An den hellen Wänden des Hauptraums hingen dekorative Seiden- und Baumwollgewebe. Zur Straßenseite hin fand sich ein wahres Gebirge aus Polstern und Kissen, höchst komfortabel und reich bestickt. Auf der anderen Seite stand ein riesiges Bett mit seidenem Vorhang. Das Mobiliar war aus kostbarem dunklen Holz, die Einrichtung zum Teil auch aus kunstvoll behauenem Stein. In Vogelkäfigen aus Flechtwerk sangen Nachtigallen, süße Musik in der von Süße geschwängerten Luft. Brennende Kerzen aus Bienenwachs erhellten den Raum, und Brot und Früchte, Käse und Wein standen bereit.

Verwundert schritt Raalt auf und ab, den feuchten – und im Augenblick vergessenen – Lederbeutel noch in der Hand. Was er hier sah, bestätigte denn doch wohl seine Vermutung, soweit es Cleas Motive betraf: Dies hier war, ganz unbezweifelbar, ein Liebesnest.

Clea hatte inzwischen Wein eingeschenkt, und als sie sich jetzt herumdrehte, sah sie, daß er im Begriff stand, den Lederbeutel zu öffnen. Sie erblaßte und ließ ums Haar die beiden Becher fallen.

»*Nein – nicht aufmachen*!« rief sie, und aus ihrer Stimme klang echte Furcht.

Raalt hielt unsicher inne. »Warum nicht?«

»Götter! Das ist das Herz von Arrmik!« Sie trat näher, doch nur einen Schritt, wie um sofort wieder zurückweichen zu können.

»Ja, und?« fragte er leicht beklommen, die Finger an dem Band, mit dem der Beutel zugeschnürt war.

»Das Herz ist *verwunschen*! Nur die Priester von Arrmik können es anschauen und weiterleben – deshalb wird es ja verhüllt gehalten! Hast du das nicht gewußt? Machst du dir denn nie die Mühe, wirklich zu wissen, was du stiehlst?«

»Nun«, begann Raalt unsicher. Irgendwie hatte er das Gefühl, daß ihm die Kontrolle über Clea entglitt. Sollte er zugeben, sich keine großen Gedanken um seine Beute gemacht zu haben? Genügte es denn nicht, zu wissen, daß sie wertvoll genug war? Er fühlte sich versucht, den Lederbeutel trotz ihrer Warnung zu öffnen – nur um ihr zu beweisen, daß ihre Furcht unbegründet war. Aber dann ließ er es doch lieber; sozusagen auf den Verdacht hin, daß sie womöglich doch recht hatte. Was Verwünschungen anging, konnte man ja nie so ganz sicher sein. Manchmal handelte es sich bloß um Worte, um die Leichtgläubigen zu verschrecken; aber dann und wann steckte was dahinter, woran man besser nicht rührte.

Clea trat dicht zu Raalt. »Es tut mir leid, aber ich wollte dich nicht verlieren.« Das Lächeln, das sie ihm schenkte, hätte eine Steinstatue in ein fühlend Herz verwandelt. »Stecke den Beutel in deinen Gürtel, um ihn für die Nacht sicher zu verwahren.«

Sie reichte ihm seinen Becher. »Ich werde für dich etwas anderes finden müssen – zum Enthüllen und Genießen.«

Raalts Antwort auf die kaum verhohlene Aufforderung war ein gieriges Grinsen. Rasch steckte er den Lederbeutel fort. Labte sich dann am Wein.

Clea beobachtete ihn über den Rand ihres Bechers hinweg und sagte wie nebenbei: »Nur gut, daß du nicht versucht hast, den Lederbeutel nach dem Raub zu öffnen – man hätte dich tot aufgefunden, den Beutel noch in der Hand. Du wärst auf trockenem Land ertrunken!«

Raalt verschluckte sich. Clea mußte ihm mehrmals auf den Rükken schlagen, bevor er wieder zu Atem kam.

»I-ich wäre ertrrr –« Er sprach das Wort nicht ganz aus.

Clea kicherte und strich mit der Fingerkuppe über sein Kinn, dann über seinen Hals, bis zur Mitte des Brustkorbs.

»Arrmik ist ein Gott des Wüstenwassers«, hauchte sie. »Es heißt, er habe einmal eine ganze Stadt ertränkt, als sie dem Glauben an ihn abschwor.« Kundig streichelten ihre Finger Raalts Brust, so daß ihm der Atem eng wurde und die Vision von einer Sintflut ein klein wenig wich. Er trank wieder einen Schluck Wein.

Cleas Finger, zum Wahnsinnigwerden, ruhten nicht. Mit der Zunge befeuchtete sie sich die Lippen und blickte Raalt erwartungsvoll an.

Raalt verbannte die letzten Wasserflutengedanken aus seinem Gehirn und stellte den Becher beiseite. Dann umfing er Clea, drückte ihren kleinen Körper fest an den seinen und schwelgte im zarten Duft von Zimt – und in dem Gefühl, daß Clea sich gar hilflos an ihn klammerte. Beider Lippen verschmolzen, und noch verzweifelter schlang Clea die Arme um ihn.

Raalt bog seinen Kopf ein Stück zurück, und als er die dunklen Augen mit den halbgeschlossenen Lidern sah, kostete es ihn Mühe, ein triumphales Krähen zu unterdrücken. Da, die Füchsin – fast schon gehäutet!

Er ließ seine Hände über ihren Rücken gleiten, hin zu den lockenden Rundungen dort; doch im selben Augenblick löste Clea sich aus seiner Umarmung. »Warte noch!« sagte sie lächelnd, Elfe und Kobold zugleich. »Überstürzen wir nichts! Zunächst möchte ich ein Bad nehmen – das Wasser in dem Brunnen war doch gar zu schmutzig!« Sie rümpfte die Nase. »Immer eines nach dem andern.«

»Findest du, ja?« lachte Raalt und trat mit ausgestreckten Armen auf sie zu, um sie zu fangen. Sie tänzelte aus seiner Reichweite und drohte, gleichfalls lachend, mit einem Finger.

»Du möchtest doch keine Frau im Bett haben, die nach modrigem Wasser und Kamelmäulern riecht, wie? Tu dich am Wein gütlich, und ich bin wieder da, bevor du mich überhaupt vermißt.«

Raalt öffnete den Mund, um zu protestieren. Doch schon war Clea bei ihm und legte einen Finger auf seine Lippen. »Keine Widerrede, oder auch *du* wirst ins Wasser gesteckt!«

Raalt schüttelte sich. »Ich halte mich an den Wein. Und du beeil dich.«

»Das werde ich«, sagte sie mit rauchiger Stimme und blickte ihm in die Augen.

Raalt ließ sich von ihr zu dem Haufen aus Polstern und Kissen führen, wo sie ihm Umhang, Schwert und Gürtel abnahm, ganz als sei sie eine Sklavin. Er sank auf den weichen Pfühl nieder und nahm, mit dieser neuen Clea hochzufrieden, den Becher und den Krug, die sie ihm reichte. Ja, sie war sein, und bei Tagesanbruch würde ihm auch das Herz ganz gehören.

Er sah ihr nach, als sie zur anderen Seite des Raumes schritt, mit schmalen, aufreizend schwingenden Hüften. Sie bedachte ihn mit einem Lächeln voll zärtlicher Verheißung und entschwand dann durch den Perlenvorhang.

Plätschern drang an Raalts Ohr, und zufrieden strich er mit der Hand über den Lederbeutel und trank seinen Wein. Hatte er nicht alles, was er sich nur wünschen konnte? Einen guten Wein, ein komfortables Gemach, das Herz, seine Freiheit und – vor allem – die süße Gewißheit, daß er endlich Cleas schwachen Punkt entdeckt hatte und daß sie ohne Widerstand nachgeben würde. Jetzt konnte er seinen *und* ihren Anteil für sich verbuchen; einen Anteil, auf den sie ohnehin kein Anrecht gehabt hatte.

Was für eine wunderbare, ausgleichende Gerechtigkeit! Da hatte sie versucht, ihm sein Herz abzuluchsen, und statt dessen hatte er ihres erobert. Clea, die Füchsin, hatte in Raalt, dem Dieb, ihren Meister gefunden – war auch höchste Zeit.

Er war dabei, seinen Becher zum fünftenmal zu leeren, als er fand, daß sie nun lange genug herumgeplätschert habe, verdammt. Ein bißchen unsicher erhob er sich, streckte die muskelbepackten Glieder. Mit genußvollem Lächeln warf er seine Tunika ab, dann das allerletzte Kleidungsstück. Noch ein Schluck aus dem Becher; dann trat er durch den leise klimpernden Perlenvorhang und scheuerte grinsend eine Hand gegen seine Lenden. Ja, Clea würde ihr Wunder erleben.

Doch als sein Blick auf die Wanne fiel, zerbröselte sein Grinsen wie mürber Lehm, und er sackte fast buchstäblich in die Knie. Dort in der großen Holzwanne hockte die üppige, schminkäugige Hure aus dem Hauseingang am Brunnenplatz. Clea war nirgends zu sehen.

Die Hure betrachtete ihn mit lüsternem Blick. »Da bist du ja, du Bock! Die junge Herrin hat gesagt, du wärst richtig scharf, und da hat sie wohl nicht gelogen. Du siehst so aus, als ob ...«

»*Wo ist sie?*« brüllte Raalt, und sein hübsches Gesicht verdunkelte sich vor Zorn; unwillkürlich streckte er die Hände nach dem

Schwert, das er im anderen Raum zurückgelassen hatte. Er ballte die Fäuste, trat auf die Frau in der Wanne zu.

Die Hure krümmte sich ängstlich. »Sie ist *fort*, Herr«, rief sie. »Sie hat mich als Überraschung zurückgelassen, das hat sie! Einen Goldfinger für den Streit mit dem Weinhändler, zwei mehr, damit ich mich im Garten verstecke, bis sie mich holt, so daß ich in der Wanne auf den Herrn warten kann!«

Raalt stieß ein Ächzen aus. Dann rannte er in den anderen Raum zu seinen abgelegten Kleidern und suchte nach dem Lederbeutel. Er fand ihn, zerrte fluchend und mit verstörtem Gesicht an der Schnur.

Endlich gab sie nach. Er stülpte den Beutel um, und ein großer, feuchter Stein fiel heraus. Raalt schloß die Augen. Nein, das konnte nicht wahr sein, niemals. Den Stein in der Faust, sackte er wie gelähmt auf die Kissen zurück. Wieder einmal hatte Clea ihm das Nachsehen gegeben: hatte ihn gleichsam ein Stück durch den Garten geführt, um ihn dann in einen feuchten frischen Fladen treten zu lassen.

Eine Hand berührte seine Schulter. Er hob den Kopf und sah die nässetriefende, korpulente Kurtisane. Aus ihrer Stimme klang Furcht.

»Die Herrin hat mir aufgetragen – fast hätte ich's vergessen –, dich, Herr, daran zu erinnern, was sie über ›zehn Schritte voraus sein‹ gesagt hat.« Die arme Frau befürchtete offenbar Prügel.

Raalt ballte wieder die Faust; doch dann erschlafften seine Finger. Der Stein entfiel seiner Hand, prallte auf die Kissen, rollte auf den Boden. Und Raalt preßte die Lippen aufeinander, um ein Stöhnen zu unterdrücken. Er beugte den Kopf, verbarg sein Gesicht.

Die geschminkte Hure wußte, was zu tun war. Sie kam näher und zog Raalts Kopf an ihren üppigen Bauch.

Zärtlich wiegte sie ihn hin und her, fuhr Raalt mit den Fingern durchs Haar. »Tut, tut«, summte sie, »tut, tut, mein Kleiner.«

Zur selben Zeit saß Clea bereits auf einem schnellen Pferd und ließ Yuelianq hinter sich. Das Herz von Arrmik hatte sie schon verkauft, und ihre Satteltaschen waren schwer von Gold.
Es war leicht gewesen – zu leicht eigentlich. Immerhin: ein unterhaltsames und dazu höchst einträgliches Spiel. Sie bedauerte nur, daß sie Raalts Gesicht nicht hatte sehen können – vielleicht wäre das die Hälfte des Goldes wert gewesen.
Fast so wertvoll wie das Gold war ein Gerücht, das sie in Yuelianq gehört hatte. Timoor von Morn schien ein schlechter Verlierer zu sein: Er hatte auf Cleas Kopf einen erklecklichen Preis ausgesetzt. Was für eine interessante Herausforderung – wenn sie nämlich versuchte, ihren eigenen Kopf zu verkaufen, den Preis dafür einzustreichen, um den Kopf dann doch auf den Schultern zu behalten.
Ein umsichtiger Plan gehörte dazu ...
Clea schlug ihre Kapuze zurück, gab ihrem Pferd die Sporen, und das Tier fiel in Trab. Sie lachte laut und ließ Yuelianq immer weiter hinter sich. Am Horizont stand der tiefe Mond.

EMMA BULL

Unter den ersten Einsendungen für die vorliegende Anthologie befand sich auch diese Story, und mir war sofort klar, daß ich sie haben wollte. Sie besaß alles, was ich für diese Art Stories gefordert hatte: starke Protagonistinnen, durchgestaltete Charaktere und einen deutlichen »Touch« Magisches. Ich wußte auch, daß die erste Story, für deren Aufnahme ich mich entschied, unweigerlich die Auswahl der folgenden mitbestimmen würde, weil ich, ob nun bewußt oder unbewußt, abzuwägen hatte, welche der Geschichten zu der ersten paßten oder aber sie ergänzten.

Dennoch gab es da ein Problem; ich hatte mich mit Nachdruck dafür entschieden, keinerlei Science-fiction zu verwenden, sondern ausschließlich Fantasy der spezifischen Sword-and-Sorcery-Art. Nun besaß diese Story zwar die Fantasy-Atmosphäre, wie ich sie mir wünschte, enthielt jedoch ein paar Science-fiction-Begriffe: Obwohl wir einerseits eine Welt erleben, die ganz aufs Dörflich-Kleinstädtische beschränkt ist ohne unsere jetzigen Techno-Strukturen, ist andererseits von Mutanten die Rede.

Am Ende entschied ich mich für die Story, dem Tabu zum Trotz, und zwar aus zwei Gründen. Der eine war simpel genug: In den vierziger und fünfziger Jahren fanden sich im größten Teil bester Fantasy (und in praktisch allen Erzählungen von Leigh Brackett und C. L. Moore) Science-fiction-Ausdrücke, mit denen die Autoren ihre Geschichten »strukturierten« – damals als Fantasy noch unpopulär oder tabu war. Der zweite Grund war ganz einfach die hervorragende Qualität der Story. Sie beginnt, wie viele ihrer Art, mit einer Reise; eine Schwertkämpferin und ein weiblicher Liederschmied erreichen einen sonderbaren Ort; und dann wird erzählt von Befremdung und

Schrecken, was sich bis zu dem steigert, was für mich ein fast unerträglich qualvoller Schluß war ... oder irre ich mich? Wie immer man diese Story klassifizieren mag, ich war froh, in ihr eine Art Eckstein zu haben, an dem sich das restliche Gefüge ausrichten ließ.

Was mich am meisten verblüffte, war die Entdeckung, daß die Erzählung, die eine so sichere Hand verrät, die Arbeit einer Anfängerin ist; dies ist Emma Bulls erster »professioneller Verkauf«. Über sich selbst teilt sie mit, daß sie 28 Jahre alt ist, mit Ehemann und zwei Katzen in Minneapolis lebt und Musik und Zeichnen liebt. Das Schreiben, sagt sie, mache ihr für gewöhnlich Spaß, sei aber auch gewöhnlich eine Art Zwang, genau wie's Fingernägelknabbern. – MZB

EMMA BULL

Zerreißendes Dunkel

Marya straffte die Zügel und drehte sich im Sattel um. Durch Dämmerlicht und fallenden Schnee blickte sie zu der kleinen, vermummten Gestalt, die jetzt herbeigeritten kam. Sie lächelte. »Das war ganz kräftig geflucht, wenn ich mich nicht täusche.«

Kit schnaubte. »›Mutter der kleinen Schweine!‹ habe ich gesagt. Ist doch wahr! Hast du mir nicht versichert, Sallis sei vom Lyle-Tal nur einen Zwei-Tage-Ritt entfernt? Mir scheint, wir haben noch weitere zwei Tage vor uns. Ich bin durchgefroren. Und naß. Das wird immer schlimmer. Bloß eine Stadt sehe ich nirgends.«

Marya lachte. »Wie bin ich nur darauf gekommen, dich einen Specht zu nennen. Zankelster trifft's doch viel besser.«

»Marya, verflucht noch mal – wo ist die Stadt?«

»Hinter der nächsten Anhöhe, du zappelnde Ungeduld. Aber wenn du brav bist, zahle ich die erste Runde, sobald wir dort sind.«

»Und für die zweite und die dritte zahle ich. Wie gewöhnlich. Und was habe ich davon?« Kit furchte die Stirn.

»Oh, eine ganze Menge Krach und Wonne. Aber sieh nur dort!« Marya hob den linken Arm, streckte ihn vor. Der Widerschein des Lichts, vom Schnee reflektiert, glitt über die dunkelumrissene, wie eine Klaue wirkende Hand.

Unten in der Tiefe glühte eine Reihe von Gaslaternen, nur undeutlich sichtbar durch den fallenden Schnee.

»Ich irre mich nie«, sagte Marya.

»Ich könnte dich da an das Packtier erinnern, das du in Hobarth gekauft hast.«

»Einen Fehlgriff darf sich jeder mal leisten.«

»Du Unverbesserliche! Los, vorwärts!«

Kit trieb ihr Reittier an und stob davon, hügelabwärts durch den tiefen Schnee. Marya zögerte einen Augenblick. Schwankte dort nicht ein Schatten, unter Kieferngeäst? Sie schüttelte den Kopf. *Ich bin müde. Hier gibt's nicht genug Licht, um einen Schatten zu werfen.* Und schon jagte sie hinter Kit her. Hinter ihr heulte der Wind.

Als sie das Stadttor erreichte, war Kit bereits dort, wieder fluchend, wenn auch weniger wild.

»Nimm doch den Klopfer«, sagte Marya.

»Habe ich ja getan, zweimal«, fauchte Kit und riß abermals am Seil. Der Eisenarm dröhnte gegen das Holz.

Das Guckloch glitt auf, und der Torwächter fragte: »Was wollt ihr?«

»Eingelassen werden, mein Teurer«, gab Marya zurück. »Was sonst könnte wohl jemand wollen, der an ein Tor klopft, hmmm?«

»Es ist schon spät, und das Wetter ist schlecht, und ...«

»Um so mehr Grund, uns einzulassen«, unterbrach ihn Kit. »Muß ja eine feine Stadt sein, wenn ihr euch vor zwei Reitern fürchtet.«

»Ich wollte ja nur sagen ...«

»Hier, vielleicht stellt dich dies zufrieden.« Kit ritt dicht an das Guckloch heran und schob ihren Umhang zurück. Auf dem Ärmel sah man das rotblaue Zeichen des Liedschmieds.

»Bitte um Vergebung, Liedschmied, ich ahnte ja nicht ...«

»Schon gut, öffne endlich«, sagte Kit mit einem deutlich hörbaren Seufzer (darauf versteht sie sich, dachte Marya zum wiederholten Mal: Sie trägt den Seufzer *vor*, ganz wie ein Lied). Eis knisterte, knackte, der Riegel ruckte zurück, und Marya und Kit trotteten durch das offene Tor.

Das ist der große, sanfte Typ, dachte Marya, als sie den Torwächter sah. *Mein Liebling.* Sie schob ihre Kapuze zurück und lächelte ihn an. »Danke. Und ich entschuldige mich für die scharfe Zunge meiner Begleiterin.«

Kit maß Marya mit einem scharfen Blick, während der Torwächter sagte: »Nein, nein, es ist an mir, mich zu ...«

»Wir sind den ganzen Tag geritten, und das Wetter ...«

Er nickte voll Mitgefühl. »Ist noch früh im Jahr hierfür.« Mit der Stiefelspitze trat er gegen lockeren Schnee. »Schon kommen die Wölfe aus den Hügeln, und man erzählt sich so Geschichten ... Es wird ein schlimmes Jahr werden, denke ich.«
»Das wäre dann schon das fünfte oder sechste nacheinander«, murrte Kit.
Marya warf ihr einen tadelnden Blick zu, lächelte dann wieder den Torwächter an. »Es wird Zeit, daß wir ein Wirtshaus finden. Sonst verspeist sie noch einen Einheimischen. Wo an der Straße finden wir, was wir suchen?«
»Hier gibt's nur ein einziges Wirtshaus. Seht ihr das Gebäude mit den grünen Dachziegeln dort?« Er streckte die Hand aus. »Nur ein kurzes Stück weiter liegt Amalis Halt.«
»Danke. Hm – wann bist du hier fertig?«
»In ein und einer halben Stunde.« Er blickte zu ihr empor.
»Komm doch vorbei, wenn du fertig bist. Sie wird wahrscheinlich etwas singen.« Lächelnd deutete Marya mit dem Daumen auf Kit. »Und Kunde geben, natürlich.«
Scheu erwiderte er ihr Lächeln. »Das möchte ich mir nicht entgehen lassen.«
»Komm schon, Marya!« rief Kit. »Wenn ich noch länger stillsitze, friere ich am Sattel fest!« Im Schritt ritt sie die Straße entlang.
»Nochmals vielen Dank. Oh«, sagte Marya, »etwas zum Warmwerden.« Sie zog ihren linken Arm unter dem Umhang hervor und hielt dem Wächter eine Münze hin.
Der Mann starrte, und sein Gesicht war plötzlich ohne Ausdruck. Auch Marya richtete ihren Blick auf die linke Hand, und sie versuchte, sie so zu sehen, wie der Mann sie sehen mußte: dürre Knochen und Sehnen und lange, gekrümmte, gefährliche Krallen, schwarz und glänzend, die Münze umschließend wie dunkle Gitterstäbe. Unwillkürlich gab es ihr einen Stich. Sie beobachtete das Gesicht des Mannes, während sie die Finger krümmte, und sah das Entsetzen in seinen Augen, als ein hart pochender Nagel die Münze zum Klingen brachte. Mit einem Ruck hob er den Kopf, starrte Marya an. Stumm und ernst erwiderte sie seinen Blick.

Schließlich warf sie ihm die Münze zu. Er versuchte nicht, das Geldstück zu fangen. Es fiel in den Schnee, und beide blickten auf das kleine Loch, das es grub. Dann trieb Marya ihr Tier an und ritt hinter Kit her.

»Nun«, sagte sie, als sie die Gefährtin einholte, »das wär's für mich dann wohl heute abend.«

»Was?«

Sie hob den linken Arm, bewegte die schwarzen Finger.

»Das hat ihn gestört?«

»Das hat ihn gestört.«

»Diese vernagelten, abergläubischen Provinzler!« ereiferte sich Kit. »Ungewaschenes, ungebildetes Volk! Hinterwäldler, die es mit Schafen treiben ...«

»Hör schon auf«, unterbrach Marya. »Du bist doch nur wütend, weil du meinst, wenn ich keinen Kerl zum Schlafen habe, solltest du gleichfalls drauf verzichten.«

»Das ist nicht wahr!« schrillte Kit.

Marya lächelte boshaft. »Wenn die Fische mir so an die Angel gingen wie dir, könnte ich an der Küste eine reiche Frau sein.«

Sie erreichten das Wirtshaus, ein schmuckes kleines Gebäude, das wie ein bullernder Eisenofen Wärme auszustrahlen schien – Willkommenswärme.

»Gesegnet sollst du sein«, seufzte Kit zufrieden.

»Ich werde die Tiere zum Stall bringen«, erbot sich Marya und saß ab.

»Wie lieb von dir. Ich werde ein prachtvolles Abendmahl bestellen.«

»Laß mir noch etwas übrig.«

Kit schnitt eine Grimasse und entschwand im Wirtshaus.

Marya fand den Stall ohne Mühe. Er war sauber und hell. Im Geräteraum brannte ein Kohlenofen, der die beißende Kälte vertrieb. Mit Genugtuung beobachtete sie, wie der Stallbursche die Tiere absattelte und dann abrieb.

»Bei solchem Wetter hast du wohl nicht allzuviel zu tun«, merkte sie an.

»Nein, Dame«, erwiderte der junge Kerl und ließ ein Lächeln sehen, bevor er sich bückte, um einem der Tiere die Hinterhand zu bürsten. Er duckte sich unter den Pferdebauch, richtete sich wieder auf. »Aber im Sommer haben wir alle Hände voll zu tun.«
»Wie heißt du?«
»Garry, Dame.« Er hob den Kopf, grinste. »Zu Ihren Diensten.« Mit weitausholender Armbewegung schwenkte er den Striegel und machte eine tiefe Verbeugung.
»Gut.« Marya lachte. »Wenn du all die Kletten aus dem Pferdefell holst, erweist du mir in der Tat einen Dienst.«
Garry grinste wieder und machte sich an die Arbeit.
Während sie ihren Sattel abrieb, beobachtete sie den Burschen aus dem Augenwinkel. Sorgfältig hielt sie ihren linken Arm bedeckt. Schließlich sagte sie: »Du kannst ausgezeichnet mit Tieren umgehen. Wo hast du das gelernt, so jung wie du bist?«
Ein wehmütiges Lächeln huschte über sein Gesicht. »Das hat mir mein Vater beigebracht. Mein Vater ist Evan Zehnbaum, und er ist ... er war ... der beste ...« Mit einem Ruck wandte er sein Gesicht ab.
»Habe ich ... irgend etwas Dummes gesagt?«
Heftig schüttelte er den Kopf: so heftig, daß das braune Haar flog.
»Du bist noch glücklich dran«, fuhr Marya fort. »Ich – ich würde meinen Vater nicht erkennen, selbst wenn er mir einen Tritt gäbe.«
»Ich ... muß was holen.« Er eilte in den Futterraum, kam bald wieder zurück, mit leeren Händen. Marya sah ihn fragend an. »Konnt's nicht finden«, sagte er, überlaut.
Sie schwiegen. Die Stille hatte etwas Lähmendes. Schließlich sagte Marya: »Ich habe wohl doch eine dumme Bemerkung gemacht. Willst du mir nicht davon erzählen?«
Wieder schüttelte er den Kopf, und Marya sah, wie ihr Tier zuckte: So heftig führte er den Striegel. Dann sagte er: »Mein Vater ist umgekommen.«
»Hmm.« Marya sprach wie mit angehaltenem Atem. »Wann? Vor kurzem?«

»Vergangene Woche. Er war oben in den Hügeln, auf der Suche nach verirrten Tieren. Er war ... er war ...«

Sie hörte das Zittern in seiner Stimme und kam ihm zu Hilfe: »War er in einen Schneesturm geraten?«

Garry schüttelte den Kopf. »Er war ... zerrissen worden. Wie von Krallen, von Klauen zerfetzt. Von einer großen Bestie.«

»Wolf? Wildkatze?«

»Größer.«

Irgendwie klingt das vertraut, dachte Marya. Sie beendete ihre Arbeit und eilte ins Wirtshaus.

Wild winkte Kit ihr von einem Tisch im Speiseraum zu. »Warte nur, bis du das Abendessen siehst!« rief sie strahlend.

»Wenn's was zu essen gibt, bist du immer guter Laune, Specht. Da läßt du dich ausnahmsweise sogar ertragen.«

»Fingerfisch in Weinsauce, Wildpastete, gebackener Kürbis und Apfel, frisches Brot, Grünsprossen und Apfelwein. Ah, da kommt's ja schon!«

Die Wirtin war eine schwergewichtige Frau mit gerötetem Gesicht, erhitzt noch von der Arbeit in der Küche. Sie stellte das Tablett auf den Tisch und sah Marya lächelnd an. »Ich weiß sehr gut, was für einen Mordshunger eine Reise bei solchem Wetter mit sich bringt, meine Gute, das habe ich schon zu Ihrer Freundin hier gesagt – nicht wahr, Liedschmied? Aber in Amalis Halt verhungert mir keiner.«

»Dann sind Sie wohl Amali?«

»Und ob ich das bin!«

»Freut mich, Sie kennenzulernen.«

»... und Ihre Wildpastete«, fügte Kit hinzu.

Amali gluckste vor Lachen. »Eßt nur alles auf, meine Guten. Und wenn ihr Lust habt«, fuhr sie fort, und ihre Stimme klang plötzlich scheu, »dann würden wir uns freuen, wenn ihr später in den Schankraum kommt.«

Marya warf Kit einen Blick zu. Kit lächelte. »Schon möglich, daß wir genau das tun«, sagte sie. »Vielleicht fühle ich mich sogar zum Singen aufgelegt, falls es recht ist.«

»Es wäre uns eine Ehre!« Amali strahlte. »Genießt das Abendessen.«
Marya wartete, bis Amali außer Hörweite war. Dann sagte sie: »Schlimm, schlimm. Noch so ein Jahr, und du bist hoffnungslos verhätschelt.«
»Nicht solang du da bist, um mich zu zügeln.«
»Eine schwere Bürde.«
»Sei endlich still und iß.«
Marya nahm vom Kürbis und schluckte und fuhr fort: »Ich habe gerade etwas Merkwürdiges gehört.« Kit hob den Kopf, legte dann die Gabel aus der Hand. »Wie ich dich kenne, heißt das, wir sollten uns damit befassen. Schieß also los.«
Marya erzählte ihr von Garrys Vater.
»Glaubst du, es war ein Bär?« fragte Kit anschließend.
»Das war mein erster Gedanke. Aber ist in deinen Neuigkeiten aus Lyle-Tal nicht schon etwas über einen Bären in diesen Hügeln?«
»Ja. Vor zwei Wochen hat man einen erlegt.«
»Dacht' ich's mir doch. Aber – zwei Bären im selben Hügelgelände? Und beide noch so spät im Jahr?«
»Klingt unwahrscheinlich.«
»Absolut. Aber *was* macht dann die Hügel unsicher?« Marya labte sich an einem Stück Wildpastete.
»Woher soll ich das wissen? Hör zu. Ich bin auf dem Weg nach Samarty, um ein Manuskript für die Gilde zu holen. Und während ich unterwegs bin, bringe ich Kunde. Ich kämpfe nicht gegen Drachen, ich befreie keine gülden gewandeten Narren aus irgendwelchen Kerkern, und ich lege mich auch nicht mit Windmühlen an. Was willst du denn – eine Jagd organisieren?«
»Eigentlich ... ja.«
Kit stützte ihr Kinn in die Hände und sah sie an. »Marya Krallenfinger, mit dir ist es hoffnungslos.«
»Nein. Hoffnungsvoll. Ich kann's aus deiner Stimme heraushören: Mit Marya ist ja doch nicht zu reden, ich werde nachgeben müssen.«
»Darüber werden wir morgen früh sprechen. Iß jetzt.«

Der letzte Gitarrenakkord durchpulste die Luft im Schankraum, und die Zuhörer zögerten mit dem Applaus: Noch genossen sie die Schönheit der Töne. Lächelnd beobachtete Marya, wie Kit den Kopf hob und zwinkerte, als erwache sie aus einer Trance. Prompt erscholl ein Beifallssturm. *Was für eine wunderbare Sache,* ging es Marya durch den Kopf, *diese Symbiose zwischen Künstler und Publikum. Ist das Instinkt, oder lehrt die Gilde diese Dinge?*
Kit legte die Gitarre aus der Hand und erhob sich langsam. Sofort versank der Raum in Schweigen. Hierauf hatten alle gewartet: auf den Augenblick, da der Liedschmied Kunde geben würde. Genußvoll lehnte Marya sich zurück.
»Vom Norden und vom Osten«, verkündete Kit mit schallendem Klang, »von Sandyns Silberdächern und von der Feuerhalle komme ich her. Ich bin die Stimme und die Künderin der Vergangenheit. Was wollt ihr wissen von mir?«
Alt angestammte Worte, Formeln. Irgendwer rief: »Lyle Valley!« und jene, die bei ihm saßen, nickten eifrig.
Kit nickte und schloß die Augen. In angespannter Erwartung schienen sich ihre Zuhörer leicht vorzubeugen. Dann begann Kit mit klarer, heller Stimme zu singen:

Allysum Gredy gebar einen Knaben
Mit dem ersten Schnee des Novembers.
Bevor der Schnee kam und ging,
Raffte Auszehrung den alten Francis Berne hin
Und glich Geburt und Tod wieder aus.

Etin Yamas Kaufladen brannte ab,
Und Etin gab Jo Hurlisen die Schuld.
Der Rat erlegte Jo eine Geldstrafe auf
Und verbot ihm, Zigarren zu rauchen.

Zum Schutz für die Herden auf dem Canwit Hang
Erschlugen Rey Leyne und Winsey Wittemer
Einen winterfarbenen Bären,

Doch noch immer reißt etwas Schafe und Kühe
Auf dem südlichen Kamm.

Nil Sabek und Margrete Durenn
Haben sich das Treueversprechen gegeben,
Und Hary Lil, in seinen besten Stiefeln,
Geht täglich aus mit Mutter Pent.

»Leben, Tod, Handel und Liebe: Lyle-Tal ist wohlauf.«
Kit endete, und der Schankraum hallte wider von Stimmengewirr. Voll Behagen überließen die Leute sich dem Klatsch. Marya wartete lächelnd: auf das Ausrufen der nächsten Stadt; darauf, daß Kit wieder begann.
Plötzlich krachte die Tür zum Schankraum auf. »He!« rief jemand; und brach ab.
Im offenen Eingang stand Garry, der Stallbursche. Er trug eine junge Frau, eine blutbespritzte Gestalt.
»Nan!« schrie Amali. Sie ließ ein Tablett fallen. Hohl schepperte das Metall zu Boden. Die Wirtin stürzte auf die Blutbefleckte zu, schlang die Arme um ihre Taille. Marya bahnte sich einen Weg zur Tür. Irgendwer rückte einen Stuhl herbei, auf den Amali die blutige Nan jetzt setzte. »Sie ist meine Tochter«, sagte Amali mit heiserer Stimme zu Marya.
»Bist du verletzt?« fragte Marya, während sie auf dem blutbefleckten Handgelenk nach dem Puls fühlte. Sie betrachtete die Augen der jungen Frau. Der Ausdruck von Schock war unverkennbar. Nan schüttelte den Kopf.
»Bringt sie näher an den Ofen und hüllt sie in eine Decke«, befahl Marya. »Gebt ihr Pfefferminztee oder Wasser. Keinen Alkohol.«
»Und dann fragt sie, was geschehen ist«, sagte Kit, die jetzt dicht bei Marya auftauchte.
»Am Tor«, sagte Nan mit schwerem Keuchen. »Cal. Er ist tot. Und Jimy.«
Marya hörte ein Geräusch, einen halbunterdrückten Schrei, aus dem hinteren Teil des Raums.

»Wie?« fragte Amali mit angespannter Stimme.
»Cal ... Cal wurde vom Hals bis zum Bauch aufgeschlitzt. Einfach so aufgeschlitzt. Jimys Kehle ... wurde halb zerfetzt.«
Marya gewahrte eine Bewegung und blickte zur Tür. Noch immer stand Garry, der Stallbursche, dort; noch immer schien auf seinen Lippen ein halbgeformtes Wort zu liegen. Er machte einen halben Schritt vorwärts, klammerte sich am Türrahmen fest und sah sich mit unstetem Blick im Schankraum um. Plötzlich machte er auf dem Absatz kehrt und eilte hinaus.
»Die Wolldecke dort«, rief Amali. »Reiche mir doch jemand die Wolldecke dort.« Sie blickte zu Marya. In ihren Augen spiegelte sich Entsetzen. »Allmächtiger. Irgend jemand – irgend etwas – muß durch das Tor eingedrungen sein.«
»Was? Wieso?«
»Cal ist der Torwächter.«
»Der ... Torwächter?« Maryas Stimme war nur ein Flüstern. Aus geweiteten Augen blickte sie zu Kit. Kit streckte die Hand aus, legte sie auf Maryas linke Schulter. Marya fühlte die Wärme der Finger, und die Berührung schien ihr Kraft zu verleihen.
»Laß uns nachsehen«, sagte Marya, und ihre Stimme klang durch die Stille wie harter Glockenschlag.
Draußen im Schnee fanden sie Spuren von zwei verschiedenen Personen, wie es schien. Eine Spur stammte offenbar von Nan, die auf das Wirtshaus gleichsam zugetorkelt war. Die andere Spur führte ohne Umschweife in Richtung Tor.
Marya furchte die Stirn und hockte nieder, um die Abdrücke genauer zu betrachten. Quer über ihren Knien lag, in seiner Scheide, ihr Schwert. Plötzlich fluchte sie.
Die Stapfen stammten von absatzlosen Stiefeln, wie sie – in Scheune oder Stall – ein Bauer oder Pferdeknecht tragen mochte ...
»Was ist denn?« fragte Kit.
»Garry«, sagte Marya, und es klang, als fiele ein Stein tief in einen Brunnen. »Er ist hinter dem Ding her, das seinen Vater umgebracht hat. Komm, weiter.«

Und sie liefen.
Marya zog ihr Schwert. Hinter sich hörte sie Kits zornige Stimme. »Marya! Verwünscht sollst du sein, warte auf mich!« Doch sie scheute sich, ihr Tempo zu verlangsamen. Nur noch einen Steinwurf weit war es bis zum Platz am Tor ...
Sie bog um eine Ecke – und erstarrte in ungläubigem Schrecken, das halberhobene Schwert in der Faust. Garry stand auf dem Platz beim Tor. Sein Gesicht war vor Entsetzen verzerrt. Mit beiden Händen hielt er ein keulenförmiges Stück Holz gepackt, das er irgendwo aufgelesen zu haben schien. Und diese Behelfswaffe war sein einziges unzulängliches Mittel: um *jene* Kreatur von sich fernzuhalten.
Die Kreatur ... ihm gegenüber: Unablässig schienen sich schwarze Streifen oder Strähnen von ihr zu lösen; Schwaden aus dunklem Dampf, getrieben von einem Wind, der nur dort und nirgendwo sonst auf der Straße wehte; dennoch sank nicht die kleinste Spur davon auf den Schnee, und die Kreatur blieb sich an Umfang stets gleich. Sie bewegte sich aufrecht, groß wie ein Bär und dürr wie ein halbverbrannter Baum.
Neben sich hörte Marya Kits tonlose Stimme. »Oh, Mutters Schweine ... Wie soll ich *das* in der nächsten Stadt beschreiben?«
Ein Arm, nein, etwas Arm*förmiges*: Dunkel stieß es vor gegen den jungen Burschen. Die Holzkeule zerbrach, fiel in zwei Teilen in den Schnee.
»Garry, mach dich davon!« Marya sprang auf die Kreatur zu. Mit einem Schwerthieb schien sie ihm den wabernden Leib zu zerspalten.
Doch Garry schrie und schrie; und plötzlich schrie er nicht mehr. Das Schattenwesen gab ihn frei aus tödlicher Umarmung, und in leuchtendem Rot klafften seine Kehle und seine Brust, und aus seinem Mund, der noch immer zu schreien versuchte, quollen rote Blasen.
Maryas Klinge stach in den Schatten – und stak plötzlich fest wie in einem Fels. Die Adern ihrer rechten Hand schienen sich zu fül-

len mit Gestein, das sich höher und höher schob: ihre Nerven lähmte, ihre Knochen brüchig machte – das in Schulter und Brustkorb stieß. Sie versuchte, tief Atem zu holen, und hatte nicht die Kraft dazu. Ihr Schwert fiel in den Schnee, während sie rückwärts wankte und auf die Knie sackte, den rechten, menschlichen Arm schlaff baumelnd an der Seite. Mit leerem Blick starrte sie darauf.

Und der Schatten kehrte sich ihr zu. Das Maul klaffte, in den Augen glomm Verwesung – und Marya wollte nichts davon sehen; nur warten, dort auf den Knien, bis die Kreatur endlich verschwand.

Die schwarzen Augen reckten sich vor, wie in zynischer Trostgebärde: Die Kreatur wollte Marya an sich ziehen.

»Nein!« schrie Kit und stürzte an ihr vorbei, in der Hand ihren Dolch, wie blitzendes Silber.

»Zurück!« rief Marya, doch schon stieß Kit zu: trieb den hellen Stahl tief in die Schattenkreatur.

Und erstarrte. Öffnete entsetzt den Mund. Und fühlte und sah, wie sich die dunkle, undurchdringliche Masse um ihre Glieder schlang.

»Kit, zurück, zurück!« rief Marya wieder. Endlich schien Kit zu sich zu kommen. Mit aller Kraft löste sie sich. Das schwarze Monster keilte aus, und Kit stürzte. Blut färbte den Schnee.

»Kit!« Marya kniete neben ihr.

»Es zerrt meine Seele durch das Loch in meinem Arm«, murmelte Kit.

»Was!?«

»Ich kann es fühlen. Es frißt meine Seele ...« Kits Kopf kippte zur Seite.

Wie eine schwarze Flamme neigte die Kreatur sich über die beiden und schien zu schwellen, zu pulsieren. Verzweifelt streckte Marya die Hand nach ihrem Schwert. Wollte sie strecken. Doch ihr menschlicher Arm gehorchte ihr nicht.

Sie sprang auf, wich dem Monster aus, stand auf der anderen Seite. »Hier!« schrie sie. »Hier drüben, du Lumpenbalg!« Eine

Handvoll Kies scharrte sie zusammen, schleuderte die Steine mit dem linken Arm gegen das Schattending. Scharf zischend klaffte das Maul auf, und das Monster preschte vor. *Volle Wirkung, allzu stark,* dachte Marya, während sie mit ihrem Krallenarm zuschlug. Ihre Finger tauchten in Schatten.

Hitze jagte durch Maryas Knochen, und das Zischen des Monsters wurde zum Fauchen. *Ich habe es verwundet!* jubelte sie. Heiß prickelte ihre Haut. Sie krallte ihre Klaue in den Schattenleib der Kreatur, und wild stieß das Monster vor gegen ihren Kopf und ließ ein Kreischen hören, wie Stahl auf Stein.

Siedehitze überflutete ihren Körper. *Es verbrennt mich* – doch dann wuchs Furcht zu nacktem Grauen. *Nein ... ich brenne.* Sie selbst war die Flamme, und die Welt ringsum schien nichts zu sein als mürber Zunder. Marya reckte sich, bäumte sich hoch, schien nach den Sternen zu greifen, um sich zu nähren von ihrer Kraft ...

Das Schattenmonster wich zurück, heulend, winselnd, und Marya hielt nichts in der Faust als schrumpfendes Dunkel. Plötzlich war sie nur ein winziges Geschöpf, auf den Knien im kalten Schnee, und alle Kraft hatte sie verlassen. Sie wollte schreien: wollte das Monster packen – zerschmettern, vernichten.

Mühsam raffte sie sich hoch, griff an. Das Monster schlug zurück, doch sein Hieb ging ins Leere. Und das Schattengeschöpf flog davon. Wie ein dunkles Blatt, getrieben vom Wind, wirbelte es durch das Tor und hinaus in die Nacht.

Die Kraft war erschöpft. Maryas Blick irrte die Straße entlang – und sie beneidete die brennenden Lampen: um ihre flackernde Helle.

Dann gewahrte sie im Schnee die schlaffe, rothaarige Gestalt. »Kit!« rief sie. »Specht –«

Sie kniete neben ihr, hielt die Sängerin in ihrem dunklen Arm und lauschte auf Kits Atem. Ein warmer Luftstrom traf auf ihre Wange; ja, sie atmete. Jetzt die Schulter ... Sie suchte nach einem Stück Stoff, das weder von Blut noch von Schnee besudelt war, und fluchte, als sie nichts finden konnte.

»Oh, gütige Mutter. Hier«, sagte eine leise Stimme über ihrem Kopf, und dann sah sie eine Hand mit einer sauberen Stoffserviette. Sie griff danach, drückte sie auf Kits Wunde und befestigte sie mit ihrer Schärpe.

»Ich brauche einen Umhang für sie, eine Wolldecke, irgendwas ...« murmelte Marya. Ein Arm streckte sich, hielt einen hellblauen Umhang hin. Sie hüllte Kit darin ein. *Warum ist sie nicht bei Bewußtsein?* Marya strich ihr das Haar aus den Augen. Im Schein der Straßenlaternen sah sie dunkelgefleckten Schnee. Endlich war das Tor geschlossen; doch es gab drei Opfer, für die alle Hilfe zu spät kam ... Maryas Kopf schmerzte, und ihr Körper fühlte sich schwer wie Stein.

»Sollten wir sie nicht zum Wirtshaus bringen?« fragte eine Stimme hinter ihr. Sie drehte den Kopf.

»Amali!«

»Ich bin schon seit einer ... einer Weile hier ... aber Sie waren zugange wie ...« Amali machte eine Handbewegung.

»Wie ein Pferdedoktor, meinen Sie?« Marya schüttelte die Müdigkeit ab und hob Kit hoch. Sorgfältig hielt sie ihren linken Arm bedeckt.

»*So* arg nun auch wieder nicht.« Amali zuckte die Schultern. »Wenn man einem Doktor so zusieht – bei der Arbeit sind sie alle irgendwie sonderbar.«

»Hmm.«

»Allerdings hatte ich geglaubt, daß nicht Medizin studieren kann, *wer den Preis bezahlt hat.*«

Wie ein Ruck ging es durch Marya. Ihr Fuß zuckte ein Stück vor, ihre Zähne schlugen aufeinander. »Wer – was?« fragte sie.

»Wer den Preis bezahlt hat. Als Sie die Sängerin verbanden, habe ich Ihren Arm gesehen.«

»So?« *Dieses verdammte Weib*, dachte sie, *wird es wohl endlich sein Schandmaul halten ...*

»Sie sollten ihn nicht verstecken, den Arm, wissen Sie. Er ist doch ein *Mal*, das uns an den *Zorn unserer Mutter* gemahnen soll, weil wir ihre *heiligen Geheimnisse* mißachten ...«

»Das genügt!« sagte Marya, und ihre Stimme war wie ein Zischen. Amali schnappte nach Luft. »Tut mir leid«, sagte Marya. »Ich bin nicht ... religiös.«
Amali musterte sie vorsichtig. »Ich werde für Sie beten«, sagte sie schließlich. »Und jetzt gehe ich wohl am besten voraus, um ein Bett für sie zu richten.«
Marya nickte, und Amali stapfte durch den Schnee davon.
»Sie meint es gut«, erklärte Kit mit krächzender Stimme. »Sie weiß es halt nicht besser.«
»Specht? Wie fühlst du dich?«
»Als hielte ich einen Blitzableiter in der Hand ... am falschen Ende.«
»Gibt's bei einem Blitzableiter denn auch ein *richtiges* Ende?«
Kit öffnete ein Auge und starrte Marya an. »Bist du hysterisch?« fragte sie mit schwacher Stimme. »Du redest so wirr.«
»Und du solltest überhaupt nicht reden.«
»Nein, sollte ich nicht. Ich sollte mich ruhen. Wenn du nicht hysterisch wärst, wüßtest du das.«
Marya sagte ärgerlich: »Mit jemandem, der Blut verloren hat, kann man nicht vernünftig reden.«
Kit schüttelte kaum wahrnehmbar den Kopf. »Weniger Blut als ... als Kraft.«
»Wenn man Blut verliert, verliert man auch Kraft – logisch.«
»Aber so ist das nicht bei mir. Das war's, was ich meinte mit dem Blitzableiter, den ich am falschen Ende halte.«
»Was? Wie?«
»Da war nichts, was hineinfuhr mit großer Gewalt, oh nein ... das – das Monster schien etwas aus mir *herauszusaugen*.«
»Etwas aus dir ...« wiederholte Marya und blickte auf ihren rechten Arm. War dort nicht das gleiche lähmende Gefühl: als sei alle Kraft herausgesaugt?
»Die Schulter tut mir weh«, sagte Kit jetzt mit festerer Stimme. »Und mir ist kalt. Steh nicht einfach so herum.«
»Sei nicht so zänkisch, Spechtlein«, sagte Marya mit einem Lächeln, und bald folgten beide Amalis Stapfen im Schnee.

Marya stieß die Tür einen Spaltbreit auf, und Sonnenlicht drang hervor. »Kit? Bist du wach?«

»Hier ist es so hell, wie wenn das verdammte *Schiff* in den Hafen einläuft, und sie fragt, ob ich wach bin«, quengelte Kit.

Marya steckte lächelnd ihren Kopf ins Zimmer. »Wer so zetern kann, kommt bestimmt wieder auf die Beine.« Sie nahm auf dem Bettende Platz. »Und wie fühlst du dich sonst?«

»Ziemlich gut soweit. Viel besser, als sich voraussehen ließ.«

»Hmmm«, machte Marya. »Laß mich mal deinen Arm ansehen.«

»Es war, als ob ...« Kit unterbrach sich, während Marya ihr den Verband abnahm. »... als ob ich fühlen konnte, wie ich starb – was lachhaft ist bei einer so unbedeutenden Wunde.«

»Sicher. Schlimm ist sie nicht. Im übrigen ist sie sauber und heilt ganz ausgezeichnet.«

»Es muß wohl die Angst gewesen sein. Ein echtes Beispiel für ein Sich-fast-zu-Tode-Fürchten.«

»Vielleicht.« Marya lehnte sich zurück und verschränkte die Finger: menschliche Hand und schwärzliche Kralle. »Vielleicht auch nicht.«

»Vielleicht auch *nicht*?«

Marya stand auf und verriegelte die Tür.

»Marya?«

»Da ist etwas, das ich dir zeigen möchte.«

»Meine Mutter hat mich vor Frauen wie dir gewarnt ...«

»Sehr komisch. Schau her.«

Marya hockte vor dem Eisenofen beim Bett und öffnete die Ofentür. »Er brennt, nicht wahr?«

»Wenn er nicht brennen würde«, sagte Kit, »so hätten wir das wohl längst bemerkt.«

»Ja, aber du kannst die Flammen sehen, stimmt's?«

Kit seufzte. »Wenn du's unbedingt wissen willst – ja, ich kann sie sehen.«

»Gut.« Marya streckte die linke Hand vor, schob sie durch die Ofenöffnung und spreizte die langen Krallenfinger über dem

Feuer. Sie spürte, wie die Hitze daran vorbeistrich – und nichts sonst. *Bin ich verrückt?* dachte sie in plötzlicher Angst. *War ich gestern abend verrückt, als ich dies mit Erfolg versuchte?*
Dann begann es in ihrer Schulter zu stechen. Fieberhitze jagte durch ihren linken Arm, Fieberschwäche umfing sie. Dröhnend klang ihr der eigene Herzschlag in den Ohren.
Zwischen ihren Fingern, sie sah es, flackerten die Flammen schwächer und schwächer, sackten zusammen; Holzscheite dunkelten; Farbtöne wechselten, schwanden: Orange und Blutrot und Scharlachwein – dann Schwarz und Aschgrau.
»Enorm«, sagte Kit.
Marya, jetzt auf den Fersen hockend, rieb sich die Augen. »Das ist es, was ich so an dir mag. Du findest doch immer das richtige Wort.«
»*Mutter am Steuerruder* –«
»Es ist *keine* Magie, verdammt!« sagte Marya zornig. »Beruhige dich. Es ist Teil des ... des Wandels. Das weißt du sehr gut.«
Kit stemmte ihre Hände auf die Knie und holte tief Luft. »Du hast recht. Ich bin ruhig. Vollkommen ruhig. Wußtest du, daß du das konntest? Ich meine, bevor du's eben gezeigt hast?«
»Ich hab's gestern abend in meinem Zimmer versucht. Davor, glaube ich, hatte ich diese Fähigkeit nicht.«
»Und – woher kommt sie?«
»Ich habe eine Theorie.«
Kit schloß die Augen. »Eine Theorie? Abscheulich.«
»Willst du sie nicht hören?«
»Doch, doch – tut mir leid.«
»Schon gut. Ich erinnere mich an ein Experiment, das mich meine Mutter machen ließ, als ich noch klein war. Ein Experiment mit einer Schneehasenfamilie – mit einem frischen Wurf. Die eine Hälfte hielt ich draußen in Verschlägen. Die andere Hälfte hielt ich im Haus. Die draußen wechselten die Färbung, wie Schneehasen das für gewöhnlich tun, braun im Sommer und weiß im Winter. Aber die drinnen waren und blieben immer braun.«
Kit krauste die Stirn. »Da muß dir ein Irrtum unterlaufen sein. Bei

Schneehasen gibt's sowas nicht – und was hat das überhaupt mit dem Auslöschen von Feuer zu tun?«
»Darauf komm ich noch. Paß auf. Meine Mutter sagte, mein kleines Experiment habe bewiesen, daß Lebewesen manchmal mit Merkmalen geboren werden, die erst bei *äußerer* Einwirkung hervortreten.« Marya krümmte ihre dunklen Finger. »Und einen solchen Auslöser hat es wohl gestern gegeben.«
Kit schüttelte ungeduldig den Kopf. »Kälte und Angst, all das war doch nichts Neues. Was –« Ihre Augen weiteten sich. »Du meinst, das *Ding* ist der Auslöser gewesen?«
Marya nickte.
»Nein.«
»Was für eine Erklärung hast du? Glaubst du an irgendeinen Zufall?«
»Aber weshalb sollte es eine solche Wirkung auf dich haben?«
»Weil«, sagte Marya mit tonloser Stimme, »das Ding und mein Arm miteinander ... verwandt sind.«
»Unsinn. So eine Schattenkreatur wie aus dunklen Schwaden ...«
»Hitze vermag meinem Arm nichts anzuhaben, das hast du gesehen. Bei dem Ding, glaube ich, ist das nicht anders. Deshalb, scheint mir, zerreißt es seine Opfer. Jedenfalls verschlingt es sie nicht.«
»Du irrst dich.« Kits Gesicht war bleich, doch entschlossen.
Marya fragte leise: »Woher weißt du das?«
»Nun, du *bist* doch nicht wie das Ding. Oder willst du etwa behaupten ...«
»Nein, nein, nein. Ich bin ein Mensch – war es, bin es noch. Auch wenn jene Hasen niemals weiß wurden, so waren und blieben sie doch Hasen.«
»Hör schon endlich mit diesen verdammten Hasen auf!«
Am liebsten hätte Marya losgeschrien. Doch sie biß sich auf die Lippen und holte tief Luft. »Nun gut. Ich sage ja bloß ...«
»Ich will nichts hören ...«
Es rüttelte an der Tür, der Riegel ruckte.

»Liedschmied?« Es war Amalis Stimme.
»Ist alles in Ordnung?«
Marya beeilte sich die Tür zu öffnen.
»Ist alles in Ordnung?« wiederholte Amali, und ihr rundes, sonst so vergnügtes Gesicht wirkte besorgt. Sie hatte zwei Metallkannen bei sich. »Hier ist heißes Wasser. Haben Sie gut geschlafen? Tut Ihnen die Schulter weh?«
Kit bedankte sich artig für das heiße Wasser und folgte Amali ins Badezimmer. Die Fragen der Wirtin ließ sie unbeantwortet.
»Ihre Schulter ist soweit in Ordnung«, sagte Marya, als Amali mit den leeren Kannen zurückkam. »Ich habe sie mir angesehen. Gibt es irgendwelche Neuigkeiten?«
»Neuigkeiten?« fragte Amali zurück, während sie Kits Bett glattzustreichen begann.
»Ja. Von dem Ding gestern abend.«
»Das hat keiner wieder gesehen.«
»Bestimmt nicht?«
Amali runzelte die Stirn und schüttelte ein Kissen auf. Dann sagte sie: »Solche Kreaturen können nur nachts unter uns sein, während die Mutter im Träumen segelt.«
Eine Göttin, die sich schlafen legt, wenn man sie am nötigsten braucht, dachte Marya. *Wie schön.* »Sind Sie sicher, daß nicht die Mutter selbst für solche kleinen Zwischenspiele sorgt?«
»Die Mutter bewirkt nichts Böses«, erklärte Amali voll Nachsicht. »Das Böse kommt von uns. Doch läßt Sie es zu, daß das Böse unter uns wandelt, um uns eine Lehre zu erteilen. Wenn wir gelernt und uns gebessert haben, wird Sie die Welt von so schrecklichen Dingen befreien.«
»Wir brauchen also nur sehr, sehr brav zu sein, und schon entschwindet das Ungeheuer.«
Amali musterte sie streng. »Einer, die den Preis gezahlt hat, steht Respektlosigkeit schlecht zu Gesicht.«
Marya sagte heiser: »Wird nicht wenigstens eine Jagd nach dem Monster organisiert?«
»Im Winter kommen die Wölfe aus den Hügeln herab«, sagte

Amali mit einem Lächeln. »Veranstaltet man auf die jedesmal eine Jagd? Oder trifft man ganz einfach die nötigen Vorkehrungen?«
»Wir sprechen nicht von Wölfen.«
»Hier, fern von den großen Städten, gibt es viele Gefahren. Wir leben ein anderes Leben.«
»Und ihr sterbt einen anderen Tod, falls das Monster dafür ein Maßstab ist«, sagte Marya scharf.
Kit kam angezogen aus dem Badezimmer. Mit einem grünen Handtuch trocknete sie sich das Haar. »Was sprecht ihr da von sterben?« sagte sie.
»Überflüssige Gedanken, Liedschmied«, beschwichtigte Amali. »Willst du deine Reise heute fortsetzen? Das Wetter ist gut ...«
Es klopfte leise an die Tür. »Amali?« rief Nan mit gedämpfter Stimme. »Komm schnell nach unten. Die ganze Stadt ist dort versammelt. Sie wollen sich aufmachen und ...« Sie hatte die Tür geöffnet, glitt jetzt herein. Als sie Marya und Kit sah, preßte sie die Hand vor den Mund. »Oh. Oh, Mutter.«
»Ich habe unten zu tun«, sagte Amali hastig und wandte sich zu ihrer Tochter und zur Tür.
»Erst gibt es hier oben etwas zu tun.« Marya streckte ihren schwarzglänzenden Arm vor und stieß die Tür zu. Amali fuhr herum, und Marya sah das Gesicht der Wirtin: als sei, urplötzlich, eine fröhliche Maske zerfetzt. Die Augen standen voller Tränen.
»Die Wahrheit – bitte«, sagte Marya sanft.
Nan ließ einen halberstickten Laut hören. Amali schloß die Augen und schluckte hart.
»Moment«, sagte Kit. »Worum geht es überhaupt?«
»Das weiß ich noch nicht, Specht«, gab Marya zurück. »Doch hier ist etwas Außergewöhnliches im Gange ...« Sie hob eine Augenbraue und blickte zu Amali und Nan. »... und vermutlich können diese beiden mir sagen, was es damit auf sich hat.«
Amali schüttelte den Kopf. »Nein. Tut mir leid. Zwar solltest du die Wahrheit wissen; dir, vor allen anderen, sollte ich sie anvertrauen. Aber nicht jetzt.«
»Was? Warum nicht?«

»Unten sammeln sich Leute, die ermorden wollen, was sie nur bemitleiden sollten. Vielleicht kann ich verhindern, daß sie finden ... wonach sie jagen.«

»Die Kreatur«, sagte Marya.

Amali nickte stumm.

Marya betrachtete die Wirtin einen Augenblick. Dann sagte sie: »Es hat gestern abend drei Menschen umgebracht.«

»Es konnte nicht ...« begann Amali und nickte dann wieder.

»Gehen wir endlich!« sagte Nan zu ihrer Mutter, und es klang wie ein Zischen. »Nach unten ...«

Amalis Miene war wie versteinert, voll Trotz.

»Vielleicht könnten wir helfen«, sagte Marya.

Amali preßte die Lippen aufeinander. »Wenn ich dich ins Vertrauen ziehe ... versprichst du mir dann, es leben zu lassen?«

»Wenn wir können«, sagte Marya.

»*Moment* mal«, begann Kit, verstummte jedoch, als sie Maryas erhobene Hand sah. Amali blickte von Marya zu Kit. Dann starrte sie vor sich hin.

»Die ... Kreatur, die wir jagen«, sagte sie schließlich, »ist mein Kind.«

Marya schwieg verblüfft. *Ja, ich habe mir gedacht, daß es sich um eine Mutation handelt,* ging es ihr durch den Kopf. *Und natürlich mußte die Kreatur eine Mutter haben. Aber ausgerechnet diese rundliche, rotgesichtige, normale kleine Frau ...?*

Amali fuhr fort: »Nan war mein erstes Kind. Dann hatte ich ... dieses. Er war ... einfältig. Mußte gefüttert und gesäubert werden.« Sie verstummte; preßte die Finger gegen die Lippen, bevor sie weitersprach. »Ich glaubte, Sie – die Mutter – habe mich für würdig befunden, einen großzuziehen, *der den Preis bezahlt.* Möge Sie mir helfen, dachte ich – *ich* hielt mich für stark genug.« Sie blickte zu Marya und hob den Kopf, ein Ausdruck von Stolz oder Trotz. »Fünfzehn Jahre lang sorgten Nan und ich für ihn. Wir hielten ihn versteckt – aus Angst, daß die Leute ihm etwas antun würden.«

Oder wolltet ihr bloß nicht, dachte Marya, *daß man in Sallis wußte, daß ihr einen Mutanten in der Familie hattet?*

Amali zögerte, fuhr dann entschlossen fort: »Vor ein paar Monaten ereigneten sich auf einmal ... Dinge. Ich hatte Angst. Ich ... Nan und ich ... Mutter, vergib mir ... eines Tages schlossen wir ihn in seinem Zimmer ein und reisten nach Lyle-Tal. Zwei Wochen später kehrten wir zurück.«

Tränen rannen über Amalis Wangen. »Wir begruben ihn nach Einbruch der Dunkelheit, hier in den Hügeln. Er war so ... er muß tot gewesen sein, er muß! Die Mutter hat ihn zurückgebracht, um mich dafür zu bestrafen, daß ich kein Vertrauen zu ihr hatte ... und weil ich Angst hatte ... und ihn nicht liebte.« Sie vergrub ihr Gesicht in den Händen und schluchzte.

Kit streckte eine Hand nach Amalis Schulter, hielt jedoch mitten in der Bewegung inne.

»Könnte das Ding nicht gefangen und – eingesperrt werden?« fragte Marya schließlich.

»Was?« Kits Stimme klang schrill.

Amali erwiderte: »Ich glaube ja.«

»*Wozu?*« schrie Kit.

»Bis wir ihn finden«, erklärte Marya, »habt ihr Zeit, uns davon zu überzeugen, daß er ... daß die Kreatur am Leben bleiben sollte.« Sie ging zur Tür.

»Halt!« rief Kit, und der Klang ihrer Stimme brachte das Fensterglas zum Klirren. »Bist du übergeschnappt?«

»Nein«, erwiderte Marya ruhig. »Ich schließe mich der Jagdgesellschaft an.«

Kit öffnete den Mund, schloß ihn wieder. »Dann komme ich mit«, sagte sie schließlich.

»Aber deine Schulter ...«

»Wo ist mein Umhang?« sagte Kit nur.

Und Marya sah ihre Augen: Sie duldeten keinen Widerspruch.

Ringsum breiteten sich die Hügel, überhaucht vom Schein der untergehenden Sonne und dicht betüpfelt mit Kiefernhainen. Aus verengten Augen spähte Marya gegen den bitterkalten Wind. Sie nahm die Zügel in die Klauenhand und schob die rechte Hand zum

Wärmen in die linke Achselhöhle. *Hinter alldem,* dachte sie, *steckt ein Dämon, der Seelen frißt. Nein, irgendwo dort gibt es ein bemitleidenswertes mutiertes Etwas, das von reiner Energie lebt. Wenn ich nur Amali bewegen könnte, mir darüber alles zu erzählen, was sie weiß.* Sie blickte auf ihre schwarze Hand, die im Glutschein der Abendsonne einem blutigen Messer glich. Marya konzentrierte sich darauf: versuchte gleichsam, aus dem winterlichen Licht Wärme zu gewinnen, so wie sie gestern aus dem Feuer Hitze in sich eingesogen hatte. Doch nichts geschah. Die Hand blieb kalt, steif, bewegungslos.

Mit den Knien trieb sie ihr Pferd an, und durch tiefen Schnee trottete es zu dem Tier, auf dem Amali saß. Kit reagierte sofort und näherte sich der Wirtin von der anderen Seite.

»Also gut«, sagte Marya. »Die übrige Jagdgesellschaft haben wir schon vor über einer Stunde abgeschüttelt, und inzwischen sind wir Ihnen von einer Stelle zur anderen gefolgt. Was werden Sie tun, wenn wir es finden?«

»Amali!« schrie Nan plötzlich, und Marya drehte den Kopf. Ihr Blick glitt zu einem nahen Hügelkamm. Dort oben, bei einem Schneehaufen, befand sich Nan, die jetzt rief: »Er ist nicht weit! Hier sind Spuren und ein totes ...«

Instinktiv schwang Marya sich aus dem Sattel. Im Kieferngeäst bewegte sich etwas, ein schleichender Schatten ... Ihr Pferd schrie, und der Schnee ringsum dampfte von Blut. »Rettet euch!« rief sie, doch Kit und Amali wichen bereits zurück – vor dem zuckenden, sterbenden Tier mit dem schwarzen Monster auf dem Rücken.

Marya zog ihr Schwert; und begriff plötzlich, daß es jetzt nutzlos war. *Hoffentlich,* dachte sie, *kümmert die Kreatur sich nur um ihre Beute – bis ich einen klaren Gedanken fassen kann.* Doch die Augen des Monsters, Höllenlöcher, kehrten sich ihr zu, und das Untier erhob sich, stand ihr gegenüber. Eine Faust schien sich um ihren Magen zu krampfen. *Es besitzt den Verstand eines zurückgebliebenen Kindes,* dachte sie. *Ich habe es verletzt. Es will sich rächen.* Schützend hob sie ihren linken Arm vor das Gesicht, und in ihr war der Gedanke an Tod.

Die Kreatur sprang, und die Wucht des Sprungs schleuderte Marya in den Schnee. Sie prallte mit der Schulter gegen Eis und Fels und schrie auf, doch ihr dunkler Arm blieb ungebeugt: Schutz gegen die Mammutmasse und die Teufelsfratze.
Plötzlich spürte sie, wie in ihrer Hand Hitze pulsierte. Das Monster stieß ein Zischen aus und schlug zu. An ihrer Schläfe fühlte Marya eisige Kälte, Schmerz; dort hatte das Monster sie verletzt. Die ganze Welt schien zu zersplittern, und unaufhaltsam trieben die Fragmente auseinander. *Ich bin im Fieber*, begriff sie plötzlich. *Gleich kocht mir das Gehirn.*
Sie hörte ein dumpfes Geräusch, und Kälte übersprühte ihr Gesicht. Dies wiederholte sich, und dann war das Schattenwesen – eben noch über ihr – plötzlich fort.
»Marya!« hörte sie Kit schreien. »Hier!« Ein Schneeklumpen sauste an ihrem Kopf vorbei.
Wild blickte sie in die Richtung, aus der die Stimme kam. »Du wirfst mit Schneebällen?« rief sie.
»Komm schon, los doch!« rief Kit zurück und nahm wieder eine Handvoll Schnee. Amali hockte zusammengekrümmt zu ihren Füßen, die behandschuhten Hände vor dem Mund. »Es hat nicht genug gewirkt – nein, da kommt es wieder! Bewege dich!«
Marya sprang und erreichte Kit, während diese abermals einen Schneeball warf. Die Kreatur taumelte ein Stück zurück, attackierte dann erneut.
»Schneebälle?« sagte Marya.
»Irgendwie behindern sie das Ding!«
»Behindern es? Aber wieso?« *Das Ding absorbiert Energie*, begriff Marya plötzlich. *Schneebälle haben Bewegungsenergie. Wie mein Schwert und wie Kits Dolch, als wir sie gestern abend benutzten. Doch Schneebälle sind* losgelöst *von dem, der sie wirft ...*
»Schnee!« rief Marya.
»Ja – na, und?« rief Kit zurück.
Nan kam durch die Schneewehe herbeigestapft: Hinter ihr sah Marya auf dem Hügelkamm den hohen Schneehaufen, zum halben Tunnel aufgetürmt, ein bizarres Gebilde ...

»Komm!« Marya packte Kit bei der Hand, zerrte sie zum Hügel. Amali und Nan folgten – und stoben beiseite, als das Monster vorwärts stürmte.

»Nimm mein Schwert«, keuchte Marya und drückte Kit den Knauf in die Hand. Sie wies nach oben, zum hochgewölbten Halbtunnel aus Schnee. »Ich werde die Kreatur dort hintreiben. Sobald mir das gelungen ist, schlägst du Eis und Schnee los, so daß alles auf das Ding niederstürzt.«

Kit musterte sie zweifelnd. »Und das soll wirken?«

»Weiß ich nicht«, sagte Marya. Aus den Augenwinkeln nahm sie eine Bewegung wahr, einen rasch wachsenden Schatten.

Die Bestie attackierte. Vorsichtig wich Marya zurück. Wenn ihr dies nur gelingen wollte: die Kreatur mit sich zu locken, Schritt für Schritt ... Jetzt konnte sie die wilde Fratze besser sehen ... konnte Züge eines menschlichen Gesichts darin erkennen ... Schläfen und Backenknochen, die Bewegung des aufklaffenden Unterkiefers – und ihr Entsetzen war so groß, daß sie sich versucht fühlte, wimmernd in den Schnee zu sinken. Doch sie hielt sich auf den Beinen, wich weiter zurück.

Der Schneehaufen, der Halbtunnel, jetzt war er ganz nah: Marya gewahrte den bläulichen Schatten. Im selben Augenblick krümmte sich die Kreatur zum Sprung, und Marya blieb kaum Zeit, sich zur Seite zu schleudern. Hart prallte sie auf den Boden, und ihr Mund war voll Eis und Sand.

»Kit!« keuchte sie. »Jetzt!« Um ihre Körperachse rollend, bewegte sie sich fort, kam im tiefen Schnee auf die Beine, bereit, der Lawine mit einem Sprung auszuweichen ...

... der Lawine, die nicht kam. »Kit!« schrie sie wieder. »Nun mach schon!« Abermals näherte sich die Kreatur.

»Da stürzt nichts!« rief Kit.

Marya warf einen Blick zum Hügelkamm. Wild hieb Kit drauflos. Doch es genügte nicht, um das gewölbte Schneegebilde niederbrechen zu lassen.

Ihr Kopf fuhr zurück. Die Kreatur war jetzt ganz nah, und Marya hörte ihren eigenen halberstickten Schrei.

»Spring!« schrie eine Stimme irgendwo über ihr.

»Was? Wer ...?« Das Monster krümmte sich zum Sprung.

»Spring fort!« hörte sie wieder. »Schnell!« Hinter sich vernahm sie ein Ächzen, ein Poltern, gewaltiges Dröhnen. Schnee füllte ihren Mund.

»Marya?« schrie Kit. »Bist du in Ordnung?«

Marya setzte sich auf und wischte den Schnee vom Gesicht. »Glaub schon. Was ist passiert?«

Kit kniete neben ihr nieder und betrachtete sie prüfend. Dann wies sie nach hinten zum Hügelkamm.

Der Schneehaufen war verschwunden. Dafür lag am Fuße des Hangs ein kleiner Berg aus Schnee und Eis. Unmittelbar daneben sah Marya ein hingestrecktes Pferd, noch gesattelt. Nan tätschelte dem Tier den Kopf und sprach beruhigende Worte.

»Nan begriff, was wir tun wollten und daß es damit nicht klappte«, sagte Kit. »Sie trieb das Pferd in den Schneehaufen, um ihn zum Einsturz zu bringen.«

Marya nickte und raffte sich hoch.

»Bist du auch wirklich in Ordnung?« fragte Kit.

»Jeder Knochen tut mir weh«, sagte Marya. »Eine Lappalie.« Sie stapfte zu Nan hinüber.

»Es hat sich ein Bein gebrochen«, sagte Nan.

»Das dachte ich mir schon. Tut mir leid.«

Nan lächelte ein wenig verzerrt. »Entweder Sie oder das Tier – ein Drittes gab es nicht.«

»Gewiß. Trotzdem tut es mir leid.«

Nan schüttelte den Kopf. Dann kniete sie neben dem Tier nieder und zog ein Messer aus ihrem Gürtel. Rasch blickte Marya fort. Ihre Augen glitten über die Massen des herabgestürzten Schnees. War das dort ein gebeugter, schwarzer Arm? *Nein*, dachte sie, *nur ein abgebrochener Ast. Die Kreatur ist verschüttet. Falls es ihr gelingen sollte, sich aus dem Schnee zu befreien, ist sie zu sehr geschwächt, um Widerstand zu leisten. Und Amali kann ihren mutierten Gefangenen wiederhaben. Wie lange wird's wohl dauern, bevor sie ihn abermals zu töten versucht?*

Wie als Antwort auf ihre Gedanken tauchte Amali neben ihr auf.
»Ist er tot?«
»Das glaube ich kaum. Eine solche Kreatur kommt nicht so leicht um – wie du ja weißt.«
Amali blickte zur Seite. »Nicht einmal du kannst verstehen.«
»Ich gebe zu – es ist alles andere als leicht, etwas für absonderliche, kohlschwarze Kinder zu empfinden, die allen Dingen das Leben aussaugen ...«
»Anfangs habe ich ihn geliebt«, murmelte Amali.
Marya musterte sie mit gefurchter Stirn.
»Ist es so schwer für dich, das zu glauben? Mütter lieben klumpfüßige Kinder, sie lieben ihre blöden Kinder. Mein Sohn war nicht anders.«
»Nicht anders?« Maryas Stimme klang eigentümlich schrill. »Ein verschrumpftes, dämonisches ...«
»So war er doch nicht immer!« rief Amali. »Deshalb glaubte ich ja, du könntest ... Er war zurückgeblieben, und sein linker Fuß war schwarz und verkrümmt und hart wie Stein. Erst im vergangenen Jahr ging eine Veränderung in ihm vor, und er fing an, Dinge zu töten. Davor hat er ...«
Marya starrte so angestrengt, daß ihr die Augen schmerzten. Trocken klebte ihr die Zunge im Mund. Sie wandte sich von Amali ab und bemerkte, daß Kit sie aus geweiteten Augen beobachtete.
»Sieh mich nicht so an«, zischte Marya. »Es ist nicht wahr.« Doch sie erinnerte sich an das wilde, blutdürstende Machtgefühl, das sie gestern abend empfunden hatte – auf dem Platz beim Tor, als sie dem mutierten Kind Energie entriß.
»Marya –« Kit streckte die Hand nach ihr, vollendete die Bewegung nicht.
Einen Augenblick starrte Marya auf die Hand. Dann stieg ein Schluchzen aus ihrer Kehle, und sie fuhr mit einem Ruck herum und rannte davon.
Tief sanken ihre Füße in den Schnee ein, und sie verlor das Gleichgewicht und fiel vornüber. Bis über die Ellbogen waren ihre Arme im lockeren Weiß vergraben, und es dauerte einen Augenblick, bis

sie begriff: die Lawine. *So, als hätte sie gerade auch mich erwischt!*
Vor ihr im Schnee klaffte ein kleines Loch. Und weitete sich, während pulvriges Weiß rieselte. Plötzlich bewegte sich, dicht vor Maryas Augen, die helle Masse, und knotige schwarze Zweige, vier an der Zahl, ragten aus dem Schnee.
Erst als sie sich krümmten, erkannte Marya, was es war.
Sie streckte die linke Hand vor und packte die Finger der mutierten Kreatur: zerrte daran, bis der ganze Arm freilag. Dann wühlte sie, um das Gesicht zu finden. Jetzt, wo es zusammengeschrumpft war vor Schwäche, wirkte es noch menschlicher als zuvor. Die Kreatur rührte sich; bewegte heftig den Kopf und den freien Arm. Marya streckte die Klauenhand vor, krümmte die Krallen um und in die Kehle.
Sengende Hitze jagte ihren Arm herauf, ein fast schon vertrautes Gefühl. Unter ihr bäumte sich die Kreatur mit dünnem Winseln. Auch einen menschlichen Schrei hörte sie, hinter sich, bevor das Dröhnen in ihren Ohren alles betäubte und sie hinabriß in Dunkelheit.
Nach einiger Zeit, so schien ihr, erwachte sie. Doch war da irgend etwas nicht ganz, wie es sein sollte. Der Ort vielleicht ... Sie hörte ein Schluchzen. Dann fühlte sie an ihrer Schulter eine rüttelnde Hand. »Ja?«
»Mutter am Steuerruder. Du lebst noch.«
»Kit? Wo sind wir? ... Und was ...«
»... tun wir hier? Laß nur, du wirst dich noch früh genug erinnern.«
Und plötzlich erinnerte sich Marya wieder: Als sie Amalis schluchzende Stimme erkannte. »Oh«, sagte sie. »Oh, oh, oh, oh ...«
Kits flache Hand klatschte gegen ihre Wange. »Still. Ganz ruhig. Es ist alles in Ordnung. Du bist in Ordnung. Irgendwer hätte *es* ja doch töten müssen. Kannst du aufstehen?«
»Ich weiß nicht.«
»Versuch's. Ich möchte von hier fort.«

Marya nickte. Der Kopf tat ihr weh. Mit Kits Hilfe stützte sie sich hoch, und Seite an Seite stapften sie auf eines der verbleibenden Reittiere zu.

»Wollen wir wirklich so einfach fort?« fragte Marya. »Sollten wir nicht helfen ...«

»Im Augenblick ist keine von uns beiden eine große Hilfe. Nan wird Amali nach Hause schaffen. Ich möchte zum Wirtshaus, um unsere Sachen zu holen. Und dann – los.«

»Nachts reisen?«

»Es gibt ja einen Mond.«

Marya zuckte die Achseln und ließ sich von Kit in den Sattel helfen. Dann schwang sich die Sängerin nach vorn und trieb das Pferd zu einem zügigen Trab.

Eine halbe Stunde lang beobachtete Marya die Schatten der Bäume, immer tiefer und von bläulichem Schwarz, die der Mond auf die schimmernde Erde goß.

»Möchtest du darüber reden?« fragte Kit schließlich.

»Nein ... eigentlich nicht. Ich wünschte nur, es wäre nie geschehen.«

»Nun gut, abgemacht. Es ist niemals geschehen.«

»Aber nur einmal angenommen, es widerfährt ...«

»Dir wird es nicht widerfahren«, sagte Kit.

»Das weißt du nicht.«

Ein langes Schweigen entstand. »Nein, das weiß ich nicht. Doch was soll ich tun? Dich den Ordnungshütern übergeben. ›Habe hier eine gefährliche Mutantin, meine Herren‹«, murrte Kit. »›Allerdings glaube ich, daß sie noch gar nicht gefährlich ist. Eines Tages könnte sie's jedoch werden ...‹ Nein, danke. Da käme ich mir doch sehr dumm vor.«

Marya suchte nach Worten, aber ihr fiel einfach nichts ein. Nach einem halben Kilometer murmelte sie schließlich: »Danke.«

»Mmmm«, machte Kit.

»Für dein Vertrauen zu mir, meine ich.«

Kit drehte sich im Sattel um, und das Pferd blieb stehen. »Brütest du wieder mal über dich nach?«

»Was? Nein.«
»Gut. Wenn du so brütest, ist es nicht zum Aushalten mit dir. Hast du für was Eßbares gesorgt?«
»In der Satteltasche ist getrocknetes Obst«, sagte Marya.
»Getrocknetes Obst. Ich frage dich nach etwas *Eßbarem*, und du kommst mir mit getrocknetem Obst. Die Kälte hat dir wohl den Verstand eingefroren«, grummelte Kit. »Gib mir so eine hundsmiserable Rosine.« Und sie ritten weiter.

CHARLES R. SAUNDERS

Charles Saunders, aus Pennsylvania gebürtig, lebt seit vierzehn Jahren in Kanada, wo er Psychologie und Soziologie lehrt sowie »das sonderbare Seminar für kreatives Schreiben« leitet. In seiner Freizeit schreibt er seit 1971 Fantasie-Geschichten mit afrikanischem Einschlag, die abgedruckt wurden in Best Fantasy Stories of the Year, *und in den Anthologien* Amazons I *sowie* Hecate's Cauldron. *Außerdem hat er für DAW zwei Romane verfaßt:* Imaro *und* Quest for Cush *(letzterer noch nicht erschienen). Zur Zeit arbeitet er am dritten* Imaro-*Roman.*

Ich lernte Charles Saunders in Verbindung mit einem anderen Autoren dieses Bandes kennen: Charles de Lint, mit dem er gemeinsam die Triskell Publications gründete, ein exzellentes »Kleinpresse«-Unternehmen. In einem Zeitraum von drei oder vier Jahren schufen sie Dragobane, *herausgegeben von Saunders,* Beyond the Fields We Know, *herausgegeben von de Lint – wo sowohl Diana Paxson als auch ich selbst als Autoren erschienen sind – und vereinten die beiden Magazine zu* Dragonfields.

Saunders sagt, er besitze eine kalimba, *doch sei da »nichts Magisches«, wenn er sie spiele. Er fügt eine historische Anmerkung hinzu: Bei den Dahomey handelt es sich um einen realen und nicht um einen fiktiven Stamm, mit Kriegerinnen, welche die ursprünglichen Amazonen gewesen sein mögen.*

Von den über zweihundert Stories, die ich für diese Anthologie las, war »Gimmiles Lieder« die einzige, die ich sozusagen postwendend akzeptierte. Sie werden bemerken, daß sie ähnlich beginnt wie Janet Fox' »Tor der Verdammten« mit einer Kriege-

rin, die in einem Fluß schwimmt und der Männer auflauern ... dennoch scheint mir, daß die beiden Geschichten einander kaum unähnlicher sein könnten. – MZB

CHARLES R. SAUNDERS

Gimmiles Lieder

Die flachen Ufer des Kambi-Flusses waren dunstig verschleiert, und es wimmelte dort von Stelzvögeln und Wasserböcken. Grünlich schimmerte das Moos an den Stämmen der Bäume. Dossouye, einst eine *ahosi* – ein weiblicher Krieger des Königreichs von Abomey – ritt auf den Kambi zu.
Langsam lenkte die *ahosi* ihren Kriegsstier zum Ufer. Sie wußte, daß der Kambi durch Mossi floß, ein dünnbevölkertes Nachbarreich von Abomey. Nur wenige Städte gab es in Mossi, inmitten von weitem, unbewohnten Buschland mit Gruppen und Grüppchen niedriger Bäume. Dossouye sah, wie Sonnenlicht die Nebelschleier durchdrang, die emporstiegen vom Kambi-Fluß.
»Gbo – halt!« befahl sie, als der Kriegsstier den Rand des Flusses erreichte. Vor dem riesigen, gehörnten Reittier flohen die Vögel in bunten Schwärmen davon, flüchteten die Wasserböcke schutzsuchend unter die Bäume.
Der Kriegsstier blieb stehen. Dossouye spähte hinweg über den träge fließenden Fluß.
»Was tun wir jetzt, Gbo?« murmelte sie. »Schwimmen wir hinüber? Folgen wir dem Ufer auf dieser Seite?«
Der Kriegsstier schnaubte und schüttelte die gebogenen Hörner. Nach Größe und Gestalt unterschied er sich kaum von den wilden Büffeln, die seine Vorfahren waren. Sorgfältige Zucht hatte das jähe Temperament gezügelt – kontrollierbar gemacht; doch noch immer war solch ein Stier im Kampf mehr als nur Reittier: Er war Waffe. Gbo, der Name, den Dossouye ihrem Stier gegeben hatte, bedeutete »Schutz«.
Geschmeidig schwang sich die *ahosi* herab. Der leichte Lederpanzer klebte ihr am Körper, ein unbehagliches Gefühl. Seit Tagen

hatte sie sich nicht mehr baden können. Ihre Augen glitten über die Ufer: nur ein paar Libellen, sonst nichts. Die Verheißung des warmen Wassers beschleunigte Dossouyes Entschluß.

»Wir werden den Fluß durchqueren, Gbo.« Sie sprach, als könne der Stier sie verstehen. »Doch zuerst wollen wir unseren Spaß haben.«

Sie hüllte ihre hohe, schlanke Gestalt aus dem Lederpanzer, den sie zusammen mit Schwert, Schild und Speer auf die Erde legte. Dann befreite sie den Kriegsstier von Sattel und Zügel. Auch Gbo, das wußte sie sehr gut, schwamm lieber unbehindert.

Ganz aus Knochen und Sehnen schien sie zu bestehen, mit nur wenig Hüfte und noch weniger Brust. Wie Indigo-Seide glänzte ihre Haut, die so schwarz war wie das Fell ihres Stiers. Als sie ihren Helm absetzte, bauschte sich ihr Haar in krauser Fülle.

Sie watete in das warme Wasser. Gbo stürmte voraus, und wild schäumte Wasser hoch und spritzte ihr ins Gesicht. Dossouye lachte und tauchte tiefer in den Fluß. Unter sich sah sie silberschuppige Fische, die in wilder Flucht davonstoben.

Wieder an der Oberfläche, schnappte sie kurz nach Luft und tauchte dann erneut. Sie glitt hinab zum pflanzenbewachsenen Grund, und als ihre Füße den Boden berührten, stieß sie sich kräftig ab. Plötzlich drängte etwas gegen ihre Schulter, sacht zwar, doch mit genügend Kraft, um sie seitlich herumzuwirbeln.

Für einen Augenblick geriet Dossouye in Panik; in ihrer Lunge war kaum noch Luft. Dann sah sie die dunklen Umrisse einer riesigen Gestalt neben sich und begriff: *Gbo!* Geschickt glitt sie auf den Rücken des Stiers, packte seine Hörner und lenkte ihn zur Oberfläche. Mit ungeheurer Wucht schoß er hinauf, und Dossouye hatte Mühe, sich an seinen Hörnern festzuhalten.

Sprühendes Wasser, flirrendes Licht – so tauchten beide hervor. Und Dossouye, die Hände noch an den Hörnern, lachte. Zum erstenmal fühlte sie sich befreit von der Melancholie, die sie erfüllt hatte seit ihrem bitteren Abschied von Abomey. Träge streckte sie sich auf Gbos breitem Rücken aus, während der Kriegsstier zum Ufer zurückzuwaten begann.

Plötzlich ging es wie ein Ruck durch seinen Körper. In den mächtigen Muskeln war ein Vibrieren – eine unverkennbare Warnung. Dossouye schüttelte sich das Wasser aus den Augen, spähte dann zum Ufer; und auch in ihr war jede Faser zum Zerreißen gespannt.
Sie sah zwei Männer, bewaffnet und auf Pferden. Ihre Speere waren auf Dossouye und Gbo gerichtet. Sie trugen Pluderhosen aus schwarzer Seidenbaumwolle und Turbane aus dem gleichen Material. Metallverzierte Gehenke an ihren Hüften hielten Mossi-Krummschwerter in Lederscheiden. Ihre Speere hatten lange Blätter, und ihre Rundschilde waren aus Rhinozerosleder, mit Eisenbuckeln.
Nur der Bart, den der eine trug, schien die beiden braunen Gesichter voneinander zu unterscheiden. Wachsam starrten die dunklen Augenpaare Dossouye an. Wie lauernd saßen die Reiter in ihren Sätteln. Sie glichen Raubtieren, die ein Opfer beäugten.
Dossouye wußte, von welchem Schlag die Reiter waren: *daju*, umherschweifende Kämpfer, die manchmal als Söldner dienten, meist jedoch auf eigene Faust raubten und plünderten. Wie Rudel wilder Hunde durchstreiften sie das öde Land zwischen den vereinzelten Mossi-Städten.
Mit Glück und Geschick war es Dossouye bisher gelungen, unwillkommenen Begegnungen mit den *daju* auszuweichen. Nun jedoch schien sie doppelt vom Pech verfolgt: Ihre Waffen und ihr Panzer lagen hinter den beiden Reitern auf der Erde.
Hoch oben ruhte sie, ohne jede Bewegung, ihr Gesicht zwischen den Hörnern des Stiers, gleißendes Sonnenlicht auf der nackten, nassen Haut. Und die beiden *daju* lächelten ...

Dossouye preßte ihre Knie gegen Gbos Rücken. Langsam watete der Stier voran in Richtung Ufer. Der bärtige *daju* rief ihr etwas zu, sehr scharf, doch verstand sie die Mossi-Sprache nicht. Seine Geste allerdings war beredt genug. Drohend hob er den Speer, genau wie sein Kumpan.
Gbo trottete weiter. Dossouye lag flach auf seinen Rücken ge-

preßt, mit angespannten Muskeln. Noch drohender schüttelte der bärtige *daju* seinen Speer, und als er diesmal sprach, bediente er sich – gebrochen zwar, doch verständlich – der Abomey-Sprache: Er befahl Dossouye, sofort abzusteigen.
Leise gab Dossouye ein Kommando und stieß Gbo mit einem Zeh in die rechte Flanke. Zusammen bewegten sie sich mit solcher Explosivität, daß selbst die verschlagenen *daju* davon überrumpelt wurden.
Die Hufe des Stiers wirbelten den Uferschlamm auf, und schon preschte Gbo zwischen die verdutzten Pferde. Dann schwenkte er nach rechts herum und krachte mit seinen mächtigen Hörnern voll in die Flanke des Tiers, auf dem der Bärtige saß. Mit einem gellenden, fast menschlichen Schrei brach das Pferd zusammen, und Blut spritzte aus dem aufgerissenen Leib. Rechtzeitig schleuderte sich der Reiter aus dem Sattel, doch prallte er hart auf und lag halbbetäubt, während Gbo sein schreiendes, strampelndes Tier durchbohrte.
Gleich zu Beginn von Gbos Angriff hatte Dossouye sich tiefer gleiten lassen, herab vom Rücken des Stiers. Als Gbo gegen das Pferd prallte, hing sie praktisch an seiner Flanke, nur durch Finger und Zehen gegen den Sturz gesichert. Sie verfolgte einen gefährlichen, doch wohlüberlegten Plan: Sie wollte die Verwirrung der beiden *daju* nutzen, um an ihre Waffen zu gelangen.
Als das Pferd zu Boden stürzte, löste sich Dossouye mit einem Sprung von ihrem Stier. Leicht wie eine Katze landete sie auf der Erde. Ihr Glück war zurückgekehrt: Das Roß des zweiten *daju* bäumte sich hoch und peitschte die Luft mit den Hufen, während der Mann wildfluchend an den Zügeln riß. Dossouye sah ihre Waffen. Sie jagte darauf zu und rief über die Schulter einen Befehl zurück, für Gbo.
Hufschläge trommelten hinter ihr. Im Laufen raffte Dossouye ihren Speer an sich. Und wirbelte herum, um dem anstürmenden *daju* standzuhalten.
Verwegen griff der bartlose Krieger an, und Dossouye zögerte keinen Augenblick. Weit bog sie den Wurfarm zurück und schleu-

derte ihren Speer dem heranpreschenden Pferd wuchtig in die Brust. Die Entfernung war nicht groß, und der peitschenartig vorschnellende Arm der *ahosi* trieb die Spitze des Speers tief in das Fleisch des Tiers. Im Bruchteil einer Sekunde hatte sich Dossouye für das größere Ziel entschieden. Der Mann hätte dem Speer ausweichen oder ihn abwehren können – und Dossouye wäre mit Sicherheit sein Opfer geworden.

Mit schrillem, schmerzzerissenem Wiehern stürzte das Pferd auf die Knie. Hilflos schleuderte der *daju* durch die Luft und landete nur wenige Schritt von Dossouye entfernt. Die *ahosi* bückte sich nach ihrem Schwert, und im selben Augenblick schien ihr, als gewahre sie ein grelles, gelbes Blitzen, einen Funken aus Sonnenlicht, der von irgend etwas kam, das sich vom Körper des *daju* löste, beim Sturz.

Doch für Neugier blieb jetzt keine Zeit. Es galt ihr Leben, und sie mußte so blitzschnell handeln, wie sie es auf dem Schlachtfeld gewohnt war. Mit dem Schwert in der Hand erreichte sie mit zwei katzenartigen Sätzen den *daju*, der seinen Speer verloren hatte und verzweifelt sein Schwert zu ziehen versuchte. Doch schon stieß Dossouye ihm die Klinge in den Hals und tötete ihn auf der Stelle.

Dann wandte sie ihm den Rücken zu und ließ ihre Augen über den Kampfplatz gleiten. Auch das Pferd des bartlosen *daju* war tot: Beim Aufprall war dem Tier die Spitze ihres Speers ins Herz gedrungen. Und auch das Pferd des Bärtigen lebte nicht mehr. Es lag mit aufgeschlitztem Bauch, offenbar verblutet.

Sie sah den bärtigen *daju*, dort auf dem Boden, mit dem Gesicht im Schlamm. Gbo stand über ihn gebeugt und drückte eines seiner blutigen Hörner gegen den Rücken des Marodeurs. Der *daju* zitterte, und es schien fast, als ahne er, daß er nur noch lebte, weil Dossouye dem Kriegsstier mit ihrem Befehl rechtzeitig Einhalt geboten hatte. Der Grund dafür war einfach. Der bärtige *daju* sprach abomeyanisch, und Dossouye wollte ihn ausfragen. Wäre nicht der Befehl der *ahosi* gewesen, hätte Gbo den Banditen längst zu einer blutigen Masse zerstampft.

Wie ein großer, schlanker Panther schritt Dossouye auf den liegen-

den *daju* zu. Zorn loderte in ihr; längst war die glückliche Stimmung von vorhin verflogen, und ihre Gefühle erschienen ihr nackt und bloß – wie ihr Körper.
Sie trat zu Gbo, strich ihm über die Flanke, murmelte Lobesworte in sein Ohr. Wieder einmal war der Kriegsstier seinem Namen gerecht geworden. Dossouye gab einen weiteren Befehl, und Gbo hob sein Horn vom Rücken des *daju* ... doch nur ein Stück. Als der Mann sich zu erheben versuchte, stieß er mit der Wirbelsäule gegen das Horn des Stiers – und ließ sich sofort zurückfallen in den Schlamm. Es gelang ihm, seinen Kopf so weit herumzudrehen, daß er mit einem Auge zu der *ahosi* hochschielen konnte, die grimmig neben ihrem Reittier stand.
»Schone ... mich«, krächzte der *daju*.
Mit einem verächtlichen Schnauben kniete sich Dossouye neben seinen Kopf.
»Wo ist der Rest von euch Hunden?« fragte sie scharf. »Soweit ich weiß, zieht ihr *daju* doch in Rudeln umher.«
»Nur ... Mahadu und ich«, erwiderte der *daju* stockend. »Bitte ... wo ist der *moso*? Mahadu hatte ihn ...«
»Was ist ein ›*moso*‹?«
»*Moso* ist ... kleine Figur ... aus Messing ... sehr wertvoll ... will teilen ... mit dir.«
»Ich weiß genau, was du mit mir ›teilen‹ willst!« fauchte Dossouye. Dann erinnerte sie sich an das helle Funkeln, das sie wahrgenommen hatte, als der bartlose *daju* von seinem Pferd gestürzt war. Wertvoll?
»Ich habe keinen ›*moso*‹«, erklärte sie. »Und jetzt werde ich meinem Kriegsstier befehlen, ein Stück zurückzuweichen. Dann stehst du auf und machst, daß du davonkommst. Schau dich nicht um; bilde dir auch nicht ein, du könntest deine Waffen mitnehmen. Laufe, so schnell zu kannst. Verstanden?«
Der *daju* nickte eifrig. Auf ein Wort von Dossouye wich Gbo von dem Liegenden zurück. Wortlos raffte sich der *daju* hoch und flüchtete ohne einen einzigen Blick über die Schulter. Rasch entschwand er zwischen nebelverhangenen Bäumen.

Gbo schien sich gegen unsichtbare Fesseln zu stemmen. Am liebsten wäre er hinter dem flüchtenden *daju* hergestürmt, doch Dossouyes Befehl bannte ihn. Die *ahosi* strich dem Tier über den Hals und die Ohren, um es zu beschwichtigen. Warum sie den *daju* geschont hatte, sie hätte es niemandem erklären können. Bei der abomeyanischen Armee hatte sie auf Befehl getötet, genauso gut trainiert wie Gbo. Jetzt tötete sie nur zu ihrem Schutz. Den *daju* mit dem Namen Mahadu hatte sie von hinten erledigt, was sie unter den Umständen gerechtfertigt fand. Andererseits hatte sie gerade einen genauso gefährlichen Feind mit dem Leben davonkommen lassen. Wie vereinbarte sich das? Vielleicht war sie ganz einfach des Tötens überdrüssig.

Ärgerlich schüttelte sie die düstere Stimmung von sich ab. Sie dachte wieder an den fast grellen Glanz, den sie vor wenigen Augenblicken erst wahrgenommen hatte. Ein *moso*, hatte der *daju* gesagt. Wertvoll ...

Im selben Augenblick vernahm sie hinter sich, scharf und klar, vier Töne – Töne von unverkennbar musikalischem Klang.

Die Herrin und ihr Stier: Gleichzeitig fuhren Dossouye und Gbo herum und starrten; blickten zu dem Mann, der jetzt bei dem toten Mahadu und seinem toten Pferd stand. Einen neuen Feind erwarteten sie, aber dieser Mann sah nicht wie ein *daju* aus. Eigentlich hatte Dossouye noch niemals einen wie ihn gesehen. Er schien ganz aus braunen Farbtönen gemacht: Wie dunkler Tabak glänzte die Haut, Beinkleider und offener Umhang spielten ins Rötliche hinüber, die Augen erinnerten an frischgewendeten Lehm.

In zahllosen Flechten, die üppig geschmückt waren mit bunten Perlen, hing ihm das Haar bis zu den Schultern. Das ovale Gesicht wirkte offen und freundlich, der Blick aus den braunen Augen sehr warm, und das Lächeln war voll Herzlichkeit. Ein schwarzer Schnurrbart zierte die Oberlippe, und auf Kinn und Wangen sah man, was eher Haarflaum zu sein schien. Es war ein junges Gesicht; der Mann konnte kaum älter sein als Dossouye

mit ihren zwanzig Regen. Er war so schlank gebaut wie Dossouye, wennschon nicht ganz so groß.
In seinen Händen hielt der Fremde das Instrument, von dem die vier Töne erklungen waren. Es handelte sich um eine *kalimba*, eine hölzerne Tonbox mit acht Tasten, die gegen einen erhöhten Metallrand schlugen, und die Klänge wurden erzeugt, indem der Spieler, das Instrument mit beiden Händen haltend, die Daumen über die Tasten schnellen ließ.
Eine Waffe konnte Dossouyes geübtes Auge nicht erkennen, doch wer wollte wissen, ob er nicht unter seinem Gewand eine Klinge verborgen hielt?
Der Fremde schien Dossouyes Gedanken zu ahnen. Er lächelte leise.
»Ich wollte dich nicht erschrecken, *ahosi*«, sagte er sanft. Er sprach abomeyisch, wenn auch mit starkem Akzent; doch seine Stimme klang wie Musik.
»Ich vernahm Kampfgeräusche, nicht weit von hier«, fuhr er fort. Sein Daumen glitt über die mittleren Tasten der *kalimba*. Dunkle Klänge hallten über das Ufer hin – *Blut, Tod*.
Gbo stieß ein Brüllen aus und schüttelte die blutigen Hörner. Dossouyes Hand spannte sich um den Knauf ihres blutigen Schwerts.
»Jetzt ist der Kampf vorüber, wie ich sehe. Und von mir hast du gewiß nichts zu fürchten.«
Er berührte eine andere Taste. Ein hoher, schwebender Ton stieg himmelwärts wie ein Vogel – *Frieden, Freude*. Gbo ließ eine Art Brummen hören, wie ein zufriedener Stier auf der Weide. Dossouye lächelte und senkte ihr Schwert. Lange war es her, daß sie Klänge vernommen hatte, die soviel Friedfertigkeit ausdrückten.
Doch war sie nicht selten arglistig getäuscht worden.
»Wer bist du?« fragte sie scharf.
»Ich bin Gimmile, ein *bela* – ein Lied-Erzähler«, erwiderte er, noch immer lächelnd. »Du kannst dein Schwert getrost aus der Hand legen und dich ankleiden. Ich werde dir kein Leid zufügen. Selbst

wenn ich's wollte, wäre ich dazu wohl kaum in der Lage. Eine einzige abomeyanische *ahosi* kann es, so scheint's, mit mindestens zwei *daju* aufnehmen – und ich bin ganz gewiß kein *daju*.«

Dossouye fühlte seinen Blick auf ihrer nackten Haut, und sie kam sich sehr linkisch vor, eine knochige, ungeschickte Gestalt ... Gimmile jedoch sah sie mit ganz anderen Augen. Er hatte sie zuvor beobachtet, und ihre Bewegungen waren so gewandt und so tödlich sicher gewesen wie die einer großen Katze. Er sah ihr Gesicht, das ein starkes Gesicht war, und er sah ihre Augen, die tief verstört wirkten.

Dossouye traute Gimmile nicht. Doch hatte er die Wahrheit gesprochen, als er sagte, er sei keine Gefahr für sie. Nicht, solange sie ein Schwert in der Hand und Gbo an ihrer Seite hatte.

»Halte bei ihm Wache«, befahl sie dem Kriegsstier.

Während sie zu ihren Sachen ging, nahm Gbo vor dem *bela* Aufstellung. Doch weder die Größe noch die Wildheit von Dossouyes Reittier schien Gimmile zu erschrecken. Er streckte die Hand aus und berührte das Maul des Bullen.

Dossouye sah, in welch großer Gefahr der *bela* sich befand, und sie öffnete den Mund, um dem Kriegsstier einen Befehl zuzurufen: damit er diesen leichtsinnigen Sänger nicht mit seinen Hörnern durchbohre. Aber Gbo schnaubte nur leise und ließ sich von Gimmile streicheln.

Noch nie hatte Dossouye so etwas erlebt. Ein Kriegsstier, dem befohlen worden war, Wache zu halten, ließ sich von keinem Fremden berühren. Sie schloß den Mund und begann, ihre Lederrüstung anzulegen.

»Wolltest du den Kambi durchqueren, als die *daju* dich überfielen, *ahosi*?« fragte Gimmile, indes seine Hände sacht an Gbos Ohr zogen.

»Ja, das wollte ich. Und mein Name ist Dossouye.«

»Nun, Dossouye, mir scheint, ich stehe in deiner Schuld. Hättest du sie nicht unschädlich gemacht, so wären diese *daju* womöglich für mich eine Gefahr gewesen.«

»Eine Gefahr – wieso?« fragte Dossouye und musterte ihn scharf, während sie ihren Lederküraß schnürte.
»Die Lieder eines *belas* können ... wertvoll sein«, erwiderte Gimmile in rätselhafter Weise. »Vielleicht hast du mir – indirekt – das Leben gerettet. Meine Behausung ist nicht weit von hier. Gern würde ich meine Lieder mit dir teilen. Ich habe auch Nahrung. Ich – ich bin schon sehr lange allein.«
Er schlug eine andere Taste seiner *kalimba* an ... ein klagender, wie verlorener Ton. Und Dossouye begriff plötzlich, daß ihre Gefühle in seinen Gefühlen widerklangen. Seit ihrem Abschied von Abomey hatte sie Menschen gemieden, und tief in ihr war eine Leere aus Einsamkeit. Wie ausgehöhlt fühlte sich ihre Seele.
Sie betrachtete den *bela*; beobachtete, wie Gbo sein Maul gegen den Handteller des Mannes rieb. Der Stier hatte Vertrauen zu Gimmile, doch ihr selbst wollte es nicht gelingen, ihren Argwohn abzuschütteln. Warum war Gimmile allein? Brauchte ein Lied-Erzähler nicht eine Zuhörerschaft, so wie ein Krieger den Kampf brauchte? Und was konnte er schon bei sich haben, das für Räuber von Wert war? Gewiß nicht seine Lieder oder seine *kalimba*, dachte Dossouye.
Plötzlich überkam sie das unbezwingliche Bedürfnis, seine Lieder zu hören, mit ihm zu sprechen, ihn zu berühren. Seit Wochen war sie keinem Menschen mehr begegnet, der für sie keine direkte Bedrohung gewesen wäre: daher der ewige Argwohn. Gewaltsam mußte sie ihn unterdrücken.
»Ich werde mit dir kommen«, sagte sie. »Aber nicht für lange.«
Gimmile nahm seine Hand von Gbos Maul und spielte auf der *kalimba* ein jubelndes Lied. Während er sang, schnallte sie dem Kriegsstier den Sattel auf den massigen Leib. Die Mossi-Worte verstand sie zwar nicht, doch ging von Gimmiles Stimme etwas sehr Besänftigendes aus.
Sie säuberte ihr Schwert und Gbos Hörner vom Blut der *daju* und schwang sich in den Sattel. Und als sie von dort hinabblickte auf den Sänger, überkam sie, wenn auch kurz nur, der Drang, den

Stier mit den Fersen anzutreiben, um schnell den Fluß zu durchschwimmen, fort von diesem *bela* ...
Gimmile streckte ihr die Hand entgegen. Offensichtlich erwartete er, daß Dossouye ihm hinaufhalf auf Gbos Rücken. Sein Blick wirkte ruhig, sein Lächeln gelöst. Dossouye griff nach seiner Hand und zog ihn hoch, vor sich auf den Sattel; beide waren so schlank, daß sie bequem dort sitzen konnten.
Dossouye spürte die Berührung: Gimmiles Rücken an ihren Brüsten, sein Leib zwischen ihren Armen, welche die Zügel hielten – der *bela* füllte eine Leere aus, die Dossouye sich erst jetzt eingestand.
»In welcher Richtung?« fragte sie.
»Dem Flußufer folgend gen Sonnenuntergang«, gab Gimmile zur Antwort.
Inmitten des Wirrwarrs ihrer Gefühle war sich Dossouye bewußt, daß sie einen Weg nahmen, der zielstrebig fortführte von dem Fluchtweg, welchen der *daju* genommen. Dennoch schwand, während sie Gbo vorantrieb, mehr und mehr ihr Mißtrauen. Und die Erinnerung an das aufblitzende Ding, das der bartlose *daju* bei seinem Sturz verloren hatte, verging wie Morgennebel.

Eine vereinzelte Felsspitze ragte hoch über die Baumkronen hervor. Es war, als habe sich ein verspielter Gott den Spaß gemacht, aus den felsigen Weiten von Axum einen Brocken zu klauben, um ihn hier, mitten im Mossi-Regenwald, nachlässig hinzuschleudern. Allerlei Schlingpflanzen, auch Lianen, schmückten den granitgrauen Fels mit Spuren von Grün und tarnten grottenartige Vertiefungen und fensterähnliche Löcher.
Dies war Gimmiles »Behausung«.
Dossouye saß auf einem mit Tuch bedeckten Steinstuhl in einem Raum, der aus dem Fels heraus- oder eher: in ihn hineingeschlagen worden war. Und genau wie der Stuhl, auf dem Dossouye saß, waren auch die anderen »Möbel« aus Stein gehauen. Wandbehänge mit kunstvoll gewebten Mustern nahmen den grauen Steinmauern viel von ihrer Eintönigkeit. Und Dossouye hatte be-

reits die anderen Räumlichkeiten bewundert, die irgendwie an Waben in einem Bienenstock erinnerten: Kammern, Gänge, Treppen.

Während sie die letzten Bissen des Mahls aus gebratenen Bananen aß, dachte Dossouye an die Geschichten über die Felsstädte des Dogon, die sie gehört hatte. Aber Dogon war ein Wüstenland; in einem Baumland wie Mossi wirkte ein Fels wie Gimmiles Turm fremdartig, ja absonderlich.

Während des Mahls hatten beide kaum ein Wort miteinander gewechselt. Überhaupt schien Gimmile sich am besten mit seiner *kalimba* ausdrücken zu können. Die Melodien, die er auf den acht Tasten spielte, hatten ihr Mißtrauen zerstreut, das abermals erwacht war: als der *bela* darauf bestand, Gbo in einem steinernen Pferch am Fuß des Felsturms unterzubringen.

»Du willst doch nicht, daß er davonwandert«, hatte Gimmile gesagt.

Dossouye wußte, daß schon ein Elefant dazu gehörte, Gbo von einem Platz zu verdrängen, an den sie ihn befahl. Doch Gimmile hatte seine besänftigenden Lieder gesungen und sein offenes Lächeln gelächelt; und Dossouye führte Gbo in den Pferch und sah dann zu, wie Gimmile mit einer zähen Kraft, die ihrer eigenen ähnlich schien, das steinerne Gatter an Ort und Stelle rückte.

Er spielte und lächelte, während er Dossouye die gewundene Treppe hinaufführte, wo durch kleine Ventilationslöcher dünne Lichtschäfte auf die Stufen fielen. Er sang, während er die Früchte zubereitete, die er aus einem Vorratstopf genommen hatte. Auch als sie aß, spielte er die *kalimba*.

Gimmile selbst aß nichts. Dossouye wollte ihn nach dem Grund dafür fragen; doch sie unterließ es, denn sie fühlte sich glücklich und zufrieden.

Dennoch ... sie war eine *ahosi*. Und als Gimmile die hölzerne Schale fortnahm, von der sie gegessen hatte, stellte Dossouye ihm abrupt eine Frage:

»Gimmile, wie kommt es, daß du, ein Liedersänger, in einer Festung lebst, um die dich ein König beneiden könnte?«

Gimmiles Lächeln schwand. Zum erstenmal sah Dossouye Schmerz in seinen Augen. Sie bereute ihre Frage, doch zurücknehmen ließ sich diese nicht.
»Es tut mir leid«, stammelte sie. »Du hast mir Speise und Obdach angeboten, und ich frage dich nach Dingen, die mich nichts angehen.«
»Doch«, widersprach der *bela* und wischte ihre Entschuldigung gleichsam beiseite. »Du hast ein Recht, zu fragen; du hast ein Recht, zu wissen.«
»Zu wissen? Was?«
Gimmile ließ sich zu ihren Füßen nieder, und der Blick, mit dem er zu ihr emporschaute, war der Blick eines Kindes, doch seine Geschichte war es nicht.

Als junger *bela*, ein Neuling in seiner Kunst, war Gimmile zum Hof von Konondo, König von Dedougou, einem Mossi-Stadtstaat, gekommen. Aus einer Laune heraus hatte der König dem jugendlichen *bela* erlaubt, ihm vorzutragen. Gimmiles Gesang und sein Spiel auf der *kalimba* klangen so talentiert, daß es den Neid von Bankassi, dem regulären *bela* am Hofe, erregte. Bankassi träufelte giftige Worte in das Ohr des Königs, und Konondo hörte Kränkung und Schmähung aus Gimmiles Liedern, obgleich diese völlig frei waren davon.
Als Gimmile um ein *kwabo* bat, die kleine Gabe, die ein Monarch nach alter Sitte einem *bela* zukommen läßt, brüllte Konondo:
»Erst verhöhnst du mich, und dann wagst du es, um ein *kwabo* zu bitten? Wächter! Nehmt diesen Schakal, gebt ihm fünfzig Peitschenhiebe und schafft ihn aus Dedougou fort!«
Trotz heftiger Gegenwehr schleiften die Wächter Gimmile aus dem Throngemach, und Bankassi konnte triumphieren: Er hatte seine Position am Hofe gesichert.
Wohl nur wenige Männer würden Konondos grausame Bestrafung überstanden haben; doch tief in Gimmile brannte Haß, und Haß war es auch, der ihn am Leben hielt, als er sich mit zerschundenem, bluttriefendem Rücken fortschleppte von Dedougou; Haß

trug ihn tief in einen verbotenen Hain im Mossi-Wald, zum verborgenen Heiligtum von Legba ...
(Dossouyes Augen weiteten sich, als sie den verruchten Namen von Legba vernahm, Gottheit der Abtrünnigen und der Schänder. Legba anzubeten, ja selbst die Nennung seines Namens, war seit langem verboten in den Königreichen am Golf von Otongi: Als Dossouye Legbas Namen jetzt aus Gimmiles Mund hörte, schrak sie unwillkürlich vor ihm zurück.)
In einer bitteren, lästerlichen Nacht hatte Legba dem jungen *bela* Zutritt gewährt. *Baraka,* eine mystische Kraft aus des Gottes eigener Hand, nahm ihren Sitz in Gimmiles *kalimba* ... und nistete sich in seine Seele ein. Mit wundersam verheilten Wunden und brennend vor Rachedurst hatte Gimmile das Heiligtum des Bösen wieder verlassen. Er war jetzt mehr als ein *bela.* Er war ein Träger von *baraka,* ein Mann, den man fürchten mußte.
In einer mondlosen Nacht stand Gimmile vor den Mauern von Dedougou. Häßliche Klänge tönten von seiner *kalimba.* Und er sang ...

Der König von Dedougou ist kahl wie ein Ei,
Er hat einen fetten Bauch wie ein Elefant,
Seine Zähne sind voll Lücken wie altes Gemäuer,
Und sein bela hat keine Stimme ...

Am Hof von Konondo schrien die Menschen vor Entsetzen auf, als dem König die Haare ausfielen, Strähne für Strähne. Konondo selbst heulte vor Schmerz und vor Furcht, als ihm die Zähne aus dem Mund quollen wie klappernde Nüsse, vom Baum geschüttelt. Der Schmerz wurde zur Folterpein, als fett sein Bauch sich blähte und buchstäblich durch die königlichen Gewänder platzte. Einzig Bankassis, des *belas,* Stimme schrie nicht den Schrecken hinaus und das Grauen, das bald schon in ganz Dedougou herrschte. Nur eine Art Wimmern und Winseln kam aus Bankassis Kehle.
Gimmile hatte seine Rache. Doch sehr rasch sollte der junge *bela* begreifen, daß Legbas Gabe von *baraka* keineswegs ein Segen war

für ihn. Legbas Geschenke kosteten stets einen Preis, und dieser Preis war stets ein Fluch.
Noch immer konnte Gimmile von den großen Taten der Krieger der Vergangenheit singen, oder von Göttern und Göttinnen und der Erschaffung der Welt, oder von der geheimen Sprache der Tiere. Doch der Fluch, der Gimmiles *baraka* begleitete, war dieser: Die Lieder, die er von den Lebenden sang, auch von sich selbst, *sie wurden wahr!*
»Und es *ist* ein Fluch, Dossouye«, sagte Gimmile am Ende seiner Geschichte, die Finger müßig auf den Tasten der *kalimba.*
»Die Kunde von dem, was ich vermochte, verbreitete sich durch Mossi. Menschen spürten mich auf, so wie Geier Aas aufspüren. Sie wollten, daß ich sie reich sang, daß ich sie schön sang, daß ich sie mutig oder klug sang. Ich tat es nicht. Mir war es nur darum gegangen, Konondo und Bankassi heimzuzahlen, was sie mir angetan hatten. Dennoch blieb das *baraka* in mir ... ungewünscht, ein Fluch. Männer wie der *daju*, den du getötet hast, schwirrten wie Heuschrecken herbei. Sie wollten mich dazu zwingen, daß ich ihnen Städte aus Gold sang. Statt dessen sang ich mich von ihnen allen fort.«
»Und du – *sangst* diesen Felsen? Sangst ihn an einen Ort, wo eigentlich kein Felsen hingehört?« fragte Dossouye mit einer Stimme, die ihre innere Anspannung verriet.
»Ja«, sagte Gimmile. »Ich singe, und Legba gewährt.«
»Legba hat dir also diesen Turm geschickt«, sagte Dossouye langsam und begann, ganz zu begreifen, während Gimmile sich erhob. Gimmile nickte.
»Und Legba hat wohl auch ...«
»... dich geschickt«, bestätigte Gimmile. Nach wie vor wirkte sein Lächeln warm und aufrichtig – überhaupt nicht unheilvoll, als seine Finger jetzt über die Tasten seiner *kalimba* glitten, und er zu singen begann ...

Dossouyes Hand krümmte sich um den Schwertgriff. Sie wollte die *kalimba* zerschmettern, den Fluch zum Verstummen bringen ... doch es war schon zu spät dafür. Gimmiles Finger schnellten über die Tasten. Dossouyes Hand löste sich vom Griff ihres Schwerts. Sie öffnete die Schnalle des Gürtels, an dem die Waffe hing. Mit einem dumpfen Geräusch prallte die Scheide auf den tuchbedeckten Boden.

Gimmile stellte die *kalimba* auf einen Tisch und sprach zu ihr auf die gleiche Weise, wie Dossouye das tat, wenn sie Gbo einen Befehl gab. Als er nun auf sie zutrat, spielte das Instrument weiter, obgleich er es nicht mehr berührte.

Gimmiles *baraka* war wieder am Werk, aber das wurde Dossouye kaum bewußt. Er griff nach ihren Händen, zog die *ahosi* auf die Füße. Sie widerstrebte ihm nicht. Gimmile sang ihr von seiner Liebe, indes seine Finger an den Schnüren ihres Küraß nestelten.

Er sang ein Lied auf den Glanz ihrer Onyx-Augen. Sie wehrte seinen forschenden Händen, aber nur, um selbst ihren Panzer abzulegen. Er umkoste ihren schlanken Leib mit süßen Worten, und sie offenbarten ihr die wahre Schönheit ihres Selbst: jene Schönheit, die sie vor sich selbst verborgen hatte, aus Furcht, andere könnten ihr sagen, diese Schönheit existiere in Wirklichkeit nicht.

Gimmiles Kleider fielen wie Laub von einem windgeschüttelten Baum, und sein Körper, schlank und rank, war der männliche Widerpart von Dossouyes Körper. Er sang sie in eine Umarmung.

Während er sie zu einem Steinbett führte, auf dem dicke Tuchpolster lagen, begann die *ahosi* in Dossouye sich heftig zu sträuben – vergeblich. Als *ahosi* hatte sie Liebe gekannt, doch stets mit anderen Kriegerinnen, nie mit einem Mann. Den Samen eines Mannes in sich aufnehmen, hieß, eine Schwangerschaft riskieren; und eine schwangere *ahosi* war eine tote *ahosi*. Die *ahosi* waren Bräute des Königs von Abomey. Der König berührte sie nie, und der Tod erwartete jeden anderen Mann, der das tat. Doch all das galt nichts, nun, da Gimmile sang.

Dossouyes Finger spielten mit den Perlen in Gimmiles geflochtenem Haar, und ihr Mund bedeckte seine Brust und seine Schultern mit heißen, feuchten Kreisen. Erst als Gimmile sie auf das Bett zog, hielt er im Singen inne. Und dann wurde das Lied beider Lied, und sie sangen es zusammen. Und als ihre Lippen und Leiber miteinander verschmolzen, brauchte Gimmile nicht länger die heimtückische Kraft von Legbas *baraka*. Doch die *kalimba* fuhr fort zu spielen.

Schroff erwachte Dossouye. Dumpfiger Geruch drang in ihre Nase. Etwas Scharfes drückte gegen ihre Kehle. Mit einem Ruck öffnete sie die Augen.

Das Licht in Gimmiles Kammer war trüb. Dossouye lag auf dem Rücken, die nackte Haut auf rauhem Stein. Vor sich sah sie mattschimmernden Stahl, eine gekrümmte Klinge – *ein Schwert!* Und das Gesicht des bärtigen *daju*, der sie überfallen und dem sie das Leben geschenkt hatte.

»Wo ist ... *moso*?« fragte der *daju*. »Du hast ihn ... ich weiß es.«

Dossouye wußte nicht, was er meinte. Instinktiv rückte sie ein Stück fort von der Schwertspitze an ihrem Hals, verlagerte ihr Gewicht. Und spürte plötzlich, am linken Schulterblatt, einen scharfen Gegenstand.

Ohne weiter auf den *daju* zu achten, drehte sie sich herum, schob eine Hand unter ihre Schulter und griff nach dem kleinen, scharfkantigen Objekt. Dann stützte sie sich auf einen Ellenbogen hoch und betrachtete eingehend das Ding in ihrer Hand.

Es war eine Figurine aus Messing, nur gut eine Handbreit hoch, und sie stellte einen *bela* dar, der eine *kalimba* spielte. Perlengeschmückte Haarflechten, ein offenes, lächelndes Gesicht ... jede Einzelheit hatte der unbekannte Künstler perfekt eingefangen.

Plötzlich verblaßte in Dossouye die Erinnerung an die Freuden der letzten Nacht, selbst ihre augenblickliche Furcht verblich ... vor der jähen Traurigkeit, die sie empfand, als sie in dem winzigen Messinggesicht Gimmile wiedererkannte.

»Das ist ... *moso!*« rief der *daju* aufgeregt. Begierig griff er nach der Figurine. Ohne auf sein Schwert zu achten, brachte Dossouye das Messinggebilde vor ihm in Sicherheit. Rasch blickte sie sich in der Kammer um. Und erkannte voll Schrecken, daß sie auf nacktem Steinboden lag, neben den Trümmern eines verfallenen Betts.
»Hah!« zischte der *daju.* »Du weißt ... wie *moso* ... zu Leben bringen. Legba verwandeln ... Gimmile in *moso* ... zu bezahlen für *baraka.* Aber *moso* kann ... kommen zu Leben ... und singen Wünsche wahr. Mahadu und ich ... gefunden *moso* hier in Nähe. Nicht konnten ... bringen zu Leben. Wir wollten mit *moso* ... zu *baraka*-Mann ... wenn wir dich sehen. Jetzt ... du mir erzählen ... wie bringen *moso* zu Leben? Du mir erzählen ... und ich dich vielleicht ... nicht töten.«
Dossouye starrte zum *daju* empor. Mordgier und Habsucht spiegelten sich auf seinem Fuchsgesicht. Die Spitze seines Schwerts schwebte dicht über Dossouyes Kehle. Und die *ahosi* wußte nicht, wie sie es anstellen sollte, Gimmile zum Leben zu bringen.
Mit blitzschneller Bewegung schleuderte sie den *moso* über das zertrümmerte Bett hinweg. Die Figurine prallte ab von gezacktem Stein, war plötzlich nicht mehr zu sehen. Wild fluchend versuchte der *daju,* dem Metallfigürchen mit den Augen zu folgen – und vergaß dabei seine Gefangene. Sofort schlug Dossouye seinen Schwertarm zur Seite und ließ ihren Fuß gegen eines seiner Knie schnellen. Der *daju* schrie vor Schmerz und schwankte. Das Schwert entfiel seiner Hand. Dossouye sprang auf die Füße.
Und versuchte ihm zuvorzukommen, als er sich nach dem Schwert bückte. Aber dann explodierte es plötzlich vor ihren Augen: Der *daju* hatte sie mit einem Tritt an der Schläfe erwischt.
Dossouye stürzte, rollte herum und lag hilflos auf dem Rücken, während der Schmerz wie mit Speeren durch ihren Schädel stach. Und der *daju,* sein Schwert wieder in der Hand, humpelte herbei und musterte sie mit haßverzerrter Miene.
»Ich werde ... *moso* bringen zu Leben ... ohne dich«, fauchte er. »Jetzt ... abomeyanisches Luder ... *stirb!*«

Er hob die gekrümmte Klinge. Dossouye lag benommen, halb betäubt. Waffenlos, wie sie war, half ihr jetzt auch ihre *ahosi*-Schnelligkeit nicht. Jeder Muskel spannte sich in Erwartung des tödlichen Schlages.

Der *daju* ließ seine Waffe herabsausen. Doch bevor die Klinge Dossouyes Brust berühren konnte, warf sich ihr eine braungekleidete Gestalt in den Weg. Metall biß in Fleisch, gellend klang eine Stimme in tiefer Qual – und Gimmile lag hingestreckt zwischen Dossouye und dem *daju*. Aus einer klaffenden Wunde in der Seite quoll Blut.

Der *daju* starrte auf Gimmile: mit offenem Mund und mit Augen, die geweitet waren in Unglauben und Angst. Zornsprühend sprang Dossouye auf, riß dem *daju* das Schwert aus den schlaffen Händen und stieß ihm die Klinge mit solcher Wucht durch den Leib, daß die Spitze blutig aus dem Rücken ragte.

Lautlos und mit wie versteinertem Gesicht sank der *daju* zu Boden. Der Tod erlöste ihn schneller, als er es verdiente.

Dossouye beugte sich zu Gimmiles Wunde. Der *bela* lag mit zu Boden gewandtem Gesicht, ohne Bewegung. Sacht wälzte Dossouye ihn auf den Rücken und legte seinen Kopf auf ihren Schoß. Obwohl in scharlachrotem Strom das Leben durch seine Wunde entwich, verriet Gimmiles Gesicht keinen Schmerz. Seine Hände hielten die *kalimba*, doch das Instrument war zerbrochen. Es würde nie wieder spielen.

»Ich habe dich niemals angelogen, Dossouye«, sagte Gimmile, und noch immer klang seine Stimme wie Musik. »Aber ich habe dir nicht alles erzählt. Der König von Dedougou ist schon seit dreihundert Regen tot. *Und ich auch.* Nachdem ich meine Rache gegen Konondo und Bankassi gesungen hatte, nachdem ich diesen Turm gesungen hatte, um jenen zu entkommen, die mich benutzen wollten, wurde die Wahrheit von Legbas Fluch offenbar. Ich würde für alle Zeit ein *moso* sein, ein lebloses Ding aus Metall. Nur große Gefühle – Liebe, Haß, Freude, Gram – können mich wiedererwecken zum Leben. Aber ein solches Leben währt niemals lange.

Es war dein Zorn auf jenen *daju*, der mich geraubt hatte, welcher mich wieder zum Leben brachte dort am Fluß. Ich sah dich ... begehrte dich, genau wie der *daju* auch. Legbas *baraka* gab dich mir. Ich wünschte ... ich hätte das *baraka* nicht gebraucht, um deine Liebe zu erlangen. Jetzt ... ist die *kalimba* zerbrochen; und das *baraka* hat mich verlassen. Ich kann fühlen, wie es davonfließt mit meinem Blut. Diesmal werde ich nicht wieder ins Leben zurückkehren.«

Dossouye beugte den Kopf und schloß die Augen. Sie wollte nichts mehr hören, nichts mehr sehen; sie wünschte sich, niemals wieder zu hören, niemals wieder zu sehen.

»Dossouye.«

Kein zauberischer Zwang war jetzt in der Stimme des *belas*. Dennoch öffnete Dossouye die Augen und blickte Gimmile an: fand in den erdbraunen Tiefen seiner Augen nicht Lüge und nicht Todesfurcht. Nur Resignation – und Frieden.

»Ich kenne deine Gedanken, Dossouye. Du trägst in dir den Samen eines – Geistes. Kein Kind wird in dir sein. Jetzt wende dich bitte von mir, Dossouye. Ich möchte nicht, daß du siehst, wie ich sterbe.«

Er schloß die Augen. Dossouye berührte seine Wangen, seine Lippen. Dann erhob sie sich und wandte sich ab. Ihre nackten Schenkel waren gefärbt von seinem Blut.

Erinnerungen kehrten zurück, zerrissen, schmerzerfüllt. Während Dossouyes Augen trauernd über die staubbedeckten Trümmer in Gimmiles Gemach glitten, entsann sie sich seiner Wärme, seiner Güte, der Liebe, die sie miteinander geteilt für allzu kurze Zeit. Die Erinnerungen brannten tief in ihr.

Still standen Dossouye und Gbo am Ufer des Kambi. Ein einziges Mal nur war die Sonne unter- und wieder aufgegangen, seit die *ahosi* und ihr Stier den vom Fluß aufsteigenden Hitzedunst zum letztenmal gesehen hatten. Dossouye strich mit der Hand über Gbos Flanke: dankbar, daß Gimmile darauf bestanden hatte, das Tier einzupferchen. So gewaltig der Kriegsstier auch war – womöglich wäre es dem *daju* gelungen, ihn mit einem glücklichen Speer- oder Schwertstoß niederzustechen.

In ihrer Schwerthand hielt Dossouye die Messingfigurine eines *belas* mit einer zerbrochenen *kalimba*. Eine Seite war dunkel beschlagen, als sickere Blut herab.

»Du hast Legba nie gebraucht, Gimmile«, murmelte Dossouye traurig. »Du hättest deine Rache in anderen Städten singen können, und alle Könige von Mossi hätten über Konondo gelacht, und das Gelächter wäre bis nach Dedougou gedrungen. Der Stachel deiner Lieder hätte länger weh getan als die Striemen seiner Peitsche.«

Sie schloß ihre Hand um den *moso*.

»Auch für mich brauchtest du Legba nicht, Gimmile.«

Sie bog den Arm zurück, schleuderte den *moso* dann in den Kambi. Spritzer sprühten hoch, so nichtig wie das Wüten von Weib und Mann gegen die Götter.

Dossouye schwang sich in den Sattel, trieb Gbo ins Wasser. Jetzt konnte sie beenden, wobei sie am Tag zuvor gestört worden war, die Durchquerung des Flusses. Noch immer führte ihr Weg nach nirgendwo. Doch Gimmile sang in ihrer Seele ...

CHARLES DE LINT

Charles de Lint berichtet von sich, er habe sein Leben damit verbracht, von Land zu Land zu »hüpfen«. Seine Vorfahren waren Holländer, Spanier, Franzosen und Japaner, er kam in den Niederlanden zur Welt und hat so ziemlich überall gelebt, von Frankreich bis zur Türkei. Vor etwa zehn oder zwölf Jahren ließ er sich schließlich in Kanada nieder mit »einer Zillion Bücher und einer orangefarbenen Katze namens Gurgi«. In der Einleitung zu einer anderen Story in dieser Anthologie habe ich seine Verbindung mit der kleinen, doch hochliterarischen und professionellen Triskell Press und mit Charles Saunders erwähnt.
Nach der ersten Lektüre dieser Story von der Schwertkämpferin Aynber und ihrem Gefährten Dorn Falkenwald, dem Zauberer, kam ich zu der Ansicht, daß ein zweiter Charakter namens Dorn verwirrend wirken würde. In Anbetracht der Story von Phyllis Ann Carr weiter vorn in diesem Band, wo Frostblume, die Zauberin, mit der Schwertkämpferin Dorn zusammen reist, fragte ich Charles de Lint, ob es ihm etwas ausmachen würde, den Namen seines männlichen Protagonisten zu ändern, und erfuhr, daß Dorn Falkenwald schon vor der Schwertkämpferin Dorn im Druck erschienen war; das Paar trat zum erstenmal gemeinsam in Dark Fantasy *auf, einem jener exzellenten und professionellen »Small-Press« Fantasy Magazine, herausgegeben von Gene Day. Auch in* Sorcerer's Apprentice *(Herausgeberin Liz Danforth) erschienen sie.*
Dennoch: Da P. A. Karrs Arbeiten in etlichen Taschenbüchern mit großer Auflage erschienen sind und das Publikum sie vermutlich besser kennt, hielt ich es für ratsam, den Namen des

Lintschen Protagonisten irgendwie abzuändern; so ist denn in der jetzigen Fassung der Story hauptsächlich von »Falkenwald« statt von »Dorn« die Rede.
De Lint sagt von seiner Heldin und ihrem Freund: »In der Schublade habe ich, in Rohfassung, noch weitere Stories mit diesem Paar.« Er hoffe, fügt er hinzu, sie irgendwann in einem Roman verwenden zu können. Dieser Hoffnung schließen wir uns an. Im übrigen sind wir stolz darauf, de Lints Gestalten erstmals einem breiten Publikum vorstellen zu können.
Der Autor bittet mich, folgende Anmerkung hinzuzufügen:
»Tal des Trolls *wurde 1978, bald nach seiner Entstehung, von Gene Day von der Shadow Press gekauft; nach seinem ebenso betrüblichen wie vorzeitigen Tod wanderte sie wie ziellos in der Welt umher. Wenn es Ihnen recht ist, möchte ich die Story Gene widmen, da er es war, der meine erste Aynber-Story vor vielen Jahren kaufte; ein wunderbarer Mann, der für die Kunst wie auch ganz einfach als Mensch so vieles getan hat.« Wenn er es war, der als erster daran dachte, Aynber und Dorn Falkenwald dem Lesepublikum nahezubringen, kommen wir diesem Wunsch nur zu gern nach. – MZB*

CHARLES DE LINT

Das Tal des Trolls

»Und der Alte Troll wühlte in der Beute Rest,
der Wanderer Knochen, sie waren einst sein Fest;
nun lauscht' er in das Rauschen lang
auf Hufgestampf, wie's früher klang ...«
J. E. COPLIN

»Sie haben zwei Stunden Vorsprung vor uns, Falkenwald, vielleicht drei«, sagte Aynber. Sie löste ihren Blick von der Fährte, schob den Hut zurück und wischte sich die Stirn.

»Ich versichere dir«, rief Dorn Falkenwald durch den dumpfen Hufschlag ihrer Pferde, »daß wir auf Schatzsuche gehen sollten, statt uns mit so Trödelkram zu bescheiden.«

»Sprich mir nicht von Schätzen.« Energisch schüttelte sie den Kopf. »Immerhin handelt es sich um tausend Goldstücke, die auf Guils Kopf ausgesetzt sind, und um weitere hundert für jeden seiner Leute. Ja, verdammt! Die letzte Schatzsuche, auf die du uns geführt hast, hätte mich beinahe das Leben gekostet ...«

»Aber stell ihn dir doch nur vor, den Schatz«, fuhr er zungenfertig fort. »So riesengroß, Jägerin. Mehr als wir in einem Dutzend Leben verschwenden können.«

Aynber seufzte. Seit zwei Wochen lag Falkenwald ihr mit dieser ewig gleichen Leier in den Ohren: Seit sie und ihr Gefährte durch diese elende Wildnis ritten, dem Straßenräuber Guil und seiner Bande auf der Spur. Locker im Sattel sitzend, befingerte sie eine schmale Narbe auf ihrer Wange. Gewiß würden die Götter Erbarmen mit ihr haben und dafür sorgen, daß Falkenwald einen rauhen Hals bekam – falls ihm nicht gleich die Zunge aus dem Mund fiel. Sie warf einen hoffnungsvollen Blick in seine Richtung.

Das Haar unter dem Rand ihres Hutes besaß die Farbe sonnenreifen Getreides. Es umrahmte ein ovales Gesicht mit vollen Lippen und weit auseinanderstehenden Augen und fiel dann in langen, unbändigen Strähnen über den Rücken herab. Sie trug ein Hemd aus Hirschleder und entsprechende knielange Hosen, und diese Kleidung verbarg weder die sachten Rundungen ihrer Brüste noch die süßen Kurven ihrer Hüften. Von ihren Schultern wallte ein Umhang, und an ihrem Gürtel hingen ein Dolch, ein langes, schmales Schwert und ein Lederbeutel mit zehn *lessenyaln* – Aelfin-Todessternen: kleine, fünfzackige Scheiben, geschmiedet aus Sternensilber.

»Genügend Juwelen, um damit ein Königreich zu kaufen«, fuhr Falkenwald unbeirrt fort. »*Aye*, und Gold und Silber unermeßlich...«

»Na, na«, unterbrach sie ihn gereizt und krauste die Stirn.

Seine Kleidung wirkte fast düster, lauter Grau und Schwarz. Er hatte dunkle Haare, eine schmale Nase, hohe Wangenknochen und einen hauchdünnen Schnurrbart, der sich katzengleich sträubte, wenn er sprach. Unter einem Umhang verbarg sich das Rapier an seiner Seite. Aus einer kleinen, spitzen Kapuze blickten Augen – schmale Augen – von durchdringendem Blau, in denen sich unverkennbar die Begierde nach Reichtum spiegelte.

»Es ist diese endlose, verruchte Straße«, fügte sie hinzu, »durch Gegenden, die so unzivilisiert sind, daß ich weder eine Schenke gesehen habe, noch – *jawohl* – auch nur einen Drink hatte, seit wir Calthoren verließen. Was im übrigen deinen Schatz betrifft – kommt es dir denn *gar* nicht merkwürdig vor, daß wir angeblich nur hinzureiten brauchen, um ihn uns zu holen?«

»Nun, das hat mir der alte Grimble versichert«, erwiderte Falkenwald, »und in all den Jahren, seit ich ihn kenne, hat er mich niemals irregeführt.«

»Jawohl, das sagst du. Aber wenn das eine so einfache Sache ist, warum hat er dann nicht seinen fetten Arsch gelüftet, um sich höchstselbst hierher zu verfügen – eh?«

»Aynber, Aynber ... er ist ein alter Mann, der, anders als wir, nicht mehr fürs Leben in der Wildnis taugt. Außerdem habe ich ihm, als Entgelt für seine Karte, ein Drittel als Anteil versprochen ...«

»Du hast *was* ...?«

Unverkennbar klang Zorn aus ihrer Stimme, und Falkenwald, der ihr Temperament nur allzu gut kannte, stellte sich taub und pfiff eine tonlose Melodie durch die Zähne.

»Falkenwald ...« begann sie mit drohendem Unterton.

»Eine liebliche Landschaft, findest du nicht auch?« sagte er mit einem Lächeln. »Erinnert mich an meine Heimat, wirklich, obwohl sie doch um einiges wilder und nicht annähernd so fröhlich wirkt. Still! Was ist das?«

Er wies auf den Schatten am Fuß eines alten Aschenbaums, der sich waghalsig über die Straße neigte. Aynbers Augen folgten Falkenwalds ausgestrecktem Finger, während ihre Hand blitzschnell zum Schwertgriff fuhr. Ein großer Hase hoppelte aus dem Schatten hervor. Er beäugte das Paar, stellte die Löffel auf und hetzte in weiten Sprüngen davon. Falkenwald lachte.

»Ein Drittel ist wirklich nicht zuviel«, sagte er.

Aynber lockerte ihren Griff um den Knauf des Schwerts und funkelte ihn an.

»Nur mal angenommen, wir suchten nach dem Schatz – was wir ja nicht tun –, und nur mal angenommen, wir hätten ihn gefunden – was ja nicht der Fall sein wird: Glaubst du im Ernst, daß ich mit dieser fetten, grinsenden Kröte teilen würde? Nein, nein, eine solch närrische Suche kommt für mich nicht in Frage. Der Kopfpreis für Guil genügt mir durchaus, allerbesten Dank.«

Falkenwald gab keine Antwort.

Am folgenden Morgen ritten sie im Schlendergang, um ihre Pferde zu schonen. Aynber beugte sich vor, beide Hände auf dem Sattelknopf.

»Guil und seine Leute haben sich hier geteilt«, sagte sie. »Siehst du's? Guil und der mit der schlecht beschlagenen Stute folgen der Straße, während ein anderer dort querfeldein geritten ist.« Sie

deutete auf die Spuren, forschte mit den Augen am Straßenrand. »Ah! Die übrigen beiden sind in südlicher Richtung davon. Nun, es ist Guil, den ich schnappen will.«
Sie schüttelte die Zügel, und ihr Tier schlug eine schnellere Gangart an. Murrend folgte ihr Falkenwald.
Der Ritt führte sie durch Buchenhaine von fahlem Grau und durch dichtes Buschwerk, Weißdorn und Brombeer, hinauf zu einem niedrigen Hügel. Von dort strebte die Straße weiter in ein kleines Tal, das scharf durchschnitten wurde von einem tiefen, doch keineswegs breiten Fluß. Eine mit Seilen befestigte Holzbrücke überspannte ihn, und ganz in der Nähe stand eine primitive Kate aus Stein und Grassoden.
»Dies ist es!« rief Falkenwald.
Aynber drehte sich im Sattel um und sah, wie er in seinem Lederbeutel kramte. Gleich darauf hielt er eine Rolle aus Tierhaut in der Hand, auf der die Karte eingezeichnet war. Eifrig murmelnd studierte er das Stück. Schließlich hob er den Kopf und sagte: »Alles entspricht der Karte, verstehst du? Mit Ausnahme der Brücke allerdings. Die muß jüngeren Datums sein – zumindest erst nach Anfertigung der Karte entstanden.«
Aynber lenkte ihr Tier dicht an ihn heran, um selbst einen Blick auf die Karte zu werfen.
»Es ist wahr«, grübelte sie. »Wer mag dort wohnen?«
Falkenwald beschattete seine Augen, um schärfer zu spähen.
»Es liegt dort soviel Geröll herum, daß ich wetten würde, seit mindestens fünf Jahren ist dort niemand mehr gewesen ... es sei denn ... nein!« Er blickte zu Aynber, musterte sie verstört. »Meinst du, Guil könnte dort gewesen sein und uns den Schatz weggeschnappt haben?«
»Nun, seine Fährte führt jedenfalls dorthin, und falls er ihn nicht bekommen hat, dann vermutlich irgendeiner von denen, die vor ihm und vor uns hier entlanggeritten sind.«
»Ohne die Karte?« fragte Falkenwald verächtlich und faßte sich wieder. »Komm. Reiten wir weiter.«
Er gab seinem Pferd die Sporen und trabte voraus. Aynber schüt-

telte den Kopf und folgte ihm langsam. Die Kate oder Hütte dort mochte sehr wohl ein Unterschlupf für gejagte Verbrecher sein. *Jawohl*, und das Buschwerk an der Straße war hoch und dicht genug, um Wegelagerern ein Versteck zu bieten.
»Eine nicht ganz ungefährliche Sache«, sagte Falkenwald, als Aynber an der Brücke zu ihm stieß. Zwei dicke, kräftige Seile, um Baumstümpfe geschlungen, sicherten die klägliche Konstruktion, und das war alles. »Aber unser Gewicht wird sie schon aushalten. Siehst du dort?« Er deutete zum gegenüberliegenden Ufer, wo man unmittelbar über dem Wasser im Granitfels eine kleine, dunkle Öffnung sah. »Das wird die Höhle sein, die auf der Karte verzeichnet ist.«
Während er die Brücke zu überqueren begann, blieb Aynber zurück und blickte wieder zu der Hütte und dem Gelände dort. Irgend etwas schien in der Luft zu liegen, ein Hauch von Verderben: etwas Unwägbares, das sie nicht recht zu benennen wußte. Seufzend gab sie's auf und begann, Dorn zu folgen, und *sah* es: Sah einen langen, knotigen Arm, der sich unter der Brücke hochreckte und nach einem Bein von Falkenwalds Pferd jetzt griff.
»Falkenwald! Paß auf!«
Lächelnd drehte er sich um und sah, wie sie auf der anderen Seite der Brücke wild gestikulierte.
»Oh, nein«, rief er fröhlich zurück. »So leicht lasse ich mich von dir nicht ins Bockshorn jagen.« Er dachte an den Hasen von gestern, an den Schrecken, den er ihr damit eingejagt hatte, und unwillkürlich schüttelte er den Kopf, weil sie ihm das jetzt auf so billige Weise heimzuzahlen versuchte. Doch sein Pferd stieß ein schrilles Wiehern aus und riß ihn aus seinen Gedanken. Erschrokken schnappte er nach Luft, während er gleichzeitig das Gefühl hatte, mit aller Kraft nach unten gezogen zu werden. Er stürzte von seinem Pferd, sah ein riesiges, höhnisch grinsendes Gesicht. Die eine Hand hielt sein Tier, das vor Entsetzen schrie; die andere reckte sich nach ihm.
»Ein Ungeheuer!« Er wich zurück, fiel ums Haar von der anderen Seite der Brücke. Mit wilden Bewegungen, angstgehetzt, jagte er

zu jenem Ende der Brücke zurück, wo Aynber wartete. Und von dort blickte er wieder zur Mitte und sah, wie sein Roß von der Brücke gezerrt wurde und sich wildstrampelnd wehrte, vergeblich.

»Ich glaube, es ist ein Troll«, sagte Aynber und blickte von der Höhe ihres Sattels hinab auf die keuchende Gestalt an ihrer Seite.

»Aber mein Pferd ...«

»Dahin, wie mir scheint, o großer Dorn Falkenwald, mächtigster aller Zauberer, gewaltigster aller Krieger«, erwiderte Aynber mit spöttischem Lachen. »Was jetzt? Hast du einen Bann, mit dem du dieses Monster belegen – lahmlegen – kannst? Oder gedenkst du, nach alter Gewohnheit, das Ungeheuer mit einem einzigen Schlag deines unvergleichlichen Schwertarms zu erledigen?«

»Verflucht sei der Troll. Was ist mit meinem Pferd?«

»Oh – mit dem Schatz des Trolls wirst du einen ganzen Stall edelster Renner erwerben können. Du brauchst nur hineinzutanzen und den Schatz zu kassieren.«

Falkenwald schwieg einen Augenblick.

»Ich glaube«, murmelte er schließlich, »wir sollten den Schatz vergessen. Ich habe so Geschichten gehört von ›Trolls-Gold‹. Es sei verflucht, verwunschen, heißt es. Es macht einem Warzen, verwandelt sich in Lehm und ...«

»Na, na«, unterbrach ihn seine Gefährtin. »Es scheint also doch einen Schatz zu geben, und ich meinerseits finde, daß es an der Zeit ist, daß wir einen Plan ausheckten, um in seinen Besitz zu gelangen.«

Als sie dann später zwischen Birken und Ahorn rasteten, nahe beim Kamm des Hügels, von wo sie zuerst einen Blick auf das Tal des Trolls geworfen hatten: da kehrte Falkenwalds Begeisterung wieder und auch seine Bescheidenheit. Daß Aynber sich nun doch für den Schatz interessierte, war für ihn ein weiterer stiller Triumph.

»Sobald mein Bann wirkt – die allerschwierigste Verwünschung, die sich denken läßt: nur die wahrhaft stahlgehärteten Adepten würden sie überhaupt versuchen –, schleichst du dich in die Höhle des Trolls, trittst leichtfüßig über den schlafenden Körper hinweg und schleppst, was immer deine Arme fassen, an Edelsteinen und Gold davon!«

»Dein Plan hat einen leicht schwachen Punkt«, erwiderte Aynber und strich sich wie zerstreut über die Narbe auf ihrer Wange. »Zunächst ist da die Tatsache, daß deine Bannflüche die Tendenz besitzen, überhaupt nicht zu wirken – sofern sie nicht gar nach hinten losgehen. Und zwar mit Zielrichtung auf mich, falls ich mich nicht täusche. So wie damals im Toten Marschland bei Franwath, als du eine Riesenechse in einen Kolibri verwandeln wolltest und mein ...«

»Dies ist etwas anderes. Die Verwünschung als solche ist ganz einfach, so daß selbst der Lehrling eines Zauberlehrlings den Bann ohne große Mühe bewirken könnte.«

»Ah«, sagte Aynber mit einem Lächeln. »Wenn dem *so* ist ...«

Falkenwald musterte sie finster und murmelte etwas Unverständliches in seinen Bart.

Aynber stand oben am Felsufer und blickte zu der Stelle, wo Falkenwald jetzt allerlei Zeug aus seinem Reisesack zog: kleine Flaschen und Beutel mit geheimnisvollen Pülverchen. Stück für Stück stellte er alles vor ein niedriges Feuer. Aynber atmete tief. Dann entledigte sie sich ihres Umhangs und ihrer Stiefel, legte Schwert und Hut auf die Sachen und befestigte an ihrem Gürtel einen geräumigen Beutel – für den Schatz: sofern sie ihn fand. Nach einem letzten Blick auf Falkenwald glitt sie über den Rand des Felsens und stieg behende hinunter zum Fluß. Dort vergewisserte sie sich, daß sie den Beutel mit *lessen-yaln* noch bei sich hatte. Gut. Auch der Lederriemen am Dolch saß richtig fest.

Und sie tauchte in den Fluß.

Wie eine eisige Faust umkrallte es ihren Körper, und der plötzliche Kälteschock nahm ihr für einen Augenblick den Atem. Doch nach den ersten Schwimmstößen wurde ihr wärmer. Beim Höhleneingang kletterte sie auf die Felsen. Ihre Kleider trieften vor Nässe. Sie drückte das Wasser aus ihrem Haar und blickte wieder zu Falkenwald: wie er über dem Feuer seinen Zauber braute. Aufmunternd winkte er ihr zu, und sie drehte sich wieder herum und betrat gebückt die Höhle. Kaum war sie im Eingang verschwunden, als von Falkenwalds Feuer eine grünliche Rauchwolke in die Höhe schoß. Sie hüllte ihn ein, und er fiel nach vorn, fast in das Feuer, und lag dann in tiefem Schlaf auf dem Gras ...

In der Höhle war es dunkel; dunkel und dumpfig, mit einem so üblen Troll-Geruch, daß es Aynber in der Kehle würgte. Warum nur hatte sie vergessen, irgendein Licht mitzubringen? Unwillkürlich verfluchte sie sich. Und löste dann den Lederriemen am Dolch und nahm einen Todesstern aus ihrem Beutel und bewegte sich voran: tastete mit den Fingerkuppen über die feuchte, schleimige Oberfläche des Tunnels. Schritt für Schritt gelangte sie weiter.

Verdammt! dachte sie. *Es ist, als ob Gewürm auf meiner Haut kriecht.*

Erinnerungen drangen auf sie ein, sinnverwirrend, wo sie jetzt doch ihre Sinne brauchte, um den Troll zu wittern. Bilder tauchten vor ihrem inneren Auge auf: an Yarg-Jagden in den dunklen Wäldern oberhalb der Moore von Boscawen – und an Dutzende anderer Scharmützel und Schlachten. *Jawohl,* auch an jene Zeit, da sich die Sumpfbewohner gegen ihren Hege-Clan erhoben hatten und der junge Kalin erschlagen worden war. *Oh, Kalin ...*

Plötzlich stolperte sie über etwas, das mitten auf ihrem Wege lag. Sie sprang zurück, Dolch und *lessen-yaln* in Bereitschaft. Und stand dann reglos, mit jagendem Pulsschlag. Ihr fliegender Atem war das einzige Geräusch. Vorsichtig bewegte sie sich wieder voran und betastete das Hindernis auf dem Weg mit zitternden Händen. Es war der Troll, doch – *Dank den Göttern für ihre Wunder!* –: er schlief. Falkenwalds Bann, so schien es, hatte ausnahmsweise einmal gewirkt.

Nervös hob sie einen Fuß, um über die schlafende Gestalt hinwegzusteigen – und trat auf etwas, das nichts anderes sein konnte als die Überreste von Falkenwalds Pferd. Übelkeit stieg in ihr hoch, vom Magen her, und sie erbrach sich. Als sie, noch einen galligen Geschmack im Mund, schaudernd weiterging, stolperte sie über einen Haufen Knochen. In der Enge des Tunnels rief das Poltern einen ungeheuren Lärm hervor. Bewegungslos verharrte Aynber, bis sie sicher sein konnte, daß der Troll nicht erwacht war. Erleichtert atmete sie auf und drang tiefer in die Höhle ein.

Doch kaum war sie um eine Ecke gebogen, da öffnete sich im reglosen Gesicht des Trolls ein glitzerndes Auge. Und mit einem ungeheuren Grinsen erhob sich die Kreatur, um Aynber lautlos zu folgen.

Der Weg vor Aynber bildete jetzt eine Schräge. Der Boden, von Schritt zu Schritt schlammiger, war so weich, daß ihre nackten Füße einsanken darin. Leise gluckste es, immer wieder, und sie schauderte, als sie an die Blutegel dachte – oder was für Gewürm dort im Schleim kriechen mochte. Was für Geräusche waren das hinter ihr? Als ob ihr jemand folgte. Sie hielt inne, um zu lauschen. Doch da schien nichts weiter zu sein außer dem dumpfen Widerhall ihrer eigenen Schritte – und sie ging weiter.

Ein Stück voraus schimmerte plötzlich in der Pechschwärze des Tunnels gelblicher Schein. Er verstärkte sich, und Aynber lächelte unwillkürlich. Vor sich im fahlen Licht gewahrte sie ein Glitzern und Funkeln, das nur vom Schatz herrühren konnte. Einfach unglaublich! Nicht nur, daß diesmal Falkenwalds Bann gewirkt hatte – sogar seine Information stimmte.

Ihr Lächeln vertiefte sich, als sie nun eine Art Kammer betrat, einen rundum mit Lehm verputzten Raum, der trotz seiner Einfachheit so unglaubliche Schätze barg, daß Aynber vor Entzücken fast zu atmen vergaß. Bald hier, bald dort forschten ihre Finger. Eine goldene Halskette voller Saphire und Jade hob sie hoch, liebevoll fast, dann eine Tiara mit einem gewaltigen Brillanten, auch einen reichverzierten Kelch aus einem glänzenden, ihr unbekannten Metall mit eingelegten Edelsteinen, so kostbar, wie wohl nur ein König es sich leisten konnte. Überall glitzerten und gleißten Münzen aus Gold und Silber und Kupfer, nicht wenige, wie die

Prägung zeigte, über hundert Jahre alt. Aynber fand sogar eine mit dem Bildnis des Herrschers Tanlan, dem Gründer von Calthoren in der Frühzeit der Östlichen Königreiche. So rasch sie nur konnte, füllte Aynber den großen Beutel an ihrem Gürtel, und sie wählte nur die kostbarsten Stücke: Um den ganzen gewaltigen Schatz davonzuschleppen, hätte sie Monate, wenn nicht gar Jahre gebraucht.

Sie war so sehr in ihr Tun vertieft, daß ihr beinahe ein unauffälliges, glucksendes Geräusch entging: als werde ein schwerer Fuß aus tiefem Schlamm herausgezogen. Doch sie vernahm es, und wie ein Frösteln überlief es sie. Langsam drehte sie sich um und erblickte den Troll an der Schwelle der Kammer: sah die Gestalt im phosphoreszierenden Licht des Schatzraums, deutlich abgehoben gegen die Pechschwärze des Tunnels.

»Garna hat dich, hübsches Goldhaar«, sagte der Troll mit sonderbar gluckerndem Lachen, und seine Stimme klang dumpf und brüchig, wie außer Übung.

Aynber wich vor dem sich nähernden Monster zurück. Wilde rote Augen funkelten sie an, riesengroß im mißgestalteten Gesicht, und durch ein verfilztes Bartgestrüpp bleckten gelbe Zähne.

»Garna will dich«, gluckste das Monster.

Der Troll machte einen Schritt auf Aynber zu, und sie wich weiter vor ihm zurück. Doch stand sie jetzt mit dem Rücken an der feuchten, schleimigen Wand der Kammer. Weiter ausweichen konnte sie nicht. *Lessen-yaln* und Dolch hatte sie während des Einsammelns abgelegt. Jetzt hoben sich beide vom Boden und glitten blitzschnell in Aynbers Hände. Der Sack an ihrem Gürtel war voll und schwer.

Verdammt sollst du sein, Dorn Falkenwald! dachte sie. *Wenn ich hier heil herauskomme, bringe ich dich um.*

»Hübsches Goldhaar«, sagte der Troll. »Garna will mit dir spielen.«

Wieder näherte er sich.

»*Gewiß*«, sagte Aynber zwischen zusammengebissenen Zähnen,

»du widerliche Kreuzung zwischen einer Warze und einem Schweinearsch! Aber du mußt mich erst einmal fangen.«
Während sie sprach, gab sie den Todesstern in ihrer Hand frei. Wie ein Pfeil sauste er durch die Luft und drang mit dumpfem Geräusch in die Stirn des Trolls. Doch das Monster schüttelte nur den Kopf, wie um ein Insekt abzuwehren, und streckte die Pranken nach ihr. Voll Entsetzen starrte Aynber auf die Kreatur, welcher der *lessen-yaln* im Schädel nichts anhaben konnte.
Sie duckte sich vor den Pranken, im allerletzten Augenblick, und stürzte zur Tür. Doch ein langer Arm schnellte vor und packte sie beim Lederhemd und zerrte sie zurück. Verzweifelt hackte sie mit ihrem Dolch: schlitzte den vorderen Teil des Hemds, das der Troll gepackt hielt. Und befreite sich so von dem Monster, das zurückblieb, zerfetztes Leder in der Pranke. Mit nackten Brüsten flüchtete Aynber durch den Tunnel, die eine Hand am Dolch, die andere am schwingenden schweren Beutel, der von ihrem Gürtel hing.
»Komm zurück, Goldhaar!« brüllte hinter ihr der Troll.
Einen faustgroßen Edelstein schleuderte das Monster. Das Wurfgeschoß traf Aynber am Arm, schien ihn zu lähmen. Der Dolch entfiel ihrer Hand. Doch sie achtete nicht weiter darauf und eilte voran.
Hinter ihr tobte kreischend das Monster und trommelte mit den Pranken gegen die Wände – und nahm dann die Verfolgung auf. Zuerst kam Aynber gut voran. Sie war flinker und schien ihren Vorsprung zu vergrößern. Doch immer mehr verlangsamte der Schlamm ihre Bewegungen, während der Troll sein Tempo steigerte und unaufhaltsam aufholte, bis er nur noch ein kurzes Stück entfernt war.
Der Boden wurde fester, und Aynber kam schneller voran. Aber das Monster auch. Sie blickte über die Schulter zurück; doch im tiefen Dunkel konnte sie ihren Verfolger nicht erkennen. Aber sie hörte den rasselnden Atem und die stampfenden Füße, kaum zwei Dutzend Schritt zurück.
Wieder stolperte sie über den Kadaver von Falkenwalds Pferd und fiel hin. Während sie sich hochraffte aus der wie glitschigen

Masse, hatte sie nur einen Gedanken: Die Rettung war nah. Den Sack mit der Beute sicher am Gürtel, hastete sie keuchend weiter und erreichte strauchelnd den Ausgang und stürzte ums Haar ins Wasser.
Bevor sie bewußt den Sprung wagen konnte, begriff sie plötzlich zweierlei: Der Beutesack würde ihre Bewegungen verlangsamen, und der Troll war wohl ohnehin der schnellere Schwimmer. Gedankenschnell entschied sie sich. Und begann, das Felsufer emporzuklettern.
Nach einer Weile sah sie sich um. Etwa die halbe Strecke lag hinter ihr. Unten beim Höhleneingang stand der Troll. Unverkennbar schrak er vorm Wasser zurück. Dann entdeckte er Aynber und folgte ihr die Felswand hinauf. Sie erreichte den oberen Rand und schleuderte einen Brocken in die Tiefe. Der Stein traf den Troll und riß ihn hinab bis dicht an den Fluß. Ein Gedanke flakkerte jäh in Aynber auf. *Er fürchtet das Wasser, ja?* Sie rannte in Richtung Brücke, während der Troll abermals die Felswand zu erklettern begann. Sie erreichte die Brücke im selben Augenblick, da sich der Kopf des Ungeheuers über den Felsrand schob.
Aynber jagte über die Brücke, hetzte zu ihren abgelegten Sachen und riß das Schwert aus der Scheide. Dann kehrte sie zur schwankenden Brücke zurück. Während der Troll sich mit großen Sätzen näherte, hob sie die Klinge. Und hieb mit hämmerndem Herzen und keuchender Lunge auf die Halteseile ein. Fast schon konnte sie den fauchenden Atem des Trolls auf sich spüren, als es ihr gelang, das letzte Seil zu durchtrennen. Mit einem gewaltigen Dröhnen krachte die Brücke samt Troll gegen das gegenüberliegende Felsufer. Mühsam kam der Troll auf die Füße, im Staub halberstickt und rasend vor Wut. Doch ins Wasser wagte das Monster sich nicht. Einen Augenblick verharrte es unschlüssig am Ufer, dann erklomm es den Fels, um seinen Haß gegen Aynber hinauszubrüllen. Sie kümmerte sich nicht weiter darum.
Nachdem sie ihr Pferd gerufen hatte, befestigte sie den Beutesack am Sattel, schlüpfte in Stiefel und Umhang und setzte sich ihren

Hut auf. Nun erst warf sie einen Blick auf den schlafenden Falkenwald.
»Zauberer! Bah! Ich sollte dich hier liegenlassen zum Lohn für all deine Hilfe.«
Seufzend und voll Überdruß hob sie den Schlafenden hoch und legte ihn über den Hals ihres Pferdes. Dann warf sie noch einen Blick zum Troll. Lachend bedachte sie ihn mit einer Art Kußhand und trieb ihr Roß dann zu scharfem Trab.
Hinter ihr brüllte noch immer der Troll. Als Aynber außer Sichtweite war, hockte das Monster sich nieder und trommelte auf den Boden. Felsbrocken und Lehmbatzen häuften sich rundum, und langsam drang ein Gedanke ins trübe Hirn des Monsters. Plumpe Finger schleuderten Stein und Lehm in die Luft zu kruden kabbalistischen Gestalten, während der Troll unaufhörlich vor sich hin murmelte: »Garna nicht bekommen Goldhaar, Goldhaar nicht bekommen Gold ... Garna nicht bekommen ...«

Aynber trieb ihr Tier an, so schnell es nur ging mit der doppelten Last. Erst als sie glaubte, der Abstand zum Troll sei nun groß genug, verlangsamte sie das Tempo zu ruhigem Schritt. Fluchend blickte sie auf den noch immer schlafenden Falkenwald und fragte sich, wo jetzt wohl Guil mit seinen Leuten stecken mochte. Vermutlich waren alle, abseits vom Troll-Tal, wieder zueinandergestoßen – und inzwischen über alle Berge.
Wie viele Meilen mochten sie jetzt entfernt sein von Garnas Tal? Sie grübelte und gab dann auf, weil die Müdigkeit so stark wurde, daß sie sich kaum noch im Sattel halten konnte. Jeder Muskel schmerzte, noch immer war ihr Körper feucht, und die rauhe Wolle des Umhangs kratzte die Haut. Doch was zählte das schon? Hatte sie nicht, dort im Sack am Sattel, die schönsten Stücke aus dem Schatz?
Sie bog in einen Waldweg und hielt, nur ein kurzes Stück von der Straße entfernt. Dann ließ sie Falkenwald zu Boden gleiten, stürzte ums Haar selbst aus dem Sattel.
Wie lange, dachte sie, *wird dieser Schlafbann wohl noch dauern?*

Sie schwang sich aus dem Sattel, rieb ihr Pferd ab und band es an. Dämmerlicht kündete von der nahen Nacht, und wie erlöst ließ Aynber sich auf ihre Decke sacken, ohne auch nur einen Blick auf den Schatz zu verschwenden. Während die Müdigkeit über sie hinwegspülte, hatte sie noch einen letzten Gedanken: daß es doch recht gefährlich war, hier zu kampieren. Sie mußte eine andere Stelle finden, einen sicheren Platz. Doch vergeblich versuchte sie, sich hochzuraffen. Tiefer Schlaf lullte sie ein.

»Auf die Füße, Dirne!« Eine rauhe Stimme riß sie aus einem schönen Traum mit einem schlanken, lockigen Jüngling.
Aynber öffnete die Augen. »Was ...?« begann sie. Rauhes Gelächter, ein Chor aus mehreren Männerstimmen, war die einzige Antwort. Hart traf eine Stiefelspitze ihren Körper. Grobe Fäuste packten sie und rissen sie hoch. Träge nur kam ihr schlaftrunkenes Hirn in Gang. Es war Nacht. Über den Bäumen hing ein bleicher Mond, der sie in ihrer Hilflosigkeit zu verhöhnen schien.
»Dies also ist die große Jägerin?«
Sie konzentrierte sich auf den Sprechenden: erkannte ihn bestürzt. Es war Guil! *Gewiß*, Guil, dazu vier seiner Leute, die im fahlen Mondschein in fremden Prachtgewändern protzten – in geraubtem Staatsplunder, der so gar nicht passen wollte zu den dreckigen Lumpenhunden mit dem verfilzten Haar, den struppigen Bärten. Einer hatte ihr den Arm auf den Rücken gedreht, und vergeblich versuchte sie, sich aus seinem Griff zu befreien. Ein anderer trat herzu und schlug ihr ins Gesicht. Mit einem Glucksen riß er ihr den Umhang von den Schultern. Hell schimmerten im Mondlicht ihre Brüste. Der Kerl grinste anerkennend und beugte sich vor, um die Bänder ihrer Hose zu lösen.
»Sie ist eine Frau, und ob, all ihrem männlichen Gehabe zum Trotz«, murmelte er.
Aynber ließ ihr Bein hochschnellen. Und ihr Knie traf den Mann, der sich zu ihr beugte, genau am Kinn. Mit glasigen Augen fiel er rückwärts. Und schüttelte benommen den Kopf und rappelte sich hoch und schlug Aynber mit der Faust voll ins Gesicht.

»Laß sie zufrieden, Draln!« schrie Guil. »Verdammt! Seid ihr denn alle Narren? Zehntausend in Gold hat Kesser für sie geboten – in einem Stück und mit heiler Haut. Denn er will sie die schlimmsten Qualen leiden lassen für das, was sie der Diebesgilde in Nalbur angetan hat.«
Aynber starrte den bärtigen Straßenräuber erschrocken an.
»*Gewiß*«, sagte er lachend. »Überrascht dich das? Ein Kopfgeld, ausgesetzt auf einen Kopfgeldjäger? Du wirst sehr bald schon sehen. Es war ein einträgliches Gewerbe, das du zuschanden gemacht hast, und das hat Kesser nicht vergessen. Diebe halten zusammen wie Pech und Schwefel, meine tapfere Jägerin, und Gold ist Gold. Ha! Und so angenehm zu erwerben.«
Vergeblich versuchte sie, sich loszureißen.
»Fesselt sie. Genau wie den anderen«, sagte Guil mit einer verächtlichen Handbewegung. »Und vergeßt nicht: Sie sind beide eine Menge Geld wert. Zweitausend für sie, und fünfzig extra für jeden in ihrer Gesellschaft.«
Sie kämpfte wie eine Tigerin, mußte sich jedoch der Übermacht beugen. In hilflosem Zorn knirschte sie mit den Zähnen. Und dann lag sie auf dem Boden, lang auf dem Bauch, die Arme auf dem Rücken gefesselt. Und fühlte unter sich, in jäh aufwallender Hoffnung, den Lederbeutel mit den Todessternen.
»Was ist denn dies?« rief Draln und riß den Beutesack von Aynbers Sattel. Während er ihn öffnete, trat Guil zu ihm heran.
»Verdammt!« murmelte der Anführer. »Das Luder hat einen Schatz bei sich.« Strahlend rieb er sich die Hände. »Was für eine Nacht, oh, was für eine Nacht!«
Die Räuber zogen sich zu einer Stelle zurück, wo sie ein Feuer zu entfachen versuchten. Stahl schlug gegen Stein, und bald brannte der Zunder. Im Schein des Feuers beglotzten die Kerle den Schatz des Trolls. Tief tranken sie aus Weinschläuchen, brüllten erregt; und währenddessen versuchte Aynber an die messerscharfen Sterne in ihrem Lederbeutel zu gelangen. Sie blickte zu der Stelle, wo der gefesselte Falkenwald lag: unmittelbar am Rand des Feuerscheins.

Er schien ihren Blick zu spüren. Denn sofort hob er den Kopf und lächelte. Sein Gesicht wirkte schattig verfleckt. War es das flakkernde Feuer, hatten die Kerle ihn so entstellt? Er wälzte sich herum, damit Aynber die Stricke sehen konnte, mit denen er gefesselt war – und ihre Augen weiteten sich vor Verblüffung. Denn von den Stricken stiegen dünne Rauchsträhnen hoch. Gleich darauf lösten sich seine Hände voneinander. Er war frei. Ungläubig schüttelte Aynber den Kopf. Doch vorsichtig befreite er nun seine gefesselten Füße und kroch durch das Gras auf Aynber zu.

»Wie hast du das gemacht?« fragte sie leise, als er nahe genug heran war.

»Ein einfacher Zauberspruch«, sagte er mit einem Schulterzukken. Sein Gesicht war *tatsächlich* zerschunden.

»Das mußt du mir bei Gelegenheit vorführen«, sagte sie.

»Dazu gehören Jahre striktester Selbstdisziplin«, erklärte er und erging sich in langen Ausführungen, bis Aynbers scharfes Zischen ihn zur Besinnung brachte.

»Verdammt! Wirst du mich wohl endlich befreien?«

Er hockte sich hinter sie und machte sich an ihren Fesseln zu schaffen.

»Laß mir doch noch ein bißchen Haut, ja?« klagte sie und spähte nervös zu dem Feuer, von wo die Stimmen immer lauter klangen und undeutlicher wurden: Der Wein zeitigte Wirkung. *Kopfgeld hin, Kopfgeld her,* dachte Aynber, *wenn die so weitersaufen, dann habe ich sie bald auf dem – Hals ist wohl nicht das richtige Wort.*

»Geschafft«, murmelte Falkenwald.

Aynber beugte die Arme und verzog schmerzhaft das Gesicht. Noch immer dröhnte ihr der Kopf von den erhaltenen Schlägen.

»Wie werden wir sie überwältigen?« wollte Falkenwald wissen.

Aynber starrte ihn fassungslos an.

»Bist du übergeschnappt? Ich habe nur noch zwei Todessterne, und was glaubst du wohl, wie lange wir uns ihrer ohne andere Waffen erwehren können? Nein, nein, wir werden sie noch früh genug erwischen. Jetzt heißt es erst mal ... fliehen.«

Lautlos krochen sie fort aus dem schwankenden Lichtkreis des Feuers, bis die Finsternis der Wälder ringsum sie schluckte.

Draln schüttelte den leeren Weinschlauch und schleuderte ihn fluchend fort. Dann kratzte er sich das stoppelbärtige Kinn und erhob sich, um seine pralle Blase zu leeren. Während er an seiner Hose zerrte, blickte er zu der Stelle, wo Aynber gelegen hatte.
»Sie ist fort!« schrie er.
Guil stolperte auf die Füße.
»Verdammt sollt ihr sein, ihr alle!« brüllte er. »Wer hatte Wache zu halten?«
»Ha!« sagte Draln und hatte plötzlich, befeuert durch die Unmengen des genossenen Weins, eine glänzende Idee. »Du selbst, Guil.«
»*Gewiß*«, bestätigten die anderen ebenso listig wie plump, »du selbst.«
Mit zornsprühendem Blick funkelte Guil sie an. Plötzlich jedoch brach er in wildes Gelächter aus.
»Aufgesessen!« befahl er schließlich, nach Atem ringend. »Götter! Soviel Schlauheit hätte ich euch Kerlen gar nicht zugetraut. Kommt jetzt. Wenn wir uns beeilen, können wir sie noch fangen ...« Er unterbrach sich, blickte auf den Sack mit dem Schatz und lachte wieder. »Ach, zum Teufel mit dem Weib! Haben wir hier nicht mehr Gold, als wir jemals brauchen werden?«

Eine Woche später, in der kleinen Küstenstadt Thistral, standen vor der Schenke Zur Schlangenzunge sechs müde Gäule, an Pfosten angebunden, während drinnen ein Streit sich entspann.
»Nehmt euern Lehm und Kot, ihr Schwindler, und versucht, den Dreck jemand anders anzudrehen!« schrie der Wirt. Hinter ihm stand ein knappes Dutzend Einheimischer, hochgewachsen, muskulöse Männer, die ebenso kampfbereit wie kampffreudig wirkten.
Guil und seine Leute starrten entgeistert auf den Beutesack: den Sack mit dem Schatz. Wie nur hatten sich all das Gold und die

Edelsteine in schieren Unrat verwandeln können? Doch für ein langes Herumrätseln blieb keine Zeit, weil die Männer beim Wirt sich jetzt zu nähern begannen. Guil und seine Leute stoben davon, durch die Tür, zu ihren Pferden.

Auf einmal griff Draln sich an die Kehle. Zwischen seinen Fingern spritzte Blut hervor, und mit einem Gurgeln stürzte er zu Boden. Als seine Hand sich vom Hals löste, sahen Guil und die anderen den *lessen-yaln*, der dort eingedrungen war.

»Ich bekomme euch, tot oder lebendig«, schallte eine vertraute Stimme laut von der anderen Straßenseite.

Ihre Köpfe ruckten herum. Und sie sahen die Jägerin dort drüben in ihrem Umhang, der verkrustet war von Schlamm. In ihrer linken Hand befand sich ein weiterer Todesstern, in der rechten hielt sie eine lange, schmale Klinge. Hinter ihr lehnte, gleichfalls ein Schwert in der Hand, Dorn Falkenwald an einem Haus, und um seine Lippen spielte ein grimmiges Lächeln. Mit ein, zwei Schritten stand er neben der Jägerin.

Vier Schwerter zuckten aus ihren Scheiden. Im selben Augenblick schoß der *lessen-yaln* aus Aynbers Hand und schlug wie ein Geschoß in Guils Brust. Er fiel vornüber mit einem letzten Röcheln, und die anderen, halb schon im Angriff, besannen sich plötzlich und ließen ihre Waffen fallen. Ein paar Jahre Gefängnis in Calthoren waren besser als der sichere Tod.

Aynber lachte, als sie die Straße überquerte.

Später, in der Schenke, reichte sie ihr Schwert einem jungen Mann. »Danke, daß du es mir geliehen hast.«

Sie saß auf einen Tisch gestützt, nahm dann einen Krug voll Bier, tat einen langen Zug und wischte sich genußvoll die Lippen. Lächelnd hörte sie zu, wie man sich die Geschichte von Guil und seinen Leuten erzählte: daß diese Kerle versucht hätten, für Speis und Trank mit einem Sack voll Unrat zu bezahlen. Aber dann erschien eine tiefe Furche auf ihrer Stirn. Hatte sie den Beutesack nicht mit eigenen Händen gefüllt mit den schönsten Stücken aus der Schatzkammer des Trolls?

»Wie ...?«
»Der Fluch!« rief Falkenwald und schnalzte mit den Fingern. »Erinnerst du dich nicht, daß ich von einem Fluch gesprochen habe? Der Troll hat das Gold verflucht!«
Wieder hob Aynber den Krug an ihre Lippen. Während sie sich über die Narbe auf ihrer Wange strich, blickte sie durch die Tür der Schenke zu den Straßenräubern, die man auf ihre Gäule gebunden hatte.
»Na, das Gold für die wird jedenfalls nicht verflucht sein«, sagte sie. »Soviel steht fest.«

DEBORAH WHEELER

Deborah Wheeler bildet eine Ausnahme von der Fantasy-Regel, wonach Autoren, die von heroischen Abenteuern schreiben, dergleichen ausschließlich im bequemen Lehnstuhl erleben; genau wie Robin Bailey, der gleichfalls in diesem Band vertreten ist, besitzt sie einen Schwarzen Gürtel in Karate. Im übrigen arbeitet sie in einem medizinischen Beruf und hat ein dreijähriges Töchterchen namens Sarah. Dies ist ihre erste verkaufte Story. – MZB

DEBORAH WHEELER

Imperatrix

Verspätet traf ich zu den Preiskämpfen in Reymuth ein und mußte mir, um zu einem guten Platz zu gelangen, mit den Ellbogen einen Weg durch die Menge bahnen. Es wimmelte von allem möglichen Volk: Kaufleute suchten Leibwächter, Söldnerführer frische Rekruten, Kleinfürsten Ersatz für gefallene Krieger – und Taschendiebe schlecht behütete Geldbörsen.

Vor mir lag, leer noch, die Arena.

Ein Raunen ging durch die Menge, als der Kampfleiter jetzt die Fähnchen hob für den nächsten Kampf: rot und schwarz für einen Neuling, dann eine lange Pause, während er in seiner Truhe nach dem anderen Wimpel suchte – purpur! Ein grauhaariger Soldat an meiner Seite schüttelte den Kopf. »Ein Weire, und das zum vollen Mond! Da werden wir bald erleben, wie aus einem sehr dummen Grünhorn ein sehr totes Grünhorn wird.«

»Aber diese Kämpfe gehen doch nicht auf Leben und Tod, oder?« fragte ich unsicher. Reymuth lag weit von meinem Heimatort, und in diesen wilden Zeiten hielt man es hier so, dort so.

»Versuch mal, das einem wütenden Weire beizubringen«, schnaubte er verächtlich.

Jetzt trat, aus dem Kämpferzelt, das Weire hervor und ließ mit arroganter Geste seinen purpurnen Seidenumhang zu Boden gleiten. Ich hatte erst einmal eines gesehen und nicht so aus der Nähe. Seine Größe und die geballte Kraft verblüfften mich, und mehr noch das so völlig Fremdartige dieser Kreatur. Das Licht, das in jenen vier schwarzen Augen brannte, hatte absolut nichts Menschliches, genausowenig wie die fingerlangen, nadelspitzen Fangzähne, die bei der augenblicklichen Mondphase ihre volle Länge erreichten. Das Weire schüttelte den mächtigen Körper, und

im Rund hallte das Rasseln des reichverzierten Lederharnischs.
»Berserker!« murmelte der Veteran neben mir.
Sie war bereits aus dem Zelt getreten und stand ohne Umhang, ohne jede Bewegung, dort in der Arena. Sobald ich sie erblickt hatte, konnte ich meine Augen nicht mehr von ihr lösen. Aber was nur an ihr bannte mich so? Doch nicht die hohe, schlanke, wenn schon muskulöse Gestalt in der schmiegsamen Lederkleidung; und auch nicht die Augen, die hinter der traditionellen Maske fieberblau glühten.
Mir blieb keine Zeit, meine Gefühle zu ergründen; denn schon hob der Kampfleiter die Hand für die Wetteinsätze. Aber die Menge reagierte kaum, trotz der niedrigen Summen.
»Was ist denn? Warum bieten die nicht?« fragte ich den Soldaten.
»Weil sie nicht blöd sind«, erwiderte er. »Welcher normale Bürger setzt schon auf ein Weire, wo er die doch nicht durch Blut an sich binden kann? Na, und das Weib? – selbst wenn sie mit dem Leben und ohne böse Verletzung davonkommt, sie muß verrückt sein ...«
»Vielleicht ist sie sehr gut ...«
»... oder sehr verzweifelt.« Verachtungsvoll kehrte er mir den Rücken zu und drängte durch die Menge davon.
Der Kampfleiter rief nach weiteren Einsätzen, nannte die Summen: für meine Börse durchaus erschwinglich. Ich hob die Hand.
»Sieg oder Niederlage?« »Beides«, sagte ich. Die Umstehenden glotzten mich an. Sämtliche »Sieg«-Einsätze waren auf das Weire gemacht worden; doch ich wollte auf Nummer Sicher gehen – für den Fall, daß *sie* siegte.
Während sie in der Ringmitte Aufstellung nahm, drehte sie den Kopf und blickte mich kurz an. In den brennenden Azur-Augen sah ich – oder glaubte jedenfalls zu sehen – einen Willen von solcher Erbarmungslosigkeit, daß ich nicht wußte, was ich ihr eher wünschen sollte: den Sieg – oder den Frieden des Todes.
»Waffen?« rief der Kampfleiter.
»Wurfnetze«, rief ich zurück.

»Nein, die bloßen Hände!« brüllten die anderen. Die Masse glich einer vielköpfigen, blutgierigen Bestie.
Das Weire trat vor, und es überragte sie um zwei Köpfe. Unwillkürlich zuckte ich zusammen. Und bereute den Wetteinsatz. Denn nun mußte ich hier das Ende abwarten. Der Kampfleiter schlug auf seinen Gong, und die Dinge nahmen ihren Lauf.
Das Weire fauchte. Unter dem grauen Fell wölbten sich gewaltige Muskeln, und während es in Kampfstellung ging, reckte es die riesigen Arme. Der uralte Spruch fiel mir ein: *Wer die Weires beherrscht, beherrscht das Königreich.* Doch wer konnte es aufnehmen mit einem so massigen, unbezwinglichen Monster?
Sie vielleicht?
Urplötzlich glich sie einer einzigen wirbelnden Bewegung. Mit der einen Hand schlug sie einen Arm des Monsters zur Seite, während die andere Hand, blitzschnell und kantig, emporstach gegen die verletzliche Kehle. Gleichzeitig hakte ihr Stiefel in die Beine des Gegners – und brachte ihn aus dem Gleichgewicht und von den Füßen. Schwer stürzte das Weire zu Boden, schnaubend und fauchend vor Wut; und rollte plump herum, um sie mit seinem bloßen Gewicht zu zermalmen.
Plötzlich verstummte die Menge, wie auf der Lauer.
Das Weire hob sich auf die Knie, doch schon stand sie hinter der Kreatur und versetzte ihr einen explosiven Tritt gegen den Schädel. Dann ließ sie ihr Knie zwischen die Schulterblätter des Gegners krachen, um ihn kopfüber in den Sand zu schleudern. Bei einem menschlichen Gegner wäre die Wirkung vernichtend gewesen, doch Weires besitzen mehr Widerstandskraft. Die Kreatur fing den Sturz mit einer Vordertatze ab und sprang sofort auf die Füße.
Ich sah das böse Blitzen in ihren Augen, als sie das Weire umkreiste, nach einer Blöße spähte. Doch diesmal würde bloße Überrumpelung kaum zum Ziel führen. Die Kreatur kochte vor Wut. Mordlust sprühte im Blick.
Es galt, das Weire kampfunfähig zu machen. Oder zu töten. Sonst würde sie die Arena nicht lebendig verlassen.
Das Weire bewegte sich mit sinnverwirrender Schnelligkeit. Der

Schlag seiner Tatze, gegen ihren Kopf gezielt, war in seiner vollen Wucht nicht abzublocken. Doch sie nahm ihm durch Mitgehen die Wirkung, wich seitlich und bogenförmig aus und packte das Weire beim Hals. Für einen Augenblick sah es aus, als vollführten beide einen bizarren Tanz. Doch sie verstand es, den Gegner in die Richtung seines eigenen Schlages zu reißen, somit seine Kraft gegen ihn selber wendend. Das riesige Weire wankte, erwischte sie jedoch und stieß sie nieder auf die Knie. Als es die Pranken nach ihr streckte, ließ sie sich auf die Hände fallen, und ihr gestiefelter Fuß schnellte vor.

Das Weire brüllte auf und stürzte. Sie raffte sich hoch, wich zurück, blieb sprungbereit. Aber ob nun mit Glück oder mit Geschick: Es war ihr tatsächlich gelungen, das Weire kampfunfähig zu machen. Halbbetäubt lag es im Staub, scheuerte ächzend die Pranken gegen die Augen.

Der Kampfleiter trat vor und zählte bis fünf: zählte das Weire aus, womit sie Siegerin war. Die Menge murrte, fühlte sich um eine Leiche betrogen. Ich ging zur Bude des Zahlmeisters hinter dem Zelt und erlegte die Summe für die Dienste der Söldnerin.

Sie kam. Bei sich trug sie das traditionelle lange Messer und ein kleines Lederbündel, das sie zu meinen Füßen absetzte, als sie ihr Zeichen auf den Vertrag machen wollte. Sie schien im Begriff, ihren Namen zu schreiben, was für einen solchen Mietling ein Unding gewesen wäre, aber dann machte sie ein plumpes, gewöhnliches Vogelzeichen, Kennmal des Neulings, und sah mich an. Noch immer hatte sie ihre Kampfmaske auf. Der Zahlmeister winkte: Verschenkt wurde hier nichts.

Sie löste die Maske, ohne die blauen wie bohrenden Augen von mir zu wenden. Ihr Gesicht entsprach ihrem Körper. Es wirkte sachlich, nüchtern, stark. Ein bitterer, kompromißloser Geist spiegelte sich in ihren Zügen. Irgend etwas rührte mich an, beunruhigte mich auf eine Weise, die unbenennbar blieb.

»Name?« fragte ich, ein wenig zu schroff.

»Charlla. Und ich diene?« Ihre Stimme, weder hoch noch tief, klang glockenrein.

»Ich bin Eddard, und du bist für meinen Herrn, nicht für mich.«
»Gut«, sagte sie nur und nahm ihr Bündel und folgte mir zur Schenke. Sie war mindestens so groß wie ich und bewegte sich mit weiten Schritten.
Gern hätte ich sie gefragt, was sie dazu getrieben hatte, die Herausforderung des herrenlosen Weire anzunehmen; aber das widersprach der Sitte. Zweifellos hatte sie, wie jeder Mietling, beschwören müssen, daß sie frei war und daß auf ihren Kopf kein Blutpreis stand; mehr brauchte kein Dienstherr zu wissen. Aber wo hatte sie so kämpfen gelernt? Gewiß nicht in den Provinzkasernen, von denen ich wußte. Zwar waren mir so wilde Geschichten zu Ohren gekommen über Weire-Herren, doch entstammten sie sämtlich uraltem königlichem Geschlecht.
Als wir durch den offenen Eingang der Schenke traten, flogen mich zum erstenmal Zweifel an. Eine unbekannte Novizin wie sie, mochte sie auch noch so ungestüm sein, hatte meinem Herrn wohl kaum vorgeschwebt. Wir brauchten zuverlässigen Schutz, bis wir das Heiligtum von Har Ynion erreichen konnten. Wie hatte ich nur solch eine unrealistische Wahl treffen können? Schließlich war ich gebildeter als die meisten Krieger und glaubte nicht an Hexen; doch besaß sie etwas, das mich faszinierte, mich bezwang – mir beinahe Hoffnung gab in diesen dunkelsten aller Tage.
Wir stiegen die schmale Holztreppe hoch, die nach hinten zu den Gästezimmern führte. Ich öffnete die Tür und trat als erster ein. Er lag auf dem primitiven Bett, mein teurer Herr, und noch immer glänzten seine Augen adlerhell.
»Eddard«, sagte er und winkte mich näher. »War das Glück dir hold?«
Ich trat näher und verneigte mich. Mit weiten, kraftvollen Schritten kam Charlla zum Bett im schlecht beleuchteten Zimmer. Und ließ sich nieder auf ein Knie, so wie es sich geziemte. Doch sprach aus ihrer ganzen Art soviel Anmut und Kraft, daß es keine Geste des Gehorsams, sondern der Höflichkeit war.
»*Dies* ist alles, was du bekommen konntest!« wetterte mein Herr.

Ich zitterte leicht, doch nicht aus Furcht vor ihm. Die Wunden, die er bei der letzten schrecklichen Schlacht davongetragen, hatten ihn so geschwächt, daß er sich den Luxus einer überflüssigen Zornesaufwallung nicht leisten konnte. »Sie hat ein Weire besiegt«, protestierte ich.
Er stützte sich auf seine gute Schulter, und unter den wilden, buschigen Brauen funkelten seine Augen. »Wirklich?«
Sie verharrte bewegungslos. Und doch schien sich, für den Bruchteil einer Sekunde, unter der glatten, undurchdringlichen Oberfläche eine eigentümliche, ruhige Kraft zu regen. Er senkte den Blick.
»Fürs erste mag sie genügen.« Mit den Fingerspitzen berührte sie Lippen und Stirn, die formale Geste. »Mein Herr Bardon.«
»Eddard ...«
»Herr, von mir weiß sie deinen Namen nicht!«
Sie wischte meine Proteste beiseite, stand sehr gerade. »Herr, da ich nun dein Schildarm bin, muß ich dir sagen, daß Reymuth kein sicherer Ort für dich ist. Du bist ein gezeichneter Mann, und die Truppen des Imperators sind nur einen Tagesmarsch entfernt.«
»Kind, woher weißt du, wer ich bin? Und woher hast du die Neuigkeiten über den Imperator?«
Stolz schüttelte sie den Kopf, und es war, als wolle sie ihr Haar schleudern, obschon dies doch fest unter der knappen Lederkappe saß. »Ich bin kein Kind!«
Herrn Bardons Stimme klang dunkler jetzt. Er sprach mit jener nachsichtigen Strenge, die ich in all den Jahren voll Gehorsam respektiert hatte. »Kind, ich bin dein Herr, und du bist, was immer ich dich zu nennen beliebe. Oder hast du den Eid, bedingungslos zu dienen, in Arglist geschworen?«
»Herr ...«, begann Charlla und hielt sofort wieder inne. Sie stand mit gebeugtem Kopf, kaum merklich zitternd. »Ich habe dein – Abbild schon früher gesehen, und ich hatte von der Belagerung und dem Fall des Turms von Bardon gehört. Was den Rest angeht, so handelt es sich um ein Gerücht, doch aus einer Quelle, die mir verläßlich scheint.«
Ich kniete neben ihm nieder. »Wir können es nicht wagen, noch

länger zu bleiben, Herr. Ein weiterer Tag genügt nicht, um dich zu Kräften zu bringen, und wir dürfen nicht von den inneren Landstraßen abgeschnitten werden.«
Er holte tief Luft, sammelte die Reste seiner vordem so gewaltigen Kraft. Dann schickte er mich hinunter, um unsere Rechnung zu bezahlen und unsere Pferde zu satteln. Durch das Händlertor verließen wir die Stadt, die um diese eher späte Stunde ziemlich verödet wirkte. Als wir uns dem nördlichen Wald näherten, sprangen zwei Strauchdiebe auf uns los, doch Charlla wehrte sie mit ihrem langen Messer mühelos ab. Der Herr lächelte, als sie hinter uns hergetrabt kam, nachdem sie das Lumpenpack in die Flucht geschlagen hatte. Er war mit ihrer Arbeit zufrieden, und ich atmete auf.
»Wir werden heute nacht kein Lager machen, sondern den Pfad der Sonne zurückverfolgen«, sagte er.
Ich wollte protestieren, doch Charlla fiel mir ins Wort. »Du hast es doch selber gesagt, Eddard. Jede Verzögerung bringt nur noch mehr Gefahr. Unsere Pferde sind noch frisch, und wenn wir erst einmal den Zugangspunkt gefunden haben, können wir aufatmen. Bis dahin dürfen wir keine Ruhe geben.«
Durch tiefen Wald ging es weiter. Charlla ritt mit einer kleinen Fackel voraus, dann folgte Herr Bardon, schlaff im Sattel vor lauter Schwäche, und ich bildete die Nachhut. Modriges Laub dämpfte den Hufschlag unserer Tiere, und mehr als nur einmal schrak ich zusammen bei den harmlosen Geräuschen irgendwelcher Nachtkreaturen.
Charlla so durch die Nacht zu folgen, es war wie ein Traum. Den Schein ihres Lichts vor Augen ritt ich und ritt, und wenn ich mich auch um meinen Herrn sorgte, wegen seiner tiefen, unverheilten Wunden, und ängstlich auf jedes Geräusch lauschte, wegen der gefürchteten Truppen des Imperators, so wirkten Charllas Ruhe und Sicherheit doch so beschwichtigend, daß die Entfernung gleichsam zusammenschmolz.
Plötzlich hielt sie und ließ den Stumpf ihrer Fackel verlöschen. Über den Baumwipfeln flimmerten die Sterne in einem Rundtanz

von unendlicher Langsamkeit. Ein milchiger Schleier färbte den östlichen Himmel. Es war kurz vor Tagesanbruch.
»Wir sind fast da«, sagte sie ruhig. »Könnt ihr es riechen?«
»Ich dachte, nur solche, die –«, begann ich.
»Still!« gebot Herr Bardon. »Führe uns weiter, Kind. Meine alten Knochen sehnen sich nach Ruhe.«
Im ungewissen Frühlicht sah ich ihr leises Lächeln. Sie wendete ihr Pferd, wir ritten ein Stück des Weges zurück ... Und plötzlich war rings um uns, smaragdfarben schimmernd, das Netz der *inneren* Straße, und gleißendes Licht blendete uns. Mit einem Schrei der Erlösung glitt Herr Bardon aus seinem Sattel, denn jeder Pfad durch die innere Welt war deutlich und unverwechselbar: Hier brauchten wir Verfolgung nicht zu fürchten, bis wir nach Har Ynion gelangten.
Ich schwang mich von meinem Pferd, um mich um den Herrn zu kümmern. Die Tiere überließ ich Charlla. Widerspruchslos fügte sie sich und folgte uns bald mit den Proviantbeuteln und dem Wasserschlauch.
»Ich habe unseren Pferden etwas zu fressen gegeben«, sagte sie, während sie mit einem kleinen Messer ein Stück Käse für den Herrn abschnitt. »Sie werden eine Weile warten müssen, bis es wieder etwas gibt; das Zeug unter ihren Hufen sieht zwar aus wie Gras, hält aber nicht vor.«
Ich nahm die Bissen, die sie zurechtschnitt, Käse und Brot, und fütterte ihn damit, gab ihm auch zu trinken, bis er in einen erschöpften Schlaf fiel. Ich betrachtete sein Gesicht, scharf gezeichnete Züge im steten grünen Licht. Wie ein geheimer, stummer Feind hatte sich Grau in sein Haupt- und Barthaar gestohlen, seit unsere Heimat so grausam zerstört worden war.
»Verdammt sei der Imperator mit all seinen Schergen!« murmelte ich in plötzlichem Zorn.
Charlla, mir mit gekreuzten Beinen gegenübersitzend, hob den Kopf, und ihre Augen glitzerten wie fremdartige Edelsteine. »Es ist eine Tragödie, wenn so viele gute Menschen leiden müssen«, sagte sie.

»Tragödie!« Ich spie das Wort aus, hielt meine Stimme jedoch unter Kontrolle: Der Herr durfte nicht gestört werden. »Er ist das Böse selbst, dieser blutsaufende Lumpenhund mit seiner wahnwitzigen Gier nach Macht. Er hat ein Königreich nach dem anderen erobert, bis seiner Schreckensherrschaft nichts mehr Einhalt gebieten kann.«

»Das Blutvergießen ist falsch, ich stimme zu. Das ist mir genauso zuwider wie dir. Ich verdamme es, doch – doch nicht den Traum von der Vereinigung des ganzen Landes. Wir sind ja schon einmal vereint gewesen, im Goldenen Zeitalter, als die inneren Straßen gebaut wurden und die Weires aus einer anderen Welt in die unsere kamen und es viele herrliche Dinge gab: Damals, als Menschen mit ihren Nachbarn in Frieden leben konnten, ohne ständigen Streit und Hader.«

»Jeder Mensch hat das Recht, seine Interessen zu verteidigen«, sagte ich.

»Im Rahmen der Gesetze, ja. Jedoch nicht mit brutaler Gewalt, was nur zu endloser Blutfehde führt«, erwiderte sie, und in ihren Augen blitzte der Widerschein eines inneren Feuers.

»Wer bist du, daß du so hochgeborene philosophische Rede im Munde führst?« Die Leidenschaftlichkeit, mit der sie sprach, schüchterte mich ein wenig ein. Schließlich hatte sie ja die Herausforderung eines Weire angenommen; sie mochte zu allem fähig sein ...

»Ich bin ...« Schroff brach sie ab, und die Flamme in ihren tiefblauen Augen, bewußt gezügelt, verlor den lodernden Glanz. »Ich bin nur jemand, der des Gemetzels überdrüssig ist, mögen die Schlächter nun die Söldlinge der kleinen Kriegsherren oder Truppen des Imperators sein. Menschen sterben – und ihre Träume auch.«

»Träume« rief ich, und vor meinen Augen erstand das Bild des Turms von Bardon, wie er brennend in Trümmer sank. »Was kannst du von verlorenen Träumen wissen?«

»Auch ich habe einen Traum. Den Traum von einem Land in Frieden vereint, den Traum von Menschen, die in Harmonie und gutem Willen leben.«

»Dann solltest du dir lieber auf der Stelle die Kehle durchschneiden und darauf hoffen, daß du das in der anderen Welt erlebst, denn unter dem Imperator wird sich eine solche Phantasie niemals erfüllen.« Meine Stimme klang scharf, und Bitterkeit stieg in mir auf: über das Verderben, das über meinen Herrn gekommen, und über unsere Vertreibung und Verfolgung. Ich hüllte mich fester in meinen Umhang und kehrte ihr den Rücken zu. Die leisen Worte, die sie nur für sich selbst sprach, ich wollte sie nicht hören.
»Ich werde es erleben.«
Sie hielt noch immer Wache, als mein Herr aus dem Schlaf sich löste, matt zwar noch, doch erquickt. Wir saßen auf und ritten weiter durch das tiefgrüne Licht. Da ich kein edles Blut hatte, fehlte mir der Instinkt, um zu spüren, wo wir durch die elastischen Krümmungen des Raums gelangten, welche die inneren Straßen markierten. Ich weiß nur, daß wir uns eine Weile in diesem sonderbaren Zustand »aufgehobener« Zeit bewegten, bis Herr Bardon uns das Zeichen zum Halten gab.
»Har Ynion«, flüsterte er. »Wir befinden uns an der Schwelle.« Er blickte zu Charlla, und sie nickte.
»Ich sollte voranreiten, Herr«, sagte sie höflich.
Sie wendete ihr Pferd, verfolgte unseren Weg ein Stück zurück: vollzog also wieder jenes Manöver, welches die Portale der fremdartigen, smaragdgrünen Pfade öffnete. Plötzlich überflutete normales gelbliches Licht unsere Sinne. Ich hob meine Hand, um meine tränenden Augen zu schützen und mich umzusehen.
Wir befanden uns am Rand eines Hains, unmittelbar außerhalb der Umgrenzung von Har Ynion. Über einen sanften, grasbewachsenen Hang hinweg hatten wir freien Blick auf die Schutzmauern des Heiligtums. Offen und einladend lag vor uns die Straße. Ich trieb mein Pferd an.
Warnend hob Charlla eine Hand und zückte ihr langes Messer. »Dies ist der gefährlichste Teil«, sagte sie. »Jetzt gilt es, ganz auf der Hut zu sein.«
Wir spornten unsere Pferde an zu zügigem Trab und hielten Ausschau nach einem möglichen Hinterhalt. Einmal stolperte das Tier

meines Herrn. Der plötzliche Ruck stauchte ihn durch, und er schrie auf. Meine Nerven waren zum Zerreißen gespannt, und ich blickte zu Charlla, die an unserer Spitze ritt, als sei sie dazu geboren.

Es ging einen Hügel hinunter und dann weiter über ebenes Gelände. Jetzt sahen wir Felsen und Büsche, die zuvor unseren Blikken verborgen gewesen waren. Immer näher rückten die schützenden Mauern des Heiligtums, und die geöffneten Torflügel glichen zum Willkommen gebreiteten Armen.

Das Brüllen eines kampflüsternen Weire zertrümmerte unsere Hoffnungen, als wir fast schon in Reichweite unseres Ziels waren. Mir stockte das Herz: Von den Mauern her stampften sie uns entgegen, die Leibgardisten des Imperators, eine kleine Truppe nur mit einem riesigen Weire an der Spitze, der die Schärpe der kaiserlichen Leibwache trug. Wir brachten unsere Tiere zum Stehen.

Charlla drehte sich zu uns herum. »Ich reite voraus und ziehe sie auf mich«, rief sie in den wachsenden Lärm hinein. »Eddard, bringe Herrn Bardon rechts herum zum Osttor. Warte nicht auf mich!«

»Bist du wahnsinnig?« rief ich zurück. Unter mir begann mein Pferd erregt zu tänzeln. Die Leibgardisten waren fast heran. Ich sah die nadelspitzen Fangzähne des Weire, sah das schwarze Licht in seinen vier Augen, während es herbeistampfte über den letzten Hang.

»Los!« befahl sie, und aus ihrer Stimme klang soviel natürliche Autorität, daß wir beide gehorchten, mein Herr und ich. Wir warfen unsere Pferde herum und galoppierten in die angegebene Richtung.

Zuerst hörte ich über dem Hämmern meines Herzens nur den hämmernden Hufschlag meines Tiers, indes mein Blick auf meinem Herrn haftete, der sich mit verzweifelter Kraft im Sattel hielt. Plötzlich jedoch vernahm ich ihre Stimme, die wie jubelnd emporstieg über allen Tumult: wilde Worte in einer uralten, fremdartigen Sprache, ein einzig Rufen und Singen. In meinem

Schädel hallten sie wider in all ihrer Schönheit und Kraft, und das Herz wollte mir zerspringen.

Wir waren jetzt fast beim Tor. Mit meiner Reitpeitsche gab ich dem Tier meines Herrn einen Schlag, so daß es über die Schwelle preschte, in Sicherheit. Mein eigenes Pferd brachte ich zum Halten. Und blickte zurück und sah, daß sie stolz wie eine Göttin auf ihrem tänzelnden Roß saß. Weit streckte sie einen Arm, indes das Weire fauchend vor ihr stampfte. Die Soldaten liefen wirr durcheinander und wagten sich nicht näher. Ich wollte ihr etwas zurufen, blieb jedoch stumm: Ihr Befehl hallte noch in mir nach.

Etwas Unglaubliches geschah. Langsam beugte das Weire vor ihr das Knie, senkte den massigen, grauenvollen Kopf. Wie ein jähes Erschrecken ging es durch die Soldaten hinweg, und ich hörte ihren Ruf: »Weireherrin!«

Sie lenkte ihr Roß zum knienden Weire und sprach zu ihm, doch so leise, daß ich kein Wort verstand. Für einen Augenblick legte sie eine Hand auf den zottigen Schädel, und wie ein sanftes Lächeln glitt es über ihr Gesicht. Jetzt begriff ich, daß sie das Weire in der Arena geschont hatte; denn sie besaß so große Macht über die Kreaturen.

Mein Pferd schnaubte nervös, und zitternd saß ich im Sattel, als Charlla jetzt auf mich zukam, hinter sich das gehorsame Weire. Der Hauptmann der Garde ordnete das Häuflein seiner Soldaten und spähte wachsam herüber.

Beim Tor gewahrte ich eine Bewegung, und ich sah, daß mein Herr dort stand, gestützt von zwei der freundlichen, einfachen Menschen von Har Ynion, welche jedem, der dessen bedurfte, Zuflucht und Geborgenheit boten. Seine glänzenden Augen glichen denen eines Falken, als sie ihr Roß vor uns zügelte. Sie glitt aus dem Sattel.

»Herr, ich kann nicht bleiben«, sagte sie leise. »Er wird jetzt wissen, wo ich bin, und bliebe ich, so würde das Zerstörung auf dich lenken. Ich bitte dich, mich aus deinen Diensten zu entlassen.«

»Kind«, sagte er sanft und streckte die Hand aus, um ihr die Lederkappe vom gesenkten Haupt zu ziehen. Das hochgebundene Haar hatte sich während des letzten Ritts gelockert und fiel jetzt lose herab, tiefschwarz gefärbt mit Ausnahme der Wurzeln, wo reines, schimmerndes Silber, Kennzeichen des kaiserlichen Bluts, wie Mondlicht leuchtete.

Sie lächelte leise, während ihr Blick seinen Blick traf. »Ich hatte befürchtet, daß du mich wiederkennen würdest von deiner Zeit an meines Vaters Hof.«

»Du warst damals jünger, Herrin Charalldana, und dein Bruder ...«

»Mein Bruder ist jetzt Imperator!« rief sie in plötzlichem Zorn. »Und in seinem Streben nach Macht zerreißt er dieses Land, metzelt Führer und unschuldiges Volk gleichermaßen hin. Ich verließ seinen blutbesudelten Hof, als ich nicht länger daran teilhaben wollte. Ich ...« Sie schwieg, beide Hände am Heft ihres langen Messers, glitzernde Tränen in den Augen. »Ich glaubte, mir eine eigene Welt erschaffen zu können, für meine eigenen Träume, indem ich mich zunächst als Söldner verdingte. Jetzt begreife ich, daß ich denen, die mir vertrauten, nur Verderben bringen kann. Nicht einmal diese heiligen Mauern werden die Truppen aufhalten, die er ausschickt, um mich zurückzuholen.«

»Was wirst du tun, Herrin?«

»Mein Bruder hat recht, ich muß zurückkehren. Aber nicht, um seinen blutigen Thron zu stützen, sondern um an seiner Statt zu herrschen.« Das Azur-Feuer in ihren Augen loderte auf, wetteiferte mit dem Licht ihres silbrigen Haars.

»Das ist Selbstmord!« stotterte ich, meiner Zunge wieder halbwegs mächtig. »Du wirst ihm die Macht niemals entringen können.«

»Nicht die Gewalt der Waffen soll zwischen uns sprechen, sondern die Macht des Rechts«, entgegnete sie ruhig. »Und darauf wird mein Bruder am allerwenigsten gefaßt sein. Überdies besitzt er nicht die Weire-Gabe; ihm folgen sie nur aus alter Loyalität zu unserem Vater. Deshalb braucht er mich, um seine Autorität zu sichern. Er ...«

Ein plötzliches Fauchen vom Weire ließ sie herumfahren. Ihre

Schulter- und Rückenmuskeln spannten sich. Nun wimmerte die riesige Kreatur: inkongruente Laute aus einem solch massigen Körper. Charalldana sprach zum Weire in jener fremden, herrischen Zunge, welche sie schon zuvor gebraucht; und die Kreatur beruhigte sich.

Ich hielt den Atem an, als ich plotzlich das Glänzen metallener Rüstungen und das Leuchten kaiserlicher Banner gewahrte, hervortauchend aus dem Waldstück, Reihe auf Reihe schwerbewaffneter Soldaten. In dem kleinen Haufen, der uns aufgelauert hatte, machte sich große Unruhe breit. Der Anführer preschte auf uns zu und riß sein Roß dann so schroff zurück, daß es vor Charalldana auf den Hinterbeinen hockte.

»Herrin«, stieß er hervor. »Nur wer die Weires befehligen kann, so wie du es getan hast, kann auch über das Imperium herrschen. Es kommt uns hart an, unserem Herrn, dem Imperator, zu trotzen, doch wir sind für dich.«

»Hauptmann, ihr braucht für mich kein Blut zu vergießen«, erwiderte sie. »Ich werde mit der Macht des Rechts herrschen, nicht mit der Macht der Waffen.«

»Laß mich mit dir gehen«, rief ich.

»Nein«, sagte sie, und ihre Stimme klang plötzlich sehr sanft. »Du und dein lieber Herr, ihr habt mir eine andere Art des Herrschens gezeigt, inspiriert durch Liebe statt durch Schrecken. Ich brauche euch in Sicherheit, um an diese Wahrheit erinnert zu werden.«

Ich blieb zurück, gebannt durch die Autorität in ihrer Stimme, indes sie zuritt auf das sich sammelnde Heer, mit dem Weire wie einem gewaltigen Schatten an der Seite der Bewaffneten. Langsam, ganz langsam strebten die beiden Gruppen einander entgegen, und die Anspannung stieg, bis mir scheinen wollte, daß die geballten Kräfte im Pulsschlag der Luft sich widerspiegelten.

Aufrecht und stolz saß Charalldana auf ihrem Roß, während eine stämmige Gestalt in goldener Rüstung und mit silbernen Kopffedern ihr entgegengeritten kam. Dies mußte ihr Bruder, der Imperator, sein. Ich spannte Augen und Ohren, um mehr wahrzunehmen, doch sie waren zu weit entfernt. In der kaiserlichen Armee kam Unruhe auf.

Plötzlich gestikulierte der Imperator mit hocherhobenem Arm, eine unverkennbare Drohung. Charalldana ließ die Zügel los, und nun streckte sie die Arme hoch in jener Geste, die sie gebraucht hatte, um bei unserer verrückten Flucht das Weire zu bezähmen. Fast war es, als könnte ich hören, wie sie jenes fremdartige, bezwingende Lied sang. Aber auch so durchpulste es mein Blut und weckte in mir die Sehnsucht nach unerhörten Mysterien.

Aus dem Dunkel des Waldes tauchte ein gigantisches Weire auf, welches das andere um einen Kopf überragte; und dann erschienen mehr und immer mehr, und sie zogen wie in stummer Prozession und mit gebeugtem Kopf unter Charalldanas erhobenen Armen vorbei, um sodann hinter ihr im Halbkreis Aufstellung zu nehmen: die Verkörperung unbestechlicher Macht.

Der Imperator ließ seinen Arm fallen, und mir schien, daß er den Kopf senkte. Die Weires näherten sich und begannen einen Kreis zu bilden. Die kaiserlichen Truppen zogen sich zurück, ob aus Furcht oder im Einvernehmen, wußte ich nicht zu sagen.

»Was geschieht?« rief ich aus und spürte die Anspannung in meinen Schultern und in den geballten Fäusten. Mein Pferd bewegte sich unruhig, und ich lockerte die allzu straffen Zügel.

»Einer wie er beugt sich nicht so leicht«, murmelte mein Herr Bardon, »aber ich habe noch nie von einem Mann gehört, der sich gegen den Willen der Weires behaupten konnte.«

Wieder fiel mir jener Spruch ein: *Wer die Weires beherrscht, beherrscht das Reich.* »Vielleicht lehnt er sich auf.«

»Vielleicht.«

Und so warteten wir, wie zerrissen zwischen der Hoffnung von Charalldanas Träumen und den Alpträumen unserer zerstörten Heimat; starrten angespannt, bis sich schließlich ein Berittener aus dem Haufen löste und auf uns zugaloppiert kam. Er lächelte und keuchte ein wenig, als sei er die kurze Entfernung vom Wald bis zum Tor von Har Ynion zu Fuß gerannt.

»Ja, was ist?« grollte mein Herr.

»Charalldana Imperatrix läßt Euch grüßen«, verkündete er strahlend. »Und ich soll euch sagen, ihr Herren, daß man Liebe nicht anhand eines einzigen Beispiels lernt, sondern durch ständiges Erinnern. Sie lädt Euch an ihren Hof ein, sobald Ihr Euch wohl befindet, um zu reisen.«

»Was ist mit dem Imperator?« fragte mein Herr Bardon.

»Die Weires wollen ihn jetzt nicht, wo eine echte Weireherrin den Thron beansprucht, und niemand wagt es, ihrer Entscheidung zu widersprechen«, erwiderte der Soldat. »Sein Schicksal steht in der Gnade meiner Herrin.« Er seufzte, und sein Gesicht entspannte sich, als entwichen daraus die Furcht und die Beklemmung langer Jahre. »Und ich glaube, daß endlich das ganze Reich wieder Gnade erleben wird.«

Ich lächelte und wandte mich meinem Herrn zu, um ihm zu helfen, damit er Rast und Ruhe fände in Har Ynion, das nun ein Ort des Heilens statt der Zuflucht war. In meiner Erinnerung glänzten *ihre* blauen Augen und ihr Silberhaar, und das Licht durchdrang mich und beutelte meine Seele: auf daß ich mich aufmachte, um an ihrer Seite zu sein. Ich hoffte, es würde bald schon geschehen.

JENNIFER ROBERSON

Jennifer Roberson hat gerade ihren ersten Roman an DAW Books verkauft, The Shapechangers, *zusammen mit einer noch unbetitelten Fortsetzung, in derselben Welt angesiedelt wie* Blut der Zauberei. *Bei den Cheysuli handelt es sich um Zauberer, welche ihre Gestalt wechseln können, und in einem der vorbereiteten Romane mit dem Titel* The Warrior Princess *wird Keely, die Heldin der hier abgedruckten Geschichte, die Hauptprotagonistin sein. In der Einleitung sprach ich von der Bedeutung von »Vergewaltigung und Vergeltung«-Fantasy in Sword-and-Sorcery-Erzählungen von und über Frauen;* Blut der Zauberei *präsentiert das universelle Thema mit einem wirklich einzigartigen »Dreh«.*

Jennifer sagt von sich selbst: »Ich kann nicht NICHT *schreiben; es ist ein Zwang.« Sie graduierte 1982 von der Northern Arizona University, doch ihre Arbeit für einen Master's Degree wurde als zu kommerziell abgelehnt. »Wahrscheinlich war sie das auch; einen Monat später verkaufte ich meinen ersten Roman.« Sie hat als Reporterin gearbeitet sowie als Herausgeberin des »Hausmagazins« einer Werbeagentur. Großes Vergnügen findet sie an Rodeo-Reiten, Hundedressur und an der Tatsache, daß sie von zwei Katzen »gehalten« wird. Außerdem ist sie eine begeisterte Amateursängerin. Sie bewarb sich um den Titel einer »Rodeo Miss America« wobei sie jedoch verlor. Sie ist 29, ledig und lebt in Phoenix »mit zwei Hunden, zwei Katzen und einer eifersüchtigen Schreibmaschine«.*

Die Chronicles of the Cheysuli, *»beginnend mit der Protagonistin in* The Shapechangers, *sollen die Leser mitnehmen auf eine hundertjährige Odyssee durch die dynastischen Macht-*

kämpfe einer gestaltwechselnden Rasse, gehaßt und gefürchtet von den Menschen«. Wenn Sie Blut der Zauberei *gelesen haben, werden Sie, genau wie ich, darauf gespannt sein, was Jennifer mit dem Rest der Serie machen wird. – MZB*

JENNIFER ROBERSON

Blut der Zauberei

Allmählich kehrten ihre Erinnerungen zurück, wenn auch in Fragmenten, in Teilen nur. Behutsam sammelte sie jedes Stück wie einen kostbaren Edelstein und barg es an ihrer Brust, bis sie es prüfen konnte auf einen möglichen Makel; fand sie keinen, so hieß sie es gut und verwahrte es sicher. Langsam wuchs ihr Schatz, bis sie schließlich eine doppelte Handvoll bunter Steine besaß. Und sie betrachtete sie und sah die Farben des Regenbogens und mehr: Sie betrachtete sie und sah ein Abbild ihrer selbst. Nun wußte sie wieder, wer sie war – wußte es nach langer Unbewußtheit in zeitlosem Raum und Ort.

Sie war Keely. Keely von Homana. Als Prinzessin geboren und erzogen; Tochter des Mujhar, der da herrschte über das Reich von Homana. Aber mehr noch war sie Cheysuli. Gestaltwandlerin. Die Tochter eines Mannes, der sich nach Belieben in einen Wolf verwandeln konnte. *Lir*-Gestalt nannten es die Cheysuli, womit sie das entsprechende Homana-Wort mieden; denn in ihrer Sprache besaß »Gestaltwechsler« einen dämonischen Beiklang, drückte sich darin doch, auf ebenso unheimliche wie verstörende Weise, die enge Bindung aus zwischen Mensch und Tier. Krieger und *lir*. Einzig die Cheysuli besaßen diese Fähigkeit. Und nur die Krieger: Männer allesamt.

Mit Ausnahme von Keely.

Sie wußte, warum sie als einzige von allen die Fähigkeit besaß, sich in jedes beliebige Tier zu verwandeln: Während die anderen an ein bestimmtes *lir* gebunden waren, stand ihr die Wahl völlig frei. Dem Alten Blut dankte sie es, das so launisch und so unbeständig war und so stark in ihren Adern pulste. Seine Zauberkraft gab ihr eine Freiheit, wie man sie seit Jahrhunderten nicht mehr gekannt.

Allzu lange schon hatten allein die Krieger sich verwandeln können – und überdies nur in ein einziges Tier. Allzu lange schon floß das Blut dünn, ohne die Kraft des alten Zaubers – nein, nicht mehr. Jetzt lebte sie wieder, die Zauberkraft der Götter, und es war Keelys Bestimmung – ihr *tahlmorra* –, das Alte Blut weiterzuvererben an ihre Kinder. Dies und ihr Rang als einzige Prinzessin von Homana machten sie zu einer höchst begehrenswerten Partie. Und so hatte ihr Vater sie dem Erben eines benachbarten Königreiches anverlobt: früh schon, als beide noch Kinder gewesen waren und nicht einmal ahnen konnten, was die Zukunft jedem von ihnen bringen würde.

Von kleinauf hatte Keely, trotzig und rebellisch, wie sie war, sich nur schwer abfinden können mit diesem Verlöbnis, das ihr etwas von sich selber nahm; selbst an ihrer Abstammung stieß sie sich, weil dadurch ihr Lebensweg ein für allemal festgelegt schien. Nun gut. Sie würde nach Erinn gehen, ihren Inselprinzen heiraten, ihm Söhne gebären und dann – nachdem sie ihren Zweck erfüllt hatte – dahinwelken in der Eintönigkeit späterer Jahre. Eine solche Zukunft erwartete alle Frauen von königlichem Geblüt, deren oberste Pflicht in Gehorsam und Ergebenheit gegenüber dem Herrscherhaus bestand: benutzt zu werden als Spielstein, um Land oder Reichtum oder Bündnisse zu erlangen. Keely liebte ihren Vater, und sie hielt ihr Cheysuli-Erbe und den Zauber in ihrem Blut in Ehren; doch die Fesseln, die ihr auferlegt wurden durch ihr Geschlecht, liebte und ehrte sie nicht. Und so hatte sie sich im Schwertkampf geübt, bis sie es darin mit ihren Brüdern aufnehmen konnte. Sie war eine Prinzessin, aber auch Cheysuli: geprägt von der Wesensart eines kriegerischen Volks; und niemand wagte, ihr dieses Erbe abzusprechen. Sie würde dem Gebot ihres *tahlmorra* folgen, was von einem Gatten und von Kindern sprach; doch wenn sie zu dem Mann ging, dann nur als sie selbst. Jener Geist und jener Stolz, der Cheysuli-Krieger zu den besten im Lande machte, er diente auch ihr; nie würde sie ihr Ich aufgeben.

Doch dieser Geist der Unabhängigkeit setzte sie Gefahren aus, welche ihre prekäre Position als Prinzessin noch gefahrvoller machten – wurde sie doch als Beute begehrt von Strahan dem Ihlini, jenem fremden Zauberer, der die dunklen Künste praktizierte, erworben von den Göttern der Unterwelt. Strahan wollte Macht besitzen über alle Menschen, alle Reiche, und zu diesem Zweck brauchte er das Blut der Cheysuli, die jetzt über Homana herrschten. Er brauchte ein Kind, einen Halbling, von Geburt an großgezogen in der Dunkelheit von Ihlini; und um zu diesem Kind zu kommen, brauchte er eine Frau. Eine Cheysuli-Frau, deren Blut sie – und somit auch ihn – mit dem Thron von Homana verband.

Gefangengenommen hatte er sie in Hondarth, der Hafenstadt an der Küste des Idrianischen Ozeans. Mit all der Blindheit und Vertrauensseligkeit eines Kindes war sie in seine Falle getappt. Sie war kein Kind; war weder blind noch vertrauensselig. Und es erzürnte sie, daß sie ihm gleichsam in die Hände gespielt hatte. Jedenfalls war sie jetzt Strahans Gefangene, oben auf der alten Burg auf der Kristallinsel, nur zehn Meilen vom Hafen von Hondarth entfernt.

Schon seit frühester Jugend hatte sie von der Kristallinsel gewußt: Eiland der Mysterien und der gewisperten Geheimnisse, Geburtsort ihrer Cheysuli-Ahnen, die nach Homana gegangen waren, um für ihre Nachkommen ein Reich zu schaffen. Jetzt lebte auf der Kristallinsel niemand mehr. Und niemand wagte sich dorthin, weil der Atem der Götter das Eiland in Nebeldunst und Zauber hüllte. Die Homanaer – noch immer voll Furcht vor der gestaltwandelnden Magie ihres eigenen königlichen Hauses – fürchteten auch für den Fall des Eindringens irgendeine Art von Vergeltung; und die Cheysuli, die sich von den alten Göttern gesegnet wußten, begaben sich ebensowenig zur Insel. Ihr Leben war jetzt festverwurzelt in Homana; die Kristallinsel gehörte der Vergangenheit an.

Und so hatte Strahan sich auf dem Eiland niedergelassen; für den Augenblick. Keely war sein Gast, seine Gefangene, und er lag mit ihr jede Nacht, damit ein Kind empfangen werde. Das Kind der Dunkelheit, welches langsam und voller Umsicht und Geduld seine Zauberkraft wirken lassen sollte auf das Haus von Homana, bis der Mujhar und sein ganzes Geschlecht ausgerottet war. Dann würde Homana das Reich der Ihlini werden: das Reich dunkler Magie und Dämonen.

Die Falle hatte perfekt funktioniert. Keely war nach Hondarth gerufen worden, wo sie zum erstenmal mit dem ihr Angelobten zusammentreffen sollte, der vom Inselreich seines Vaters herbeigereist kam. Sie folgte der Aufforderung – widerstrebend zwar beim Gedanken an die Vermählung und den Verlust ihrer Freiheit, doch gehorsam gegenüber ihrem *tahlmorra* – und tappte in die Falle. Strahan, als Erinn-Prinz verkleidet, brachte sie dazu, das Wasser zu trinken, das ihre Seele nahm. Sie verlor ihre Zauberkraft; verlor ihre Vergangenheit, ihre Gegenwart, ihre Zukunft; verlor das Bewußtsein ihrer selbst. Solange ihrem Blut die schwarze Farbe der Hexenmeisterei beigemischt war, konnte sie nichts tun. Sie besaß jetzt keine ihrer Cheysuli-Gaben und war außerstande, sich gegen Strahans unwillkommene Liebkosungen zu wehren.

Nun jedoch kehrte das Wissen zurück. Strahans Hexerei hatte ihr für zahllose Tage die Erinnerung genommen; jetzt konnte sie sie wieder zählen. Sie wußte, wer sie war und in was für einer Lage sie sich befand. Sie wußte, mit welchem Feind sie es zu tun hatte. Und sie wußte, im tiefsten Herzen und mit aller Entschlossenheit, daß es ihr irgendwie gelingen würde, ihm zu entkommen.

Hoch oben in ihrem Gemach befand sich ein schmales Fenster, doch war es ein Kinderspiel, eine Bank heranzurücken und sich hinaufzuschwingen. Aufmerksam erspähte Keely, was sich unterhalb ihrer Kammer befand. Dies also war ihr Gefängnis, wennschon ein eher komfortables. Sie sah Hügel voll Heidekraut und dichte Wälder; sah weitgeschwungene Strände, silbern bei Mondschein, grellweiß am Tage. Meist hingen, einem Schleier ähnlich, Nebelschwaden über der Insel, morgens so dicht wie des Abends schwer: der Atem der Götter, nur an sonnenhellen Tagen von glühendem Gold verdrängt. Manchmal vermeinte sie, die Hand ausstrecken und den Nebelvorhang teilen zu können; dann zog sie ihn zurück und sah Homana dort liegen, jenseits des Idrianischen Ozeans.

Eine sachte Brise kam von der See und wehte durch das Fenster herein, spielte in Keelys lohfarbenem Haar. Sie trug es jetzt offen, und es wallte über ihre Schultern bis zu den Hüften, weil Strahan das so wollte. Keely, der das gar nicht gefiel, hatte zuerst heftig reagiert. Sie riß einen Stoffstreifen von ihrem dunkelblauen Gewand und benutzte ihn, um ihr Haar zu einer einzigen Flechte hochzubinden. Strahan blieb stumm, doch ließ er eine Spektralhand erscheinen, die das Haar wieder auflöste, so daß es wie zuvor lang über den Rücken wallte. Bei der Erinnerung daran überlief Keely ein Frösteln. Sie hatte nicht wieder versucht, ihr Haar zu flechten.

Jetzt stand sie auf der Bank und klammerte sich an das steinerne Fenstersims wie ein Kind, das sich nach etwas sehnt, das es nicht haben kann. Sie preßte ihre kalte Wange gegen den kalten Stein und starrte hinaus: versuchte über den Stränden und zwischen Nebelschwaden Homana zu erspähen.

»Ein gefangener Vogel«, sagte seine ruhige Stimme. »Vielleicht ein Hänfling oder ein Sperling, doch gewiß nicht der Falke, der sich so etwas bieten ließe; und ganz bestimmt kein Homana-Raubvogel, der viel zu klug ist, um dem Jäger ins Netz zu gehen.«

Keely drehte sich nicht um. Sie blieb auf der Bank stehen, dort beim Fenster, doch ihre Finger preßten sich so hart gegen den Stein, daß sie spürte, wie die Nägel splitterten.

Strahans Hände waren auf ihr. Er hob sie hoch und drehte sie herum. Keely blickte in sein schönes, bärtiges Gesicht und in die unheimlichen Augen: das eine blau, das andere braun, und sie fühlte, wie sich in ihrer Seele der gewohnte Widerwille regte.

»Du darfst nicht traurig sein«, sagte er zu ihr mit seiner sanften, betörenden Stimme. »Traurige Frauen sind nicht gut für Männer, die sie begehren. Und ich begehre dich, Keely.«

Sie schloß die Augen, als seine Hand unter ihr Gewand glitt, um ihre Brüste zu streicheln. Wie stets bewirkte seine Berührung bei ihr eine Art Stachelhaut, was ihm zu gefallen schien. Es war, als sei er zufrieden, bei ihr überhaupt eine Reaktion auszulösen. Aber er war ja auch mehr als ein Mann; er war Ihlini. Hexer. Kind der

dunklen Götter, die ihm ein altersloses Leben gegeben hatten. Sie spürte die aufsteigende Übelkeit; unterdrückte sie. Niemals durfte es dazu kommen, daß sie sich vor ihm erbrach. Denn er würde glauben, sie geschwängert zu haben – und triumphieren.
»Ich werde dich solange hier behalten, wie es nötig ist«, flüsterte er in ihr Haar. »Und ich werde verhindern, daß du alterst, bis du von mir empfangen hast. Bis du mir das Kind gibst.«
Sie mied es, in jene unheimlichen Augen zu blicken, die soviel Macht besaßen. Das zu tun, wäre dem Eingeständnis einer Niederlage gleichgekommen, und dazu war sie niemals bereit. Sie hatte gelernt, sich nicht gegen ihn zu wehren, wenn er sie zu seinem Bett brachte, weil das ein Grund für ihn war, Hexerei gegen sie zu gebrauchen; und das haßte sie noch mehr als seine Zudringlichkeit. Sie war Cheysuli; Ihlini-Hexerei war für sie Anathema. Wäre sie im Vollbesitz ihrer Künste gewesen, so hätte sie solch dunkler Magie widerstehen können; denn ihr Blut verlieh ihr gegen solche Dinge einen natürlichen Schutz – aber er hatte ihr Blut schwarz und dick und übel gemacht. Bis es wieder rot und kräftig pulste, war sie seine Beute.
»Keely«, sagte er ruhig, »ich habe dir jemanden mitgebracht.«
Sie gab keine Antwort. Strahan zog seine streichelnde Hand fort und entfernte sich ein Stück. Als Keely die Augen öffnete, sah sie in ihrer Kammer den Harfner.
Taliesin. Der weißhaarige Mann, den die Hexenmeisterei von Strahans Ihlini-Vater alterslos gemacht hatte, weil er ein so wunderbarer Harfenist und Sänger war. Doch hatte die Gabe der Unsterblichkeit Taliesin keinen Frieden gebracht: Strahan selbst übte Vergeltung an einem Mann, den er einen Verräter nannte – er verwandelte Taliesins Hände in dürre, verkrümmte Klauen, die nicht mehr Harfe spielen konnten. Doch der weißhaarige Mann hatte sich seinerseits gerächt, indem er zu dem Verräter wurde, als den Strahan ihn bezeichnet hatte. Denn Taliesin, der Harfner, war auch Ihlini und ein Freund von Homana. Deshalb war er, zusammen mit Keely, in Hondarth gefangengenommen worden.
Keely, die außer Strahan allzu lange niemanden mehr gesehen

hatte, glaubte zuerst, ein Trugbild zu erblicken. Aber der Harfner lächelte traurig und traf auf sie zu, streckte ihr seine entstellten Hände entgegen. Sofort schmiegte sie sich in seine Arme und klammerte sich an ihn, als könne er ihre Seele retten.

»Wie geht es dir?« fragte er schließlich, als sie sich gefangen hatte.

In ihrem Gesicht zuckte es. »Gut genug. Ich habe Speise und Wein und bin bei ausgezeichneter Gesundheit. Dafür sorgt er.«

Taliesin nahm ihre Hand zwischen seine beiden verkrümmten Hände und setzte sich langsam auf die Bank. Keely nahm neben ihm Platz, und irgendwie erschien er ihr gealtert – höchst sonderbar für einen Mann mit ewigem Leben.

»Was ist mir dir?« fragte sie. »Was hat er mit dir getan?«

Der Harfner lächelte leise. »Genau wie dich hat er mich eingekerkert gehalten. Allein. Für einen anderen Mann wäre das vielleicht sehr hart, aber ich habe ja meine Stimme. Strahan hat mir zwar den Zauber der Harfe aus den Händen gehext, doch meine Stimme kann er nicht zerstören und auch nicht die Erinnerung.«

»Es tut mir leid«, sagte sie leise. »Du solltest nicht hier sein. Mich wollte er haben. Hättest du mich nicht nach Hondarth begleitet ...«

»Mach dir da keine Vorwürfe«, sagte er sanft. »Es ist mir viel lieber, hier in deiner Nähe zu sein, statt dich ganz allein in der Gewalt dieses Mannes zu wissen. Es wird der Tag kommen, da wir von hier fliehen können.«

Keely schwieg sehr lange. Schließlich bat sie ihn um seine Gürtelschnalle. Zuerst starrte er sie nur an, weil ihre Stimme so heftig klang. Doch als sie die Worte wiederholte, nahm er langsam seinen Gürtel ab, löste die Bronzeschnalle und reichte sie ihr.

Keely umschloß die Schnalle ganz fest mit den Fingern. Dann drehte sie den linken Unterarm, entblößte ihr Handgelenk, und der Harfner sah auf der durchsichtigen Haut eine Reihe feiner Narben. Keely preßte die Zähne aufeinander, ihre Lippen waren sehr schmal. Dann drehte sie die Schnalle und stach sich den Dorn tief ins entblößte Handgelenk.

Taliesin schrie auf, griff nach ihrer Hand, entriß ihr die Schnalle. Keely schwieg. Ganz still saß sie und blickte auf das Handgelenk, auf das hervorquellende Blut.
»Siehst du?« fragte sie. »Siehst du, was er getan hat?«
Langsam quoll das Blut aus der Wunde und rann den Arm hinunter. Es zeichnete eine Spur aus glitzernder Schwärze, wie der Schleim einer Dämonenschlange.
Zitternd schloß der Harfner seine Hand um ihr Handgelenk, um das Blut zu stoppen. Sein Gesicht war sehr bleich, und in seinen Augen, so blau wie Keelys, saß das Entsetzen. Sie sah, daß er mit ihr litt, und ein Gefühl des Abscheus vor sich selbst stieg in ihr auf.
»Ich bin besudelt«, sagte sie leise. »Unrein.«
»Keely ...«
»Ich kann ihn nicht hindern. Weil ich sie verloren habe, die Gabe der *lir*-Verwandlung. Sie ist dahingegangen in dieser üblen Schwärze meines Blutes. Nacht für Nacht nimmt er mich mit in sein Bett, um ein Kind zu machen. Ein Kind, welches das Haus von Homana stürzen wird.« Ein Schauder überlief sie. »Lange wußte ich nichts davon, konnte mich nicht entsinnen. Erst seit ein paar Tagen kehrt die Erinnerung daran zurück, und jetzt ist es schlimmer als zuvor. Wer weiß, was er täte, ahnte er auch nur, wie genau mein Gedächtnis wieder arbeitet.«
»Keely, laß mich deine Wunde verbinden.«
Sie lächelte traurig, zog seine Hand fort und zeigte ihm die Wunde. Das Blut sickerte kaum noch. »Das hört von allein auf. Das tut es jedesmal. Oh ja«, sagte sie, als sie seine Verwunderung bemerkte, »ich habe dies schon zuvor getan. Nicht um mir das Leben zu nehmen, sondern um zu sehen, ob mein Blut klar ist.« Sie zuckte wie hilflos die Schultern. »Doch er entdeckte, was ich tat, und entfernte alles, womit ich mich hätte schneiden können. Seit Wochen schon habe ich mein Blut nicht mehr sehen können – um zu prüfen, ob ich frei sei. Ich bin es nicht.«
»Dies ist die Kristallinsel!« sagte er voll Nachdruck. »Der Ursitz der Cheysuli-Macht. Du brauchst nur die alten Götter anzurufen, und du wirst frei sein.«

»Das habe ich ja versucht«, erwiderte sie. »Ich habe sie angefleht. Doch sie hören mich nicht.« Keely berührte die Schwärze auf ihrem Arm. »Sie können nicht antworten.« Jäh erhob sie sich, machte ein paar Schritte. Als sie sich umdrehte, wirkte ihr Gesicht sehr bleich. »Ich habe empfangen, ich trage ein Kind ... *Strahans* Kind ...«

»*Keely* ...«

Wie ein Zucken ging es durch ihren ganzen Körper. »Ich habe immer gesagt, ich wolle überhaupt kein Kind. Doch jetzt, so scheint es, wird eine Zuchtstute aus mir, bedient vom besten verfügbaren Hengst.« Sie lächelte grimmig und kreuzte ihre Arme über dem Unterleib. »Eigentlich war dafür ja der Erinn-Prinz auserkoren; nun also ist es Strahan. Die Ihlini! Und das Kind in mir wird ein Zerrbild dessen sein, was ich bin.« Ihre Hände ballten sich zu Fäusten. »Bei den Göttern, Harfner, ich habe Angst! Ich will dieses Kind nicht! Früher wollte ich überhaupt kein Kind. Dieses *muß* ich verlieren, weil es von Strahan ist!«

Er erhob sich und trat zu ihr. Er kannte ihren Stolz und ihre innere Stärke, und er wußte sehr wohl, daß sie dem besten Kriegergeschlecht im Land entstammte. Diese ihre Charaktereigenschaften hatten sie dazu gebracht, sich im Schwerthandwerk genauso zu üben wie ihre Brüder und ihr Vater. Sie war eine Prinzessin von Homana, eine Cheysuli-Frau, in deren Adern das Alte Blut floß und die zu kämpfen verstand wie nur je ein Mann. Für sie war dies weit schlimmer als die schlimmste Kerkerstrafe: Strahans Gefangene zu sein – und irgendwie ausgeliefert der Willkür ihres eigenen Körpers.

Aber er konnte sie nicht anlügen. »Ein Kind kannst du nicht fort*wünschen*, Keely.«

Sie befeuchtete ihre Lippen. »Gewiß gibt es irgend etwas, das ich tun kann.«

»Es handelt sich um ein Leben, Keely. Es ist Strahans Kind, gewiß, aber vergißt du, daß du die Mutter bist? Kein Kind, das zur Hälfte dein Kind ist, kann ganz böse sein.«

»Er wird es mir fortnehmen«, sagte sie. »Er wird es verderben. Er wird es zum Abbild seiner selbst machen.« Sie klammerte sich an seine Arme. »Taliesin – *ich muß es verlieren!*«

Er holte tief Luft, atmete dann langsam aus. Als er schließlich sprach, wirkte sie wieder ruhiger. »Natürlich gibt es Mittel und Wege, ein unerwünschtes Kind loszuwerden. Bestimmte Kräuter eignen sich dafür. In Hondarth könntest du dergleichen gewiß bekommen – wenn du von hier fortkämst.« Er seufzte. »Billigen kann ich das zwar nicht, aber ich verstehe deine Ängste. Nur – was willst du unternehmen, solange du Strahans Gefangene bist?«

In ihren Augen blitzte es. »Ich werde eine Möglichkeit finden. Wenn es nicht anders geht, werde ich mich zu Boden werfen, wieder und wieder, und es auf diese Weise verlieren.«

Er lächelte über ihre Entschlossenheit, wohl wissend, wie unsinnig ein solcher Versuch sein würde. »Keely. Das ist nicht so leicht, wie du zu glauben scheinst.«

Sie atmete tief. »Ich werde nichts unversucht lassen, um dieses Dämonenkind loszuwerden. Ich muß es tun!« Sie starrte ihn an. »Es ist an mir, meinem *tahlmorra* zu dienen. Meinem Schicksal. Es ist an mir, im Dienst der Götter jedes Opfer zu bringen. Es ist eine Cheysuli-Sache, dieses *tahlmorra,* doch verleugnen läßt es sich nicht. Ebensowenig wie der Zorn der Götter, welche jedem von uns ein Schicksal gaben. Ich habe meine Bestimmung akzeptiert: Wenn ich von hier freikomme, werde ich zu meinem Verlobten gehen, und *ihm* will ich Kinder gebären. Aber ich werde nach wie vor ich selbst sein. Das kann kein Mann mir nehmen.«

Er war Ihlini. Und so lebte er ein ewiges Leben, sah vor sich eine Zukunft ohne Ende. Dennoch verstand er Keely und wußte, was es war, das sie ebenso antrieb wie ihr ganzes Geschlecht. *Tahlmorra,* der Wille der Götter, erlegte jedem Cheysuli bestimmte Pflichten auf. Keelys *tahlmorra* – und ihr Vater – hatten bestimmt, daß sie nach Erinn heirate, um die Blutlinien an Homana zu binden. Doch um dieser Bestimmung gerecht zu werden, mußte sie zuerst freikommen von Strahan.

»Und das wird sie niemals tun«, sagte Strahans Stimme.

Keely fuhr herum und sah ihn dort stehen: mitten in der Kammer, wo einen Wimpernschlag zuvor nichts gewesen war. Ein violetter Dunstschleier umhüllte ihn, fast wie ein wirkliches Gewand mit hochgestellter Krause um Kopf und Schultern. Strahan konnte die Tür benutzen wie ein normales Menschenwesen, doch er verstand es, sich seiner Zauberkunst zu bedienen wie einer scharfgeschliffenen Waffe.

»Zeit für dich zu gehen, Harfner«, sagte er sanft. »Keely hat es gelernt, das Alleinsein zu schätzen. Und meine Gesellschaft.« Er lächelte, und seine weißen Zähne blitzten. Der schwarze Bart, den er trug, war sorgfältig zurechtgestutzt, und seine Gesichtszüge wirkten so feingemeißelt, daß sie einer schönen Frau hätten gehören können; zweifellos war er ein sehr gutaussehender Mann. »Wirst du dieses Lebens überdrüssig, Harfner?« fragte er.

Taliesin, weißhaarig, doch mit jungem Gesicht, lächelte nur. »Gleichgültig, wie meine Antwort lautet, du tust ja doch, was dir beliebt. Also erspare ich sie mir.«

Keely spürte, daß Strahan ihren Freund auf die Probe stellte. Rasch trat sie zum Harfner. »Du wirst ihm kein Leid zufügen.«

»Kein Leid, oh nein«, erwiderte Strahan. »Nur ein Ende muß sein.« Er heftete seinen Blick auf Taliesin. »Die Zeit endet für uns alle, Harfner. Selbst für dich.«

Taliesin hielt Keelys Kopf zwischen seinen gebrochenen, verkrümmten Händen. »Fürchte nicht für mich. Fürchte auch nicht für dich, denn du bist stärker, als du weißt.«

»Harfner«, sagte Strahan kurz, und Taliesin löste seine Hände von ihr.

»Tu ihm nichts zuleide«, sagte sie scharf zu dem Zauberer.

»Ich tu, was mir beliebt.« Sein Blick glitt an ihr vorbei, zum Fenster. »Ich bin dieses Sonnenscheins überdrüssig.«

Keely öffnete den Mund, doch sie unterdrückte die Frage, die sie auf den Lippen hatte. Denn schon hob sich Strahans Hand in die Luft. Und verharrte einen Augenblick, als erteile er einen Segen. Dann zeichnete er eine zischende Rune in die lautlose Luft, und als das Zeichen zu violettem Dunst verblich, war er verschwunden.

Urplötzlich peitschte der Sturm herbei aus den Tiefen einer Nacht, die so dunkel war, daß Keely glaubte, sie sei blind geworden. Sie saß aufrecht in ihrem Bett und blinzelte gegen den Widerschein der Blitze, der jetzt durch das Fenster in die Kammer zuckte. Wind fuhr durch die Öffnung wie ein koboldartiger Dämon und schleuderte Laub herein.
Keely, in ein Nachtgewand aus dünnem Leinen gekleidet, zog die Bettdecke um die Schultern. Und beim nächsten Blitzschlag sah sie durch das Fenster den stetig herabströmenden Regen. Der Wind trieb die Nässe herein und besprühte ihr Haar mit feinem Dunst. Donner krachte, hallte in der Burg wider, dröhnte in Keelys Kammer. Aber dann begriff sie, daß der Lärm nicht vom Donner kam, sondern von der Tür, die plötzlich zum Gang geöffnet war. Keely öffnete den Mund zum Schrei, als eine Gestalt hereintrat.
Im Zucken eines Blitzes erkannte sie Taliesins Gesicht: die weißen Haare, die blauen Augen; und erleichtert atmete sie auf. Taliesin winkte ihr mit einer seiner verkrümmten Hände. »Keely – komm schnell! Dies ist deine Chance, von hier zu entkommen!«
»Strahan ... ?«
»Los doch!« drängte er ungeduldig. »Komm mit mir!«
Sie sprang aus dem Bett, raffte ihr Nachtgewand hoch und griff nach seiner Hand. Dann lief sie mit ihm durch einen Gang. Wild pochte ihr Herz, als sie daran dachte, wie nahe die Freiheit plötzlich war. Und wie groß die Gefahr, entdeckt zu werden, wenn sie beide die Umsicht verloren.
Durch den gewundenen Gang führte Taliesin sie hinaus in den vorderen Burghof mit der hohen Außenmauer. Keely kannte vom Gelände nur, was sie durch ihr Fenster hatte erspähen können. Jetzt stolperte sie, fing sich jedoch. Der Regen klatschte ihr das Haar gegen den Schädel und drang durch den dünnen Stoff des Nachtgewands.
Taliesin gestikulierte. »Das Tor ... *dort!* Komm, Keely!«
Gemeinsam rannten sie auf das hohe Tor zu. Und keuchten, als

ein harter Windstoß gegen sie traf, der Keely fast von den Beinen warf. Hastig wischte sie sich mit einem Arm übers Gesicht, um ihre Augen vom Wasser zu befreien; doch es half nicht viel.

Aus pechschwarzem Himmel zuckte ein Blitz herab, und grelles Licht erleuchtete den Hof. Hastig zog der Harfner Keely zur Mauer, und sie nutzte die Gelegenheit und fragte ihn, was geschehen sei.

»Strahan hielt mich für tot. Natürlich ließ ich ihn in dem Glauben. Als er ging, dachte er nicht daran, die Tür zu verriegeln. Er wähnte mich ja bei seinen Göttern in der Unterwelt. Ich machte mich dann auf den Weg zu deiner Kammer. Die Burg ist fast leer. Ich glaubte, er habe mehr Ihlini bei sich, aber das erwies sich als Irrtum. Jedenfalls ist dies die Kristallinsel, und wenn er sie auch für seine bösen Zwecke benutzt, so muß er doch wissen, daß er hier nicht willkommen ist. Ein Ihlini unter den Cheysuli-Göttern? Nein. Sie werden Vergeltung üben.«

»Weshalb hat er dich für tot gehalten?« fragte sie scharf.

In der Dunkelheit war sein Gesicht nicht zu erkennen. »Er hat mir die Gabe genommen, die sein Vater mir verliehen hatte.«

»Was sagst du da?« Sie fühlte die Angst in sich: Angst für den Harfner.

Taliesin zuckte zusammen, als über ihren Köpfen der Donner krachte. »Sein Vater gab mir endloses Leben. Der Sohn hat es mir genommen.«

»*Genommen* ...«

Er nahm ihr feuchtes Gesicht zwischen seine verkrümmten Hände. »Ich sterbe, Keely. Endlich. Ich habe über hundert Jahre gelebt, aber mein Leben endet. Strahan hat die Gabe zurückgenommen.«

»Nein!«

»Wie er das getan hat, weiß ich nicht genau. Doch er hat es getan. Schon werden meine Knochen brüchig, beginnt mein Herz, schwächer zu schlagen. *Ich* werde nicht von hier entkommen, aber ich werde dafür sorgen, daß es dir gelingt.«

»Taliesin ...«

»Geh, meine stolze Cheysuli-Krieger-Prinzessin. Säume nicht länger. Ich erkaufe dein Leben mit meinem eigenen.«
Sie starrte in sein alterndes, altersloses Gesicht und umklammerte seine Hände mit ihren Händen, als könne sie ihm so etwas von ihrer Kraft geben.
Er begriff und lächelte. »Das Tor ist verschlossen, doch unbewacht. Ich werde dich so hoch heben, wie ich kann, und dann wirst du klettern müssen. Wird das gehen?«
Durch den Regen spähte Keely zu den hohen hölzernen, mit schwerem Eisen beschlagenen Torflügeln. An ein Hinüberklettern war kaum zu denken. »Das schaffe ich wohl nur, wenn ich *lir*-Gestalt annehmen kann«, flüsterte sie. »Als Falke, ja, als Falke könnte ich über die Mauern hinwegfliegen, gleich bis nach Homana.« Seufzend wischte sie sich den Regen aus den Augen. »Aber ich besitze diese Fähigkeit jetzt nicht, und so muß ich es auf andere Weise versuchen.«
Sorgsam verschränkte er seine knotigen Finger ineinander und lächelte Keely aufmunternd an. Sie starrte auf seine verkrümmten Hände, die er ihr so hilfreich darbot, und plötzlich warf sie ihre Arme um ihn. »Taliesin ...«
Er löste seine Hände wieder voneinander und erwiderte Keelys Umarmung für einen langen Augenblick. Dann trat er zurück und sagte: »Du mußt gehen, ehe meine Kräfte schwinden. Los, Keely.«
Wieder verschränkte er seine Finger, beugte sich dabei ein wenig vor. Behutsam stellte Keely einen nackten Fuß darauf. Sie spürte, wie er sich aufrichtete, und während er sie hob, streckte sie sich. Seine Arme, seine Schultern zitterten, doch er hob sie immer höher, auf den oberen Rand des Tores zu. Ihre Finger glitten über das Holz, suchten irgend etwas, um sich daran festzuhalten. Einen Fuß schob sie gegen das eiserne Angelband; und zuckte zusammen, als sich Splitter in ihre Zehen bohrten. Doch sie biß die Zähne zusammen und fand eine Stelle für ihren Fuß.
Der obere Rand war noch immer weit entfernt. Keely klomm langsam höher. Sie stöhnte vor Anstrengung, schüttelte den Regen

von den Wimpern. Der dünne Hemdenstoff riß, und das Holz kratzte über ihre Brüste. Wieder tasteten ihre Hände nach einem Halt. Fast biß sie sich die Unterlippe blutig.

Jetzt stand sie mit einem Fuß auf dem Querriegel. Vorsichtig hielt sie das Gleichgewicht, griff mit einer Hand nach der eisernen Angel und zog sich höher. Sie hatte sich von Taliesin gelöst und hing nun am Tor wie eine Spinne an ihrem Netz. Unter sich hörte sie den Harfner stöhnen.

Die schweren Eisenbeschläge halfen ihr weiter. Sie standen gerade so weit über dem Holz hervor, daß Keely die Zehen darauf setzen konnte. Vorsichtig gelangte sie weiter. Die obere Angel befand sich noch über ihrer ausgestreckten Hand. Nur noch ein kurzes Stück, und das rettende Metall würde in ihrer Reichweite sein. Sie setzte den zweiten Fuß neben den ersten und streckte sich dann, halb im Sprung.

Ihre rechte Hand packte die obere Angel. Mit aller Kraft klammerte Keely sich daran fest und nutzte gleichzeitig den Schwung, um sich höher zu ziehen. Sie hörte ihr Keuchen, fast ein Pfeifen, tief aus der Brust. Der Eisenbeschlag schnitt ihr in den Fuß, doch sie ignorierte den Schmerz und klomm höher. Der Querriegel lag jetzt unter ihr, einen Halt für die Füße hatte sie praktisch nicht mehr. Sie klammerte sich an die obere Angel und zog mit aller Kraft. Sie wollte, sie mußte den oberen Rand zu packen bekommen. Wenn sie jetzt stürzte ...

Endlich hatte sie ihn. Für einen Augenblick hing sie mit beiden Händen daran, während ihre Füße haltlos rutschten am glatten Holz. Sie biß die Zähne aufeinander und schob einen Fuß in den Spalt zwischen Tor und Mauer. Plötzlich war er eingeklemmt, doch sie nutzte diesen Halt, um sich höher zu strecken. Stück für Stück glitt ihr Kopf auf die obere Kante zu. Sie keuchte. Jetzt schob sich ihr Kinn über den Rand. Wieder hob sie den Fuß und stemmte ihn gegen die Mauer. Abermals gewann sie ein paar Zoll. Dann schwang sie das linke Bein so hoch, wie sie nur konnte, und schob, die Ferse voraus, den Fuß über den Rand.

Fast verlor sie das Gleichgewicht. Während sich beide Arme und

das linke Bein oberhalb der Kante befanden, stak der rechte Fuß noch immer zwischen Tor und Mauer fest. Mit einem entschlossenen Ruck befreite ihn Keely und ignorierte den stechenden Schmerz. Dann schwang sie sich ganz hinauf auf den oberen Rand, lag dort flach und unbeweglich.
Sie spähte hinab und sah Taliesin, tief unter sich. Mit emporgekehrtem Gesicht verfolgte er ihre Flucht. Im aufzuckenden Licht eines Blitzes erkannte sie des Harfners triumphierendes Lächeln. Dann war es wieder stockfinster. Und als der nächste Blitz kam, sah sie Taliesin zusammengekrümmt auf dem Boden, und sie wußte, daß er tot war.
Mit solcher Gewalt durchfuhr der Schmerz um ihn ihre Brust, daß sie laut stöhnte. Dann entwich ihr Atem mit einem wie tonlosen, verhauchenden Klagelaut. Ihr schwindelte, alles schien um sie zu kreisen. Mit letzter Kraft hielt sie sich am Tor fest. Sie mußte es überstehen, mußte den Schmerz abklingen lassen ... ihr Dank an Taliesin würde die Flucht von hier sein. Keely schickte ein flehentliches Gebet zu den Göttern empor und begann dann den Abstieg auf der anderen Seite des Tors.
Es war leichter; es war schwerer. Leichter, weil sie beim Hinunterklettern weniger Kraft brauchte. Schwerer, weil sie nun, mit den Füßen voraus, noch vorsichtiger sich weitertasten mußte, um jeweils genügend Halt zu finden. Eine unkontrollierte Bewegung, und sie stürzte, schmetterte zu Boden! Stück für Stück gelangte sie tiefer. Mit der Wange, mit den Brüsten, mit den Knien schabte sie über Holz und Metall, an den Ellbogen hing die Haut in blutigen Fetzen. Im Aufzucken der Blitze sah sie es, das Blut. Es war schwarz.
Jetzt fand ein Fuß die untere Angel, die Zehen des anderen ruhten auf einem Eisenbeschlag. Langsam drehte Keely den Kopf und blickte nach unten. Der Boden war regennaß und schlammig – doch allemal willkommener als das Pflaster des Burghofs!
Keely ließ das Tor los und sprang.
Sie landete auf den Füßen und fiel dann vornüber auf Hände und Knie, lag einen Augenblick ganz flach, das Gesicht fast in einer

Lache. Langsam stützte sie sich hoch, bis sie aufrecht saß, und wischte sich das Wasser aus den Augen. Sie lebte. Sie war frei.
Keely lachte leise und blickte empor zum sturmdurchtosten Himmel. Noch immer fiel Regen, und Gewölk verdunkelte den Mond und die Sterne, doch sie war frei. Strahan konnte ihr nichts anhaben.
Plötzlich ächzte und rasselte hinter ihr das Tor. Keelys Kopf fuhr herum. Sie sah, daß sich das Tor bewegte. Knarrend klafften die Flügel auf.
Keely lief. Ihr Fluchtweg führte durch dichten Wald. Niedriges Buschwerk streifte gegen ihre Beine, Gezweig kratzte. Im Widerschein der Blitze fand sie ihren Weg. Unheimlich glomm grünliches Licht. Sie raffte ihr durchnäßtes Gewand höher und wich Hindernissen aus.
Mehrmals stolperte und stürzte sie. Doch immer wieder zwang sie sich hoch und lief weiter. Instinktiv wußte sie, daß Strahan ihr auf den Fersen war, dicht, allzu dicht; und noch immer fehlte ihr die Fähigkeit, sich in ein Tier zu verwandeln: *lir*-Gestalt anzunehmen. Wenn es Strahan gelang, sie zu fangen, würde er sie wieder einkerkern.
Schließlich sank sie erschöpft gegen einen Baum, konnte einfach nicht weiter. Ihre Beine zitterten so sehr, daß sie gefallen wäre, hätte der Baum ihr keinen Halt geboten. Keuchend schloß sie die Augen. Regen strömte hernieder, das grelle Licht eines Blitzstrahls durchdrang ihre Lider, und sie öffnete die Augen und sah, wie aus pechschwarzem Himmel eine rauchende Purpursäule zuckte.
Verwundert starrte sie auf das Gebilde, geblendet fast von soviel strahlender Schönheit. Aber dann erkannte sie, wie das Gebilde von innen her Gestalt gewann – und Strahan war wieder bei ihr.
»Narrheit«, schalt er nachsichtig. Er streckte eine Hand aus, und langsam und mit leisem Zischen verblich das Licht.
Keely murmelte irgend etwas: Wörter, die nicht einmal sie selbst verstand. Dann löste sie sich von dem Baum und rannte weiter.
»Du wirst das Kind verlieren«, rief er hinter ihr her. Schaudernd

wurde ihr bewußt, daß sie ihn nicht hatte täuschen können. Aber auch echte Sorge klang aus seiner Stimme. Wenn sie das Kind verlor, das er sich so sehr wünschte ...

Wild lachte sie, während sie lief. »Gut. *Gut*!« Der Regen und das Laub hinter ihr, sie schlossen sich wie ein dichter Vorhang.

Im Zucken eines Blitzes sah sie hochragenden Stein. Ein zweiter Blitz zeigte ihr, daß es sich um die verfallene Ruine einer alten Kapelle handelte. Keely trat ein und lehnte sich gegen die kalte, feuchte Mauer, rang keuchend nach Luft. Modriger Geruch drang ihr in die Nase. Der Stein unter ihren Händen war glatt, von Flechten bewachsen.

Das Dach fehlte fast ganz. Auf dem Boden der Kapelle sah Keely Reste des herabgestürzten Gebälks, ein wirrer Haufen. Das Innere des Gebäudes war zum größten Teil der Willkür der Elemente ausgesetzt. Silbrig glitzerten im Mondschein die nassen Wände. Der Sturm schien sich ausgetobt zu haben, und Keely blickte zum Himmel: Auf der schwarzen Tapisserie der Götter funkelten wieder Mond und Sterne.

Sie entfernte sich von der verfallenen Türöffnung. Ein Schaft aus Silberlicht lag jetzt auf den Trümmern des Altars. Langsam näherte sie sich, voller Scheu, ja fast Furcht vor diesem Ort. Sie hatte von dergleichen gehört; hier und dort in Homana gab es solch alte Heiligtümer; – und hier auf der Kristallinsel also auch. Nun ja, von diesem Eiland waren die Cheysuli gekommen, die Kinder der Götter, und so gehörte dieser Ort wohl auch ihr.

Sie kniete sich auf den feuchten, laubbedeckten Boden vor dem Altar. Der schräge Stein vor ihr trug Runen, flach und verwittert durch das hohe Alter, aber jedenfalls Runen, unzweifelhaft. Sie streckte die Hand vor und zeichnete sie nach, ohne zu bemerken, wie schmutzig und blutig und zerkratzt ihre Finger waren. Zwar konnte sie die Alte Sprache nicht lesen, doch einige Symbole erkannte sie, und sie begriff, daß sie auf eine Kapelle gestoßen war, welche die Cheysuli zu Ehren jener Götter erbaut hatten, die sie selbst ehrte.

Hinter ihr erklang ein Schritt. Sie fuhr hoch und wirbelte herum.

In der Türöffnung stand Strahan. Er war in dunkles Leder und ein Gewand aus scharlachrotem Samt gekleidet. Kein Dolch an seinem Gürtel. Er brauchte keinen.

Seine Gebärden besaßen eine fließende Anmut, die ihr zuwider war, weil sie wie eine Imitation ihrer eigenen wirkte. »Erweise diesem Ort deine Ehrerbietung, solange du es vermagst. Es ist das letzte Mal, daß du eine Cheysuli-Kapelle siehst. Von jetzt an werde ich dich hinter Schloß und Riegel halten wie eine Gefangene, und du wirst wünschen, du hättest die Flucht nie gewagt.«

»Aber du hast mich doch auch zuvor wie eine Gefangene gehalten!«

Er lächelte. Die Sanftheit seines Gesichts ließ sie erschauern. »Aber wie eine verhätschelte. Und du sollst auch weiterhin verhätschelt werden. Eine Zeitlang noch. Bis das Kind geboren ist. Dann werde ich dich in einen unterirdischen Kerker stecken ... bis ich dich wieder brauche.«

Keely stand mit dem Rücken zum Altar. Die Wände schienen immer näher heranzurücken. Der einzige Ausgang war von Strahan blockiert.

»Ich bin gestürzt«, sagte sie zu ihm. »Vorhin, beim Laufen. Ich bin gestürzt, und ich werde das Kind verlieren.« Erst jetzt wurde ihr der Inhalt ihrer eigenen Worte bewußt, und Furcht stieg in ihr hoch, aber auch ein wildes Triumphgefühl: weil Strahan nicht bekommen würde, was er von ihr wollte. »Von *mir* bekommst du keinen Halbling, Ihlini!«

Er glitt näher. »Vielleicht lügst du. Vielleicht auch nicht. Aber es nützt dir alles nichts, meine Gestaltwechsler-Prinzessin. Verlierst du dieses Kind, so mache ich dir einfach ein anderes.« Er lächelte über den Ausdruck des Widerwillens auf ihrem Gesicht. »Wäre es dir nicht lieber, es gleich beim ersten Mal hinter dir zu haben?«

»Vielleicht gehe ich drauf, während ich es verliere«, sagte sie heftig. »Vielleicht geht es mir, wie es so vielen anderen Frauen geht. Ich sterbe bei der Fehlgeburt, und dann hast du *nichts!*«

Strahan trat auf sie zu. Sie versuchte zurückzuweichen, stürzte über die Steine des Altars und schrie auf vor Schmerz. Ihre Hände berührten den Boden, und plötzlich fühlte sie einen harten, scharfen Gegenstand. Instinktiv packte sie ihn, während sie sich an das erinnerte, was der Schwertmeister ihr so oft eingeschärft hatte: *In der Gefahr benutze jede verfügbare Waffe, selbst wenn es gar keine Waffe ist.* Sie machte einen Ausfall gegen Strahan, ihre Hand stieß vor – und sie sah, wie das Messer in seine Brust drang.

Strahan fiel auf die Knie, und seine Hände umklammerten das Messer, das bis zum Heft in seiner Brust stak. Seine buntfleckigen Augen, riesig geweitet und wild, waren auf Keely geheftet, und aus seinem Mund drang ein grauenvolles Stöhnen. Er sackte vorwärts, gegen den Altar, glitt dann langsam zur Seite und rollte auf den Rücken.

Keely zitterte. Sie hockte zwischen den Trümmern des uralten Altars, und es schüttelte sie so sehr, daß ihre Muskeln schmerzten. Wie von selbst kroch die rechte Hand zum Mund, preßte sich gegen die Lippen; und Keely schluckte hart, unterdrückte die aufsteigende Übelkeit.

Ich habe schon gekämpft, dachte sie benommen. *Habe mit Messer oder Schwert gekämpft, aber immer nur zur Übung. Immer gegen den Schwertmeister. In all den Jahren, wo ich rebellierte, weil ich wie ein Krieger und nicht wie ein Weib leben wollte, da habe ich nie gewußt, was es bedeutet, einem anderen wirklich nach dem Leben zu trachten.* Wieder schluckte sie, spürte einen gallebitteren Geschmack im Mund. *Bei den Göttern ... es ist doch gar keine so einfache Sache, ein Krieger zu sein!*

Keely hob den Kopf und spähte empor durch das verfallene Dach. Deutlich sah sie den vollen Mond. Der Wind blies nur noch schwach, und das Donnergrollen des Gewitters klang sehr fern. Noch immer troffen die Bäume vor Nässe, und feuchter Dunst wehte herbei und legte sich klamm auf Keelys Gesicht. Sie wischte fahrig mit der Hand darüber und blickte dann zu Strahan.

Seine Augen waren geöffnet. Selbst im Tod wirkten sie auf unheimliche Weise lebendig: das eine blau, das andere braun; Kennzeichen eines Dämonen. Schaudernd beugte sich Keely zu ihm, um die Augen zu schließen, weil sie selbst jetzt, da er tot war, den Blick nicht ertrug. Seine Haut war noch warm. Blut lief ihm vom Mund in den Bart.

Aus seiner Brust ragte das Messer, blutverschmiert; doch entschlossen packte Keely mit beiden Händen den Griff und zerrte mit aller Kraft.

Erst nach mehreren Versuchen hatte sie es geschafft. Sie wischte die Klinge an Strahans Scharlachgewand sauber, befreite sie sorgfältig von allen Spuren des unreinen Ihlini-Bluts. Eine gute Waffe sollte das Blut des Feindes nie auf sich leiden müssen.

Jetzt erst fand sie Zeit, den Dolch zu betrachten. Und ihre Augen sahen, was ihre Finger längst ertastet hatten: Den Griff zierte der Löwe mit den Rubin-Augen, und Stück für Stück, Linie für Linie entsprach der Dolch ihrem eigenen, der das königliche Wappen von Homana trug.

»Aber dies ist nicht meiner«, flüsterte sie scheu. »Strahan hat ihn mir doch fortgenommen ...«

Sie starrte auf den Griff, strich mit den Fingern über den Löwen. Gar kein Zweifel: Dieser Dolch stammte aus dem Haus von Homana; er entsprach genau den Dolchen, die ihrem Vater und ihren Brüdern gehörten. Aber wie kam die Waffe hierher, in die verfallene Kapelle auf der Kristallinsel?

Eine leichte Brise strich herein. Keely, in ihrem nassen, zerrissenen Nachtgewand, zitterte. Und das Frösteln legte sich nicht, so sehr sie es auch zu unterdrücken versuchte. Schließlich starrte sie zum dunklen Himmel empor und sah, wie ihr die Sterne zufunkelten, als wollten sie etwas zu ihr sagen.

Sie drehte das Messer herum, so daß die Klinge auf ihr linkes Handgelenk wies. Dann öffnete sie die Ader mit einem winzigen Schnitt. Blut quoll hervor, floß schnell und rein, glänzendes Rot im Silberlicht des Monds.

Sie lächelte, und lächelnd betrachtete sie das Blut und das Messer und erinnerte sich an die Geschichten über einen Verwandten von ihr, der vor rund vierzig Jahren auf der Kristallinsel gestorben war.

»Du brauchst nur die alten Götter anzurufen, und du wirst frei sein!« hatte Taliesin gesagt.
So ganz hatte sie ihm nicht geglaubt. Ihr Leben lang hatte man sie gelehrt, die Götter zu ehren; aber die Götter ehren, das war mehr angestammte Sitte als etwa wahrer Glaube, und Keely begriff, warum ihre Gebete zuvor unerhört geblieben waren: Da hatte sie die Hilfe der Götter noch nicht wirklich gebraucht.
»Ich danke euch allen«, flüsterte sie in die Dunkelheit. »Dir, mein Verwandter; dir, Taliesin, und dir, mein Schwertmeister, der mich so tüchtig unterwiesen hat. Am meisten jedoch danke ich den alten Göttern.« Sie verharrte zusammengekauert für einen Augenblick, fuhr sich dann mit der Zunge über die Lippen. »Ich kann dieses Kind nicht behalten. Jetzt, nein, jetzt gleich werde ich nichts unternehmen, nicht in dieser Nacht der Gewalt. Aber was auch geschieht, ich muß es verlieren. Schließlich kann ich nicht zulassen, daß unser Geschlecht vernichtet wird.«
Die Schatten gaben keine Antwort.
Still verharrte sie, kam dann zu einem Entschluß. Unmöglich konnte sie so nach Hondarth zurückkehren: in dem zerrissenen Hemd, in dem jede Kontur ihres Körpers zu sehen war. Und so beugte sie sich, allen Widerwillen unterdrückend, zu Strahan und brachte sein rotes Gewand an sich. Für einen Augenblick hielt sie es in beiden Händen und kämpfte an gegen das Ekelgefühl über das noch immer feuchte Blut; dann zog sie es über ihr eigenes Hemd. Den unteren, allzu langen Teil schnitt sie mit dem Messer ab, und auch Strahans Gürtel kürzte sie, bevor sie ihn sich umband.
Wieder beugte sich Keely zu Strahan, packte einen seiner lederumkleideten Arme. Schlaff und schwer war die Leiche, aber Keely biß die Zähne zusammen und schleppte Strahan aus der Ruine, damit er den Ort nicht entweihe. Draußen ließ sie ihn liegen. Dann ging sie zurück und kniete noch einmal vor dem Altar nieder. Sie ließ das Messer aus ihrer Hand gleiten – in die Dunkelheit.
»Dies lasse ich hier«, sagte sie ruhig. »Es gehört mir nicht. Ich habe es gebraucht, in meiner Not, und jetzt lasse ich es hier für den nächsten, der vielleicht die Götter anrufen wird.«

Einen Augenblick zögerte sie und fragte sich, ob die Götter wohl zu ihr sprechen würden. Dann erhob sie sich und verließ ohne ein weiteres Wort die Kapelle; und als sie an Strahans Leiche vorüberschritt, glaubte sie, die Götter lachen zu hören.

Keely stand am weißen, mondsilbrigen Strand. Drüben an der fernen Küste blinkten die Laternenlichter von Hondarth. Homana. Ihr Heimatland. Sie brauchte nur *lir*-Gestalt anzunehmen, als Falke, als Habicht vielleicht, und Homana würde ihr wieder gehören.

Sie wollte nach Hause zurückkehren. Sie sehnte sich nach der Sicherheit und Wärme von ihres Vaters großem Palast, nach der Nähe ihrer hochgewachsenen Brüder, ihrer Verwandten, ihrer Freunde. Sie wünschte sich ihr Schwert in der Hand zum altgewohnten Tanz mit ihrem Lehrer und Meister, mit rechtem Geist und ganzer Seele. Und sie wußte, daß sie Zeit für sich selbst brauchen würde, um mit dem Verlust des Kindes fertigzuwerden.

Es verlangte sie danach, endlich wieder zu fliegen, damit der Wind gegen ihre Schwingen strich und sie emporschwebte über die Wolken zum Tanz zwischen den Göttern. Erdgebunden sein und doch frei von aller Erdenlast, dahintreibend in der strömenden Luft, bald steigend, bald sinkend in lautlosem Flug, pfeilschnell empor, wildjagend hinab; ledig all ihrer Sorgen und Nöte, einzig ihrem ewigen *tahlmorra* gehorchend im Atem der Götter, denen sie alles verdankte: ihr Leben, ihren Mut, ihren Stolz und ihr *tahlmorra* – all das, was sie zu dem machte, was sie war.

Keely lächelte. Sie breitete die Arme, reckte sich zum endlosen Himmel und flog. Heimwärts. Nach Homana.

PAT MURPHY

Pat Murphy sagt von sich selbst, sie habe »1978 den Clarion Workshop frequentiert und es geschafft, zu überleben«. Ihren Lebensunterhalt verdient sie sich als Wissenschaftschreiberin, derzeit im Exploratorium, San Franciscos einzigartigem »praktischen« Museum of Science. Trotz dieses wissenschaftlichen Hintergrunds schreibt sie sowohl Fantasy als auch Science-fiction, oft beides so sehr miteinander vermischend, daß ihre Stories dann schwer zu kategorisieren sind. Die erste Story, die sie für diese Anthologie einschickte, war zwar ausgezeichnet und auch gut geschrieben, schien mir jedoch für diese Anthologie zu sehr »durchwachsen« von Science-fiction. Also retournierte ich sie, wenn auch mit Bedauern, und war angenehm überrascht, als ich bald darauf diese Geschichte erhielt, die nach meinem Dafürhalten eindeutig Fantasy war. Pat schrieb mir allerdings, daß die Story, die ich abgelehnt hatte, weil sie zu sehr Science-fiction war, vom S-F-Markt abgelehnt worden sei wegen angeblich zu starken Einschlags in Fantasy! Sie fügte hinzu: »Meine private Methode, zwischen den beiden zu unterscheiden, ist diese – verkauft sich die Story auf einem Fantasy-Markt, so muß sie Fantasy sein; verkauft sie sich auf einem Science-fiction-Markt, so ist es Science-fiction.« Nach diesen Maßstäben handelt es sich bei ihren Sachen hauptsächlich um Science-fiction; sie hatte Veröffentlichungen in Galaxy, Amazing/Fantastic, Isaac Asimov's S-F *und in verschiedenen Anthologien:* Elsewhere, Universe *sowie in den* Chrysalis-*Anthologien 5, 6 und 9.*

Die meisten der eingesandten Stories, wo von »Göttinnen« die Rede ist, sind entweder amateurhafte Versuche, von sonder-

baren Religionen zu handeln, oder aber beißende feministische Polemiken. Diese Story bildet eine überaus erfrischende Ausnahme; allerdings enthält sie, über das gut erzählte Fantasy-Abenteuer hinaus, eine klare Botschaft für die heutige Welt. Dennoch kann man – und das halte ich für das Kennzeichen einer guten Geschichte – diese Botschaft ignorieren oder sogar übersehen, ohne daß das Vergnügen an der Story auch nur im geringsten gemindert wird. – MZB

PAT MURPHY

Mit vier schlanken Hunden

Wir beginnen mit einer Diebin: einem schlanken, drahtigen Mädchen mit aschgrauem Haar und Augen von der Farbe des Winterhimmels. Keiner wußte, wie alt sie war; keiner scherte sich drum. Alt genug zum Prügeln; knapp alt genug fürs Bett.

Tarsia lief vor einem wütenden Bäcker davon. Sie duckte sich zwischen die Stände auf dem Markt und hielt auf eine bestimmte Stelle zu. Über die halbverfallene Stadtmauer würde sie auf die Schieferdächer gelangen und sich zwischen den Schornsteinen verstecken. Ein Geschöpf des Windes und des Himmels wie sie konnte jeder Verfolgung entkommen.

Sie hörte den Pfiff des Wächters und seine stampfenden Schritte. Welch ein Pech: Er versperrte den Weg zur Mauer. Hinter sich vernahm sie die Flüche des Bäckers. Abrupt änderte sie die Richtung, bog in eine Gasse ein und erkannte – zu spät – ihren Irrtum.

Die Mauern waren spiegelglatt, und Tarsia, das Kletteräffchen, konnte sie nicht erklimmen. Am anderen Ende der Gasse blockierte ein neues Gebäude den Weg. Eine Sackgasse war's, eine Mausefalle.

Wieder der Pfiff des Wächters. Schrill hallte es von den kalten Steinmauern wider, und Tarsia durchfuhr es wie ein Schrecken: die Erinnerung an schmerzende Fesseln, an kalte Gefängnislöcher.

Wind raschelte in einem Berg Papier, der sich am Ende der Gasse häufte. Eine Ratte lugte hervor und beäugte Tarsia – eine eisgraue, alte Ratte, die voll Arroganz und Gleichmut dort hockte, um dann davonzuhuschen in ein Loch im Schatten. Ein dunkles, dumpfiges Loch war es – und gerade breit genug für die Schultern einer kleinen Diebin.

Hinter sich in der Gasse hörte Tarsia Schritte, und so schlüpfte sie,

um möglichst ungeschoren davonzukommen, in aller Hast in das Loch. Ihre Schultern schabten gegen feuchten Stein. Geschöpf der Dächer und des Lichts, kroch sie jetzt schlangengleich hinab in Dunkelheit.
Auf dem Bauch liegend, tastete sie sich voran. Ratten? Ratten waren bloß Fledermäuse ohne Flügel, und mit Fledermäusen kannte sie, Kind der Dächer, sich aus. Doch im engen Schacht hörte sie das Hämmern ihres Herzens und stieß sich immer wieder den Kopf. Langsam gelangte sie weiter. Gewiß würde der Schacht zu einem breiteren Tunnel führen. Noch enger, noch dunkler, noch dumpfiger konnte es unmöglich werden ...
Ein kalter Windstoß traf ihr Gesicht, und er trug Gerüche herbei, Gerüche von Nässe, von Abwässern, von tropfendem Stein. Endlich konnte Tarsia ihren Kopf heben. Irgend etwas strich an ihrem Fuß vorbei. Ein Windhauch nur? Oder ein haariges Fell und ein langer Schwanz?
Jetzt ließ sie sich aus dem Schacht in die größere Höhlung gleiten, in allzu schneller, plumper Bewegung. Ihr Fuß schwang vor – und stieß ins Leere, fand keinen Halt. Sie taumelte, stürzte; griff nach einem Vorsprung, den sie nicht sah: und glitt aus und fiel in einen Augenblick, dessen sie sich nicht entsann.

Das Donnern zahlloser Taubenflügel hoch oben in der Luft, der Geruch eines Holzkohlenfeuers – übler, ätzender Frühmorgengestank –, aufsteigend aus einem Kamin. Das Schieferdach unter Tarsias bloßen Füßen war kalt, und der Wind aus dem Norden schnitt durch ihr dünnes Hemd. In einer Hand hielt sie ein zweites Hemd, feucht noch, von einer Wäscheleine auf den Dächern gestohlen. Sie lauschte.
Da war irgendein Geräusch gewesen – nein, nicht das Rasseln eines Schlosses an einer Dachtür. Auch nicht die Tauben. Vielleicht nur der Wind?
Da, wieder: eine Art Rumpeln, wie von Trommelstöcken, und eine wilde, süße Melodie, wie von Flöten bei einer Parade. Aus einer Wolke tauchte ein Gefährt hervor, der Triumphwagen der Herrin

der Winde. Sie brachte Sonnenschein mit sich. Auf der Stirn trug sie einen Silbersichelmond, und auf ihrer Brust strahlte eine goldene Sonne. Wie ein Gewand wehte aschgraues Haar hinter ihr her. Vier schlanke Hunde – die Winde des Nordens, des Südens, des Ostens, des Westens – liefen lachend durch den Himmel an ihrer Seite.
Mit klugen Augen blickte die Herrin zu Tarsia hinab; und sie lächelte und streckte die Hand aus. Und Tarsia reckte sich, um sie zu berühren.

Tarsias Kopf schmerzte, und ihre Füße waren kalt. Sie öffnete die Augen, starrte in die Dunkelheit; und ließ einen hellen Traum zurück – den Traum einer Erinnerung, die es nie gegeben hatte. Tarsia hatte zwar die Karawane gesehen, die mit Gaben für die Göttin die Stadt in nördlicher Richtung verließ; die Göttin selbst jedoch hatte sie nie gesehen.
Tarsia berührte ihre Lippen mit der Hand, die eben noch scharfen Stein umkrallt hatte, und die Hand schmeckte nach Blut. Ihr Körper lag langgestreckt in kalt strömendem Wasser, das Leib und Glieder umspülte und an den Zehen zu zerren schien.
Ein Zurück gab es nicht, nur ein Vorwärts. Langsam tastete sie sich weiter, eine Hand unentwegt an der Wand und tief atmend in der Hoffnung auf unverkennbare Gerüche der Stadt – nach Staub, nach Pferden. Sie vernahm eine Art Rattern, wie von Wagenrädern auf Pflastersteinen, und bewegte sich rascher voran.
Der Tunnel mündete in eine Höhle – eine Naturhöhle im Felsgestein der Erde. Pilzgeflecht deckte die Wände und glühte golden: verbreitete ein Licht, das trüber war als das des Mondes.
In der Mitte der Höhle lag ein Riese, und sein Schnarchen klang wie das Rumpeln von Wagenrädern. Er schlief auf einem Felsbett, das sich, durch langen Gebrauch gleichsam eingeschliffen, um seine Glieder schmiegte. Ein Luftstrom ging an dem Riesen vorbei, und er kam von jenseits der Dunkelheit und trug den Geruch von Gras und Freiheit herbei.
Ja, ein Riese versperrte ihr den Weg, und sie war doch nur eine

kleine Diebin. Nie hatte sie etwas aus dem Haus des Zauberers gestohlen oder auch nur vom Stand des Kräuterhändlers. Sie kannte bloß die geringeren Tricks, mit deren Hilfe sich der Schutz um ein Haus durchdringen ließ.
Der Riese besaß ein gewaltiges Gesicht – breit und erdfarben. Er bewegte sich im Schlaf, und Tarsia sah die Kette an seinem Fußgelenk: Sie führte zu einem Eisenring im Boden. Die Glieder der Kette waren so dick wie Tarsias Bein; das verrostete Schloß wirkte so groß wie ihr Kopf. Wer, dachte sie, mag ihn eingekerkert haben? Und womit hat er das verdient? Vorsichtig versuchte sie, die Länge der Kette zu schätzen. Konnte sie es wagen, sich am Giganten vorbeizuschleichen, ohne befürchten zu müssen, daß er sie fing?
Die Kette schien lang zu sein – allzu lang.
Ein jäher Windstoß zauste sein Haar, und das Schnarchen brach ab. Mit geblähten Nasenflügeln sog er die Luft ein. »Ich rieche dich«, sagte er langsam. »Ich kenne deinen Geruch, Hexe. Was willst du jetzt mit mir?« Er sprach, als ob er sie kannte.
Tarsia bewegte sich nicht. Sie stützte die linke Hand gegen den Fels, die rechte umklammerte das nutzlose Messer. Die Augen des Hünen forschten in den Schatten und fanden das Mädchen.
»Ah«, sagte er. »Die gleichen Augen, das gleiche Haar, der gleiche Geruch – nicht die Hexe, sondern ihre Tochter.« Er grinste, ein böses Funkeln in den Augen. »Du hast dir lange Zeit gelassen, um herzufinden.«
»Ich bin niemandes Tochter«, sagte sie. Riesen und Hexen – das war nicht ihre Welt. Ihre Mutter? Sie hatte keine Mutter. »Ich bin nur eine arme Diebin aus der Stadt. Und dort will ich auch wieder hin.«
»Du kannst an mir nur vorbei, wenn du mich befreist, Hexentochter«, sagte er.
»Wenn ich dich befreie?« Sie schüttelte ungläubig den Kopf. »Wie denn? Indem ich die Kette zerbreche?«
Der Riese furchte die Stirn. »Ein Tropfen Blut von dir auf dem Schloß wird mich befreien. Das mußt du doch wissen.« Seine

Stimme klang irritiert. »Wie kannst du hoffen, den Thron deiner Mutter zu gewinnen, wenn du nicht einmal weißt ...«
»Wer ist meine Mutter?« unterbrach sie ihn scharf.
»Du weißt es nicht.« Wieder grinste er, und seine Stimme hatte jenen übergescheiten Klang, wie sie ihn von starken Männern kannte: von Muskelprotzen, die selten in die Verlegenheit kamen, klug sein zu müssen. »Befreie mich, und ich werde es dir sagen.«
Er zog seine Beine dicht an den Leib, stemmte sich höher und stieß mit dem Schädel oben gegen die Höhle. »Nur ein Tropfen Blut, und ich lasse dich vorbei. Selbst wenn das Blut mich nicht befreit, lasse ich dich gehen.«
»Selbst wenn es dich nicht befreit?« fragte sie vorsichtig.
»Hast du solche Zweifel an dir?« Er hob die Schultern. »Ja, selbst dann.«
Sie näherte sich, blieb jedoch auf der Hut – jeden Augenblick bereit, in den Tunnel zurückzuspringen. Ohne den kauernden Riesen aus den Augen zu lassen, ritzte sie ihre Hand. Blut floß, und ein Tropfen fiel auf das verrostete Schloß. Sie wich zurück. Der Blick des Riesen haftete auf dem Schloß; und auf dem Rauch, der vom Schloß aufstieg und die Kette umkräuselte.
Ganz auf der anderen Seite der Höhle stand sie, indes der Riese noch auf das Schloß starrte, und aus sicherer Entfernung rief sie scharf: »Wer ist die Hexe, die dich hier angekettet hat, Riese? Halte deinen Teil unserer Abmachung ein. Wer ...?«
»Daaa!« sagte der Riese. Mit einer triumphalen Bewegung riß er an der Kette, und das Schloß fiel offen.
»Wer ist die Hexe?« rief Tarsia wieder.
»Danke für deine Hilfe, Hexentochter.« Er bewegte sich an ihr vorbei, in die Dunkelheit, wo die Wölbung höher war. »Ich werde jetzt sehen, daß ich meinen Teil dazu beitrage, damit die Prophezeiungen sich erfüllen.«
»Aber wer ist meine Mutter?« rief sie. »Du hast versprochen, es mir zu sagen.«
»Wer wäre wohl stark genug, einen Sohn der Erde anzuketten? Niemand, außer der Herrin des Winds.«

»Was?« rief Tarsia, doch die einzige Antwort war der Widerhall ihrer eigenen Stimme. Sie hörte, wie der Riese in der Dunkelheit davontolperte, und ihre Phantasie war erfüllt von donnerndem Flügelschlag und dem Bellen von vier schlanken Hunden. Sie lief hinter dem Riesen her – und lief und lief, obwohl sie wußte, daß sie ihn nie würde einholen können. Immer frischer wurde die Luft, immer stärker wuchsen Dinge empor, während sie lief. »Warte!« schrie sie – doch der Riese war verschwunden.

Die Luft roch nach frischgebrochener Erde. Tarsia lief auf ein helles Licht zu – Sonnenlicht des späten Nachmittags. Sie sah die Spuren, welche der Riese hinterlassen hatte: dort, wo seine Pranken den Fels weggefetzt hatten, wo er sich seinen Weg ins Freie bahnte. Spuren, ja. Auch die Spuren seiner Füße: dunkle Löcher im weichen Gras, und Abdrücke, die über sanft abfallende Hügelhänge zum in der Ferne funkelnden Fluß führten. Tarsia lief und lief, bis ihre Beine müde wurden; und schließlich trottete sie am Flußufer entlang, indes die Schatten immer länger wurden. In nördlicher Richtung hielt sie sich. Dort lagen die Berge, und in den Bergen befand sich der Hof der Herrin.

Das Licht verblich, als sie schließlich anhielt, um sich auszuruhen. Sie setzte sich, aber nur für einen Augenblick. Mehr nicht. Zitternd im fröstligen Dämmerlicht, schwankte sie in eine Dunkelheit, die noch tiefer war als in jenen Tunneln unterhalb der Stadt.

Der Geruch von Holzkohlenfeuer – übler, ätzender Frühmorgengestank –, doch Tarsia stand jetzt nicht auf dem kalten Schiefer eines Dachs. Der Wind, der den Geruch des Rauchs herbeitrug, wehte ihr das Haar in den Nacken, und rings um sie war das Rauschen von Flügelschlägen.

Sie stand im Triumphwagen neben der Herrin, und ihnen zur Seite liefen die vier Hunde des Windes. Tief unten erblickte Tarsia das graue Schieferdach und die Wäscheleine mit der flatternden Wäsche. Und sie sah auch die uralten Türme der Stadt, die verfallenden Mauern, die Stände und Buden auf dem Markt.

»Dies ist der dir gemäße Platz, meine Tochter«, sagte die Herrin,

und ihre Stimme klang so sacht wie der Sommerwind, wenn er durch die Türme bläst. »Über der Welt an meiner Seite.« Die Herrin nahm Tarsias Hand, und der Schmerz entschwand.
Tarsia hörte ein Rumpeln – wie das Geräusch von Wagenrädern auf einer gepflasterten Straße. Tief unten sah sie, wie die Türme erbebten; sah auch das erdfarbene Gesicht, das wirr und wild heraufglotzte von dort. Der Riese, gerade hervorgekrochen aus seinem Loch, schüttelte den Staub ab und erklomm die Stadtmauer mit zwei, drei Schwüngen. Er schien gewachsen zu sein, wirkte jedenfalls noch größer als zuvor. Von der Höhe eines Turms reckte er sich empor – und streckte sich nach dem Triumphwagen der Herrin. Tarsia schrie auf vor Furcht. Würde es ihm gelingen, sie zu erreichen? Und zurückzuzerren in den Rauch und in den Staub?

Der Geruch des Rauchs war Wirklichkeit. Unter sich fühlte Tarsia das feuchte Gras des Flußufers, dennoch war ihr warm. Über ihr lag eine Decke, die leicht nach Pferd roch.
Sie zwang ihre Augen auf. Ein Flußufer am frühen Morgen – blinkende Tautropfen auf dem Gras, ein weidender Schimmel, ein kleines Feuer mit emporkräuselndem Rauch, ein dünner, braunhaariger Mann in grüner, reisefleckiger Kleidung. »Du bist wach«, sagte er. »Wie fühlst du dich?«
Ihr Kopf schmerzte. Mühsam setzte sie sich auf und hüllte sich fester in die Decke – nein, ein grüner Mantel, ein Umhang war's.
»Es geht«, murmelte sie, und aus ihrer Stimme klang tausendfältiges Mißtrauen, geschürt durch die Tücken der Stadt.
Er betrachtete sie aufmerksam. »Wir sind hier weit von jedem Ort. Wo willst du hin?« Er sprach mit dem gleichen Akzent wie die Händler aus dem Süden, die manchmal die Stadt besuchten.
Sie drehte den Kopf und blickte zu den Hügeln. Doch die Stadt konnte sie nicht sehen. War sie, auf ihrem Weg durch die tiefen Tunnel, denn wirklich so weit abgetrieben worden? »Ich bin von der Stadt gekommen«, sagte sie. »Und von der Stadt will ich auch

fort.« Tarsia betrachtete den Schimmel. Das Tier wirkte wohlgenährt. Der Sattel, der auf dem Boden lag, war abgewetzt, doch von allerbester Qualität. Und der Mantel, der sie umhüllte, schien gewoben aus feinster Wolle. Am Sattel lehnte eine Laute, eingewickelt in ähnlichen Stoff.

»Ich bin ein Spielmann«, sagte der Unbekannte. »Ich reise gen Norden.«

Tarsia nickte. Wer so freimütig Auskunft über sich gab, log zumeist – das war eine alte Erfahrung. Ein Spielmann – ein fahrender Musikant – hätte sich nie und nimmer einen solchen Sattel leisten können. Sie blickte ihm in die braunen Augen und bemerkte ganz nebenbei den goldenen Ring an seiner Hand. Ein Dieb wie sie, gar kein Zweifel. Und so konnte sie ihm vertrauen – soweit man einem Dieb denn vertrauen konnte. Erfahrungen besaß sie in diesem Punkt nicht. Bisher hatte sie es stets vorgezogen, allein zu arbeiten.

»Auch ich möchte nach Norden«, sagte sie. »Wenn du mich mitnimmst, kann ich dir von Nutzen sein. Ich kann zum Beispiel ein Feuer ohne Rauch machen ...« Sie brach ab und blickte zu dem qualmenden Feuer. In dem grünen Mantel wirkte sie klein und hilflos, das war ihr wohlbewußt; und sie hoffte, daß ihr Gesicht blaß war und dreckverschmiert.

»Ich kann dich ja wohl nicht so einfach hier lassen«, sagte er, und seine Stimme klang ein wenig verärgert. »Also gut, ich werde dich bis zur nächsten Stadt mitnehmen.«

Langsam, wie völlig entkräftet erhob sie sich. Doch dann machte sie sich nützlich: schürte das Feuer, bis die Holzstücke flammten; röstete das Brot, das der Spielmann aus seinem Gepäck zog; belegte die dicken Scheiben mit geschmolzenem Käse.

Sie half ihm, den Schimmel zu satteln. Unauffällig ließ sie ihre Hand in eine der Satteltaschen gleiten und entdeckte einen Geldbeutel. Schon hatte sie zwei, drei Münzen eingesteckt. Gut verborgen, lagen sie nun in Tarsias Tasche und würden später gewiß von Nutzen sein: eine einträgliche Sache, selbst wenn der Spielmann sie wirklich nur bis zur nächsten Stadt mitnahm.

Als sie aufbrachen und den Fluß entlangritten, saß sie hinter ihm auf dem Pferd. »Wie weit nach Norden reist du?«

»Bis zu den Bergen«, erwiderte er und spielte auf seiner Laute eine Melodie.

»Zum Hof der Herrin des Winds«, riet sie – und unterdrückte ein Lächeln, als er plötzlich die Stirn furchte. Wohin wohl sonst konnte einen Spielmann sein Weg in den Bergen führen? Einen Spielmann – oder auch einen Dieb? »Kann ich mit dir kommen?«

»Wozu?«

Sie zuckte die Achseln. »Ich bin noch nie an einem Hof gewesen. Und die Herrin soll sehr schön sein.«

Der Spielmann schüttelte den Kopf. »Schön, aber auch verrucht.«

»Ich kann für mich zahlen«, sagte Tarsia – und fragte sich, ob er wohl seine eigenen Münzen erkennen würde.

Doch wieder schüttelte er den Kopf, und jetzt spielte er eine andere Melodie, eine sanfte Weise, an die sie sich aus ihren Kindertagen erinnerte. Die Wörter allerdings hatte sie vergessen, bis auf den Refrain, der von der schönen Herrin handelte und von den vier schlanken Windhunden an ihrer Seite. Die Herrin war die Schwester der Sonne und die Tochter des Mondes.

Als der Spielmann jetzt den Refrain sang, klangen die Wörter höhnisch, zynisch. Der Text sprach davon, wie die Herrin die Geister der Erde, des Wassers und des Feuers sich gefügig machte; wie sie die vier Winde gefangen und in ihren Turm geworfen hatte; und daß die Welt unglücklich sein werde, ehe nicht die vier Winde wieder frei waren.

»Ich habe das Lied aber anders in Erinnerung«, sagte Tarsia, als der Spielmann schloß.

Er zuckte die Achseln. »In meinem Land zollen wir der Herrin keinen Tribut. Seit fünf langen Jahren herrscht bei uns Trockenheit, sind die Ernten dürftig. Wir lieben die Herrin nicht.«

Tarsia dachte an die Parade, die alljährlich zu Ehren der Herrin stattfand, wenn der Tribut gesendet wurde. Die Stadt war für ihre

Silberarbeiten berühmt, und Jahr für Jahr produzierten die Künstler kleine Wunderwerke, die zum Hof in den Bergen geschickt wurden. Und die Winde wehten durch die Türme und brachten Regen für die Bauern außerhalb der Mauern der Stadt.

Tarsia erinnerte sich an das vergangene Jahr. Während der Parade hatte sie so manchem Zuschauer die Taschen erleichtert. Schließlich war sie auf die Stadtmauer geklettert, um von dort, über dem Tor, der nordwärts ziehenden Karawane nachzusehen, die sich jetzt dahinwand zwischen Bauernhütten und grünen Feldern. Kühl blies der Wind oben in luftiger Höhe, doch Tarsia fühlte sich glücklich – so hoch über der Menge. Das letzte Pferd in der Karawane trug eine Silberstatuette: die Herrin, in die Ferne spähend, eine Hand auf dem Kopf eines Hundes.

In jenem Augenblick hatte Tarsia sich der Herrin irgendwie verwandt gefühlt – allein und stolz, über der Welt.

»Warum zahlt ihr keinen Tribut?« fragte sie den Spielmann. »Seid ihr zu arm?«

»Zu stolz«, sagte er. »Unser König erlaubt es nicht.«

»Wie töricht!«

Der Spielmann lächelte säuerlich. »Vielleicht. Die ganze Familie besteht wohl aus Toren – aus idealistischen, arroganten Narren.«

»So werden die Menschen in deinem Land sterben an Stolz.«

Er schüttelte den Kopf. »Vielleicht. Vielleicht nicht. Womöglich ereignet sich etwas.« Er seufzte. »Ich weiß nicht recht – der König scheint gesonnen, sich aufs Glück zu verlassen. Er glaubt wohl, daß die Prophezeiung sich erfüllen wird.«

Tarsia krauste die Stirn. »Warum ziehst du zum Hof der Herrin, wenn du sie nicht magst?«

»Ein Spielmann sorgt sich nicht um Zauber und Winde.« Er begann, ein anderes Lied zu spielen; vereitelte so jedes weitere Gespräch. Die Töne hallten über das träge, grüne Wasser des Flusses, und der gleichmäßige Hufschlag des Schimmels bildete den Rhythmus dazu. Der Spielmann sang von einer Undine,

einer Flußnymphe, die einen menschlichen Geliebten hatte, ihn jedoch an die Wasser verriet und zuließ, daß der Fluß stieg, bis der Geliebte ertrank.
Baumgeäst hing tief, dichtbelaubte Zweige streiften das Wasser. Zwischen knorrigen Stämmen schlängelte der Pfad sich dahin. Sie ritten und ritten, weiter durch Schatten, und alles Licht der Sonne schien der Fluß in sich einzufangen, unwiderruflich, für alle Zeit, in flimmernden, flirrenden, funkelnden Wirbeln. Auf der anderen Seite des Flusses erhob sich ein felsiges Ufer, von Farnen bedeckt, mit Blumen geschmückt.
»Schönes Land«, sagte Tarsia.
»Tückisches Land«, sagte der Spielmann. »Wenn du versuchen würdest, die Felswand zu erklimmen, so würdest du sehr bald entdecken, daß die Blumen dort auf lockerem Gestein wachsen, auf Geröll, das unter deinen Händen und Füßen nachgibt und dich mit sich in die Tiefe reißt.«
Bei Einbruch der Dunkelheit befanden sie sich noch immer im Wald, und ein Baum sah aus wie der andere. Sie kampierten in einer gastlichen Mulde, doch das winzige Feuer, das Tarsia machte, verbreitete nur wenig Licht. In den Bäumen war ein Rauschen, und während Tarsia Brot röstete und Käse bereitete, glaubte sie in der Ferne, auf der anderen Seite des Flusses, ein helles Blinken zu gewahren. Sie hüllte sich in den Ersatzmantel des Spielmanns und streckte sich neben dem Feuer aus.

Für einen Augenblick glaubte sie, in der Höhle unter der Stadt zu sein: Es war dunkel und kalt. Doch der Wind, der ihr ins Gesicht peitschte, roch nach fließendem Wasser und nach Pflanzen, und über sich konnte sie die Sterne sehen. Neben ihr stand die Herrin, stolz, stumm, gegenwärtig.
Sie waren dem Riesen entkommen, doch Tarsia begriff, daß der Riese allein für die Herrin keine Bedrohung sein konnte. Aus luftiger Höhe tauchten sie jetzt auf die Erde zu, und Tarsia sah das gewundene Band des Flusses, glitzernd im Mondenschein. Ein winziger Lichtfleck, dort unten, ihr eigenes Lagerfeuer, und die

unscharf umrissene Gestalt daneben mußte wohl der Spielmann sein. Ja, dort, tief unten.
An den Hof der Herrin wollte er ziehen, um dort zu stehlen; und Tarsia wünschte sich, ihn einladen zu können, in den Triumphwagen, an ihre Seite. Verfrorene, einsame Gestalt – wie sie selbst es so oft gewesen war, oben auf der Mauer in der Stadt der Türme.
»All dem bist du jetzt enthoben«, sagte an ihrer Seite leise die Herrin. »Du bist die Tochter des Mondes, die Schwester der Sonne.«

Sie erwachte vom Plätschern des Wassers, vom leisen Wiehern des Pferdes. Das Wasser klang nah, sehr nah. Sie setzte sich auf und blinzelte gegen die Lichtreflexe vom Wasser her: Widerschein des Mondes, nur wenige Schritte entfernt. Der Schimmel zerrte am Haltestrick, auf vergeblicher Flucht vor dem steigenden Wasser. Wieder blinzelte Tarsia. Und erblickte eine schlanke Frauengestalt, ganz in Weiß, mitten im Wasser. Aus tieftraurigen Augen sah die Frau sie an.
Sie streckte Tarsia die Hände entgegen, und von den Spitzen ihrer langen Finger tropfte Wasser. Mondlicht glitzerte auf ihr, genau wie das Licht auf dem Wasser glitzerte. Von ihren schmalen Handgelenken hingen Silberketten, wie aus Mondschein gemacht, zum Wasser hinab.
Tarsia zog die Beine an den Leib und erhob sich und wich zurück. Die Wassernymphe streckte die Hände noch weiter vor, und beinahe gelang es ihr, Tarsia zu berühren. Die junge Diebin vernahm Worte im Plätschern des Flusses: »Komm zu mir, berühre mich, berühre den Fluß.« Tarsia legte eine Hand auf das Pferd, halb schon bereit, sich hinaufzuschwingen, davonzujagen.
Das Mondlicht fiel auf einen dunklen Fleck im Wasser – den Mantel des Spielmanns. Und dort war auch der Spielmann selbst. Buchstäblich bis zum Hals stand ihm das Wasser, doch noch immer schlief er friedlich. Der Mantel schwamm oder schwebte in Schulterhöhe, teils in einem Baumstamm verfangen. Um zum Spielmann zu gelangen, würde Tarsia den Fluß berühren und sich der

Wasserfrau nähern müssen. Doch wenn sie davonflüchtete zu ihrer Mutter Hof, würde niemand etwas davon erfahren.

»Laß mich gehen, Tochter des Mondes«, wisperte das Wasser, und der Wind, der im Laub raschelte, schien leise zu lachen.

»Laß ihn gehen, und ich werde dich befreien«, bat Tarsia verzweifelt. »Aber laß ihn zuerst gehen.« Sie hatte nicht die leiseste Ahnung, wie sie die Nymphe befreien konnte. Die Hände, wie ganz aus Wasser, streckten sich nach ihr, und sie wollte sich aufs Pferd schwingen und davonjagen.

»Befreie mich, und ich werde ihn gehen lassen«, zischte die Stimme des plätschernden Wassers.

»Aber ich kann nicht ... ich weiß nicht, wie ...«

Ein Flüstern in der Nacht: »Gib mir von dir, Tochter des Mondes.«

Im Mondlicht sah Tarsia, wie der Kopf des Spielmanns ins Wasser sank. Silberne Bläschen sprudelten hoch. Sie machte einen Schritt vorwärts, entschlossen, die Wassernymphe zur Seite zu stoßen. Tarsias Augen waren naß: Tränen der Enttäuschung, der Wut, der Sorge, der Pein. Eine einzelne Träne löste sich, rann über ihr Gesicht und fiel in den Fluß. Eine einzige nur.

Tarsia griff nach dem Mantel des Spielmanns, nach seinem Arm und zog und zerrte ihn aufs Flußufer zu. Ein langgedehntes Seufzen ertönte, und sie sah, wie auf den Armen der Wasserfrau die Mondlichtketten verblichen. Mit überschwenglicher Geste hob die Nymphe die Hände zum Himmel, und der Fluß seufzte: »Dank sei dir, Tochter der Herrin.« Die schlanke Gestalt verschmolz mit dem Fluß, nur ein Kräuseln, ein sanftes Glitzern noch in der Strömung. Der Spielmann hustete und begann sich zu bewegen.

Tarsia machte ein Feuer für ihn und umhüllte seine Schultern mit dem trockenen Mantel. Sie selbst brauchte keine Wärme. Sie fühlte sich stark – nicht länger eine Diebin, sondern Tochter der Herrin.

»Was würdest du bloß tun, wenn du nicht mich hättest, um dir ein Feuer zu machen?« fragte sie den Spielmann.

Er zuckte die schmalen Schultern. »Ich vertraue immer auf mein

Glück. Glück und Bestimmung.« Hell leuchteten seine Augen im Mondenschein. »Mitunter sind sie mir sehr zu Diensten.«
Am folgenden Tag führte der Ritt sie aus dem Fluß-Canyon in das goldene Vorgebirge. Ein Knabe, der beim Ufer Ziegen hütete, musterte beide verblüfft. »Niemand kommt jemals diesen Pfad entlang«, sagte er.
Tarsia lachte. Der Anblick der Berge heiterte sie auf. »Wir sind dort entlanggekommen.«
»Was ist mit der Undine?« fragte der Knabe.
»Was soll mit der Undine sein?« sagte sie, noch immer lachend, während sie vorüberritten. »Wir haben sie auf ihren Weg geschickt.«
Sie ließen die Ziegenherde hinter sich. Ein Stück voraus erblickten sie die Gebäude einer kleinen Stadt. Die Sonne schien Tarsia ins Gesicht, und sie sah die Berge, wildgezackte Spitzen im ewigen Schnee. »Nimm mich mit zum Hof der Herrin«, bat sie den Spielmann plötzlich. »Ich weiß, warum du dort hinwillst, und ich möchte mitkommen.«
Er schien überrascht. »Du weißt? Aber ...«
Sie lachte. »Hältst du mich für einen Schwachkopf? Kein Spielmann könnte sich ein solches Pferd oder einen so schönen Sattel leisten. Ich habe gleich gesehen, daß du ein Dieb bist.« Sie lächelte über sein verdutztes Gesicht. »Ich weiß, daß du zum Hof der Herrin willst, um zu stehlen.«
»Hm, verstehe«, sagte er langsam. »Aber wenn ich ein Dieb bin, warum willst du dann mit mir kommen?« Er betrachtete sie sehr aufmerksam.
Für einen Augenblick spielte sie mit dem Gedanken, ihm die Wahrheit zu sagen. Doch ihr eingewurzeltes Mißtrauen behielt die Oberhand. »Ich möchte herausfinden, welche der Geschichten über die Herrin wahr sind«, sagte sie. »Außerdem kann ich dir helfen.« Insgeheim stellte sie sich vor, wie sie an der Seite ihrer Mutter stand und den Spielmann mit Gold und Juwelen belohnte, weil er sie zum Hof gebracht hatte, und sie lächelte.
»Es ist ein gefährlicher Ort«, sagte er.

»Wenn du mich nicht hinbringst, reise ich allein«, sagte sie. »Bringst du mich jedoch hin, so bezahle ich für alles selbst. Auch für die Unterkunft heute nacht werde ich bezahlen.«
Er nickte schließlich. »Wenn dir so sehr daran liegt, will ich es tun. Aber es ist deine eigene Entscheidung.«
Im hohen Gras am Flußufer wisperte der Wind. »Er will uns Mut machen«, sagte Tarsia.
»Der Wind lacht über uns«, sagte der Spielmann.
Am Abend, im Wirtshaus, standen Tarsia und der Spielmann im Mittelpunkt der allgemeinen Aufmerksamkeit. Der junge Ziegenhirt hatte herumerzählt, welchem Pfad sie gefolgt waren. »Ihr seid an der Undine vorbeigelangt«, sagte der Wirt verwundert. »Wie habt ihr das nur gemacht?«
Tarsia berichtete getreulich; nur vom Abschiedsseufzer der Wassernymphe sprach sie nicht. »Dann ist der Fluß also aus den Banden der Herrin befreit«, sagte ein mürrischer Bauer. »Sie wird darüber nicht sehr glücklich sein.« Ein grimmiges Lächeln spielte um seine Lippen.
»Leise, mein Freund«, mahnte der Wirt. »Du willst doch nicht, daß man dich hören kann ...«
»Wir leben im Schatten ihrer Herrschaft«, murrte der Bauer. »Doch vielleicht neigt sich diese dem Ende zu. Mein Sohn hat mir erzählt, er habe die Fußstapfen eines Riesen gesehen, die zum Hof der Herrin streben. Und dieser Mann und dieses Mädchen hier sagen, die Undine sei frei. Vielleicht ist die Herrin ...«
»Nur wer vom gleichen Blut ist wie die Herrin, kann die Winde befreien«, fiel ihm der Wirt ins Wort. »Und sie hat keine Kinder.«
»Es heißt, sie habe einmal eine Tochter gehabt«, erklärte der Spielmann mit ruhiger Stimme. »Als ich Laute spielen lernte, befaßte ich mich auch mit alten Liedern und Mären. Es heißt, das Kind sei bei einer Schlacht mit einer Nachbarstadt in Gefangenschaft geraten – und getötet worden, als die Herrin sich weigerte, die Winde freizugeben, um das Mädchen auszulösen.«

»Und die Herrin trauerte um ihre Tochter?« fragte Tarsia begierig.
Die Gäste, Dörfler allesamt, lachten nur, und der Spielmann hob die Augenbrauen. »Das bezweifle ich. Doch in den Geschichten ist davon nicht ausdrücklich die Rede.«
Ein Fensterladen krachte gegen die Mauer. Draußen war jäh ein Wind aufgekommen. Die Gäste, die sich um Tarsia versammelt hatten, als sie von der Wassernymphe zu erzählen begann, gingen rasch zu ihren Tischen zurück.
»Manche sagen, daß die Winde, welche die Herrin wehen läßt, ihr die Geschichten zutragen«, sagte der Spielmann leise zu Tarsia. »Niemand weiß es genau.« Wieder krachte der Fensterladen, und für einen Augenblick brachen alle Gespräche ab. Gedämpft wurden sie fortgesetzt.
»Früher war das Land hier grün«, sagte der Spielmann. »Doch dann trocknete es aus, und das hat die Menschen verbittert.«
Er zupfte an den Saiten seiner Laute, eine langsame, süße Weise erklang, und Tarsia erhob sich und ging zum Tresen, um mit dem Wirt zu sprechen wegen der Übernachtung. Silbern blinkte eine Münze zwischen ihren Fingern, aus der Tasche des Spielmanns gestohlen. Der Wirt wog das Geldstück in der Hand, betrachtete es von beiden Seiten.
»Eine Münze aus dem Süden«, sagte er, den Blick auf dem aufgeprägten Bildnis.
Das Lied des Spielmanns klang herbei, erhob sich über die murmelnden Stimmen. Wie schon am Tag zuvor, spielte er die traurige Ballade von der Herrin. Der Wirt warf ihm einen scharfen Blick zu, betrachtete dann wieder die Münze. Er schien auf die Geräusche des Windes zu lauschen, der um die Fenster schlich.
»Ihr wollt von hier in die Berge?« fragte er.
»Ja«, erwiderte Tarsia vorsichtig. Sie wußte ja, daß er kein Freund der Herrin war.
Er gab ihr die Münze zurück. »Viel Glück«, sagte er. »Labt euch nur kräftig am Abendmahl. Schlafen könnt ihr im Speicher über dem Stall.«

Sie musterte ihn verständnislos. »Was soll das? Warum tust du das?«
Im trüben Licht schien er das Gesicht des Spielmanns zu studieren. »Nimm es als Lohn dafür, daß der Fluß von der Undine befreit ist.« Er lächelte sie an, zum erstenmal, und schloß mit seiner Faust ihre Finger um das Geldstück. »Viel Glück.«
Sie steckte die Münze ein und ging unzufrieden zum Spielmann zurück. Die Sache war ihr unerklärlich, und das mißfiel ihr. Genau wie der Riese schien der Wirt zu glauben, daß sie mehr wußte, als wirklich der Fall war.
»Bist du dir mit ihm einig geworden?« fragte der Spielmann.
Mit gerunzelter Stirn setzte sie sich neben ihn auf die Bank. »Wir schlafen im Speicher über dem Stall. Er wollte kein Geld – hat's abgelehnt.«
»Verstehe.« Der Spielmann nickte dem Wirt zu, und dieser winkte zurück – mit einer Geste, die fast wie ein Salutieren war.
»Es gibt Dinge, bei denen man keinen Handel macht, Kleine«, sagte der Spielmann. »Das mußt du noch lernen.«
In der Nacht lagerten sie im süß riechenden Heu. Draußen heulte der Wind wie ein Rudel Hunde auf der Jagd, und Tarsia lag wach. Sie lauschte auf den gleichmäßigen Atem des Spielmanns und dachte an die Berge und an den Hof der Herrin. Doch schlafen und träumen wollte sie nicht.
Als sie sich unruhig im Heu wälzte, sagte der Spielmann: »Streck dich richtig aus und schlafe ein.«
»Ich kann nicht«, murmelte sie in die Dunkelheit, wo es nach Pferden roch.
»Was ist denn?« wollte er wissen.
»Mir ist kalt«, sagte sie, und das war die Wahrheit – trotz des wärmenden Mantels zitterte sie.
Müde stützte er sich auf einen Ellenbogen hoch und hob seinen Umhang – lud sie zu sich ein. Sie schmiegte sich an seine Brust, und er berührte sanft ihre Wange. »Was macht dir Sorgen?« fragte er. »Möchtest du umkehren?«
»Alles war so einfach«, sagte sie, halb im Selbstgespräch. »Ich war

nichts als eine Diebin in der Stadt, die auf die Stadtmauer kletterte und über die Leute lachte, die so dumm waren, sich von mir bestehlen zu lassen. So einfach ...«
»Was bist du denn jetzt?« Seine Stimme klang sanft, und doch war die Frage voller Schärfe.
Die Winde heulten, und sie zitterte. »Niemand. Überhaupt niemand.«
Sacht wiegte der Spielmann sie in seinen Armen, und sie lauschte auf seinen gleichmäßigen Atem, als er dann schlief. Auch sie selbst schlief, doch ein leichter Schlaf war es nicht.

Warm lag die Hand der Herrin auf Tarsias Hand. Weit unten sah die kleine Diebin das Dorf: Spielzeughütten auf einem goldenen Hügelhang. Dahinter ragten die Berge hoch, kalt, grau, abweisend.
»Wir brauchen sie nicht«, sagte die Herrin mit ihrer leisen Stimme. »Daß sie mich hassen, ist ganz unwichtig.«
Auf ihrem Gesicht spürte Tarsia den Wind, und die Sterne wirbelten ringsum, und sie war hoch über allen Menschen. Hier konnte sie niemand berühren. Keiner konnte sie in Fesseln legen oder durch Abwässertunnel jagen. Sie war heimgekehrt.

Als sie am nächsten Morgen aufbrachen, sprach Tarsia kaum ein Wort. Am Hügelhang begegneten sie dem Ziegenhirt mit seiner Herde. »In den Bergen sind Räuber«, rief er ihnen zu. »Wenn ihr euch dort hinaufwagt, werden sie euch erwischen.« Der Gedanke schien ihn zu erheitern. »Auch einen Drachen gibt es dort. Auf Geheiß der Herrin. Gelingt es euch, den Räubern zu entgehen, so findet euch der Drache und ...«
Der Spielmann trieb sein Pferd mitten durch die Herde, und die Ziegen stoben meckernd auseinander.
Über ausgedörrte Hänge schritt der Schimmel vorsichtig bergauf. Gegen Abend wurde das Gras immer spärlicher, und im trüben Licht begann das Tier, über rauhes Geröll zu stolpern. Auf Tarsias Vorschlag saßen sie ab und führten das Pferd am Zügel. Um die

Müdigkeit aus den Beinen zu schütteln, lief Tarsia voraus, sprang um Steine herum, kletterte über Felsklötze hinweg und fühlte sich fast wie daheim, auf den Mauern der Stadt. Schließlich erklomm sie einen Vorsprung und spähte über den Rand zum Spielmann hinunter; wollte ihm einen Streich spielen, ihn erschrecken. Und gewahrte plötzlich auf der Fährte vor ihm eine Bewegung, ein huschendes Braun; – Bewegungen auch im Gestrüpp zu beiden Seiten des Pfads.

»Halt!« Hinter einem Felsbrocken trat ein Mann hervor. Sein Pfeil war auf den Spielmann gerichtet. Von hinten drängten weitere Männer heran.

»Ich besitze nichts von Wert«, sagte der Spielmann unerschrokken. »Überhaupt nichts.«

»Du hast ein Pferd«, sagte der Anführer der Räuber. Er sprach mit sanftem, weichem Akzent, ähnlich wie der Spielmann. »Und ich glaube, wir brauchen es dringender als du.« Der Räuber riß den Geldbeutel vom Gürtel des Spielmanns, wog seine Beute grinsend in der Hand, betrachtete dann aufmerksam das Gesicht seines Gegenübers. »Verdammt, irgendwie kommst du mir bekannt vor. Kenne ich dich ...?« Er verstummte.

»Ich bin auf der Reise zum Hof der Herrin. Ich brauche das Pferd, um dorthin zu gelangen«, sagte der Spielmann.

»Ein Mann aus dem Süden will die Herrin besuchen«, grübelte der Anführer. »Sonderbar. Seit unser närrischer König sich geweigert hat, der Herrin Tribut zu zahlen, wagen sich nur wenige aus dem Süden in ihre Berge.« Er zerrte den erbeuteten Geldbeutel auf, Münzen klimperten in seine Hand. »Nichts von Wert, wie?« sagte er. »Nur hübsches Gold und Silber.« Der Räuber hielt ein Geldstück gegen das Licht – genau wie der Wirt am Abend zuvor –, und er stieß einen langen, leisen Pfiff aus. Wieder betrachtete er das Gesicht des Spielmanns, und Tarsia sah, wie seine Zähne in einem Lächeln blitzten. »Habe ich gesagt, unser König sei närrisch? Nicht so närrisch wie sein Sohn.« Der Anführer warf die Münze einem anderen Mann im Kreis zu. »Sieh nur. Wir haben hier einen Prinz.«

Die Münze wanderte von Hand zu Hand – und jeder betrachtete den Spielmann und die Münze, die Münze und den Spielmann. Tarsia, oben auf dem Felsvorsprung, versuchte sich an das Bildnis auf dem Geldstück zu erinnern, das sie nur flüchtig gesehen hatte im trüben Licht. Sie zog eine der gestohlenen Münzen hervor und verglich den Kopf dort mit dem Kopf des Spielmanns. Die Gesichter entsprachen einander.

»Wir folgen unserer Bestimmung und unserem Glück«, sagte der Spielmann – oder der Prinz? »Im Auftrag meines Vaters mache ich diese Reise.«

Das breite Lächeln des Anführers vertiefte sich, und er warf eine Münze in die Luft. Goldflirrend fiel sie in seine Hand zurück. »Um Tribut zu entrichten«, sagte er.

»Nein.« Die Winde waren still, und die Stimme des Prinzen – Spielmann jetzt nicht mehr – klang ruhig. »Ich bin gekommen, die Winde zu befreien.«

Tarsia lehnte sich gegen den Fels und lauschte auf dem Rhythmus ihres Herzens, der schneller und immer schneller ging. Das Lachen des Anführers klang an ihr Ohr. »Was glaubst du wohl, wie die Herrin das aufnehmen wird?«

»Vielleicht bleibt mir nichts übrig, als die Herrin zu vernichten. Aber die Winde müssen frei sein. Für das Heil des Landes, das ihr verlassen habt, müßt ihr mich freilassen.«

»Du appellierst an die Ehre eines Diebes?« fragte der Anführer. »Du bist wahrhaftig ein Narr. Närrisch auch, weil du glaubst, ganz allein unsere Herrin vernichten zu können.«

Der Prinz hob den Blick, als wisse er genau, wo Tarsia sich verborgen hielt, und schaute dann wieder zum Anführer der Räuber. Doch in Tarsias Kopf hallten seine Worte nach: »... die Herrin vernichten ...« Die Winde schienen zu heulen. Der Prinz war nicht allein: Spuren bewiesen, daß der Riese immer weiter kletterte, zum Hof der Herrin, und die Undine war frei. Tarsia stützte sich gegen den Felsen und hörte den streitenden Männern zu. Was sollte man jetzt tun mit dem Spielmann – nein, dem Prinzen (immer wieder mußte Tarsia sich klarmachen, daß er das war: ein

Prinz). Man konnte ihn gefangenhalten, um ein Lösegeld herauszuschlagen; man konnte ihn, gegen Belohnung, der Herrin ausliefern; und man konnte ihn auf der Stelle töten, um ihn dem Drachen zum Fraß vorzuwerfen.

Tarsia folgte den Männern, in sicherem Abstand über und ein wenig hinter der Schar, während die Räuber, noch immer streitend, zur Höhle des Drachen zogen. Am Eingang verharrten sie jetzt, und Tarsia hörte das leise Wiehern des Pferdes. Der Mann, der die Zügel hielt, befand sich unmittelbar unter ihr; doch seine Aufmerksamkeit galt mehr dem Streit als dem Tier.

Tarsia sprang. Und landete halb auf, halb neben dem breiten Rücken des Schimmels. In der Mähne krallte sie sich fest und bearbeitete die Flanken mit ihren Fersen. Mit einem Sprung schoß das Tier vorwärts – auf den Prinzen zu. Tarsia versuchte, das Roß rechtzeitig herumzuwerfen; und der Schimmel bäumte sich hoch, tänzelte auf der Stelle, schleuderte den Kopf zurück – selbst für das gehorsamste Tier war der Wirrwarr von Befehlen zu groß. Tarsia kämpfte, um die Kontrolle zu behalten; und nur undeutlich gewahrte sie, daß die Männer im grauen Dämmerlicht zurückwichen vor den Hufen. Den Prinz konnte sie nicht sehen.

Flackernde Flammen, Schwefelgestank, und plötzlich war der Berg nicht mehr dunkel. Kleine Diebin – nie hatte sie mit Zauberei zu tun gehabt, nie einen Drachen gesehen. In ihrer Vorstellung war ein Drache kaum etwas anderes als eine große Eidechse, die Feuer spie.

Ein zuckender Blitz, eine hochlodernde Flamme, ein triumphales Feuer – doch es bewegte sich wie ein Tier. Wo es hintrat, ließ es Asche zurück, und als es den Kopf hob, blickte Tarsia in die weiße Allherrlichkeit seiner Augen. Weit fegte der Schwanz herum, und Funken sprühten. Halb Flamme und halb Tier war es, dieses Wesen – vielleicht auch mehr als eine halbe Flamme nur.

Sie sah den Prinzen, dort vor dem Geschöpf aus Feuer. Seinen Rachen öffnete es, und für einen Augenblick konnte Tarsia die gezackten Zähne sehen.

»Kind des Feuers«, rief Tarsia. »Wenn ich dich befreie, wirst du mich zu meiner Mutter führen?«

Knistern und Knacken, verströmende Wärme; Hitze loderte auf, Feuer schleuderte Glut.

Weit und groß wurde Tarsia das Herz, doch Verwirrung befiel sie – Scham brannte in ihr, und Treulosigkeit stach tief. Durch einen Dunstschleier aus Zorn und Rauch sah sie den Prinzen. Sie hielt die gestohlenen Münzen in der Hand; wollte die Geldstücke los sein, ebenso wie ihn selbst. »Ich gebe mich dir, Kind des Feuers«, sagte sie und schleuderte die Münzen in die Flammen. Drei Punkte, nein, Pünktchen aus Gold, urplötzlich geschmolzen.

Mit ihnen entschwand die Hitze der Pein. Und Tarsia stand wie reingebrannt – und kalt. Kalt und klar wie das Licht der Sterne und des Monds; wie ein Abglanz aus dem Herzen eines Eiszapfens.

Der Drache schlug mit den Schwingen, und wie Feuersbrunst brandete es gegen sie an. Er umkreiste den Berg, geriet in einen Aufwind und schwebte höher. Wie eine Zunge zuckte seine Flamme vor gegen den granitenen Berghang unter ihm, ehe er in der Ferne entschwand.

Plötzlich herrschte Stille, und Tarsia zügelte das Pferd, so daß es ruhig verharrte. Der Prinz stand allein bei der Höhle. Die Welt schien durchwoben vom bläulich-durchsichtigen Abenddämmer der Berge, hier leise von Rauch durchweht, dort leicht mit Schnee besprenkelt.

»Du hast mir nicht gesagt, daß du die Winde befreien wolltest«, sagte Tarsia, und ihre Stimme besaß noch die Kraft, mit der sie zu dem Drachen gesprochen. »Du hast mir nicht gesagt, daß du ein Prinz bist.«

»Ich konnte zu dir nicht mehr Vertrauen haben, als du zu mir Vertrauen hattest, Tochter des Windes.«

»Ah, du weißt.« Ihre Stimme klang stolz.

»Ich habe es erraten. Du hast die Undine befreit«, sagte er.

»War es deine Absicht, mich zu gebrauchen, um meine Mutter zu vernichten?« fragte sie. »Nun, daraus wird nichts, Prophezeiung hin, Prophezeiung her. Ich bin hier, um meiner Mutter zu helfen,

nicht um sie zu vernichten.« Sie zwang das Pferd die Schlucht hinauf, jener Spur folgend, welche das Feuer des Drachen hinterlassen. Und sie blickte nicht zurück.
Hinauf ins Gebirge, immer auf der Fährte aus verbranntem Baum und Strauch; erbarmungslos das Roß anspornend, wenn es zu straucheln begann; weiter und weiter über Hänge voll versengtem Gras. Der Mond stieg, und der Schritt des Pferdes wurde sicherer. Gebirgsblumen nickten in der bewegten Luft, wenn sie vorüberritt, und auf den Schneebänken tanzten Eiskristalle in wirbelnden Mustern.
Das Schloß der Herrin mit seinen Türmen – mitten aus einer Art Mulde erhob es sich. Hinter den Türmen ragte eine Eiswand empor, gletscherblau im Licht des Mondes. Der Wind hatte aus dem Eis bizarre Gebilde geformt, Säulen und Grotten und Tunnel. Tarsia überquerte den Grat und hielt nun, hangabwärts, auf das Tor zu, als sie plötzlich bei den Türmen den Riesen erblickte.
Sie fühlte die Kraft in sich und kehrte nicht um.
Als sie näherkam, sah sie in der Eiswand eine Gestalt – die schlanke Gestalt der Undine. Sie roch den Schwefelgestank, und rot flakkerte es über das Eis, als der Drache die Türme umkreiste.
Die Torflügel waren aus den Angeln gerissen. Schneewehen türmten sich im Vorhof. Die Steine waren von Feuer versengt.
Direkt vor dem Riesen brachte Tarsia ihr Pferd zum Stehen. »Du bist also gekommen, um das Werk zu vollenden«, sagte er und grinste.
»Ich bin gekommen, um meine Mutter zu sehen«, antwortete Tarsia kühl und voll Bedacht.
»Hoffentlich«, sagte der Riese, »hast du seit unserer letzten Begegnung dazugelernt und weißt nun mehr.«
»Ich bin gekommen, um mit meiner Mutter zu sprechen«, wiederholte sie. »Was ich weiß oder was ich vorhabe, geht dich nichts an.« Ihre Stimme war so kalt wie das Sternenlicht.
Der Riese furchte die Stirn. »Die Leute deiner Mutter sind geflohen. Ihre Burg ist zerstört. Doch noch immer hat sie Macht über die Winde. Sie steht dort, wohin wir ihr nicht folgen können.« Der

Riese wies zum höchsten Turm. Tarsia bemerkte, daß der Wind im Schnee unten am Turm eine Stelle freigeweht hatte. »Besuche sie, wenn du willst.«

Tarsia ließ den Schimmel bei der Turmtür zurück und stieg allein die kalten Stufen hinauf. Eisiger Hauch strich ihr über den Nacken und zerrte an ihren Kleidern. Wie kalt ihr doch war, oh, so kalt – kalt wie an dem Morgen, wo sie den Brotlaib gestohlen hatte.

In der Türöffnung oben, im Kontrast zum Himmel, sah sie eine schlanke, silhouettenartige Gestalt. »Du bist also gekommen, um mich zu vernichten«, sprach eine Stimme, die gleichzeitig seidenweich war und scharf.

»Nein«, protestierte Tarsia. »Nicht um dich zu vernichten. Sondern um dir zu helfen.«

Sie blickte in die grauen Augen. Die Herrin war so schön wie Tarsias Vision: schlank, grauäugig, mit aschfarbenem Haar, gekleidet in ein wolkenweißes Gewand. In einer Hand hielt sie die Leinen für die vier Hunde. Silber waren sie im Mondlicht, und ihre Leiber schienen zu glänzen. Ihre Augen glichen Teichen aus Dunkelheit, und Tarsia fragte sich, was für Gedanken die Winde der Welt wohl bewegten. Wohin würden sie wandern, wenn sie nicht an der Leine wären? Der Eishauch zupfte an Tarsias Haar, und sie dachte: Weshalb nur müssen sie an der Leine sein?

Tarsia starrte der Herrin in die Augen, und die Herrin lachte – ein Geräusch wie das Klirren brechender Eiszapfen im Wind. »Ich sehe mich in deinen Augen, Tochter. Du bist gekommen, um zu helfen.« Sie streckte die freie Hand vor und berührte das Mädchen an der Schulter, zog die junge Diebin zu sich. Ihre Hand war kalt – Tarsia fühlte ein Frösteln bis in die Knochen.

Der Wind prallte Tarsia ins Gesicht, als sie neben der Herrin stand und hinunterblickte auf den Riesen und die Schneebank, silbern überhaucht vom Mondenschein. Der Drache schwang herab, um in der Nähe zu landen, und die Glut seiner Flammen flackerte rötlich über den Schnee.

»Wir sind über ihnen, Tochter«, sagte die Herrin. »Wir brauchen sie nicht.«

Tarsia schwieg. Unten am Arm des Riesen sah sie das baumelnde Ende einer Kette, und wieder fragte sie sich, warum er wohl gefesselt gewesen war.

»Du wartest auf die Ankunft derjenigen, die mich vernichten wird?« rief die Herrin. »Du wirst bis in alle Ewigkeit warten. Hier steht sie. Meine Tochter hat sich mit mir vereint, und gemeinsam werden wir stärker sein, als ich allein es gewesen bin. Du wirst wieder in dein Verlies geworfen werden.«

In großmächtiger Pracht hob der Drache die feurigen Schwingen. Der Riese stand mit finsterer Miene. Die Undine glitt flutend von einer Eissäule zur nächsten – den Körper absonderlich verzerrt in den bizarren Gebilden.

»Alle, die sich gegen mich erhoben haben, werden in Ketten gelegt werden«, sagte die Herrin.

»Das wird nicht nötig sein«, widersprach Tarsia, und ihre Stimme war klein, verglichen mit der ihrer Mutter. Dann rief sie den dreien, die da warteten, zu: »Versprecht ihr, uns nie wieder anzugreifen? Gelobt ihr zu ...«

»Tochter, da kann es keinen Handel geben«, unterbrach die Herrin. »Keine Abmachungen, keine Versprechungen, keine Gelübde. Du mußt lernen. Jene, die dich verraten, müssen bestraft werden. Du besitzt Macht über sie; du kannst mit ihnen nicht feilschen.«

Während sie sprach, gewann die Stimme der Herrin an Kraft – die kalte Kraft eines Winterwindes. Kein Zorn war darin, nur Kälte, bittere Kälte. Wie der bittere Wind, der die Türme der Stadt umheult hatte – allein, einsam, stolz. Wie die Böen, die Tarsia frösteln ließen, wenn sie auf der Stadtmauer schlief. Wie der eisige Hauch im Kerker, als sie hilflos angeschmiedet war.

Tarsia blickte auf die Hunde zu den Füßen ihrer Mutter; schlanke, glänzende Hunde mit den Augen der Nacht. Warum mußten sie angebunden sein? Sie blickte zur Herrin: wie aus Elfenbein geschnitzt, mit Silberhaar im Mondenschein.

»Geht«, sagte Tarsia zu den Hunden. »Seid frei.« Wie ein Seufzer verließen die Worte ihren Mund. Und die Macht, welche ihre gewesen wäre, die Macht, welche für eine Frist schon ihre gewesen war, schwand mit diesem Atemhauch. Sie hielt ihr Messer in der Hand, und mit einer Leichtigkeit, welche aus unerklärbarer Zauberkraft zu rühren schien, beugte sie sich vor und zerschnitt die Leinen der Hunde. Und unter ihr zitterte der Turm.

Die Hunde sprangen vorwärts, lachend jetzt, mit baumelnden Zungen über blitzenden Zähnen, auf schlanken Beinen emporschnellend in die Luft: lächelnde Hunde, die immer weniger Hunden glichen und immer mehr Geistern, wie Silbersand, getrieben vom Wind. Wild wirbelte das Haar der Herrin. Sie hob die weißen Arme hoch über den Kopf, streckte sie nach dem fernen Mond. Tarsia sah es, und sie wußte, daß sie nie wieder so schön sein würde, nie wieder so mächtig: daß die Winde sich nie wieder ihren Befehlen beugen würden.

Der Turm zitterte, und überall war der Geruch von Schwefel. Eiskristalle peitschten Tarsia ins Gesicht. Sie fühlte sich in die Luft gehoben – geworfen, geschleudert wie eine dahinwirbelnde Münze.

Eine Riesenhand, so schien es, ließ Mond und Sterne erlöschen.

Der Geruch eines Holzkohlenfeuers – übler, ätzender Frühmorgengestank – und ... verdammt, dachte sie. Werde ich denn niemals frei sein davon? Sie zwang ihre Augen auf.

»Du bist wach«, sagte der Prinz. »Wie fühlst du dich?«

Sie war zornig gewesen, daran erinnerte sie sich. Und die bittere Kälte hatte bis auf die Knochen gestochen. Jetzt empfand sie nur Leere, wo zuvor in ihr die Macht gewesen war. Leer und leicht fühlte sie sich.

Sie blickte zum Schloß ihrer Mutter zurück. Eine Ruine: Brandgeschwärzte Steine zeigten das Vernichtungswerk des Riesen, und auch Sturm und Schnee und Eis hatten tiefe Spuren hinterlassen. Ein Schauder überlief Tarsia.

Mit Anstrengung raffte sie sich hoch und kehrte dem Schloß den Rücken zu, blickte zum Dorf. In einiger Entfernung sah sie wirbelnde weiße Flocken über einer Schneewehe. Das Gras um ihre

Füße bewegte sich ruhelos im Wind. Sie blickte zum Prinzen und dachte an all die Dinge, die sie erklären oder fragen wollte – doch sie blieb stumm. Der Wind spielte mit ihrem Rocksaum und kitzelte sie im Genick.

»Ich werde dich mitnehmen in mein Land, wenn du die Winde mitbringst«, sagte der Prinz. Er betrachtete sie mit ruhigem Blick, als eine Ebenbürtige.

»Ich kann sie nicht mitbringen«, sagte sie. »Ich bin nicht ihre Herrin.«

Der Lufthauch half ihm, als er Tarsia in seinen Umhang hüllte, und die Winde ließen die Blumen tanzen, als der Prinz und die Diebin fortritten von den Ruinen.

ANODEA JUDITH

Hier ist zur Abwechslung eine Geschichte über eine andere Art von Zauberin: über eine der Heilkunst ergebene Frau, deren besondere Kräfte mit einer außergewöhnlichen Herausforderung konfrontiert werden. Anodea Judith hat bereits eine Story veröffentlicht, in der Anthologie Greyhaven, *und ist von Beruf Physiotherapeutin. Zur Zeit arbeitet sie an einem Nonfiction-Buch. – MZB*

ANODEA JUDITH

Das Haus im Wald

Wie aus dem Nirgendwo tauchten die dunklen Umrisse hervor. Gewiß war es nicht das, was Subana, die Heilerin, erwartet hatte, aber von dort mußte das Notsignal gekommen sein. Mit gekrauster Stirn stand sie fröstelnd im kalten Wind. Dann zwang sie sich voran.

Eine Wahl blieb ihr ohnehin nicht. Seit sie vor vier Sonnen den Heilereid geschworen hatte, war es ihre Pflicht, jedem Notruf zu folgen, den sie in sich empfing. Die lange, mühselige Ausbildung hatte ihre Sensibilität erhöht, so daß Leid und Krankheit anderer eindrangen in ihr Gemüt – und sie vorwärts trieben, bis die Heilung gelungen war.

Noch nie hatte sie versagt. Und doch schauderte sie beim Gedanken an manche Gebrechen, an schier hoffnungsloses Siechtum. Gewiß konnte man sich rat- und hilfesuchend an einen Meisterheiler wenden – aber das taten nur wenige. War man erst einmal innerlich zum Aufgeben bereit, so taugte man nicht mehr viel; und ein kranker Heiler war eine Schande für die ganze Zunft.

Dunkle Gedanken, bei denen man besser nicht verharrte. Denn für einen Heilenden konnten sie nur von Schaden sein. Subana zwang sich zu einem Lächeln. Doch der Anblick des fremden, dunklen Hauses erfüllte sie mit einer Vorahnung, die sich nicht ignorieren ließ. Machtlos gegen einen Schmerz, der weit größer war als ihre Furcht, zwang sie sich, zur Türschwelle zu treten. Und sie begann mit der rituellen Reinigung ihres Geistes.

Alles, was mein ist, bleibe zurück.
Alles, was nottut, bring das Geschick.
Alles wird gut, alles wird gut.

Wo Schatten fiel, wärmt der Sonne Glut.
Ich bin nur ein Werkzeug, ungeschützt bleibt kein Teil:
Wehrt man dem Bösen, bringt Gleichgewicht Heil.

Alle Anspannung und Furcht ließ sie zu Boden fallen, dort draußen vor der Tür; und sie dachte an das heilende Licht in ihren Händen und klopfte.

Doch da war keine Antwort! Jedenfalls keine, die ihre gewöhnlichen Sinne vernehmen konnten, obgleich es schien, als finde sich die Antwort im Schwanken der Bäume. Der Wind rauschte in den Wipfeln, laut knackte ein Zweig, in der Ferne schrie eine Eule.

Aber das war alles. Das Haus selbst blieb geheimnisvoll still. Subana konzentrierte sich. Jene besondere Sensibilität in ihr war jetzt voll darauf gerichtet, auch den leisesten Lebensimpuls einzufangen: jenen Funken Feuer, der in den Adern aller Lebewesen pulsierte. Doch sie registrierte nichts, obwohl das Notsignal keinen Augenblick verstummte: Das Gefühl von Schmerz und Hilflosigkeit lähmte sie fast, Furcht schnürte ihr den Hals.

Sie trat ein. Sie konnte nicht anders. Ihr Tagesselbst hatte sie bereits hinter sich gelassen, jetzt war sie nur noch die Heilerin.

Die Tür knarrte, schwang dann krachend auf. Wie eine feurige Zunge des Zorns loderte es empor, in Subanas Kopf, und sie stürzte zu Boden, wie in einer Falle gefangen und tief erfüllt von Furcht. Hastig schloß sie die Augen und murmelte die Worte der Litanei, die sie so gut kannte:

Es gibt kein Leid, es gibt keinen Schmerz,
Es gibt keine Furcht, es gibt keinen Tod.
Es gibt nur den Geist, es gibt nur das Herz,
Mit dem Kristall der Wahrheit heilt der Heiler die Not.

Sie lauschte auf das Echo der Worte in ihrem Inneren und fühlte sich beschwichtigt und gestärkt, so daß ihre Ängste schwanden und sie wieder die Kraft in sich spürte, ihrer selbstgewählten

Pflicht zu genügen und zu helfen, wem auch immer. Sie öffnete die Augen und sah sich um.

In der Dunkelheit ließ sich kaum etwas erkennen. Doch schärfte das ihre übrigen Sinne. Und da war die innere Witterung, die sie ein Schluchzen und Stöhnen vernehmen ließ, auch wütendes Rufen in einer fremdartigen und doch irgendwie vertrauten Sprache. Schmerz, Einsamkeit, Verwirrung, all das fühlte sie deutlich, und Zorn stieg in ihr auf und gab ihr Kraft. Tief strömte ihr Atem, schürte die Flamme des Zorns, so daß sie zu lodern schien wie eine brennende Fackel.

Wachsamkeit pulste in ihr, als hinge ihr Leben davon ab. Und so und nicht anders war es wohl auch.

Erst jetzt wurde ihr bewußt, wie stockfinster es war, und sie zündete ihre Laterne an. Der Raum, in dem sie sich befand, schien jäh vor ihr zurückzuweichen – vor Angst.

»Nun, nun«, sagte sie beschwichtigend, ohne zu wissen, zu wem – oder was – sie sprach. Noch immer blieb eine Antwort aus.

Es war ein kleiner und sehr schmutziger Raum. Subana erkannte sofort, daß sich hier niemand befand – zumindest konnte sie niemanden sehen. In einer Wand klafften große Löcher. Bunte Scheiben waren eingeschlagen, und Wind wehte herein. *Kein Wunder, daß es hier so zieht!* dachte Subana und hüllte sich in ihren Mantel. Kühl war es auch draußen gewesen, hier drinnen jedoch war es kalt.

Auf dem Fußboden lagen Fetzen von Stoff. Subana streckte ihren Stab vor und entfaltete die verkrumpelten Stücke. Lichtscheues Getier wimmelte in allen Richtungen davon. Subana breitete ein Stück auf dem Boden aus, hielt ihre Laterne darüber.

Tapisserien! Aus Satin und Samt! Was stellten sie dar? Durch allen Schmutz hindurch ließ sich, wenn auch mühsam nur, ein Bild erkennen: ein nacktes Mädchen, riesengroß in einem Wald, mit vorgestreckten Händen. Auf ihrem Gesicht und ihren Brüsten sah Subana rote Flecken.

Sie spürte, wie es in ihrer Kehle würgte. Draußen legte sich allmählich das Toben. Klagelaute wurden abgelöst von leisem Stöhnen, jenen Geräuschen ähnlich, wie sie der Wind macht, wenn er erstirbt nach einem Sturm.

Sie wischte die Tapisserie ab und hängte sie über eines der Fenster, so daß weniger kalte Luft hereinströmen konnte. Und irgendwie war ihr ein wenig wohler zumute – weil es nun wärmer zu sein schien; oder weil der Raum sich empfänglich zeigte für ihre sorgende Hand? *Sei nicht albern!* dachte sie, doch des Meisters Stimme klang an ihr inneres Ohr: »Alles ist möglich – vor allem das Unwahrscheinliche.«

Plötzliches Rumpeln unterbrach ihre Gedanken. Sofort fuhr sie herum, ihr Messer in der Hand. Nichts war zu sehen – oder doch! Aus einer Ecke drang schwacher Schein, fast ein Leuchten: aus was für einer Quelle gespeist?

Es muß das Licht der Laterne sein, das sein Gaukelspiel treibt, dachte sie und trat näher, das Messer fest in der Hand.

In der Ecke fand sich ein staubiges Brett. Sie warf es beiseite und tastete sich durch alte Spinnweben und wimmelnde Insekten vor. Dann stieß sie auf eine Art Tisch, der auf der Seite lag und voller Spiegelscherben war. Als sie sich vorbeugte, fing sich in einem Splitter das Licht, und grell zuckte es auf – golden wie die Morgensonne. War es dies gewesen, was das eigentümliche Leuchten verursacht hatte?

Ein sonderbares Gefühl von Macht und Zorn stieg in ihr auf. Sie war erfüllt von einer ruhigen, uralten Kraft, die ihr Gelassenheit gab und ihre Sinne schärfte. Sie glaubte, Atemgeräusche zu vernehmen – oder war es der Wind? Sie öffnete ihre Sinne, öffnete sie ganz weit. Und sie überließ sich dem Augenblick. Denn ihr Verstand in seiner Begrenztheit half hier nicht weiter.

»Mutter alles Lebendigen, wo bin ich?« Ihre Stimme stieß vor in die Schatten, und die Schatten bewegten sich. Eine Vision kam zu ihr. Sie sah ihre eigene Mutter, die sie mit glücklichem Gesicht empfing, als sie voller Freude zurückkehrte von ihrer Ausbildung als Heilerin. »Willkommen, Tochter«, sagte die Vision, doch sie schob sie beiseite. Ihr Tagesselbst hatte sie zurückgelassen, hier war kein Platz dafür.

Sie stellte den Tisch gerade, wischte Laub- und Schmutzreste von der Platte. Die Oberfläche war glatt und kalt und weiß – war es jedenfalls einmal gewesen. Ein qualvoller Schrei wollte ihr in die Kehle steigen, und dann fühlte sie Tränen, innere Tränen der Erleichterung.

Sie wollte weinen – oh, wie sehr! Sie fühlte Zorn, Empörung, brennende Scham. Sie fühlte den Haß ihrer Schwester, nach ihrer Vergewaltigung. Sie fühlte die Wehen ihrer Mutter bei der Entbindung. Sie fühlte das Sterben des Waldes, den Hunger und die Angst der Tiere, als die Welt aus Stein immer näherrückte. Überwältigt von der Qual rings um sie her, fiel sie auf die Knie.

Es gibt kein Leid, es gibt keinen Schmerz, es gibt keine Furcht, es gibt keinen Tod. Die Litanei beruhigte sie für einen Augenblick, doch mit geringerer Kraft als zuvor. Denn nun kam ein Geräusch, das alles andere verdrängte.

Gelächter. Tiefes, bitteres, gackerndes Gelächter. »Kein Tod!« hallte es zurück. Subana wurde flach auf den Boden geschleudert, und sie wehrte sich verzweifelt gegen die ungeheure, unsichtbare Last auf ihrer Brust, die ihr den Atem nahm. Rings um sie hörte sie Todesschreie, sah Schlachtfelder voller Verwundeter, sah Erdbeben und Waldbrände. Sie hörte das Gellen der Verwundeten, fühlte den Gram der trauernden Eltern und Kinder. Und dann: nichts. Ein Nichts, das stiller war als alle Stille zuvor. War dies der Tod?

Die Vision wich zurück. Das gackernde Lachen klang leiser, erstarb jedoch nicht.

»Wer bist du?« rief sie in die Leere hinein, als sie ihre Stimme wiederfand.

Ihr Kopf war angefüllt mit Geräuschen. Die Geräusche des Windes und des Wassers, des Meeres und des Feuers, die Laute von Kindern und von Tieren, von Sterbenden und von Neugeborenen.

Es verklang. Sie setzte sich auf. Von der Ecke her rollte ein Becher auf sie zu. Ein schmutziger Silberbecher, lang und schlank,

mit eingravierten, uralten Symbolen. Der Tisch zitterte, eine Spiegelscherbe fiel herunter, und wieder sah sie das blendende Licht, das Sonne und Mond und Feuer war, alles in einem.
Wer versuchte, zu ihr durch all dies zu sprechen? Welche Macht war hinter solch unnennbarer Kraft?
Und dann wußte sie, wo sie war. »Mutter aller Götter!« rief sie und fiel auf die Knie. Vor ihren Augen schwebten Bilder aus uralter Zeit – von Heiligtümern, wo Priesterinnen der Großen Mutter dienten, dem Geist der Natur, der freudenvollen Kraft des Lebens. Sie sah Bilder von Tempeln, die seit langem zerstört, verschüttet, vergessen waren – aber nicht tot. Noch pulste die Kraft der Wahrheit unter den Trümmern der Tempel, und es war, als schrien sie um Hilfe.
Plötzlich verstand Subana die Sprache in ihrem Kopf. Es war die Sprache des Windes, die Sprache der Tiere, und eine Sprache von großer Kraft. Die Stimme der Göttin umhüllte Subana und bannte sie.
»Du hast mich gefunden, mein Kind. Nun mußt du mir helfen. Hilf mir, denn sie sind gekommen und haben versucht, mich zu zerstören. Sie haben diesen Ort genommen, wohin meine Kinder kamen, um mich anzubeten. Sie haben meine Kinder genommen und sie gefoltert wegen ihrer Liebe zu mir. Kein Säugling saugt mehr an meiner Brust. Kein Fluß fließt mehr rein und klar. Sie haben das Land gestohlen, das ihnen das Überleben sichern sollte, und ich sterbe. Die Götter sind nicht unsterblich – sie scheiden dahin – doch langsam und unter großen Qualen, denn sie nehmen die ganze Menschheit mit sich. Wenn sie sterben, sterben auch ihre Kinder!«
Und tief in sich, im Gewölbe ihres Schädels, vernahm Subana den unverwechselbaren Schrei der Urmutter – einer jetzt sehr alten Frau.
»Oh, meine Herrin, meine Göttin, meine Königin! Ich stehe dir zu Diensten. Ich bin dein Kind, deine Tochter, deine Enkeltochter, deine Dienerin. Und dienen werde ich dir jetzt!«
Und ohne Zögern ging sie daran, alles zu säubern. In ihrem Packen

hatte sie auch Wasser. Das holte sie nun hervor und säuberte damit den Silberbecher – und es war, als fänden sich in ihm der Ozean und aller Regen und alle Flüsse; und sie schienen froh zu sein, daß sie wieder rein wurden jetzt. Subana stellte ihre Laterne nach vorn, in Richtung Süden, denn das schien der richtige Platz dafür zu sein. Die Laterne leuchtete heller, und die Flamme brannte bläulich-weiß. Der Altar funkelte vom Licht von Juwelen im Mondenschein. Der Wald regte sich. Der Wind ging schneller.

Die ganze Nacht hindurch arbeitete sie, ohne zu ermüden. Sie fand einen alten Reisigbesen und fegte den Fußboden. Sie bürstete die Tapisserien und hängte sie an die Wände. Sie legte frische Früchte auf den Altar und verbrannte reinigende Kräuter. Und sie sang bei der Arbeit. Sie sang Liebeslieder. Sie sang alte Balladen von Ritterlichkeit und magischem Zauber. Sie sang Lieder der Verehrung für die Große Göttin. Und sie fühlte sich besser und immer besser. Alle Schmerzen legten sich, und alles Stöhnen hörte auf – nur ein winziger Überrest blieb, als hauchfeiner Unterton zu der Freude, die sie erfüllte: eine ständige Erinnerung der Alten Todesbotin, damit das Leben nicht geringgeachtet werde.

Und eine neue Freude stieg in Subana auf, und mit dieser Freude ein Gefühl der Ganzheit – des Verwandtseins mit allem Leben.

Als der Morgen kam, war der Ort völlig verwandelt. Die Sonne ging auf, und ihre Strahlen fielen auf den kleinen Altar, fingen sich in dem Spiegel, der wieder darauf stand. Das Licht spielte auf den Tapisserien, und als Subana genauer hinblickte, bemerkte sie, daß sich das Bild verändert hatte. Der Körper des Mädchens strotzte von frischem Leben, die Haut war nicht mehr verschmutzt und fleckig, sondern sauber und gesund. In seinen Händen hielt es den Mond und die Sterne, und Regenbögen fielen ihm aus dem Haar. Und es lächelte – ein tiefes, strahlendes Lächeln.

Auch Subana lächelte, und ihr Gesicht spiegelte Frieden und Zufriedenheit wider. Sie fühlte sich geheilt in ihrem Inneren, als sei dort eine Leere ausgefüllt, die vorhanden gewesen war ein Leben lang.

Sie ging zum Altar und lächelte wieder; und nahm den Silberkelch und sprenkelte ein paar Tropfen um sich her. Sie machte das Zeichen, das Selbst-Schutz bedeutete, über dem Altar und trank tief vom Wasser.

»Herrin, mögest du heil sein alle Zeit!«

Sie betrachtete sich im Spiegel. Ein anderes Gesicht blickte zu ihr zurück – ein Gesicht strahlender Schönheit, unerschöpflicher Geduld, endloser Liebe.

»Mein Kind«, hörte sie, »du sollst wissen, daß ich stets bei dir bin.«

Eine letzte Träne rann Subana über die Wange und fiel auf den Altar.

»Mutter, ich danke dir«, sagte sie leise.

Sie ging zur Tür und trat hinaus ins Morgenlicht und Vogelsang.

DIANA L. PAXSON

Diana Paxson zog kritische Aufmerksamkeit zuerst auf sich mit dem Fast-Klassiker »Song of N'Sardi El« in der Anthologie Millennial Women. *Seitdem erschienen Geschichten von ihr in den Anthologien* Hecate's Cauldron *und* Greyhaven, *auch veröffentlichte sie ihre ersten Roman* Lady of Light *und* Lady of darkness, *bei Timescape. Die meisten Autoren schreiben früher oder später über einen Serien-Charakter; Diana hat mehrere Geschichten über Shanna, die Krieger-Prinzessin, geschrieben. Die erste war »The Dark Mother« in Andy Offutts Sammlung* Swords Against Darkness.

Diana meint zur hier abgedruckten Story, diese habe sich gleichsam von selbst ergeben: die Geschichte, wie Shanna zu ihrem Schwert und zu ihrer Kampfentschlossenheit kam. Diana stellte sich die Frage: »Warum entschied sich Shanna für ein Leben als Kriegerin?« Die Story gibt darauf Antwort.

In der Einleitung sprach ich von drei Tabus für den Rahmen dieser Anthologie, und ich sagte auch, jedes dieser »Tabus« sei jeweils einmal verletzt worden: durch Stories, die mich so packten, daß ich ihnen den Vorzug vor den Tabus gab. Stephen Burns Story »Geraubtes Herz« überwand meine Vorbehalte gegen männliche Protagonisten; Emma Bulls »Zerreißendes Dunkel« ließ mich über die Sprache der Science-fiction hinwegsehen; und mein drittes Tabu, offen geschilderte Vergewaltigung, wurde von der Kraft dieser Erzählung beiseite gefegt. – MZB

DIANA L. PAXSON

Schwert von Yraine

»Was ihr gewesen seid, ist vergessen ...« sangen die Priesterinnen, drei schattenhafte Gestalten, die weibliche Dunkelheit der Seele.

»Was ihr sein werdet, ist noch unbekannt ...« In vielfachem Echo hallten ihre Stimmen wider von den gewölbten Wänden der Höhle, welche man den Schoß von Sharteyn nannte, als seien die Geister all jener, welche sich den Göttinnen des Heiligtums je verpfändet, nunmehr hier vereint.

Shanna fröstelte, doch nicht vor Kälte. Wie gelähmt fühlte sie sich, halb erdrückt von riesiger Last: vom Gewicht des Felsens über ihr, vom Gewicht der Jahre, da dieser Ort den Menschen von Sharteyn heilig gewesen war, vom Gewicht der Erwartung, die man in eine Tochter des fürstlichen Hauses setzte; – und keine heilige Stimme sprach, um sie zu befreien. Sie preßte die Stirn gegen den glatten, abgewetzten Boden, als könne sie den Fels zu einer Antwort zwingen.

»Eure Leiber sind die Gewänder der Göttin ...«

Shanna richtete ihren Oberkörper auf und seufzte unwillkürlich, als sie das Spiel ihrer Muskeln in Armen und Schultern spürte. Ihre für ein Mädchen außergewöhnliche Kraft verdankte sie tagtäglichem hartem Training mit Schild und hölzernem Übungsschwert. Welche Göttin besaß so muskulöse Arme wie sie? Doch selbst ihr Bruder, der sie den Schwertkampf gelehrt hatte, wäre entsetzt gewesen, hätte sie in den Dienst *eines Gottes* treten wollen.

Trotzig schleuderte sie ihr schwarzes Haar in den Nacken. An seiner Seite hätte sie jetzt sein sollen – an der Seite ihres Bruders und ihres Vaters, der seine ungenügende Streitmacht gegen das Gesindel des Meisterbanditen Kintashe führte, irgendwo jenseits der Wälder, welche das Heiligtum umgaben.

»Eure Geister sind Ihre geheimen Heiligtümer ...«, sangen die Priesterinnen.

Neben Shanna knieten, mit demütig gesenkten Köpfen, die anderen Mädchen, in deren Gemeinschaft sie die vergangene Woche zugebracht hatte und von denen sie jetzt, ähnlich wie einer der Barden ihres Vaters, ein »Lied« zu singen wußte. Da war Martiella mit dem lachenden Blick, die deutlich auserkoren war für den Dienst bei Ytarre; da war ihre Freundin Kima, so scheu wie eine Wachtel; da war die rundliche Talia, die treu zu Shanna gehalten hatte, als die anderen Mädchen sie wegen ihres muskulösen Körpers und ihrer kräftigen Arme verspotteten; und da waren Jori, Tochter eines Landbesitzers und Kera durch Geburt und Charakter ergeben, und Danilla und Alise und Sirenne. Sie alle wußten bereits, welchen Göttinnen sie dienen würden; warum nur war es für sie, Shanna, so schwer?

»Öffnet eure Herzen, und Sie wird gewiß zu euch kommen!«

Der Singsang wich einem Rascheln, als sich die anderen Mädchen erhoben, indes Shanna auf dem Boden verharrte und in ihrer inneren Dunkelheit nach einem Zeichen forschte.

»Shanna, meine Gebieterin, du mußt jetzt kommen!« rief die Priesterin von Kera mit scharfer Stimme.

Shanna nickte und erhob sich in straffer, geschmeidiger Bewegung: sich nur nichts anmerken lassen! Unbehaglich war sie sich der vielen Blicke bewußt – tadelnde oder gelangweilte oder belustigte Blicke –, und sie vermeinte auch, die von fern forschenden Augen der Göttinnen zu fühlen, deren Bildnisse in die Felswände eingelassen waren: Artamise, Hiera die Königin, Hekaite und all die übrigen, die hier angebetet wurden, selbst Yraine, Herrin der Sterne, deren einziges »Bildnis« das stets brennende Altarfeuer war. Sein Flackern erzeugte feurigen Abglanz auf goldenen Gefäßen und Baldachinen aus Silberfiligran und glühte in den Herzen jener Kleinodien, welche die Frucht jahrhundertelanger Tribute für das Heiligtum waren.

Und morgen muß ich einer von ihnen mein Leben weihen, dachte Shanna, *und niemand außer mir wird wissen, daß es nur Schwindel ist ...*
Leise klatschten die Sandalen der Mädchen auf den kahlen Stein, als sie den Priesterinnen durch ein Gewirr von Gängen hinauffolgten zum Haus der Maiden draußen. Shanna schritt mit gesenktem Kopf, und ihr spitzer, schwankender Schatten glich einem Schwert.

Shanna kämpfte gegen einen Gegner, dessen Gesicht hinter dem schützenden Leder des Übungshelms verborgen war. Seine Identität kümmerte sie nicht. Was jetzt einzig zählte, war sein Schwert, das auf sie loszuckte und gegen ihren kleinen Schild krachte. Sie wich zurück und krümmte sich zum Sprung für den Fall, daß – ja, da war sie schon, die Blöße! Ihre Waffe schwang an der gegnerischen Klinge vorbei und prallte so hart gegen den Schild ihres Gegners, daß sie die Wucht in ihrem Schultergelenk spürte. Doch schon hielt sie ihren eigenen Schild bereit, um den Gegenhieb abzuwehren. Rhythmisch folgte, mal dumpfer, mal greller, Schlag auf Schlag: Holz auf Leder, Holz auf Holz ...
Und dann war sie plötzlich wach. Shanna lag auf ihrem Bett im Schlafsaal, doch noch immer vernahm sie das Krachen von Holz auf Holz. Ein Ächzen, ein Stöhnen erklang, dann ein heiserer Schrei, voller Triumph. Das Tor! In der Mauer, welche die Tempelgebäude umgab, war ein Tor mit Flügeln aus dicker Bergeiche. Offenbar versuchte irgend jemand, es niederzubrechen.
Auf dem Nachbarbett bewegte sich jetzt ächzend Talia. Von der anderen Seite des Saals kam verschlafenes Gemurmel. »Was ist das?« rief eine leise Stimme. »Wer macht denn all den Lärm?«
Shanna lauschte mit angespannter Aufmerksamkeit. Deutlicher hörte sie jetzt ein Gewirr von Männerstimmen, das Splittern von Holz – und plötzlich ein gewaltiges Krachen. Offenbar hatte das Tor nachgegeben.
»Kintashe!« schrie Kima. »Die Banditen sind hier, und sie werden uns alle ermorden!«

Shanna fühlte einen jähen Stich in der Brust. War es Kintashe gelungen, ihren Vater zu schlagen, ihn zu töten? Eine Frauenstimme gellte, eine zweite stieß Verwünschungen aus. Offenbar hatten die Angreifer die Priesterinnen gefunden. Trotz aller Anspannung versuchte Shanna die Geräusche draußen zu unterscheiden. Weder der Fürst noch die Priesterschaft hatten jemals daran gedacht, daß es jemand wagen würde, das Heiligtum zu entweihen.

Jeden Augenblick mußten die Eindringlinge hier sein. Mit einem Anflug von Galgenhumor dachte Shanna: *Jetzt werden wir ja sehen, ob die Göttin auf sich selbst aufpassen kann!*

Kima weinte laut, und Shanna zischte ihr durch die Dunkelheit zu: »Sei still! Willst du, daß die uns hören?«

Jetzt klang nur noch unterdrücktes Schluchzen, während von draußen rauhes Gelächter hallte und dann eine Art Schlurren, als werde etwas über den Boden geschleift.

Die Tür des Schlafsaals krachte auf, und mit einem halberstickten Schrei taumelte Martiella von ihrem Bett dicht beim Eingang. Über die weißgetünchten Wände flackerte Fackellicht, und die Mädchen, ängstlich in ihre Schlafdecken gehüllt, drängten sich an der Mauer verstört zusammen. Shanna besann sich rasch: Ihren Stolz bezwingend, tat sie es ihnen nach.

Lenke nicht die Aufmerksamkeit auf dich – laß sie denken, auch du seist solch ein Hasenfuß! Was allerdings hätten sie schon ausrichten können gegen bewaffnete Männer, und doch – irgend etwas in Shanna sann bereits auf einen Ausweg ...

»Dies hält man hier also verborgen!« Die Fackel hinter dem Mann warf seinen Schatten gigantisch auf den Boden. »Ich dachte, die hätten hier drin den Schatz von Sharteyn!«

»Etwas Besseres, dies sind«, sagte eine gierige Stimme, »Mädchen!«

Weitere zwei Männer drängten durch die Tür herein. Sie schleppten beide die Priesterin von Kera, deren Röcke voller Blut waren. Voll Entsetzen begriff Shanna, daß man sie gelähmt hatte. Als die Männer sie losließen, stürzte sie schwer zu Boden. Doch dann stützte sie sich auf den Armen hoch, und in ihren Augen brannte ein Feuer.

»Verflucht seid ihr, ihr seid verflucht, und wenn ihr sie anrührt, wird die Göttin eure Männlichkeit verdorren lassen. Es sind edle Jungfrauen, und sie befinden sich hier, um ihr Gelübde zu erfüllen – bis das geschehen ist, sind sie kein Fleisch für irgendeinen Mann!«

»Süßes Fleisch, in der Tat«, sagte die gierige Stimme. »Und wer schert sich schon um die alte Henne, wenn's auf dem Hof so zarte Hühnchen gibt?« Der Mann hob seine Fackel, und die Flamme flackerte rötlich über die bleichen Gesichter und starrenden Augen. Martiella keuchte vor Schrecken und zog ihre Schlafdecke vors Gesicht, entblößte dabei ihr Bein bis über das Knie. Kurz saugte der Blick des Mannes sich daran fest.

Shanna lauschte angespannt. Von draußen kamen jetzt keine Geräusche mehr. Wahrscheinlich hatten die Männer die anderen beiden Priesterinnen ermordet. Shanna spürte die aufsteigende Übelkeit.

»Seid ihr hier alle beisammen?« Die schroffe Frage ließ Shanna zusammenzucken. Dieser Mann war besser ausgerüstet als die anderen. Er trug ein ledernes Wams voller Plättchen aus stumpfem Stahl.

»Acht süße Jungfrauen, Capo«, sagte der Mann mit der gierigen Stimme. »*Edle* Jungfrauen«, äffte er höhnisch nach.

»Unser Glück«, sagte der Anführer, »und es ist auch an der Zeit. Die Versprechungen, die uns Kintashe gemacht hat, verrotten mit ihm, doch die Herren von Sharteyn werden gut zahlen, um ihre Töchter zurückzubekommen!«

Mit einem Seufzer lehnte Shanna sich zurück. Diese Kerle waren also die Überreste einer geschlagenen Armee und nicht die Vorhut des Siegers. Ihr Vater hatte gewonnen.

»Lebend zurückbekommen, ja, aber nicht, ah – intakt. Cap, wir würden zum Gespött der Tavernen, wenn wir sie als Jungfrauen heimkehren ließen!«

»Sie werden uns mehr einbringen, wenn wir sie in Frieden lassen«,

begann der Mann, den sie Capo nannten, doch der große, narbige Kerl neben ihm fiel ihm ins Wort.
»*Falls* wir je das Lösegeld bekommen ...«
Der vierte Mann schüttelte den Kopf. »Irgendwas stimmt hier nicht – ich meine, wer baut schon solche Mauern, bloß zum Schutz von Weibern? Es muß hier noch etwas anderes geben!«
Seine Kumpane lösten ihre Blicke von den Mädchen. Sie starrten ihn an.
Capo nickte. »Du hast also auch schon daran gedacht ...«
Die Priesterin von Kera preßte trotzig die Lippen aufeinander. Plötzlich zuckte des Anführers Schwertspitze gegen ihre Kehle.
»Nein – habt ihr der Priesterin nicht schon genug angetan?« schrie Talia. »Laßt sie in Ruhe!«
Das glänzende Schwert schwang auf Talias Brust zu. Shanna war bereit, ihr beizuspringen. Mit Anstrengung beherrschte sie sich.
»Nun?« Capos Blick lag noch auf der Priesterin. »Wäre es dir lieber, wenn ich *sie* die Klinge kosten lasse?«
Die ältere Frau schluckte. »Schwört, daß ihr die Mädchen verschonen werdet ...«
»Wir werden ihr *Leben* schonen ...«, versicherte er bereitwillig, und die anderen Männer lachten. »Das schwöre ich«, er lächelte, »bei Toyus heiligem Speer!«
»Es ist Gold im verborgenen Heiligtum«, sagte die Priesterin mit dumpfer Stimme. »Doch dürfen Männer die Höhlen nicht betreten. Solltet ihr es wagen, in den Schoß von Sharteyn einzudringen, so werdet ihr nur den Tod finden.«
Für einen Augenblick herrschte Schweigen, während die Männer an die Schöße dachten, die sie geboren hatten, und an die Gräber, die eines Tages für sie aufklaffen würden. *Eines baldigen Tages!* dachte Shanna voll Haß, denn die Männer grinsten schon wieder. *Sie werden das Gold nehmen. Werden die Göttinnen sie für die Schändung bestrafen, oder werden sie statt dessen Rache nehmen an ganz Sharteyn?*

Zitternd sackte Talia gegen die Wand zurück, und Shanna bewegte sich unmerklich näher und griff nach ihrer Hand.
»Nun, also«, sagte Capo schließlich. »Ich glaube, wir werden uns ein bißchen umtun müssen. Laxo, du bist mir für die Sicherheit draußen verantwortlich, damit wir von niemandem überrascht werden können«. Der Narbige nickte. »Und Merig und Ven, ihr beide geht ...«
»Ach, Capo, können wir nicht bleiben und die Mädchen bewachen?« fragte der große Kerl.
»Du willst ja wohl nicht, daß sie davonschleichen und Hilfe holen, wie?«
Der Anführer seufzte. »Ich sehe schon, daß ihr nicht zu gebrauchen seid, bis ihr euch ausgetobt habt. Bleibt also hier, aber nehmt eine nach der anderen dran, während der von euch, der gerade nicht an der Reihe ist, Wache hält.«
»Und du, Ven«, sagte der Narbige und blieb kurz in der Tür stehen. »Laß ein paar ungeöffnet für mich übrig!«
Capo und Laxo verschwanden, und im Saal war es sehr still. Die beiden »Wächter« betrachteten die Mädchen wie Füchse, die in einen Hühnerstall eingedrungen sind, und ihr breites Grinsen vertiefte sich noch. Mit grimmiger Genugtuung bemerkte Shanna, daß Ven und Merig sie nicht weiter beachteten – kein Wunder, solange Mädchen wie Martiella verfügbar waren. Die Priesterin befand sich in einem Zustand halber Bewußtlosigkeit. Talia und Jori beugten sich über sie und versuchten, ihre Wunden zu verbinden.
»Also dann los – *du!*« Ven griff nach Martiellas Decke, riß sie ihr aus den Händen. Das Mädchen wich zurück, schüttelte den Kopf, und er fluchte und schlug mit der flachen Hand gegen seinen Dolch. »Sei nicht töricht, Mädchen – willst du außer deiner Jungfräulichkeit auch noch deine Schönheit verlieren?«
Langsam straffte sich Martiella. Mit einem einzigen Ruck riß Ven ihr Nachtgewand auf, und er schluckte hörbar, als er die Vollkommenheit ihrer spitzen Brüste und prallen Schenkel sah. Noch immer schüttelte Martiella benommen den Kopf, doch plötzlich be-

gann Kima zu schreien, als er ihre Freundin an sich zog und sie brutal küßte. Unwillkürlich ließ er Martiella los.

»Kann denn ein Mann sein Geschäft nicht in Frieden besorgen? Hör zu, Merig – du wirst doch mit diesem Haufen hier fertig, während ich das Huhn in den benachbarten Raum bringe. Danach komme ich zurück, und du bist an der Reihe.«

Abgerissenes Schluchzen erklang, als sich die Tür hinter beiden schloß, und Shanna empfand ein gleichsam fernes Mitgefühl. All diese Mädchen erwarteten, bald schon verheiratet zu werden, und die meisten von ihnen waren realistisch genug, nicht mit Ehemännern zu rechnen, die den romantischen Gestalten aus ihren Träumen glichen. Allerdings würden sie in Ehren geheiratet haben – wer aber würde sie noch haben wollen, nachdem solche Kerle sie geschändet hatten?

»Also gut, meine Vögelchen...« Merig setzte sich auf die Bank bei der Tür. »Es ist eure Wahl, ob ihr lieber einen Schwanz oder ein Schwert in euch stecken haben wollt; aber das erste macht allen mehr Spaß, sitzt also still und rührt euch nicht! Und keine Sorge, wir sind genug, um euch alle zu bedienen!« Grinsend entblößte er seine lückenhaften Zähne. Das gedämpfte Flehen von nebenan steigerte sich zu einem schrillen Schrei. Ein zweiter Schrei folgte, und dann war es plötzlich still. *Arme Martiella,* dachte Shanna, *aber sie ist wenigstens am Leben. Für den Augenblick ... Wenn diese Schurken das Heiligtum plündern können, warum sollten sie sich dann auf das Risiko einlassen, ein Lösegeld für uns zu fordern?* Vermutlich hatte der Anführer deshalb Ven und Merig ihren Willen gelassen. Waren die Männer erst einmal im Besitz des Goldes, so blieb völlig ungewiß, was sie mit den Mädchen machen würden – oder auch nicht. Denn solange jemand lebte, der sie identifizieren konnte, mußten sie damit rechnen, daß die Rache der Tempel ihnen folgte. Also würden sie die Mädchen genauso ermorden, wie sie die Priesterinnen ermordet hatten.

Ja, wir werden alle sterben ... dachte sie und empfand eine eigentümliche, wie lähmende Leere. *Soll das die Antwort auf all meine Fragen sein? Das Ende aller Wünsche und Träume?*

Aber was nur hätte sie jetzt tun können? Da waren vier bewaffnete Männer, und im Saal gab es nichts, das als Waffe dienen konnte. Gemeinsam mochte es den Mädchen gelingen, einen der Männer zu überwältigen – allerdings kaum, ohne daß eine oder auch mehrere dabei verletzt wurden. Shanna betrachtete die Mädchen, die in ihre Decken gehüllt auf dem Boden kauerten; einige von ihnen blickten voller Faszination zu dem Mann. Nein, von diesen Mädchen war keine Hilfe zu erwarten, jedenfalls nicht bei diesem Mann.

Merig begaffte die Mädchen mit genüßlichem Grinsen, wie ein Händler auf dem Markt. Trifft seine Auswahl, dachte Shanna. Und später? Wenn sie mit den Mädchen fertig waren, würden die Kerle mit dem Gold davonziehen, und was wohl würden die beraubten Göttinnen wohl mit einem Land tun, das sich unfähig gezeigt hatte, ihr Heiligtum zu schützen? Die Götter waren ohnehin unberechenbar, selbst wenn man all ihre Zeremonien genau befolgte.

Für einen Augenblick glaubte Shanna, Horrorbilder vor sich zu sehen: Sharteyns Gerstenfelder, von Fäule verwüstet; Aasvögel, geschäftig in den Weidegründen; das funkelnde Meer, verfleckt von roter Flut. Ihr Entsetzen vertiefte sich noch, und sie dachte daran, daß sie ja die *Tochter von Sharteyn* war. Vielleicht gab es keine Möglichkeit, das Heiligtum zu retten; doch versuchen mußte sie es auf jeden Fall.

Unwillkürlich spannten sich ihre Rückenmuskeln. Sie zog die Füße dichter an die Oberschenkel.

Aus dem Nachbarraum klangen Schritte. Die Tür schwang auf, und Martiella stolperte herein. Ven gab ihr einen Stoß, und sie wäre wohl hingeschlagen, hätte Kima sie nicht aufgefangen. Auf der Rückseite ihres Gewandes waren blutige Flecken, und sie lag zitternd, ohne den leisesten Laut, während Ven sich auf Merigs Platz setzte und zufrieden grinste.

Merig trat mit einem raschen Schritt auf die Mädchen zu und packte Talia beim Arm. Ihr Gesicht war totenbleich, und unwillkürlich suchte ihr Blick Shannas Augen. Dann nickte sie und ließ sich widerstandslos hinausführen.

Shanna versuchte, sich taub zu stellen gegen das, was im anderen

Raum vor sich ging. *Ich werde die kostbare Zeit zu nutzen versuchen, Talia,* dachte sie. *Ven hat lange nicht schlafen können, und jetzt, wo er eine Frau gehabt hat, wird er sich entspannt fühlen. Er ist es, den man sich vornehmen muß, bald – bald ...*
Sie beobachtete ihn aus den Augenwinkeln, während er sich bequem zurechtsetzte und dann sehr still und behaglich saß. Nun glitt sie zu Jori und den anderen Mädchen bei der Priesterin, als wollte sie ihnen beim Verbinden helfen.
»Ich werde versuchen, den Kerl zu überwältigen«, flüsterte sie. »Sobald es soweit ist, müßt ihr ihn fesseln, mit euren Gürtelschnüren.«
»Du bist wahnsinnig!«
»Wollt ihr, daß es euch so ergeht wie Marti und Talia – oder noch schlimmer? Sobald wir ihn unschädlich gemacht haben, können wir uns den anderen vornehmen – und vielleicht fliehen, ehe Capo zurückkommt.«
Die Mädchen starrten sie aus geweiteten Augen an, doch die Priesterin murmelte einen Segen. Würden sie ihr helfen? Für eine Sekunde fühlte Shanna sich versucht, einfach zu ihrem Bett zurückzugehen, doch dann holte sie tief Luft und bewegte sich unauffällig auf die Bank zu. Nur noch zwei Armlängen, nur noch eine war sie von Ven entfernt – als plötzlich sein Kopf sich hob und sein Blick auf sie fiel, ihren Körper taxierend zuerst, bevor ihm bewußt zu werden schien, wie *gefährlich* nah sie ihm war. Schon hatte er sein Schwert gezückt, schwang es durch die Luft. Shanna sprang ein Stück zurück und verharrte dann, den Oberkörper leicht gekrümmt.
»Na, meine Hübsche, du kannst es wohl nicht erwarten, wie?« sagte er plötzlich grinsend. »Würdest du lieber meine andere Waffe fühlen? Bist ja ein eher mageres Ding, aber fürs Zureiten vielleicht gar nicht so übel. Und nun sei schön brav, Mädchen, und geh zurück – ich werde dich nicht lange warten lassen!« Sein Grinsen vertiefte sich. Er glaubte, die plausible Erklärung gefunden zu haben; und Shanna fühlte, wie sie unwillkürlich rot wurde.
Doch noch immer hielt er das blanke Schwert in der Hand. Wie

nur konnte es gelingen, damit fertigzuwerden, nachdem sie es versäumt hatte, ihn zu überrumpeln? Vielleicht wenn sich alle gleichzeitig auf ihn stürzten ... – doch ein kurzer Blick aus den Augenwinkeln verriet ihr, daß die anderen Mädchen wie erstarrt standen. Zwar hatten sie Martiellas blutverflecktes Gewand gesehen, doch ihre Furcht vor den Schrecken des Schwerts war größer.

Shanna betrachtete die Klinge. Im Flackerlicht der Fackel glich die Waffe einem Schwert aus Feuer – wie nur war der Bandit in ihren Besitz gelangt? Denn eine hervorragende Waffe war es, das sah man sofort, und sie mußte einem hervorragenden Krieger gehört haben. Wem wohl – und was war mit ihm geworden? Eine scharfe Klinge, die saubere Wunden schlug – Schmerz würde das Gehirn durchzucken, so hell wie eine Blüte, und dann: ... die Umarmung der Göttin ... oder aber das Nichts ... wer wollte das so genau wissen?

Etwas Reines, Edles besaß er, der Stahl, unvereinbar mit der Verruchtheit dieses Schurken. *Das Schwert gehört nicht in seine Hand ... er kann seine Seele nicht verstehen,* dachte Shanna, während der Widerschein des Lichts wellenartig über die Klinge glitt. Shanna erinnerte sich an das Flackern von Feuer auf Wasser, an das frostige Funkeln der Sterne. Tief holte sie Luft, ein-, zweimal, und zwang ihr hämmerndes Herz zu langsamerem Schlag. *Wenn er glaubt, daß ich keine Angst habe, wird er nicht wissen, was er tun soll ...*

»Wirst du mich töten?« fragte sie leise. »Aber wenn es nun gerade das ist, was ich will? Und was wird dein Anführer tun, wenn er nur noch sieben Mädchen vorfindet, für die er ein Lösegeld fordern kann?« Sie machte einen Schritt auf ihn zu, und er schwang das Schwert, doch sie war bereits zurückgewichen. Wieder näherte sie sich, wieder zuckte die Klinge, wieder war Shanna rechtzeitig in Sicherheit. Und so, in immer schnellerem Wechselspiel, ging es hin und her, als seien das Schwert und seine Beute Partner bei einem tödlichen Tanz. Halb mesmerisiert verfolgte Ven Shannas Bewegungen, die von Mal zu Mal sicherer wurden

– ein Getändel zwischen Klinge und Tänzerin, dessen Rhythmus Shanna jetzt beherrschte.

Ah, Göttin, wenn irgendeine Göttin mich jetzt hört – hilf mir! Tief in ihr, wie auf den Klang einer fernen Silberglocke, war plötzlich eine große Ruhe.

Zu Vens Verwirrung hielt Shanna für einen Augenblick inne; dann sprang sie auf die funkelnde Klinge zu wie eine Braut, die dem Geliebten entgegeneilt. Sie fühlte eine Berührung, ganz flüchtig nur, und bog sich so, daß der Stahl an ihr vorbeistrich – dann prallte sie mit voller Wucht gegen den Mann.

»Los, Jori! Jetzt!« rief sie dem Mädchen zu, denn allein konnte sie den Kerl unmöglich bändigen. Ven gab ein Grunzen von sich, begann dann zu brüllen. Shanna stieß ihm den linken Unterarm zwischen die Zähne, spürte seinen Biß, doch keinen Schmerz, noch nicht. Dann hockten Jori und Daniella auf seinen Füßen, lösten ihre Gürtelschnüre und begannen, ihn an den Handgelenken zu fesseln. Shanna stach die Finger ihrer freien Hand gegen Vens Augen, ein Ablenkungsmanöver, und befreite dann ihren Arm, indes Jori ihm ein Stoffknäuel als Knebel in den Mund schob.

Völlig außer Atem, ließ Shanna sich auf dem Boden nieder. Im Nachklang der pulsenden Erregung spürte sie keinen Schmerz. Und erst allmählich wurde ihr bewußt, daß sie gesiegt hatte: daß ihr Gebet tatsächlich von der Göttin erhört worden war.

Ven versuchte loszukommen, böse funkelte er Shanna an; doch inzwischen hingen die anderen Mädchen wie Kletten an ihm, und sie fesselten ihn nicht nur mit Gürtelschnüren, sondern auch mit langen Streifen Stoff. *Solche Streifen werden wir auch für die anderen Männer brauchen*, dachte sie, als wäre dergleichen die normalste Sache der Welt. Aber auch die übrigen Mädchen schienen jetzt davon überzeugt, daß man mit den Banditen fertigwerden konnte. Ihre glänzenden Augen verrieten, daß sie geradezu *erwarteten*, von Shanna gerettet zu werden.

»Leise!« Shanna erhob sich. »Der andere – dieser Merig – mag jetzt ja mit der armen Talia beschäftigt sein, doch wenn wir nicht still sind, alarmieren wir ihn. Schleift den Kerl da in die Ecke, und

geht zu euren Betten ...« Sie gab weitere Anweisungen, lauschte auf etwaige Geräusche von draußen.
Es schien eine Ewigkeit her zu sein, daß Merig mit seinem Opfer verschwunden war; und unwillkürlich spann Shanna einen Gedanken aus: daß Talia, während der Halunke auf ihr lag, seinen Dolch an sich bringen und ihn damit erstechen möge. Doch Talia war nun mal aus anderem Holz als sie selbst, und man mußte dankbar sein, daß sie den Kerl so lange hingehalten hatte. Nun jedoch vernahm Shanna ein Lachen und dann ein unterdrücktes Schluchzen. Rasch packte sie Vens Schwert und nahm Aufstellung neben der Tür.
Diese schwang knarrend auf. Merig stieß Talia vor sich in den Saal. Die anderen Mädchen brachen in lautes Jammern aus. Merig blieb glotzend stehen, und im selben Augenblick schlitzte die Klinge in Shannas Hand seine beiden Kniekehlen – mit genau dem gleichen Hieb, der vor kurzem erst die Priesterin von Kera gelähmt hatte.
Mit einem Aufschrei brach er zusammen. Shanna lauschte wie erstarrt. Doch nirgends war ein Geräusch – keine Schritte, nichts. Falls Capo oder der andere Mann den Lärm hörten, so lachten sie wahrscheinlich über das Gezeter, das manche Mädchen wegen ihrer Jungfräulichkeit machten. Shanna blickte zu den anderen. Aber die wußten auch so, was sie jetzt zu tun hatten, und bald war Merig noch besser verschnürt als sein Kumpan.
Talia starrte Shanna an, und für einen Augenblick überwog ihre Verblüffung alles andere. Dann begann sie zu zittern, und als sie auf ihr Bett sank, drängten sich die anderen Mädchen um sie, flüsternd, tuschelnd.
Shanna indes blieb, wo sie war. Sorgfältig wischte sie das Schwert am Saum ihres Nachtgewands sauber, wog es dann gleichsam in der Hand, ließ es mehrmals durch die Luft sausen. Im Gewicht und in seinen Maßen unterschied es sich gar nicht so sehr von ihrem hölzernen Übungsschwert; doch eine Holzklinge sang nicht so süß durch die Luft, und Holz zuckte nicht in der Hand wie etwas Lebendiges. *Stahl!* dachte sie triumphierend. Und hob das Schwert

wie zu einem Zweikampf, für einen Augenblick fast vergessend, wo sie sich befand und wie die Waffe in ihre Hände gelangt war. Ihre Muskeln, tausendfach geübt, sehnten sich nach dem wirbelnden Spiel der tanzenden Klinge.

»Shanna!« Joris Stimme rief sie zurück von jenem stillen Ort, wo sie und das Schwert eins waren miteinander. »Die anderen Kerle werden bald hier sein. Was sollen wir jetzt tun?«

Shanna blickte zum Fenster. Die Sterne begannen zu verblassen. Nicht mehr lange, und auch die Schatten würden bleicher werden. Sie überlegte kurz.

»Jori – du mußt die anderen durch die Seitenpforte hinausführen. Gelingt es euch, den Wald bis Tagesanbruch zu erreichen, so seid ihr gewiß in Sicherheit. Haltet euch in südlicher Richtung – dort gibt es Bauernhöfe, und man kann Boten nach Sharteyn schicken.«

»Aber die Priesterin kann nicht gehen – und was ist mit dir?«

»Geht nur ...« Die Stimme der älteren Frau klang heiser. »Es gibt nichts, was ihr für mich tun könntet! Je eher ihr Hilfe mobilisiert, desto eher kann man auch einen Arzt zu mir herschikken.«

Shanna gestikulierte ungeduldig. »Warum wohl will ich, daß du sie führst, Jori? Ich muß hierbleiben, um das Heiligtum zu verteidigen. Wenn ich euch in Sicherheit weiß, ist mir leichter ums Herz ...«

Talia war bereits aufgesprungen. In ihre blassen Wangen kehrte die Farbe zurück. Sie drängte Daniella zur Tür und wandte sich dann zu Shanna um. »Danke, meine Schwester!«

Shanna nickte kurz, brachte keine Antwort heraus. Hätte sie doch nur eher gehandelt und Talia diesen Schmerz erspart! Immerhin würde sie mit dem Leben davonkommen – und gewiß auch wieder ganz zu sich selbst finden.

Was Martiella betraf, war sich Shanna nicht so sicher. Das Mädchen hatte sich der Göttin der Liebe weihen wollen und war statt dessen ein Opfer des Gottes der Lust geworden. Jetzt lag sie wie leblos auf ihrem Bett und starrte auf etwas, das sonst niemand

sehen konnte. Weder Jori noch Kima gelang es, sie zum Aufstehen zu bewegen, und schließlich schüttelte Jori den Kopf.
»Wir werden sie hierlassen müssen«, sagte sie betrübt.
»Ja – aber geht jetzt, es bleibt nicht viel Zeit!« Shanna tänzelte vor Ungeduld. Sie folgte den anderen bis zur Tür und sah ihnen dann nach: schattenhafte Gestalten, die über den Hof huschten und durch die Seitenpforte entschwanden.
Für Augenblicke blieb Shanna im Ausgang stehen und atmete tief die frische, feuchte Luft des frühen Morgens in sich ein. Allmählich verlangsamte sich ihr hastig pochender Puls. Plötzlich drang, vom Schlafsaal her, ein dumpfes Stöhnen an ihr Ohr. Sofort lief sie zurück. War es einem der Gefesselten gelungen, sich zu befreien?
Als sie den Saal erreichte, sah sie Martiella dort stehen, über den Banditen Ven gebeugt. Blut leuchtete im Fackellicht. Martiella richtete sich auf, und ein grauenvolles Lächeln entstellte ihr Gesicht. In der einen Hand hielt sie das Messer, das sie aus dem Gürtel des Mannes gezogen hatte, und in der anderen eine Masse aus Fleisch, von der es blutig troff.
Martiella sprach – zum erstenmal, seit Ven sie in den Saal zurückgestoßen hatte. »Siehst du. Ich habe dich gerettet. Er wird das nie wieder einer Frau antun ...« Mit einem Nicken zeigte sie Shanna, was sie in der Hand hielt.
Shanna spürte einen galligen Geschmack im Mund, und das Schwert in ihrer Hand zuckte, als hätte ein Ungeheuer ihren Weg gekreuzt. Nur noch einen Augenblick, und sie würde zuschlagen. Sie wich zurück, starrte. Das dort war Martiella, gewiß – Shanna war nicht vergewaltigt worden, und so stand ihr über das Mädchen kein Urteil zu. Doch sie ertrug den Anblick nicht und ging hinaus. Draußen erbrach sie sich. Bloß fort von der Stätte des Grauens.
Göttin! dachte sie. *Wir sind genauso schlecht wie die Männer! Göttin von Sharteyn, was werde ich tun?*
Sie hielt inne und sah, daß ihre Schritte sie zur Tür des Heiligtums getragen hatten – und diese Tür stand offen.
Offenbar hatte der Anführer der Banditen sie entdeckt. Da die

großen Türflügel sich nur von innen verriegeln ließen, konnte Shanna ihn nicht einsperren. Beklemmend wurde ihr bewußt, was sie nun zu tun hatte. Sie mußte ihn erwischen, bevor er das Heiligtum ausplündern und seine Beute davonschleppen konnte; – und bevor Laxo, der vierte Mann, von draußen zurückkehrte.

Vorsichtig bewegte Shanna sich voran durch die Gänge, die hinunterführten in die Höhlen. Ursprünglich waren dies natürliche Spalten im Fels gewesen, doch hatten Frauenhände, über Jahrhunderte hinweg, diese Spalten erweitert und geglättet. Wie viele Jahrhunderte wohl? Genau wußte das niemand in Sharteyn, nur daß die Höhlen schon heilig gewesen waren, bevor das katyanische Imperium die nördlichen Länder an Macht überragte. Irgendwie besaß der Gedanke an das Alter der Höhlen etwas Beschwichtigendes; wurden alle Ängste wesenlos.

Sie entdeckte Capo, als er, seine Beute auf einer Tapisserie hinter sich herschleppend, gerade nach oben zurückkehren wollte. Als er Shanna erkannte, grinste er und senkte sein Schwert.

»Hat Ven dich hinter mir hergeschickt? Stimmt irgendwas nicht?«

Shanna starrte ihn an. Erst jetzt begriff sie richtig, daß er ja nicht wußte, daß sie bewaffnet war. Vielleicht konnte sie ihn also überrumpeln. Allerdings waren ihre Bewegungen durch ihr jetziges Gewand arg behindert – daheim hatte sie stets in einer kurzen Tunika geübt. Ärgerlich zerrte sie an den Röcken – konnte sie jedoch nicht höherbinden oder -raffen, weil sie die Gürtelschnur als Fessel für Merig gebraucht hatte. In dieser Kleidung konnte sie unmöglich kämpfen. Kurzentschlossen zerrte sie die Schulterschnüre auf, und sie ließ das Gewand an sich heruntergleiten, bis es wie ein Kranz um ihre Füße lag. Capos Augen weiteten sich, als sie mit einem Schritt zur Seite trat.

»Es scheint dort oben ja ganz schön wild zuzugehen! Und dich haben sie zu mir heruntergeschickt?« Er hob eine buschige Augenbraue. »Bist ja ein bißchen dürr, aber gar nicht so übel –«

Sie nahm ihr Hemd, blitzschnell, und wand es um ihren linken

Arm. Erst als sie einen Schritt auf ihn zu machte, sah Capo ihr Schwert.

»Verrücktes Hühnchen!« murmelte er, doch während er seine eigene Klinge zog, war in seinen Augen noch immer ein Lächeln.

Der starke Brustpanzer, den er trug, bot Capo einen ausgezeichneten Schutz. Nur Schwertstöße von sehr großer Wucht konnten ihm gefährlich werden. Er war ausgesprochen muskulös, ein Veteran von aberhundert Schlachten, ob im eigentlichen Kampf oder bei Raufereien in der Schenke. Shanna ihrerseits besaß Übung im reinen Schwertgefecht und auch im Kampf mit Schwert und Schild, aber was für eine Chance hatte sie gegen einen solchen Mann? Allerdings war sein Gesicht von Schlafmangel und Strapazen gezeichnet – vielleicht würde Müdigkeit ihn langsamer machen. Göttin! sie mußte ebenso schnell wie sicher agieren.

Unwillkürlich biß sie sich auf die Unterlippe. *Bilde dir ein, dies sei nichts als ein weiterer Übungskampf!* Das Bewußtsein ihrer Nacktheit irritierte sie, und sie fühlte seinen Blick auf sich und selbst die Blicke der Göttinnen von den Wänden her: Sie verdrängte den störenden Gedanken. *Schlag zu, schnell doch, während er noch lacht!*

Sie atmete tief und sprang dann geduckt auf ihn zu. Ihre Klinge glitt an seinem Schwert vorbei und streifte seinen Hals, während er im letzten Augenblick auswich. Sofort kam sein Gegenstoß, und Shanna zuckte zurück und spürte, wie sausender Windhauch über ihre Rippen strich. Seine Augen verengten sich, und sein Gesicht war jetzt rot vor Wut. Nicht mehr einen nackten weiblichen Körper schien er vor sich zu sehen, sondern nur noch einen Gegner mit einer bedrohlichen Waffe – einen Feind.

Wieder wagte sie einen Ausfall. Die beiden Klingen prallten gegeneinander, und nur mit einer raschen Armdrehung gelang es ihr, das Schwert in der Hand zu behalten. Jetzt griff Capo an; und Shanna zuckte zusammen, als ein flüchtiger Hieb ihren umwickelten Arm traf, genau dort, wo sie von Ven gebissen worden war. Es tat höllisch weh, und sie dachte: *Vorsicht! Du kannst diesen Arm nicht gebrauchen wie einen Schild!*

Keuchend wich sie zurück, als er sie um den Altar trieb und in eine der Grotten zu drängen versuchte, wo ihre behende Schnelligkeit nicht von Nutzen sein konnte. Feuerschein glänzte wider von ihrer schweißfeuchten Haut, verwandelte die brutalen Züge des Mannes in eine Teufelsmaske. Capo bewegte sich langsamer; er wußte, daß er sie jetzt in der Defensive hatte.
»Hast dich gut geschlagen, Mädchen, aber weshalb denn gegen mich kämpfen? Dies ist nicht die Waffe, die ich in deinen weißen Körper stecken möchte!« Mit einem Grinsen schwenkte er sein Schwert. »Komm jetzt – ergib dich!«
Shanna stand keuchend, sie schüttelte den Kopf. »Glaubst du, daß das alles ist, wozu eine Frau taugt? Ich ergebe mich nicht!«
»Der alte Kampfgeist – ich hätte es wissen müssen.« Er nickte langsam. »Nun, dann habe ich einen anderen Vorschlag. Du liebst den Kampf? Dann tu dich mit mir zusammen – mit diesem Schatz als Anfang könnten wir ein Königreich erringen! Was für ein Leben erwartet dich denn sonst? Du bist ein Falke unter Hühnern! Komm ...« Er streckte seine Hand aus.
Wenn er lächelte, wirkte er jünger, fast hübsch. Und – hatte er im Grunde nicht recht? Selbst wenn sie ihn besiegte: Wie würde man in Sharteyn über sie denken? Als Schwert-Weib würde sie gelten, als Abnormität. Verzweifelt blickte sie sich um, suchte eine Antwort in den bemalten Gesichtern der Göttinnen, die auf sie herniedersahen. *Euer Schatz*, dachte sie. *Wenn ich ihn nehme, kümmert euch das wirklich?*
Ein kalter Wind strich durch die Höhle, und sie fröstelte. Dann loderte das Altarfeuer hoch, und sie zuckte zusammen. Das Feuer von Yraine ... Vielleicht waren die anderen Göttinnen nur Holz und Stein; Yraine indes lebte im heiligen Feuer. Wohin konnte Shanna reisen, ohne daß die Sterne es sahen? Welcher Stamm, welches Volk brauchte das Feuer nicht?
»Ich kann nicht«, sagte sie schließlich laut.
Capo seufzte, hob sein Schwert und drang wieder auf sie ein. Aus seiner Miene sprach Entschlossenheit. Jetzt wollte er die Sache rasch zum Abschluß bringen.

Göttin! schrie es in Shanna. *Ich habe dir die Treue gehalten! Laß mich wenigstens einen guten Tod sterben!*
Das war ihre Antwort. Dies begriff sie, als sich ihre Klinge stetig hob. Der Tod war die Wahrheit des Schwertes; der Tod war der Bräutigam, der ihr die Unschuld nehmen würde.
Die Luft brannte auf ihrer nackten Haut. Feuer brannte in den Augen ihres Feindes. Der Lauf der Zeit schien verlangsamt, und sie konnte klare Gedanken formen, indes sie sich bewegte. *Da dies mein erster Kampf ist und mein letzter, laß ihn vollkommen sein; Göttin, möge dies mein Opfer sein für dich!*
Die Klingen küßten sich und trennten sich wieder. Als Shanna blitzschnell an Capo vorüberglitt, streifte sie sein Stahl an der Seite; doch jetzt hatte sie genügend Raum, um sich zu bewegen. Die Luft leuchtete, die Gesichter der Göttinnen glühten. *Ruhig, ruhig,* schärfte Shanna sich ein und versuchte jenes innere Gleichgewicht zu gewinnen, das den Kern der Stille in sich barg, dem alles wahre Handeln entsprang.
Sie gewahrte das Blitzen des Metalls, das auf ihren Kopf herniederzuckte, und streckte ihre eigene Klinge rechtzeitig hoch zur Parade. Capos Schwert glitt von ihrem ab, und ganz plötzlich gab sie nach, so daß er für einen Augenblick außer Balance geriet. Sie machte einen Ausfall; mit einem Ruck hatte er sich wieder unter Kontrolle und schwang seine Waffe mit voller Wucht – sofort sprang Shanna zurück. Jeder Nerv und jeder Muskel waren jetzt zum Einsatz bereit, Körper und Seele vereinten sich zu höchster Harmonie.
Dies war der Rhythmus! Vorstoß und Rückzug, wieder und wieder, während am Himmel die Sterne kreisten und das Feuer stieg und sank. Jetzt begriff Shanna die Bedeutung des Schwerttanzes, den sie so lange geübt hatte. Ihre Sinne umschlossen den Gegner – er war ein Teil von ihr, so wie sie ein Teil der brennenden Luft war, und des Feuers, des Steins, auf dem sie tanzte, ihres Schwerts ...
Wuchtig prallten die Klingen gegeneinander; für einen Augenblick standen die Widersacher Brust gegen Brust, und Shanna

lachte. Wie in ein und derselben Bewegung trennten sie sich mit einem Sprung, und noch bevor Capo seinen nächsten Ausfall unternahm, wußte Shanna, welchen Weg seine Waffe nehmen würde; wußte auch genau, wie sie ihre Klinge führen mußte, um den Schlag abzuwehren. Dies war die Einheit, die sie nie erlebt hatte mit anderen Frauen, dies die Ekstase, nach der sie sich gesehnt hatte, wenn sie von Liebe träumte!

Jetzt sah sie weder das Gesicht des Mannes noch die Höhle ringsum. Eine Vision füllte ihren Blick: zwei Augen wie Sterne, deren Licht immer heller strahlte, bis Shanna wie geblendet war.

Wie aus einer fernen Welt rief eine rauhe Stimme: »Capo, Capo, die Mädchen sind fort!« Der andere Mann war aufgetaucht.

Von tief innen klangen Worte wie tönender Kristall: *»Tochter, die Zeit ist Jetzt!«*

Das Ende. Der Schlußteil des Tanzes.

Lächelnd stieß Shanna die Klinge vor, den freien Arm zur Seite gestreckt, indes ihr Gegner, den sie mit einer geschickten Bewegung dicht herankommen ließ, gleichsam in ihre Umarmung glitt und beider Körper miteinander zu verschmelzen schienen.

»Capo-o-oo!«

Shannas geweitete Augen gewahrten wenig von dem Narbigen, Laxo, der dort am Eingang zur Höhle stand und das Paar mit zuckendem Gesicht beobachtete.

Ein fallendes Schwert klirrte auf Stein.

Shanna starrte auf das verzerrte Gesicht so nah dem ihren, auf den Mund, der gekrümmt war in einer Parodie eines Kusses. Verwirrt sah sie, wie sich das Feuer in seinen Augen trübte; dann sackte er mit seinem ganzen Gewicht gegen sie, die Metallplatten an seinem Koller schabten über ihre Brust, und er glitt von ihr fort und fiel zu Boden, während das Schwert, das ihn durchbohrt hatte, sich wieder aus seinem Körper löste. Reglos lag er zu Shannas Füßen.

Laxo, noch am Höhleneingang, sah sie mit blutigem Schwert über seinem Anführer stehen wie eine nackte Rachegöttin, und er wandte sich um und floh davon.

Shanna jedoch blieb, wo sie war und starrte auf die Leiche, während ihr rasender Puls sich verlangsamte und das Gefühl der Erfüllung verebbte.
»Ich habe einen Mann getötet ...« Sie mußte sich diesen Gedanken ins Gehirn hämmern, um ganz zu begreifen. »Ich bin eine Frau, die töten kann.«
Wer konnte noch behaupten, daß Frauen nicht mit dem Schwert töten? Sie hatte es getan und wußte, daß sie es wieder tun konnte, wenn es nötig war. Und noch etwas – sie wußte, daß die Begierde wiederkehren würde: nicht die Begierde, Leben zu nehmen, sondern das Verlangen nach dem Augenblick des Einswerdens mit dem Feind, wenn Leben und Tod ein und dasselbe sind.
In jenem Augenblick hatte die Göttin zu ihr gesprochen wie niemals zuvor. Auf noch unsicheren Beinen trat Shanna vor den Feueraltar und legte ihr Schwert dort auf den steinernen Rand.
»Göttin, höre mich!« Shanna legte die flachen Hände auf die blutige Klinge. »Ich weiß nicht, was du mit mir vorhast, doch erkoren hast du mich – so nimm denn jetzt meinen Schwur!« Tief atmend bewegte sie die Lippen, sprach den Schwerteid. Sie hatte ihre Brüder und andere Männer diese Worte sprechen hören, jedoch bis zu diesem Augenblick nicht gewußt, daß sie sie auswendig kannte.
»Vor der Herrin der Sterne und bei ihrem Heiligen Feuer schwöre ich – nie werde ich falsch sein gegen die Wahrheit, die in mir ist; ich werde gerecht sein gegen meine Feinde, treu zu meinen Freunden! Und entehre ich jemals den Herrn oder den Stamm oder die Klinge, welche ich trage, so möge sie sich gegen mich kehren, auf daß mein Geist für alle Zeit ruhelos wandere in der Finsternis!« Sie atmete schwer, bekam kaum Luft. Nur mit Mühe gehorchten ihr die Lippen, und sie zitterte am ganzen Körper.
»Yraine, ich weihe mich dir! Herrin der Weisheit, ich bin dein Schwert – das Schwert, das verschont oder tötet!« Shannas Stimme hallte in der gemauerten Wölbung der Höhle wider, und seufzend strich der Wind von etwas Großem, sehr Gegenwärtigen

an ihr vorbei und ließ das heilige Feuer hoch auflodern. Dann flakkerten die Flammen wieder wie zuvor, und Shanna war allein. Jedoch nicht völlig allein. Sorgsam wischte sie das Schwert an ihrem zerfetzten Nachtgewand sauber, packte die Waffe dann mit festem Griff und schritt durch den dunklen Gang dem Tag entgegen.

MICHAEL WARD

Als Michael Ward diese Story einschickte, meinte er, man werde mich zweifellos bald überfluten mit Geschichten, in denen es nur so wimmle von üblichen Amazonen, die Städte erobern und ihre Kräfte mit Männern messen. Er behielt recht: allzu viele der mir zugehenden Stories hatten als Heldin den Typ »Normalbarbarenzauberin«, wie ich das für mich nannte, oder auch »Conan-Kopie«. Was Michael mir geschickt hatte, bezeichnete er selbst als »wildes Garn«.

Er behauptet von sich, am selben Tag Geburtstag zu haben »wie John Cheever, Dashiell Hammett und, wie ich höre, Harlan Ellison«. Zwar spricht er nicht ausdrücklich davon, aber ist vielleicht doch was an der Astrologie? Er hat ein paar Science-fiction-Stories verkaufen können, doch dies ist seine erste Fantasy-Erzählung, »abgesehen von einer surrealistischen Eskapade in einem hochliterarischen Magazin«, das ihm nicht nur kein Honorar zahlte, sondern ihn sogar sein eigenes »Belegexemplar« kaufen ließ. Recht ist ihm geschehen für den Versuch, literarisch zu sein, sage ich!

Er ist »geschieden, kinderlos und eifrig bemüht, in Baton Rouge die Freuden des Lebens zu genießen«. Dort arbeitet er daran, für eine Werbeagentur »Kreativpreise« zu gewinnen.

Wie alle guten »wilden« Geschichten beginnt auch diese in einer Schenke, wo unsere Kriegerin Drinks schnorrt, indem sie das Garn erzählt von einer, die »gerade noch davonkam« – und die sie in diesem Fall selber ist. Wie ich gehört habe, soll es in Single-Bars ja wahrhaft wüste Typen geben, die man mitunter auch »Trolle« nennt – aber das ist zum Lachen. Gott sei Dank. Und so, zu sachter Zwerchfellmassage … – MZB

MICHAEL WARD

Daton und die toten Dinge

Ein Zyklop, so heißt es, sei nicht gerade ein Wesen von großer Intelligenz, und der einzige, den ich kannte – nein, eine Ausnahme war er wahrhaftig nicht.

Gemach, ich erzähle euch die Geschichte gleich. Laßt mich zuvor nur noch sagen – und ihr kennt mich als eine Frau, die das Geschichtenerzählen genauso liebt, wie andere das Zuhören lieben –, daß eine Kehle, meine Freunde, einer Scheide gleicht: Ist sie richtig geölt, so läßt sich die Klinge müheloser und bereitwilliger ziehen, auf daß man sie blitzschnell und wirksam zum Einsatz bringe ...

O ja, mühelos und bereitwillig berichte ich nun, daß ich dieser Kreatur, die den Namen Daton trug, in der toten Stadt begegnet bin, einen Fünf-Tage-Ritt westlich von dem Ort, den man Rattenkopf nennt. In Rattenkopf hatte mich – nach einer Auseinandersetzung, die *ich* für geringfügig hielt – mein Reisegefährte im Stich gelassen, und zwar mitten in der Nacht und indem er all unsere Geldmittel und unseren Proviant mitgehen ließ.

Rattenkopf ist selbst in besten Zeiten eine abstoßende Stadt, bevölkert von Inzucht-Kretins von widerwärtigem Äußeren und ebensolchen Sitten. Mittellos jetzt und ohne den Halt eines gleichgesinnten Gefährten, fühlte ich mich in der Gefahr, dem entarteten Geist der Stadt zu erliegen. So war meine Absicht denn zwiefacher Art: Ich wollte aus Rattenkopf entkommen und den chitin-köpfigen Narren aufspüren, der mich dort im Stich gelassen.

Von einem Augenzeugen erfuhr ich, er habe die Stadt in westlicher Richtung verlassen.

Mir ein Paar Pferde zu besorgen, ein Reit- und ein Packtier, war das Werk eines Augenblicks. Wie die meisten Städte wurde auch

diese von Männern beherrscht, und ihr wißt ja, daß Männer selten auf das achten, was Frauen wirklich tun. Die Beschaffung von Proviant dauerte etwas länger – da bedurfte es schon einiger List.
Ich packte und saß auf und ritt in zügigem Tempo gen Westen, das graue Rattenkopf hinter mir lassend. In der ganzen Stadt hatte es kein einziges Fresko, kein Mosaik, keine bunte Tapisserie gegeben. Und für meine farbhungrigen Augen war es ein Hochgenuß, als die Morgenröte hinter mir das Buschland vor mir mit frischem Glanz übergoß. Froh, wieder in Bewegung zu sein, zog ich es vor, meinen Morgenimbiß im Sattel zu nehmen, ein paar rohe Eier und ein oder zwei Schluck Brandy. Eine eigentümliche Beschwingtheit erfüllte mich, wie so oft zu Beginn einer Reise: das Gefühl, meiner Zukunft und meinem Schicksal entgegenzureiten.
Aber als die Sonne dann stieg, schrumpften der Glanz des Landes und mein eigenes Hochgefühl noch schneller als mein Schatten. Lange vor Mittag schon atmete ich schwer, Schweißperlen auf der Haut. Und als ich dann Rast hielt und aß, war meine Kleidung feucht. Den Kopf vor der blendenden Helle gesenkt, den Körper gegen die Glut sorgsam umhüllt, ritt ich in die Nachmittagssonne und sah, wie sich die Landschaft veränderte: wie Grasland zur Wüste wurde. Tatsächlich dehnt sich, westlich von Rattenkopf, fast nur Wüste über Hunderte von Meilen hinweg, so daß der Eindruck entsteht, die Stadt selbst habe gar kein Ende – nur mit Obdach, Essen und Wasser sei es aus.
Fünf Tage und fünf Nächte in der Wüste – wie soll man das in wenigen Worten zusammenfassen? Die Strapazen. Die Phantasien und Illusionen. Möge es genügen, wenn ich sage: Ich überstand's, behauptete mich auf meine Weise, setzte meinen Ritt fort. Dann und wann fand ich Spuren meines früheren Gefährten, denen ich folgte. Nach jenen fünf Tagen gelangte ich ans Ende seiner Reise.
Die tote Stadt liegt inmitten einer Öde und Stille, welche selbst die sie umgebende Wüste durchdringt. Bedrückende Vorstellungen werden wach: von bleichen Gebeinen, den Resten des Mahls von Aasgeiern und Fliegen. Zu ihrer Zeit müssen die gewaltigen Bau-

ten aus behauenem Stein ein eindrucksvolles Sinnbild menschlicher Errungenschaften gewesen sein; jetzt symbolisieren sie, nicht weniger eindrucksvoll, etwas gänzlich anderes.
Hufspuren führten zu einer Lücke in der Mauer. Augenscheinlich hatte mein Freund drinnen kampieren wollen. Ich folgte.
Und verharrte dann in der Lücke – mit offenem Mund, wie ich gestehen muß. Über die Jahre hinweg hatte sich an der Mauer Sand emporgetürmt, so daß ich das Stadtinnere nun von einem erhöhten Punkt betrachtete; und was ich erblickte, wirkte so verwirrend, daß wohl selbst der untrügliche Instinkt eines Zugvogels sich genarrt gefühlt hätte – ich jedenfalls kam mir verloren vor. Das Ganze war ein horizontales und vertikales Labyrinth aus Riesengebäuden und Brücken und Pfeilern, aus Hochstraßen und ragenden Balkonen.
Ich fand die Fußspuren wieder und folgte ihnen vom Sandhügel zum Dach eines zweistöckigen Gebäudes und weiter durch einen Torbogen. Meine Pferde ließ ich dort auf dem Dach zurück, wo ich sie an einen Wasserspeier band; dann pirschte ich leise weiter. Falls mein ehemaliger Begleiter sich noch hier befand – und ich hatte keine Fährte gesehen, die hinausführte –, so wollte ich ihn überrumpeln.
Nun denn: Mit griffbereitem Schwert und angespannten Sinnen schlich ich lautlos voran, wie ein Mädchen, das sich am Schlafzimmer ihres Vaters vorbeistiehlt. Und meine Vorsicht wurde belohnt. Ein Duft wehte mir in die Nase, von einem anderen Torbogen her, ein Stück voraus: der Geruch eines Feuers und der Duft von geröstetem Fleisch. Nach fünf Tagen kärglicher Reisekost war eine solche Verlockung schier zuviel. Mich dicht an die Mauer haltend, näherte ich mich der Öffnung und spähte hinein, ohne daß ich von innen gesehen werden konnte.
Die Worte, die ich hatte rufen wollen, sie erstarben mir in der Kehle.
Das erste, was ich in dem Raum dort sah, war ein Pferd, an den Hinterbeinen aufgehängt, mit durchschnittener Kehle: Blut tropfte in eine Art Bottich unter der unglückseligen Kreatur.

Dann sah ich einen mächtigen Bratspieß über einem fast erloschenen Feuer. Er durchbohrte einen stattlichen Kadaver, dessen Fleischteile nahezu aufgezehrt waren. Der Geruch lockte mich einen Schritt näher.
Und ich machte meine dritte Entdeckung: Nicht die Überreste eines Tieres, sondern eines Menschen waren es.
Ich nahm sie genauer in Augenschein, drehte den Bratenspieß. Doch das Gesicht, zu ausgiebig geröstet, ließ sich nicht erkennen. Aber als ich den Spieß noch etwas weiterdrehte, erhielt ich Aufschluß. Mein einstiger Freund hatte im linken Ohr ein Goldstück von der Form eines Pentagramms getragen. Ich fand es im gutgerösteten Ohr des Leichnams.
Ein sonderbares Ende. Ich will nicht gerade behaupten, es sei ein verdientes Ende gewesen, aber irgendwie sonderbar war es schon.
Ich erinnere mich, daß ich kurz die Augen schloß und meinen Magen knurren hörte. Und in diesem Moment begriff ich, daß es gegen dieses Knurren kein wirklich stichhaltiges Argument gab.
Auf der einen Seite des Raums war die Mauer eingestürzt, vor Urzeiten wohl, und ein Loch schien dort in die Tiefe zu führen. Während ich mir die Hände an den Reithosen abwischte, hörte ich von da unten ein Geräusch, als würden Steine zermalmt unter unvorstellbar schwerem Tritt. Ich zog mein Schwert und trat langsam näher, um nachzusehen.
Als ich etwa zehn Schritt von jenem Rand entfernt war, reckte eine Kreatur von vage menschlichem Aussehen ihren Kopf empor und blickte mich an.
Mit ihrem einen Auge.
Das Kinn ruhte auf dem Rand des Fußbodens, und das Schädeldach reichte bis zur Höhe meines Knies. Das eine Auge befand sich – im Gegensatz zu den üblichen Beschreibungen – nicht in der Mitte des Gesichts, sondern dort, wo man bei einem zweiäugigen Wesen das linke Auge erwartet hätte. Doch anstelle des rechten Auges fand sich nur eine Art verschrumpfter Mulde: Als hätte das Ge-

sicht ursprünglich einen zweiten Augapfel erwartet und sei dann, vor lauter Enttäuschung, an der betreffenden Stelle verwelkt.
Die Kreatur öffnete den Mund, bleckte ein imposantes gelbbraunes Gebiß und sprach. »Was für eine Art Ding bist du?« Die Stimme klang gewaltig und tief.
»Ich bin ein Mensch«, erwiderte ich ruhig – und war darauf nicht wenig stolz.
Die Kreatur stützte eine mächtige Pranke auf den Rand des Fußbodens. Die andere Pranke folgte, und ich sah einen Unterarm, dick wie ein Baumstamm. Die Spreizfinger stemmten sich auf, die Kreatur schnellte hoch, und der Boden zitterte.
Ein wahrer Hüne, der mich um das Doppelte überragte – wirklich gigantisch in Anbetracht meiner, wie ihr sehen könnt, nicht geringen Körpergröße. Seine völlige Nacktheit wirkte um so auffälliger, als jegliche Behaarung fehlte. Er war dünn – relativ betrachtet, natürlich –, und seine knotigen Knie wirkten dicker als seine Beine, genauso wie seine Ellbogen dicker waren als seine Arme. Seine Rippen standen vor, und sein eingesunkener Bauch glich fast einem hohlen Trog. Von einer Schnur an seinem Hals hing ihm ein Kurzschwert in einer Scheide, eine Waffe, die in seinen Händen wie ein Dolch aussehen mußte. Er hockte vor mir nieder – die Decke war für ihn zu tief, um aufrecht stehen zu können –, und seine Genitalien baumelten bis auf den Fußboden. Selbst in dieser Kauerstellung überragte er mich noch ein wenig. Er sagte: »Aber was für eine *Art* Ding bist du? Ein totes Ding? Oder ein lebendiges?«
Eine plötzliche Intuition sagte mir, daß mein früherer Freund diese Frage unrichtig beantwortet hatte. Begreiflicherweise wurde ich noch vorsichtiger. »Was ist mit dir?« fragte ich. »Welche Art Ding bist du?«
»Ein totes Ding.«
»Genau wie ich!« versicherte ich mit großer Unaufrichtigkeit, eine Kunst, die alle Frauen frühzeitig erlernen. Das Problem besteht darin, sie zu verlernen.
»Schon lange tot?«

»Oh, sehr lange.«
»Ich bin traurig. Sie, die mich entwöhnt hat, hat zu mir gesagt, daß es nicht gut ist, Dinge zu essen, die schon lange tot sind. Aber ich bin nicht zu traurig, denn endlich habe ich gegessen, heute, und ich habe auch noch ein Pferd zum Essen, wenn ich nicht warte, bis es zu lange tot ist.«
»Ich bin sehr froh, daß du endlich gegessen hast«, sagte ich zu der Kreatur. »Und sie, die dich entwöhnt hat, muß sehr weise gewesen sein. Und unsere Unterhaltung hat mich entzückt. Nun jedoch, fürchte ich, habe ich anderweitig zu tun und muß gehen.« Ich begann in Richtung Torbogen zurückzuweichen.
Ohne sich aus der Kauerstellung zu erheben, bewegte die Kreatur sich blitzschnell, mit hin und her pendelnden Armen und Beinen und schaukelnden Genitalien, auf den Ausgang zu und blockierte mir den Weg. Die Wucht war so groß, daß Steinsplitter flogen.
Ich verbarg meine Verblüffung, so gut es ging, und wappnete mich innerlich für den Kampf, den ich zu vermeiden gehofft hatte. »Laß mich vorbei«, sagte ich.
»Ich muß dich dorthin tun, wo ich die anderen toten Dinge aufbewahre.«
Ich zog mein Schwert.
»Sie, die mich entwöhnt hat, hat gesagt, es muß für alles einen Platz geben.« Der Hüne streckte die Pranke nach mir. »Und alles muß an seinem Platz sein.«
Ich machte einen Ausfall, doch die Spitze meiner Klinge glitt von einer Rippe ab. Für einen kurzen Augenblick gewahrte ich nichts als blitzschnelle, verwischte Bewegungen, bis ich dann deutlich, nur allzu deutlich sah: Eine der mächtigen, wenn auch knochigen Pranken hielt meine Hand samt Handgelenk und Schwertgriff umfaßt, die andere war an meinem Knie um mein Bein geklammert. Nach kurzer, vergeblicher Gegenwehr gab ich es auf und wartete ab. Vielleicht fand sich ja Gelegenheit für eine sinnvolle Aktion.
Er warf mich über die Schulter wie ein Cape – und ich hatte das Gefühl, auf einem Holzhaufen zu landen. Einen Arm und ein Bein

hielt er vorne fest. Mein Gesicht wurde in seine Achselhöhle gedrückt, aus der es übel roch, selbst in der Nase einer Frau, die gerade fünf Tage Wüste hinter sich hatte.
Ich drehte mein Gesicht zur Seite und überlegte, wie ich's anstellen sollte, ihn besser auszurechnen – als er durch das Loch in der anderen Mauer in den Raum darunter sprang.
Endlich verschwand der Nebel aus meinem Kopf (die Schmerzen in meiner Hüfte und in der Schulter leider nicht), und ich machte mich entschlossen daran, mehr über die Kreatur zu erfahren. »Wie heißt du?« fragte ich.
»Daton«, erwiderte er, während er mich wie einen Sack voll Rüben trug. Seit langem tote Rüben.
»Ein feiner Name: Daton. Und du bist auch ein feines Exemplar von ... Woher weißt du, Daton, daß du selbst ein totes Ding bist?«
»Sie, die mich entwöhnt hat, hat gesagt, daß ich mich nicht selber essen soll. Wenn ich nicht gut zum Essen bin, dann muß ich ein lange totes Ding sein.«
»Das ist sehr logisch«, sagte ich. »Aber wo ist die, die dich entwöhnt hat?«
»Ich habe sie gegessen.«
»Ich verstehe. Sie war also lebendig.«
»Ja«, sagte er.
Sodann weigerte er sich, weitere Fragen zu beantworten, und meinte, für ein schon lange totes Ding spräche ich doch eine ganze Menge; woraufhin ich schleunigst verstummte. Er trug mich einen Gang entlang und dann eine Treppe hinunter – ein interessantes Erlebnis in Anbetracht meiner ungewöhnlichen Position und Perspektive. Durch einen kürzeren Gang ging es nach draußen, wo er mich zu Boden plumpsen ließ und mir mein Schwert fortnahm.
Während ich meinen geschundenen Körper und meine verbogenen Glieder zu strecken versuchte, bemerkte ich, daß wir uns hier keineswegs »draußen« befanden, sondern in einer Art – ziemlich großem – Innenhof. Ein Innenhof mit nur einem Ausgang. (Ver-

ständlicherweise war ich brennend an Ausgängen interessiert.) »Hier«, sagte Daton, »bewahre ich die toten Dinge auf.« Die Feststellung war eigentlich überflüssig. Denn dicht bei der Tür häuften sich in der Tat viele tote Dinge verschiedenster Art und in unterschiedlichen Stadien der Mumifizierung – ein Grund, jetzt doch der Wüstensonne dankbar zu sein. Daton ging durch die Tür zurück.

Doch bevor er verschwand, erspähte ich etwas von großem Interesse.

Aus einer Mauernische bei der Tür nahm Daton, die Kreatur, einen Behälter von zylindrischer Gestalt, dessen Höhe seinem Durchmesser entsprach, mit einem Volumen von etwa zwei Weinschläuchen. Mit diesem Behälter ging Daton sehr behutsam, ja geradezu liebevoll um. Er öffnete ihn oben mit einer drehenden Handbewegung, blickte hinein, schloß ihn auf ähnliche Weise, und nach einer Art Streicheln stellte er den Behälter in die Mauernische zurück. Was er enthielt, hatte ich nicht sehen können, doch mußte es etwas für Daton sehr Wertvolles sein.

Aber da war das Gefäß als solches. Es bestand, daran zweifelte ich nicht, aus Gold.

Mein Entschluß war gefaßt. Wenn ich dieser Kreatur entkam, so würde mein Gepäck etwas schwerer sein als bei meiner Ankunft.

Ich ging zur Tür und spähte um die Ecke.

Der kurze Gang führte direkt zu einer aufsteigenden Treppe. Vor der untersten Stufe lag Daton, zusammengekrümmt wie ein Hund. Und genau wie ein Hund hob er den Kopf und beäugte mich.

Ich beschloß, mein Gefängnis zu erforschen.

Allerdings, so ging es mir durch den Kopf, würde *Ossuarium* es wohl genauer treffen.

Ich entdeckte andere tote Dinge, die dort lebten.

Sie zählten ein halbes Dutzend, und im Vergleich zu ihnen wirkten die Einwohner von Rattenkopf geradezu reizvoll. Sie waren genauso dünn und ausgemergelt wie Daton, im Gegensatz zu ihm jedoch zweifellos von menschlicher Art. Sie ernährten sich von dem, was sie fangen konnten – ein Reptil irgendwann oder ein Insekt –, und sie hatten einen dürftigen Garten, den sie mit ihren eigenen kärglichen Exkrementen düngten und mit Hilfe einer Handpumpe mühsam bewässerten. Keiner der sechs wußte zu sagen, wie lange er oder sie sich schon dort befand. Eine meinte: »Was für eine Rolle spielt schon die Zeit, wenn man tot ist?«

Mit diesem weiblichen Wesen unterhielt ich mich länger. Sie schien besser beieinander zu sein als die übrigen. Vielleicht besaß sie größere Widerstandskraft – oder sie war noch nicht so lange hier. »Wie kommt es«, fragte ich sie, während wir im fallenden Dämmer nebeneinander kauerten, »daß ihr noch nicht von hier geflüchtet seid? Gewiß, Daton ist ein Riese. Und trotzdem sehr schnell. Aber mit sechsen wird er es doch kaum aufnehmen können.«

»Was für einen Zweck hat es, zu fliehen, wenn man tot ist?« gab sie zurück.

Jetzt erst begriff ich, daß ihre Worte buchstäblich zu nehmen waren und nicht als Metapher: Diese Menschen glaubten das, was ursprünglich Zwecklüge gewesen sein mußte; ja, sie liebten diese Lüge sogar.

»Später«, sagte ich zu ihr, »wenn wir ganz im Bauch der Nacht sind und ich sicher sein kann, daß Daton schläft, werde ich mich an ihm vorbeischleichen und verschwinden. Du kannst mitkommen, wenn du willst – oder aber hier bleiben und warten, bis du verrottest.«

Sie antwortete mit einer Warnung: Ich solle still sein wie ein Schatten; Datons Ohren vernähmen auch den leisesten Laut.

Das war mir eine wertvolle Information, und ich zog sogleich meine Stiefel aus. Mit dem langen Stoffstreifen, den ich mir turbanartig um den Kopf gewunden hatte, band ich die Stiefel fest zusammen und sodann auf meinen Rücken, damit sie in keiner Weise hinderlich sein konnten. Das dauerte wenige Minuten. Blieben noch etliche Stunden – Zeit, die irgendwie herumgebracht werden wollte. Um sie nutzbringend zu verwenden, stellte ich meiner Gesprächspartnerin gezielte Fragen. Ließ Daton, wenn er auf Beutefang ging, den Gang zu unserem Hof denn niemals unbewacht? Das Problem stelle sich ihm gar nicht, erwiderte sie, denn der Zugang zur Stadt sei nur durch jene Lücke möglich, durch die ich – wie auch mein aufgezehrter Gefährte – gekommen waren. Mithin bildete jene Passage den günstigsten Ort, um dahinwandernde lebende Dinge zu fangen.

Sodann fragte ich sie, was sie von Datons goldenem Behälter wisse.

In jenem Behälter, erklärte sie, befinde sich Datons anderes Auge.

Wie bei allen seiner Art, so schien es, waren Daton und sein zweites Auge zugleich, jedoch voneinander getrennt zur Welt gekommen. Er hatte dieses Auge stets in seiner Nähe aufbewahrt – und das nicht nur aus Sentimentalität. Wer einen Schluck des Wassers trank, in welches das Auge getaucht war, der würde für kurze Zeit alles sehen können, was er zuvor übersehen hatte – erzählte meine Katakombengefährtin. Für mich war das von brennendem Interesse. Eine solch magische oder mystische Kraft würde dem Behälter – vom Gold einmal abgesehen – einen unschätzbaren Wert verleihen. Erregung erfüllte mich. Eine derartige Beute ließ das Abenteuer, das bisher so sehr aufregend nicht gewesen war, in ganz anderem Licht erscheinen.

Irgendwann sagte mir ein Instinkt, daß die Zeit zum Handeln gekommen war.

Bei der Tür – die ich beim außerordentlich klaren Sternenlicht der Wüste erkennen konnte – knisterte irgend etwas unter meinem nackten rechten Fuß. Einfach widerwärtig. Und beunruhigend. Ganz langsam hob ich den Fuß von der mumifizierten Hand, auf die ich getreten war. Und lauschte.

Ich hörte nichts und schlich weiter; gelangte zur Tür, spähte um die Ecke.

Daton war nirgends zu sehen.

Ich trat in den Gang. Von der Tür hinter mir und auch von der Treppe her drang verschwommenes Licht. Ich suchte nach dem

Behälter in der Mauernische und sah seinen schwachen goldenen Schein. Für einen Augenblick stand ich sehr still und genoß, ganz für mich allein, das kostbare güldene Schimmern. Dann nahm ich den Behälter mit beiden Händen herab – und konnte nicht widerstehen. Ich mußte erkunden, was er barg.

Leicht öffnen ließ er sich nicht. Der Deckel war gesichert durch zwei gegenläufige Schneckengewinde, die raffiniert ineinandergriffen. Doch endlich war es geschafft, und ich sah – das Auge. Dort auf dem Boden des ganz mit Wasser gefüllten Behälters lag es. Etwa so groß wie ein Ochsenauge war es (woraus manche Leute angeblich Suppe machen). Braune Iris auf der vorderen Seite und auf der hinteren gebündelte Nervenstränge, die einem Kabel glichen. Ich tunkte einen Finger in das Wasser. Natürlich war dies, vordergründig gesehen, eine wenig appetitliche Angelegenheit; doch hatte ich – wie gerade erst in Rattenkopf – schon Schlimmeres geschmeckt. Überdies folgte ich einer tieferen Verlockung, und voller Erregung trommelte mein Herz, als ich den Finger ableckte.

Es schmeckte wie Tränen.

Und ich begriff, daß die hämmernden Geräusche nicht nur von meinem Herzschlag stammten. Von irgendwoher kam etwas, das wie eine ferne Lawine klang. Die Geräusche wurden lauter.

Und plötzlich sah ich, woher sie kamen. Im Licht oben auf der Treppe erschien Daton. In seiner sonderbaren Hockstellung bewegte er sich mit blitzschnell ausgreifenden Beinen und pendelnden Armen auf mich zu.

Durch den Gang jagte er herbei, streckte die Arme nach mir.

Ich beobachtete ihn fasziniert. Und reagierte einen Augenblick zu spät. Er stieß mich beiseite, und seine vorgestreckten Hände packten nicht mich, sondern den goldenen Behälter.

Ich stürzte zu Boden und sah, mit einem Auge, die Erde unter mir. Und rollte auf den Rücken und erblickte für Sekunden grellbunte Explosionen: stechendes Licht – ein Ausdruck von Schmerz, der zu plötzlich kam, um gleich ins Bewußtsein zu dringen. Die Helle schwand, und nun erblickte ich zwei Datons in zwei leicht überlappenden Türöffnungen.

Jeder geübte Trinker weiß, daß man mit solcher Doppelsichtigkeit am besten fertig wird, indem man ein Auge zukneift. Dies tat ich dann auch und sah einen Daton in einer Türöffnung, der sagte: »Nein, nein, nein. Bleib dort drin. Dort drin.« Er prüfte, ob sich das Auge auch wirklich im Behälter befand, schloß ihn dann, streichelte ihn, stellte ihn in die Nische zurück und verschwand.

Nie zuvor hatte ich bemerkt, in wieviel verschiedenen Farben die Sterne funkeln.

Ich betrachtete die sechs Gebäude, deren Mauern die Wände meines Gefängnisses bildeten. Betrachtete das verrottete und zerbrochene Gebälk und das verrostete Eisengestänge, das einmal Treppen getragen hatte; sah auch die mageren, bräunlichen Kletterpflanzen, welche beides bedeckten. Im Streulicht der Sterne sah ich ein paar Schatten. Ich öffnete mein zweites Auge, um herauszufinden, ob ich noch immer doppelsichtig war. Ja, allerdings. Und dann sah ich etwas anderes.

Etwas, das ich zuvor übersehen hatte.

Und mir kam eine Idee.

Um diese Idee in die Tat umzusetzen, bedurfte es einiger physischer Kraft, und da ich dabei auf keinen der lebenden Toten zählen konnte, mußte ich das selbst anpacken. Mühsam raffte ich mich hoch, und mein Körper schien eine häßliche Melodie zu kreischen, in die jeder Muskel und jeder Nerv mißtönend einfiel, indes – so schien mir jedenfalls – eine gebrochene Rippe die erste Stimme sang. Als ich mich an die notwendige Arbeit machte, fuhr der Chor mit unverminderter Intensität fort. Ich ließ mich dadurch nicht beirren.

Schwieriger war es, mit Schwindelgefühl, Schwäche und Doppelsichtigkeit fertigzuwerden. Doch mit der Zeit schwanden sie.

Auch schwand, wie ich merkte, die Wirkung des Wassers, von dem ich geschmeckt. Doch blieb die gewonnene Erkenntnis.

Bei Tagesanbruch (welcher sich mit der für die Wüste charakteristischen Plötzlichkeit vollzog) hatte ich meine Arbeit beendet. Aus zerbrochenem Gebälk, verrostetem Eisengestänge und bräunlichen Ranken hatte ich eine Vorrichtung konstruiert. Etwa in

Höhe meines Kopfes ragte der Balken über die Türöffnung hinüber zur anderen Seite, wo er mit Hilfe vieler Ranken fest mit anderem Gebälk verbunden war. Das Stück Eisen, eine Stange von knapp doppelter Armlänge, am einen Ende besonders rauh verrostet, war so an meinem Querbalken befestigt, daß es auf der anderen Seite spießartig in den Gang wies. Ich war bereit, das Spiel in Szene zu setzen.

Ich spähte in den Gang. Daton – das wußte ich ja – befand sich vorübergehend außer Sichtweite. Der Behälter stand in der Nische. Ich nahm ihn und trat damit in die Türöffnung; und hörte rumpelnde Geräusche – Daton.

»Komm nur, Kretin!« rief ich – nicht ohne eine gewisse Genugtuung, wie ich hinzufügen möchte. »Komm doch, du häßliche Warze von einer Mißgeburt. Ich habe dein Auge!« Rasch blickte ich hoch, um mich genau unter meinen Eisenspieß zu stellen, der einen knappen Meter in den Gang hineinragte. Das Rumpeln wurde immer lauter, wuchs bedrohlich an, und ich holte tief Luft und machte mir selber Mut: Bestimmt würde es mit dem Plan klappen.

Mit dem Plan, der auf eine offensichtliche Tatsache baute: Ein Zyklop mit seinem einen Auge kann Entfernungen nicht richtig schätzen.

Die Schmerzen in meinem Körper sangen so schrill wie zuvor, bis sie, genau wie das sich nähernde Rumpeln, übertönt wurden vom Gesang der Erregung. »Komm nur, Schwachkopf! Ich habe dein Auge, und mit Hilfe dieses Eisenspießes – *hinter mir* – werde ich es auch behalten!«

Daton tauchte oben auf der Treppe auf.

»Hier bin ich«, rief ich. »Und hier ist dein Auge. Und hier«, ich wies in die Höhe, »*hinter mir* ist der Spieß.«

Blitzschnell näherte er sich auf seine typische Weise, mit wie wedelnden Armen und Beinen. Dann schossen die Arme nach vorn, und die Hände befanden sich in derselben Höhe wie der Behälter – und meine Rippen.

Ich wich keinen Zoll.

»Nein, nein, nein, nein!« hörte ich ihn sagen.
Er hielt direkt auf mich zu, und mit fast herzzerreißender Tölpelhaftigkeit rannte er gegen den Spieß, der ihm mitten in die Stirn drang. Und bewegte sich weiter voran.
Prallte gegen mich. Was weniger schön war.
Der Querbalken brach. Daton stürzte, samt dem durch seinen Schädel getriebenen Eisenspieß. Ich sah das, während ich mich noch in der Luft befand.
Als ich – auf einem Haufen knackender, krachender Leichen – landete, löste sich für ewige Augenblicke alles auf in flirrendes, schwirrendes Licht.
Aus diesem Schimmerschaum tauchte ich rechtzeitig auf, um das Schauspiel von Daton mitzuerleben. Wie er stürzte und zuckend lag. Wie der Boden unter seinen Zuckungen bebte.
Schließlich lag er ganz still.
Ich meinerseits war auch nicht in bester Verfassung.
Als ich mich bewegen konnte, tat ich's. Ich werde nicht versuchen, diese Erfahrung zu beschreiben – habt Verständnis dafür, daß ich's vorziehe, mich darüber auszuschweigen. Datons wandelnde tote Dinge standen sämtlich glotzend herum. Ich hob den Behälter vom Boden auf, trat dann zu Datons Leiche und nahm sein Kurzschwert.
Sodann sagte ich den toten Dingen, sie seien frei. Sie könnten fortgehen und leben – oder aber bleiben und ihr Halbleben weiterführen; ganz wie es ihnen beliebte. Ich drehte mich um und ging davon, in einer eigentümlichen Mischung aus Traurigkeit und Überschwang. Falls mir einer von ihnen folgte, so gewiß erst, nachdem sie mich aus den Augen verloren hatten.
Meine treuen Pferde befanden sich noch dort, wo ich sie gelassen hatte. Ich ritt davon, und hinter mir entschwand die tote Stadt.
Ah, meine Freunde, ich wittere da Zweifel bei euch. Und wärt ihr nicht so wohlgesittet, so würdet ihr wohl sagen: Laß uns dieses phantastische Auge in seinem goldenen Behälter doch schauen.
Zu meinem Leidwesen kann ich nur entgegnen, daß ihr mein Wort dafür nehmen müßt.

Denn, seht ihr, auf dem Rückweg kam ich durch Rattenkopf, da es mir an Proviant mangelte, zu einer gefälligeren Oase zu gelangen. Inzwischen hatte man entdeckt, was für »Freiheiten« ich mir dort genommen hatte. Und wäre mein Körper nicht so offensichtlich bis zum Geht-nicht-Mehr zerschunden gewesen, so hätte man mir gewiß übel mitgespielt. Unter den Umständen begnügte man sich damit, als Entgelt für meine Diebstähle den goldenen Behälter zu konfiszieren.

Und das Auge als solches? Genau wie ihr, meine Freunde, hielten sie meine Geschichte für eitles Garn. Sie glaubten, es handle sich um ein Ochsenauge und machten Suppe daraus.

Natürlich erkannten sie bald ihren Irrtum.

JANET FOX

Janet Fox, ehemals Lehrerin für Englisch und Fremdsprachen, wurde bereits in Magazinen und Anthologien gedruckt, z. B. in Shadows II, The Twilight Zone, Amazonas I *und* The Year's Best Horror Stories. *Die meisten ihrer Geschichten gehören zum Genre der Horror- und Heroen-Fantasy. Sie engagiert sich stark für kleine Presseprojekte und besorgt zur Zeit den Newsletter für SPWAO – the Small Press Writers and Artists Organization. Im übrigen, sagt sie, widme sie sich mit großem Vergnügen dem Reiten und Fischen und habe die Absicht, sich voll in die Schriftstellerei zu stürzen. »Das Tor der Verdammten«, so scheint mir, bewegt sich auf dem Drahtseil zwischen heroischer Fantasy und purem Horror – und zwar gekonnt. – MZB*

JANET FOX

Das Tor der Verdammten

Bei Mondaufgang stieß Scorpia auf einen felsigen Teich, gespeist aus unterirdischem Quell: ein willkommener Anblick nach des Tages langer Reise. Das mächtige Kriegsroß, das sie ritt, schnob durch geblähte Nüstern, und auf der anderen Uferseite flohen zwei Nymphen, geisterhaft fahl vor dem Dunkel des Waldes, gedankenschnell davon – eher dahingleitenden Insekten ähnlich als von menschenähnlicher Gestalt.

Scorpia saß ab, ließ die Schwertscheide gegen den Schenkel klatschen und gab den Zügel frei, damit der riesige Wallach trinken konnte. Er war für die Schlacht bestimmt, nicht für die Reise, und man sah es ihm an. Das Dunkelbraun hatte seinen Glanz verloren, und unter dem staubigen Fell zeichneten die Rippen sich ab. Rasch schlug Scorpia ihr Lager auf. Sie versorgte das Pferd, entzündete ein Feuer, und als ein Teil des Wildbrets, das sie zuvor gefangen, von Blättern umhüllt zu rösten begann, stand sie einen Augenblick wie verloren und starrte sehnsüchtig auf das Wasser. Dann löste sie ihr Schwertgehenk und auch die Schnüre der Sporen an ihren Halbstiefeln.

Während des Tages hatte sie Spuren von Männern auf dem Marsch gesehen, doch diese Mulde hier lag so fern von allen menschlichen Behausungen, daß Scorpia sich sicher fühlte. Nackt stand sie jetzt, nur den Kopfschmuck aus Leder und Kupfer im Haar: stand am Felsrand und streckte die Zehen ins Wasser. Ihre Haut besaß jene Tönung, die für ihresgleichen typisch war, ein zartes Bronze-Gold, das sich nur unter der heißesten Sonne zu dunklerem Goldton wandelte. Ihr Haar, gelblich-blond, wirkte wie eine Löwenmähne. An der Schulter zeigte sich ein häßliches weißliches Narbengewebe, und eine Schmarre an den Rippen verriet,

daß sie nur mit knapper Not einem tödlichen Schwerthieb entgangen war.
Das eisige Wasser jagte ihr einen Schauer über den Rücken, doch sie zwang sich zum Sprung und glitt durch juwelengrüne Tiefen bis zum Grund; stieß sich dort ab vom schleimigen Fels und gelangte zur Oberfläche zurück. Wasser spritzte, und sie legte sich auf den Rücken und saugte die Lunge voll Luft. Plötzlich durchbrach Schwarzmähnes Wiehern die Stille, und Scorpia lauschte, ob wohl eine Antwort kommen würde.
Der dunkle Wald blieb stumm, doch die friedvolle Stimmung war gestört, und Scorpia schwamm zurück in Richtung Ufer. Noch ehe sie es erreichte, sah sie einen Reiter, gleißendes Mondlicht auf metallenem Helm. Zwei, drei weitere Reiter stießen zu ihm, sämtlich mit Schilden ohne Insignien: Söldner vermutlich – und wohl kaum mehr als ein Kundschaftertrupp.
»Bei Zan«, sagte einer von ihnen rauh und wies mit der Hand auf die Schwimmende. »Ist das eine Wassernymphe oder eine Vision, um mich in Versuchung zu führen?« Er schwang sich vom Pferd, nahm den Helm ab und fuhr sich mit den Fingern durch das glatte, sandfarbene Haar. Einer der anderen drehte sich auf seinem Sattel herum und deutete auf das Feuer und das angebundene Kriegsroß. »Ihr Mann muß irgendwo in der Nähe sein«, sagte er nervös. »Das ist das Nachtlager eines Soldaten.«
In eisigen Tropfen fiel Wasser aus dem nassen Haar auf das nackte Fleisch, und Scorpia hatte das Gefühl, schon seit Stunden dort zu stehen. Sie blickte über die Schulter zurück und sah, daß es keinen Sinn hatte, zum anderen Ufer zu schwimmen. Es bot nirgends Schutz. Mühelos hätten die Reiter sie abfangen können.
»Ich hege keine feindliche Absicht«, sagte sie und hob die waffenlose Hand, die Innenfläche nach oben gekehrt.
Lautes Gelächter erscholl. Scorpias Worte und die typische Kriegergeste wirkten unwiderstehlich.
»Kilder, ich dachte, den Spruch hättest du gepachtet«, sagte einer der Reiter prustend.
Der Mann mit dem sandfarbenen Haar legte seine Panzerung ab

und watete auf Scorpia zu. Sie sah das Messer an seinem Gürtel und wich schwimmend ein Stück zurück. Vom Ufer kamen laute Pfiffe und Rufe. Scorpia wartete, bis er fast auf Armlänge heran war: zu tief im Wasser, um noch zu waten, und beim Schwimmen durch seine nasse Kleidung behindert. Scorpia tauchte, schnell wie ein Otter, packte ihn beim Chiton und zog ihn mit aller Kraft unter Wasser. Während er wild mit den Armen ruderte, löste sie sich von ihm und brachte sein Messer an sich. Nun kam er wieder hoch, und sie schlang einen Arm um seinen Hals und preßte die Messerspitze gegen seine Seite. Strampelnd wehrte er sich, und beide gingen unter; doch dann gab er es auf, und beide tauchten wieder hoch.

Scorpia schüttelte sich das Wasser von den Augen. »Wenn es sein muß, werde ich ihn töten«, rief sie. »Laßt ihr mich jedoch in Frieden, so geschieht ihm nichts.«

Zornig entledigte sich einer der anderen seines Panzers und stürzte sich ins Wasser. Der dritte versuchte, ihn zurückzuhalten, wurde jedoch mitgerissen. Scorpia hob den Arm, um das Messer zu schleudern; aber dann erklangen plötzlich Hufschläge, und auf einem langbeinigen Rotfuchs tauchte ein weiterer Reiter auf.

»Im Namen der Götter, was geht hier vor?« donnerte er, und seine Stimme war von so zwingender Gewalt, daß selbst Scorpia mitten in der Bewegung innehielt.

Kleinlaut wateten die beiden Soldaten zum Ufer zurück, indes ihr Anführer die Lage abzuschätzen schien. »Reitet zu den anderen. Sagt ihnen, daß wir dort lagern werden.« Er deutete zum anderen Ufer.

»Aber was ist mit ihr?« begann einer der Männer – stockte jedoch unter dem Blick des Befehlshabers und eilte zu den anderen.

»Du kannst ihn jetzt gehen lassen. Du brauchst keine Geisel mehr«, sagte der Anführer.

»Dein Wort, daß ich in Frieden scheiden kann.«

»Was nützt dir das Wort eines Fremden? Laß ihn gehen, wenn du ihn nicht aus schierer Mordlust töten willst. Was mich nicht wei-

ter scheren würde. Da er dir in die Hände fiel, fiel er bei mir in Ungnade.«
Scorpia gab ihre Geisel frei. Die Sache behagte ihr nicht, doch unter den Umständen blieb ihr kaum eine Wahl. Als sie ans Ufer watete, glitt sie auf den Kieseln aus – und wäre wohl gefallen, hätte ihr der Anführer nicht seine Hand entgegengestreckt. Unverwandt sah er sie an. Seine Augen waren dunkelgrau, sein Blick klar und fest. Bewunderung spiegelte sich in ihnen, ganz ohne Bedrohung oder Demütigung: Sie war, wer sie war – mehr als eine Ansammlung weiblicher Körperteile.
Ungeschickt schlüpfte sie in ihren Chiton. Der feuchte Stoff klebte ihr an der Haut.
»Du bist fern von deinem Heimatland«, sagte er. »Und es ist kein Wunder, daß man dich ohne deinen Falkenkopfhelm für eine gewöhnliche Frau gehalten hat.«
»Ich bin eine gewöhnliche Frau.«
»Ich habe die Amazonen kämpfen sehen am Meer des Schilfs«, sagte er. »Sie ritten gewaltige Rosse, ähnlich deinem Braunen.« Bei der Erinnerung schüttelte er den Kopf. »Sie waren Frauen, doch es machte Mühe, sie zu töten.«
Sie beugte sich zu ihrem Schwertgurt, doch schon hatte er den Fuß darauf gestellt. Dann hob er die Waffe selbst hoch und zog das Schwert aus der abgewetzten Lederscheide: eine blaugraue Klinge, geradezu auffällig ohne Glanz. »Und da behaupten manche, Amazonenschwerter seien von Dämonen geschmiedet.« Lächelnd reichte er ihr die Waffe. »Nachdem ich gegen sie gekämpft hatte, fragte ich mich oft, wie es wohl wäre, mit einer Amazone zu reiten, um an ihrer Seite zu streiten. Narretei, fürchte ich.« Er schritt mit ihr zu ihrem Lager, und sie eilte voraus, um das Fleisch aus dem Feuer zu nehmen.
»Nicht närrischer als andere Träume, scheint mir«, sagte sie zerstreut, während sie auf das angesengte Fleisch blickte. »Doch du irrst dich in mir. Ich gehöre nicht zu jenem mörderischen Stamm. Ich bin nichts als eine Wanderin auf der Suche nach einem Ort, wo niemand ein Schwert tragen oder gar benutzen muß.«

Er setzte sich auf einen umgestürzten Baumstamm und nahm Helm und Panzer ab. Heimlich betrachtete sie ihn. Sein Haupt- und sein Barthaar waren pechschwarz, sein vom Wind gerötetes Gesicht wirkte kantig. Er besaß einen sehnigen Körper, langgliedrig, mit großen Händen und Füßen. Anders als zuvor, als er auf seinem Rotfuchs herbeigeprescht war, haftete ihm jetzt etwas leicht Linkisches an.
Scorpia schnitt das Fleisch zurecht, brach einen Brocken von ihrem harten Brot und setzte sich auf das andere Ende des Baumstamms. »Iß, wenn du magst«, sagte sie ohne Umschweife. Er trat ans Feuer, bediente sich, und eine Zeitlang aßen sie in geselligem Schweigen.
»Eine Welt ohne Krieg«, sagte er schließlich. »Eine sonderbare Vorstellung für mich. Allerdings ist, wie du siehst, der Krieg mein Gewerbe. Ich bin auf dem Weg, mit meinen Leuten zu den Armeen von Baucis, König von Thurgien, zu stoßen. Mein Name ist Telis.«
»Scorpia«, sagte sie – und bedauerte sofort. Das war ihr Kampfname gewesen. Sie hatte ihn schon längst ändern wollen.
Vom anderen Ufer hallte Lärm herüber. Telis' Streitmacht schlug ihr Lager auf, und das träge Wasser trug jedes Geräusch herbei, Klappern und Rasseln, Stimmengewirr, böse Flüche. Doch je dichter das Dunkel wurde, desto mehr dämpfte sich jeder Laut. Es war, als erzwinge die Finsternis völlige Stille – und ein Beisammensein von eigentümlicher Beklommenheit, dort im Kreis von Scorpias schwachem Lagerfeuer.
»In Träumen ist es immer leichter gewesen«, sagte er und erhob sich und stand vor ihr, eine hochragende dunkle Gestalt im flakkernden Widerschein des Feuers. »Ich muß gestehen, daß ich nicht weiß, wie ich mit dir reden soll.«
»Was gibt's da zu reden? Bin ich denn nicht deine Gefangene?«
»Fühlst du dich denn so – als Gefangene?«
»Nein.«
Er setzte sich neben sie. »Ich will nichts, was nicht auch du willst. Wenn du mir sagst, ich soll gehen, so gehe ich.« Er beugte sich zu

ihr und küßte sie, ein wenig rauh vielleicht, doch ohne jedwede Spur von Bedrohung, von Zwang. Sie erwiderte seine Umarmung und fragte sich, woher er es nur hatte wissen können: wie einsam sie sich fühlte, wie sehr sie ihres unsteten Lebens überdrüssig war, all der neuen, der feindseligen Gesichter; und wie lange es schon her war, daß sie mit einem Mann geschlafen – und wie oft sie daran gedacht hatte.

»Baucis' Armeen sammeln sich in einem Dorf mit dem Namen Unter-dem-Berg«, sagte Telis, als er mit Scorpia im trübgrauen Morgenlicht das Lager abbrach. »Es liegt einen Dreitageritt von hier.«

»Und wenn ich in eine andere Richtung muß?«

»Nun – mußt du?«

»Nein.« Sie verschwieg, daß sie gar kein Ziel hatte; nicht einmal eine Vorstellung davon, wo sie vielleicht finden könnte, was sie suchte. Und sie behielt auch für sich, daß sie in der vergangenen Nacht, zum erstenmal seit sie aus ihrer Heimat geflohen war, nicht mehr das Gefühl des Verlorenseins gespürt hatte. Er hielt sie für stark. Mochte er diese Illusion bewahren.

»Da du hier fremd bist, wirst du wohl nichts wissen von einem Gebirgspaß mit dem Namen Abzu Rii«, sagte er.

»Im letzten Dorf sprachen ein paar Bauern davon, aber das klang alles nach Aberglauben, und ich gab nichts weiter drauf.«

»Daß das Land jenseits des Passes ein Reich der Zauberei und der unreinen Dinge ist?«

»Wenn das der Wahrheit entspricht – warum will dann irgend jemand dorthin?«

»Baucis möchte die Lande jenseits erobern, um sie für Reisende sicher zu machen – und um die Bewohner zu befreien von den dämonischen Mächten, die dort herrschen.«

»Er will ihre Seelen retten, selbst auf die Gefahr hin, daß alle sterben müssen. Und wenn es dort einen Schatz gibt, so wird er auch diesen ›befreien‹. Wie vertraut das doch alles klingt. Wie einfach ist es doch ... Dämonen zu töten.«

Telis musterte sie verwirrt. »Ich hätte nie gedacht, solche Worte aus dem Mund einer Amazone zu hören – aber du behauptest ja, keine zu sein. Jedenfalls ist das der Grund, aus dem die Armeen gegen Abzu Rii marschieren.«
»Die Dörfler, mit denen ich sprach, nannten den Paß nicht Abzu Rii. Sie nannten ihn das Tor der Verdammten.«

Sie ließen den Wald hinter sich und ritten in ein Tal hinab. Dann und wann näherten sich Dörfler mit Fleisch und Brot und Wein – Gaben, welche die Streitmacht der Söldner versöhnlich stimmen sollten. Es hätte eine behagliche Reise sein können, doch Telis trieb seine Truppe so erbarmungslos an, daß es eine Schinderei war für Mensch wie für Tier. Am Horizont sahen sie die Berge, von den Einheimischen Oliaden genannt: graue Felsmassen, aufragend aus Sockeln von rauchigem Blau. Auf ihrer Reise begegneten sie anderen Soldatenscharen, teils gut organisierte Trupps, teils undisziplinierte Abenteurerhaufen.
In Unter-dem-Berg gab es eine primitive Weinschenke, wo sich lärmendes Bauern- und Kriegervolk drängte. Scorpia gefiel die Kaschemme nicht.
»Da du dich entschlossen hast, hier von uns zu scheiden«, sagte Telis, »lade ich dich zum Abschiedstrunk ein.«
»Es ist wohl besser, wenn ich mich von euch trenne«, erklärte sie nicht ohne leises Bedauern, wie es schien. Sie nahm den Becher, trank vom sauren Wein und stellte sich blind und taub gegen die glotzenden Blicke und die Pöbeleien ringsum. »Ich gehe wohl besser«, sagte sie und leerte den Becher mit einem Zug. »Dies ist kaum der rechte Ort für mich.«
Plötzlich drängte von hinten ein stoppelbärtiger Strolch gegen sie. Scorpia spürte seine tastenden Finger, hörte seine anzüglichen Worte. Und sie reagierte ganz automatisch. In halber Drehung hob sie einen Arm und schmetterte dem Kerl ihren Ellenbogen mit voller Wucht gegen das Kinn.
Mit schmerzverzerrtem Gesicht lag der Mann auf dem mit schmutzigem Stroh bedeckten Boden und bewegte vorsichtig den

Unterkiefer. Brüllendes Gelächter erscholl, und irgendwer kippte dem Gestürzten Wein über den Schädel. Scorpia wandte sich zum Gehen, doch Telis griff nach ihrem Arm. »Jetzt, wo es interessant wird, willst du fort?«

Der Mann raffte sich vom Boden hoch: massige Gestalt, finsterer Blick unter buschigen Brauen. »Frau, du wagst es, Niarcas zu schlagen?«

»Nicht Frau«, sagte Telis, so daß es alle hörten. »Amazone.«

Die Männer tuschelten miteinander. Niarcas starrte verblüfft, wich jedoch nicht zurück. Dicht hinter sich spürte Scorpia eine Bewegung. Irgend jemand drückte ihr den Griff eines Schwertes in die Hand. Die Klinge blitzte.

Sofort zog Niarcas seine Waffe. Er mußte sich verteidigen, es blieb ihm gar keine Wahl. So jedenfalls schien es ihm. Die übrigen Gäste machten den beiden Platz. Auf Scorpia – widerstrebend gestand sie es sich ein – übte die Situation einen eigentümlichen Zauber aus. Fast fühlte sie sich zurückversetzt nach Theopolis, zum Üben mit Leas Truppe. Für einen kurzen Augenblick wünschte sie sich, dort zu sein.

Ihr Gegner war viel stärker als sie, und sein erster Ansturm trieb sie fast bis zu den Zuschauern zurück. Doch zeigte er sich schwerfällig, an Körper wie an Geist. Scorpia fintierte und glitt gedankenschnell an ihm vorbei. Ihre flinken Bewegungen verwirrten ihn so sehr, daß er vor lauter Aufregung ganz rot anlief im Gesicht. Die höhnischen Rufe der Umstehenden stachelten ihn zu einem blindwütigen Angriff auf, dem Scorpia mühelos ausweichen konnte. Und schon schlitzte ihre nackte Klinge ihm den fetten Hals: So wie das Hackmesser eines Metzgers in einen Fleischbrocken fährt. Niarcas glotzte. Seine Augen quollen aus ihren Höhlen, seine Lippen öffneten sich, doch nur ein Gurgeln drang hervor. Einen Wimpernschlag lang schien jede Bewegung erstarrt. Dann stürzte er krachend zu Boden, Arme und Beine zuckten, kurz nur – lagen reglos still.

Scorpia wandte sich ab. Erst jetzt wurde ihr bewußt, was da von ihrer Hand geschehen war: eben das, was sie niemals tun wollte, wie sie Telis versichert hatte. Plötzlich sah sie sein Gesicht, sah das wie ermunternde Lächeln; und hob ihr Schwert, das noch rot war von Niarcas' Blut, und stürzte auf ihn los. Es gelang ihm noch, seine eigene Waffe zu ziehen; doch schon beim ersten Schlag zerschmetterte ihre glanzlose Klinge sein glänzendes Schwert. Er wäre verloren gewesen, hätten ihn nicht zwei seiner Leute gerettet, die sofort herzusprangen und Scorpia an den Armen festhielten.

Nach und nach verließen die Gäste die Schenke, murmelnd und tuschelnd: Wieviel Sonderbares hatten sie doch schon gehört über »jenen verfluchten Stamm« – und jetzt gab es Neues zu berichten, mit eigenen Augen gesehen.

Telis entwand ihr das Schwert und betrachtete das stumpf wirkende Metall der Klinge. Vergeblich versuchte er, die Bestürzung zu verbergen, die sich auf seinem Gesicht spiegelte.

»Müssen wir diese Harpyie mit uns nehmen?« fragte der Mann links von Scorpia, und sie erkannte ihn wieder: Kilder war's.

»Ja, und ihr beide werdet sie bewachen.«

»Da müßt ihr aber sehr gute Arbeit leisten«, sagte sie. »Denn wenn das Schwert in meine Hand zurückkehrt, und bisher hat es das *immer* getan, dann ...«

Telis seufzte hörbar. »Ich muß gestehen, daß die Wirklichkeit den Traum ein wenig verdirbt«, sagte er. »Aber ich habe nicht gelogen, als ich dir versicherte, daß ich nichts wollte, was du nicht selber willst. Ich sah dein Gesicht, als du ihn getötet hast.«

Scorpia schwieg. Sie hatte keine Antwort.

An dem Tag, als sie den Befehl erhielten, durch den Paß zu reiten, war die Luft träge und schwer unter dichtbewölktem Himmel. Abergläubische Gemüter murmelten etwas von Dämonenzauber, und plötzlich, während sich die Pferde mühselig dem allerhöchsten Punkt näherten, brach ein Sturm los. Eine gewaltige Bö drohte Scorpia aus dem Sattel zu reißen, doch mit zäher Kraft hielt sie sich fest. Regen peitschte nieder, und von ihren Wächtern war nichts zu sehen. Sie blickte sich um, spähte nach einer Fluchtmöglichkeit und sah plötzlich etwas auf sich zustürzen, einen ganzen

Berg, wie es schien. Erdbatzen und Geröll – eine mächtige Lawine wälzte sich herab. Sie gab Schwarzmähne die Sporen, jagte ihn vorwärts und schleuderte den anderen Warnrufe zu.
Doch für manche kam das zu spät. Scorpia vernahm ein ungeheures Krachen, als die Masse aus Stein und Lehm Reiter unter sich begrub. An ihren Sattel geklammert, sah sie verzweifelte Kämpfe. Pferdeleiber bäumten sich hervor aus prasselndem Geröll; oder stürzten in die Tiefe, ihre Reiter mit sich reißend; oder fielen und zermalmten sie unter sich.
So plötzlich, wie es gekommen, war es wieder vorbei. Scorpia und die anderen Überlebenden befanden sich oben beim höchsten Punkt und blickten zurück auf die Überreste einer großen Armee. Von hinten näherte sich Telis auf durchnäßtem und erschöpftem Pferd, und für einen Augenblick fühlte sich Scorpia so verloren, daß sie sich freute, ihn zu sehen.
»Zurück können wir nicht«, sagte sie und blickte die blockierte Straße hinab.
»Wir haben noch genügend Männer. Wir werden sie sammeln und weiterziehen.«
»Glaubst du etwa, wie manche dieser abergläubischen Narren, irgendein Zauber sei an dem Unheil schuld?« fragte er, als sie ihn zweifelnd ansah.
Sie hob die Schultern. »Schon möglich. Aber wenn man nicht zurück kann, muß man halt weiterziehen – was hilft's.«
Es war ein absonderlicher Haufen von Eroberern, der vom – jetzt geschlossenen – Tor der Verdammten hinabzog in ein Land voller Fremdheit. Breite, graue Bäume wucherten mit Zweigen, die so fein gesponnen schienen wie sonst Spinnweben nur. Unter den Hufen der Pferde bröselten Büschel von dunklem, ausgedörrtem Gras. Ein weißer Vogel strich hinweg über die Reiterschar. Er stieß einen rauhen Ruf aus und kreuzte den Weg abermals: vielleicht ein eifriger Späher für seinen unsichtbaren Herrn.
Sie kampierten zwischen Felsausläufern, ein niedergeschlagener, mutloser Haufe. Scorpia schlief schlecht und erwachte in der Nacht, inmitten einer lastenden Stille. Sie setzte sich auf, hüllte

sich fester in ihren Mantel und starrte angestrengt in die Dunkelheit, wo zweifellos der Feind lauerte. Wolkenfetzen huschten über den Mond hinweg, und plötzlich schien die Landschaft überhaucht von grünlicher Helle. Bei diesem Licht glaubte Scorpia eine Gestalt zu sehen, winzig klein und menschlich. Bei einem verkrüppelten Baum hockte sie, huschte dann hinter eine grasbewachsene Kuppe. Irgendein Tier, dachte Scorpia, was wohl sonst? Doch sie war sich gar nicht sicher. Das Wesen hatte sich bewegt wie ein Mensch: verstohlen wie ein Spion. Scorpia streckte sich wieder aus und fiel in einen unruhigen Schlaf.

Als sie aufwachte, war es bereits Morgen. Auch ohne die Augen zu öffnen, wußte sie, wo sie sich befand. Die Luft hier war kühl und klamm und irgendwie stickig – fast wie in einer unterirdischen Höhle. Sie hörte Telis' Stimme, seinen lauten Ruf, und schlüpfte unter ihrem Mantel hervor. Telis stand an einer Stelle, wo am Abend zuvor eine der Wachen Posten bezogen hatte.

»Verschwunden«, sagte er. »Und Ambers auch. Sind die Lumpen desertiert?«

Scorpia bemerkte auf dem Boden einen feuchten Flecken. Sie berührte ihn und sah, daß ihre Finger rot waren. Über ihr schwang sich der weiße Vogel von einem Baum in die Luft und stieß einen Schrei aus, der wie ein irres Lachen war.

Kaum hatten sie ihr Lager abgebrochen, als sie eine Linie von Reitern und Marschierenden sahen, die Armeen von Abzu Rii. Telis warf Scorpia einen nachdenklichen Blick zu und löste ihr Schwert von seinem Sattel.

»Die Kundschafter melden etwas Sonderbares«, rief ein verstört wirkender junger Soldat. »Sie sagen, manche in der Armee dort sähen nicht so ganz ... menschlich aus.«

»Glaubst du etwa, daß ich für eure Sache kämpfe – nach allem, was ihr mir angetan habt?« fragte sie.

Telis musterte sie aufmerksam.

»Ob du kämpfst oder nicht, mußt du selber wissen; aber wir ziehen in die Schlacht, und du kommst mit.« Mit einem unterdrückten Fluch streckte sie die Hand nach ihrem Schwert, doch er zog es

zurück. »Ich muß sicher sein können, daß du die Waffe nicht gegen mich kehrst, womöglich noch vor der Schlacht.«
»Was nützt dir das Wort einer Fremden?«
»Ein Soldateneid genügt mir«, antwortete er ernst.
»Dann sollst du ihn haben, wenn auch nur, weil ich jener Koboldarmee nicht unbewaffnet gegenübertreten möchte.«
Später erzählte man sich, die feindlichen Reiter hätten unmäßig lange Arme besessen: Arme, die weiterkämpfen konnten, selbst wenn Köpfe und Helme von den Schultern gehauen waren. Manche berichteten auch von absonderlichen Fußsoldaten, von denen jeder aus zwei Kämpfern bestand, Rücken an Rücken zusammengewachsen, doch mit den perfekten Bewegungen eines einzelnen. Scorpia sollte keinen Grund haben, daran zu zweifeln, sah sie jetzt doch mit eigenen Augen eine gepanzerte Gestalt, die sich auf eine Gruppe Pikeniere stürzte, so daß sie wild auseinanderstoben. Schwarzmähne schnaubte und bäumte sich hoch, wie vor Unbehagen über die Witterung, die er genommen – von der gepanzerten Riesengestalt. Der Gigant hob einen Mann hoch in die Luft, drehte ihn zwischen seinen Pranken wie Bündel Lumpen und schleuderte ihn davon. Scorpia, viel näher jetzt, erblickte unter dem Helm nicht ein Menschengesicht, sondern die dunkle, vorgewölbte Schnauze eines Tiers. Die Pranken ähnelten zwar menschlichen Händen, doch waren sie plump mit langen, gekrümmten Krallen an spatelförmigen Fingern.
Eine bärenartige Kreatur mußte es sein; oder aber ein Hüne von einem Mann in einem Bärenfell. Doch bevor Scorpia sich schlüssig werden konnte, prallte Schwarzmähne mit ungeheurer Wucht gegen die Kreatur, die mit ihren mächtigen Krallen die braune Pferdeschulter schlitzte. Scorpia spürte, wie ihr Roß zu straucheln begann, während sie ihr Schwert dem Tiermenschen von oben in den Körper stieß, so daß Fleisch zerfetzte und Knochen brachen. Blut schoß hoch, blendete sie, und im selben Augenblick stürzte das Schlachtroß unter dem Gewicht der fallenden Kreatur zu Boden. Scorpia wurde durch die Luft geschleudert und verlor, hart aufprallend, das Bewußtsein.

Als sie erwachte, war es Nacht. Sie betastete ihre Wange, die sich feucht und klebrig anfühlte, Schlamm offenbar. Und schlammig schien auch der Boden zu sein, von dem sie sich jetzt hochstützte. In der Nähe sah sie einen kopflosen, wie zerhackten Körper, und mit einem Schrecken, der ihr früher auf Schlachtfeldern fremd gewesen war, erkannte sie an seinen Kleidern den Toten: Kilder. Schwarzmähne rupfte im Gras neben der Leiche des Tiermenschen, den Scorpia getötet hatte. Noch steckte ihr Schwert darin, und sie zog es heraus. Das Schlachtfeld war mit Toten übersät. Hier und dort stöhnten und ächzten Schwerverwundete, ein Pferd schrie und peitschte mit den Hufen, doch es gab keine Hilfe an diesem barbarischen Ort, keine lindernde Hand für die Verwundeten, nicht einmal ein Verscharren der Toten.
Scorpia bemerkte eine Bewegung und erstarrte. Dunkle Schatten, ähnlich jenem aus der Nacht zuvor, huschten über das Schlachtfeld. Sie umringten einen der Verwundeten (Scorpia konnte nicht sehen, ob es einer der ihren oder der anderen war), und der Mann schrie gellend auf und verstummte dann. Jetzt drängten sich mehrere kleine Gestalten um Kilders kopflose Leiche, und Scorpia überlief ein Schauer, als sie die Bewegungen der stockähnlichen Arme und Beine sah, während diese Kreaturen sich um den Besitz der Leiche balgten. Urplötzlich schien Kilder zu neuem, absonderlichen Leben erwacht. Unauffällig ließ Scorpia sich zu Boden gleiten, und sie zwang sich, ganz still zu liegen, versuchte es jedenfalls. Doch die Szene war so widerwärtig, daß sie aufsprang und sich mit einem Schrei auf die wimmelnden Schatten stürzte. Ihr Schwert traf eines der dürren, menschenartigen Wesen, und zerspalten sank es zu Boden; doch die übrigen stoben auseinander, und ihre angstvollen Stimmen klangen gespenstisch hoch und rein, ähnlich jenen in einem Knabenchor.
Scorpia sah die roten Augen, als die Kreaturen sich wieder sammelten, sie dann angriffen. Sie ließ ihr Schwert sausen, spaltete dürre Arme und Beine. Die kleinen Gesichter waren flach, weder menschlich noch tierisch, sondern eine Mischung aus beidem. Ein einzelner scharfer Zahn ragte bei jedem hervor, und Scorpia fühlte

Bisse in ihren Waden, ihren Schenkeln. Winzige, sternenförmige Hände klammerten sich an ihre Kleidung und zogen sie tiefer, doch es war die wimmelnde Masse um ihre Füße, die sie zu Fall brachte. Dicht vor ihren Augen bleckten dolchartige Zähne, doch dann traf ein Schlag ihren Kopf, und sie wußte von nichts.
Sie erwachte auf einer Steinbank und fuhr mit einem Schreckensschrei hoch. Nicht mehr auf dem Schlachtfeld war sie, sondern in einer kahlen Zelle mit strohbedecktem, dreckigem Boden. In einer Mauervertiefung flackerte eine Öllampe. Scorpia betrachtete die punktförmigen Bißwunden an ihren Händen und Beinen – und sprang unwillkürlich von der Bank auf, als sich plötzlich die Tür öffnete und kleine, dunkle Stock-Gestalten hereinhuschten und sich in die Schatten an den Wänden drückten. Hinter ihnen erschien ein alter, sanftmütig wirkender Mann. Er hatte runde, helle Augen, die ganz in Wasser zu schwimmen schienen, und war so beleibt, daß seine weißliche Haut keinerlei Altersfalten zeigte.
»Mach dir keine Sorgen, meine Liebe. Die Schattenleute fügen dir kein Leid zu. Es sei denn, du wärst aufsässig«, sagte er, als sie an die Wand zurückwich.
»Wer bist du?«
»Einer von Ylissas Ratgebern.« Er setzte sich neben sie und tätschelte mit seiner bleichen, altersfleckigen Hand ihre Finger; und gestikulierte, während er sprach, mit der anderen, die einer kraftlos flatternden Motte glich. »Die Schattenleute haben dich zu mir gebracht, weil sie wissen, daß ich für meine magische Kunst gewisse Dinge brauche.«
»Was für Dinge?«
»Blut zum Beispiel. Du siehst gesund aus.« Um zu prüfen, wie dick ihr Fleisch war, kniff er sie in den Arm, und sie fuhr sich mit der Zunge über die trockenen Lippen und beobachtete, ganz am Rand ihres Gesichtsfelds, die Schattenleute dort an den Wänden.
»Was für ein Ort ist dies? Gibt es hier noch weitere Gefangene?«
»Dies ist das Haus der Göttlichen Ylissa, Herrscherin über Abzu Rii und die Verzauberten Lande, Besitzerin der Verlorenen Weis-

heit – und meine Mutter.« Letzteres sagte er voll Stolz, doch Scorpia fragte sich, ob er die Bezeichnung nicht eher in symbolischem Sinn gebrauchte. War Ylissa tatsächlich seine Mutter, so mußte sie schon *sehr* alt sein.

»Und ah, weitere Gefangene? Ich glaube, da waren ein paar, die Ylissa gefielen. Vermutlich werden sie sich jetzt in ihren Gemächern befinden, indes sie die letzte Auswahl trifft. Nicht jedem wird der Segen ihrer Berührung, die Gunst ihrer Liebe zuteil.« Er kicherte wie über einen unflätigen Witz. Dann zog er aus den Tiefen seines Seidengewandes eine Art Emaillenapf und einen dünnen Dolch hervor. »Ich glaube, ich werde jetzt ein wenig Blut nehmen«, sagte er knapp. »Lege dich lang hin.«

Scorpia packte ihn. Trotz seiner Beleibtheit besaß er verschwindend wenig Kraft, und als sie ihm einen Stoß gab, taumelte er haltlos bis zum anderen Ende der Zelle. Auf seinen entsetzten Schrei eilten sofort die Schattenleute zu ihm – genau wie von Scorpia erhofft. Auf dem Weg zur Tür schleuderte sie die Öllampe aus dem Mauerloch in die Zelle, und sofort geriet das Stroh in Brand. Aus Angst vor den Schattenleuten warf Scorpia die Tür hinter sich zu. Sie fühlte einen stechenden Schmerz und sah, daß es einer der kleinen Kreaturen gelungen war, aus der Zelle zu entkommen. Sofort trat sie zu, zermalmte es mit den Füßen. Wie trockene Stecken brachen die Glieder, und aus dem zerquetschten Körper quoll eine milchige Flüssigkeit.

Plötzlich sah sie ein Schwert. Gleich bei der Zellentür stand es, angelehnt an die Wand, und zu ihrer Überraschung erkannte Scorpia, daß es ihr eigenes war. Schon hielt sie es in der Hand.

Im engen Gang fühlte sie sich von kriechenden Schatten bedrängt: So groß war ihre Furcht vor den Schattenleuten. Noch immer spürte sie das Pochen der Bißwunden, als hätten ihr die Kreaturen ein Gift in die Adern gespritzt. Sie folgte dem gewundenen Gang, einer Art Labyrinth, und endlich sah sie Licht. Es drang durch die Ritzen einer geschlossenen Tür, zu der einige Stufen führten. Scorpia zögerte nicht. Mit einem Fußtritt brach sie die Tür auf.

In einem Kronleuchter brannten hohe Kerzen. Dennoch war es im Raum keineswegs hell. Es gab Tapisserien mit Fäden aus glitzerndem Silber und Gold, auch große Spiegel in der Wand, irgendwie wunderlich verwinkelt, und ungewisses Licht von weiteren Kerzen: Der Raum glich einem Ort verworrener Visionen, verwischter Illusionen.

Eine Gestalt trat ein, eine weibliche Gestalt, wie die Bewegungen der Arme und Beine verrieten, denn das Gesicht war unter üppigen Schleiern verborgen; doch schien es einem jungen Mädchen zu gehören, sofern der Eindruck nicht trog in diesem Raum des falschen, des gleisnerischen Scheins. Als die Gestalt Scorpia erblickte, schrak sie zusammen und wollte fliehen. Über ihre Lippen drängte ein halber Schrei – und verstummte, als sei Schweigen das Gesetz dieses Ortes.

»Bitte«, sagte Scorpia und senkte die Schwertspitze. »Ich will dir nichts tun. Einzig um Flucht geht es mir. Hätte ich ein solches Gewand und solche Schleier wie du ...«

Das Mädchen, das offenbar zum Gesinde gehörte, nickte und trat zu einer Holztruhe. Das Schwert schien sie völlig eingeschüchtert zu haben. Aus der Truhe zog sie ein Gewand, das ihrem eigenen ähnelte. Und sie kicherte, als Scorpias langer, bronzefarbener Körper gleichsam unter Schleiern verschwand. Nun ja – überall in diesem Haus schien das Licht trübe oder doch gedämpft zu sein, irgendwie trügerisch. Die Verkleidung würde genügen.

»Ich führe dich zur Tür«, sagte das Mädchen ängstlich. »Ylissa und ihre Wächter sind jetzt mit den Gefangenen beschäftigt.«

»Gefangene, wo? Dort führe mich hin.« Auf einen Schlag änderten sich ihre Pläne. Unmöglich konnte sie jene im Stich lassen, mit denen sie zusammen gekämpft hatte; und niemand, der sie von früher her kannte, wäre über ihre Entscheidung verwundert gewesen – nur sie selbst war ein wenig überrascht.

»Ylissa wird vor Zorn außer sich sein.«

»Führe mich bis zur Tür. Danach brauche ich dich nicht mehr.« In einer Ecke fand sie einen Korb mit Blumen, und als sie dann Ylissas Gemächer betrat, bewegte sie sich geschäftig an der Wand entlang,

setzte den Korb bei einer Vase ab und begann, die Blumen zu arrangieren, als gehöre dies zu ihren Pflichten.
Zwei gigantische, dunkelpelzige Krieger hielten bei den Gefangenen Wache. Scorpia sah mehrere von Telis' Leuten, dann Telis selbst. Er saß an der Seite auf einer Bank, das Gesicht in den Händen. Als er den Kopf hob, sah sie auf seiner Stirn eine klaffende Wunde. Er blinzelte, beobachtete Scorpia, schien sie erkannt zu haben; doch dann wirkte seine Miene wieder völlig ausdruckslos. Zufall oder Absicht? – sie wußte es nicht.
Ylissa lag auf einer drachenfüßigen Liege bei einer Art Wand aus verwinkelt angebrachten Spiegeln, und ihre dunklen Augen waren mit voller Aufmerksamkeit auf die Gefangenen gerichtet. Ein Kleid aus glitzerndem Gold enthüllte ihren Körper im gleichen Maße, wie es ihn verbarg, und sie war umkränzt von soviel Glanz (ob nun durch die Kerzen, die Spiegel oder durch Zauberei), daß es Scorpia unmöglich gewesen wäre, sie zu beschreiben. Sie besaß eine unirdische Schönheit, nicht von Fleisch und Blut, sondern irgendwie geisterhaft, ätherisch, soeben noch vorhanden, schon wieder verschwunden. Zwar nahm Scorpia Umrisse wahr, die flirrende Bewegung einer weißen Hand, eine wohlgeformte Wade und Ferse, doch daß Ylissa die Mutter des alten Zauberers sei, schien ihr unvorstellbar. Entweder hatte er gelogen, oder aber er war nicht ganz bei Verstand.
Ylissa hielt etwas in der Hand, das eine Glasflöte zu sein schien. Sie gab einem der Tier-Männer einen Wink, und sofort führte er Telis näher heran. Telis starrte nur und ließ alles widerstandslos mit sich geschehen. Seine Kopfwunde nahm ihn offenbar sehr mit. Unwillkürlich blickte Scorpia sich im Gemach um. Hier drinnen schien ewiges Dämmerlicht zu herrschen, dabei war draußen gewiß heller, lichter Tag. Sie entdeckte zwei hohe Fenster, die jedoch dicht verhängt waren mit schweren, dunklen Vorhängen.
»Fremder, du bist ausgewählt worden«, sagte Ylissa, und ihre Stimme war kaum mehr als ein Flüstern.
»Ausgewählt wofür? Wer bist du?« Telis hob eine Hand an die

Stirn, um seine Augen zu schirmen gegen das Gaukelspiel des Lichts.
»Nenne mich Ylissa, Herrin der Illusionen, unsterblich in Schönheit. Du weißt noch nicht, wieviel Ehre dir widerfährt.«
»Ich verstehe nicht.«
Ylissa lachte, und ihre Stimme klang sonderbar wesenlos. »Du siehst stark und fähig aus. Du wirst mich gut lieben. Bringt die übrigen fort.« Sie hob die Glasflöte, schien darauf spielen zu wollen. Aber dann sah Scorpia, daß es gar kein Musikinstrument war, sondern ein Blasrohr. Ein winziger gefiederter Pfeil traf Telis am Unterarm, doch schien er es nicht zu spüren.
»Eros' Pfeil wird bald seine Wirkung tun«, sagte Ylissa und lehnte sich zurück, um ihre Schleier zurechtzuzupfen, damit sie noch verführerischer erscheine. »Bin ich nicht so schön wie eine Göttin?«
»Du bist voller Strahlenglanz – eine wirkliche Göttin in meinen Augen«, sagte Telis, und Scorpia war sich sicher, daß er behext sein mußte – zu ihr hatte er noch nie so poetisch gesprochen. Er kniete vor der Liege nieder, nahm Ylissas Hand und küßte sie zart.
Scorpia starrte so angespannt, daß die Kristallvase ihren Händen entglitt und zu Boden fiel.
»Was treibt das ungeschickte Mädchen dort? Wie ist sie hier hereingekommen?« Scorpia bückte sich und tat, als lese sie verzweifelt die Scherben auf, doch stach plötzlich aus ihrem Gewand ihr Schwert hervor.
»Grulo, Gnarff, packt sie!«
Mit schlurfenden Schritten, doch blitzschnell näherten sich die Tier-Männer, und Scorpia blieb keine Zeit, ihre Waffe zu zücken. Sie wich zurück, prallte gegen die Mauer, und ihre Finger tasteten nach den Samtvorhängen. Einer der Giganten packte sie, Krallen zerfetzten ihre Kleidung und drangen scharf und mit lähmender Kraft in Haut und Muskel. Scorpia zog und zerrte an den schweren Vorhängen, die plötzlich nachgaben und sie und die beiden Tier-Männer unter staubigen Stoffmassen begruben. Ylissa stieß einen dünnen, verzweifelten Schrei aus, und plötzlich ließ der erste der

beiden Giganten von Scorpia ab. Als sie sich aus dem Vorhang befreite, sah sie, daß in breitem Schwall Licht in das Gemach strömte.

Telis lag jetzt neben Ylissa, die sich in seine Arme schmiegte. Scorpia vernahm ein scharfes Geräusch. Stoff zerfetzte, und ein zorniger Tier-Mann drang auf sie ein. Doch hielt sie ihn sich mit ihrem Schwert vom Leib, während sie gleichzeitig mit der freien Hand nach dem Vorhang am zweiten Fenster griff und ihn herunterriß. Wieder schrie Ylissa, lauter diesmal, und hielt sich ihre goldenen Schleier vor das Gesicht, obwohl Telis, wie ein Mann in einem Traum, sie zu liebkosen und zu küssen versuchte. Jetzt konnte man Ylissa im Licht des Tages sehen. Mochte sie auch unsterblich sein – jung und schön war sie nicht.

Sie bot einen sonderbaren, einen grauenvollen Anblick. Manches an ihr besaß noch den Schmelz und die Frische der Jugend; doch über Jahrhunderte hinweg hatte eine auszehrende Krankheit ihr Werk getan. Die eine Seite des Gesichts war zerfressen und gab den Blick frei auf das skelettartige Grinsen nackter Zähne, auf zerfasertes Hautgewebe und verkümmerte Muskelstränge. Im grellen Licht konnten nicht einmal die schimmernden Schleier verbergen, daß die Krankheit die rechte Körperhälfte weitgehend zerstört hatte: die Brust und ein großer Teil des Oberschenkels fehlten. Möglich, daß es noch weitere Verwüstungen gab; Scorpia achtete nicht darauf. Denn schrecklicher noch war für sie dies: Telis fuhr fort, die offene Wunde des Gesichtes zu küssen, als sei er blind oder aber rettungslos verliebt.

Scorpia schrak zusammen. Leichtsinnig hatte sie ihren gigantischen Gegner aus den Augen gelassen, und plötzlich stießen die großen, schwarzen Pranken auf sie zu. Doch schon sauste ihr Schwert und trennte zwei plumpe Krallenfinger von der Pranke. Der Tier-Mann brüllte vor Wut, im angeschlagenen Zustand noch gefährlicher als zuvor. Inzwischen hatte sich auch der andere aus dem Vorhang befreit und kam herangeschwankt. Ylissa schrie wieder, als sie nun in einem der sonderbar schrägen Spiegel ihr Abbild entdeckte, den grauenvollen Anblick ihres eigenen Gesichts. Ihr Schreien wurde zum Schluchzen, und sie zog unter ihren Schleiern etwas hervor: Plötzlich war da ein winziges Wölkchen, giftig-grün, und hastig atmete Ylissa es ein. Während Scorpia, mit dem Rücken zur Wand, einen der Tier-Männer abwehrte, krümmte sich Ylissa, die alterslose Unsterbliche, in Telis' Armen und lag dann ganz still. Vor Scorpias Augen begannen die Bären-Krieger zu schrumpfen, bis sie in sich zusammensackten und zu Boden fielen, kaum etwas anderes jetzt als modrige Pelze oder Felle, ohne jedes Leben. Scorpia trat mit dem Fuß gegen einen Helm, und scheppernd rollte dieser über den Boden. Im ganzen Raum roch es jetzt durchdringend nach Verwesung.

Als Scorpia Telis fortzuziehen versuchte, widerstrebte er, die Arme fest um Ylissas Körper geschlungen: um die Überreste, mumientrocken jetzt zerbröckelnd bis auf die kahlen Knochen. Hier und dort zeigte sich noch eine Spur von Ylissas zerbrechlicher Schönheit. »Ich kann sie nicht verlassen«, beharrte er. »Ich liebe sie.«

Scorpia machte sich auf die Suche nach den anderen Gefangenen, die wie verloren durch die nach Verwesung stinkenden Räume irrten, und sie bat sie, ihr zu helfen. Doch die Leute hörten nicht weiter auf sie, einzig nach Beutemachen stand ihnen der Sinn; und sie stritten sich um die wenigen kostbaren Stücke, die dem Verfall widerstanden hatten. Scorpia ging zurück zu den unterirdischen Zellen, um jene Gefangenen zu befreien, die dort noch eingekerkert waren. Ein Frösteln kroch ihr über die Haut, als sie das Labyrinth zurückverfolgte, und in jedem Schatten glaubte sie, eine heimliche Bewegung zu gewahren, und um jede Ecke vernahm sie hohe, helle Stimmen. Sie sah keinen der Schattenleute, doch hatte sie das Gefühl, daß sie noch lebten, um hier auch in Zukunft ihr Unwesen zu treiben.

Als sie nach oben zurückkehrte, sah sie, daß sich die Soldaten inzwischen um ihren Anführer gekümmert hatten. Telis, obschon noch immer in einer Art Trance, wirkte jetzt normaler. Die Überreste der Armee zogen auf demselben Weg zurück, auf dem sie gekommen waren, und nach einigen Tagen entdeckte man, daß

man den Paß wieder passieren konnte: Der Untergrund samt Geröll und Lehm hatte sich inzwischen gefestigt.
Telis sprach nur wenig, aber als die untergehende Sonne die Landschaft in ein ungewisses goldenes Licht tauchte, gewahrte Scorpia auf seinem Gesicht einen Ausdruck tiefer Sehnsucht – wie nach etwas, das unwiderruflich verloren war, noch ehe er es gefunden hatte. Noch immer tat Ylissas Zauber sein Werk, doch mit der Zeit, davon war Scorpia überzeugt, würde er verblassen.

In aller Frühe erhob sie sich und las ihre wenigen Habseligkeiten zusammen. Nun, da der Gebirgspaß ein gutes Stück hinter ihnen lag, gab es nichts mehr, das sie vom Aufbruch abhalten konnte. Obwohl sie jedes Geräusch zu vermeiden suchte, wurde Telis wach und setzte sich auf. In seinen Augen war wieder etwas von der früheren unstillbaren Gier. »Du gehst nicht fort«, sagte er, und es klang nicht wie eine Frage, sondern wie ein Befehl.
»Es ist schon längst an der Zeit. Du hast zuviel verlangt. Dein Traum hat mich fast verschlungen, und es wird Zeit, daß ich mich auf die Suche nach meinem eigenen mache.«
»Du weißt doch, daß du ihn niemals finden wirst.«
Sie zuckte die Schultern. »Vielleicht nicht.« Während sie ihr Pferd losband, bewegte sich Telis auf sie zu, und sofort zuckte ihre Hand zum Griff ihres Schwerts.
»Ich bin dir im Schwertkampf überlegen – hättest du nur nicht diese Zauberklinge«, begann er.
»Wenn du glaubst, mich töten zu können, so steht es dir ja frei, das zu versuchen«, sagte sie, und als er stumm blieb, schwang sie sich in den Sattel.
Aus seinem Gürtel zog er ein dünnes, kristallartiges Instrument, das einer Flöte ähnlich sah. »Es war schon merkwürdig, daß ich sie so völlig rückhaltslos liebte, gleich auf den ersten Blick«, sagte er. »Und mitunter erinnere ich mich an ihre Lieblichkeit, wenn in meinem Auge das glitzernde Gold der Sonne sich fängt. Ich glaube, einzig ihr Tod hat den Zauberbann zerbrochen.«

»Du würdest Zauber gegen mich gebrauchen? Mich zu deiner willenlosen Sklavin machen?«

»Wenn das für mich die einzige Möglichkeit ist, dich zu haben ... Aber noch kannst du dich ja aus freien Stücken entschließen, bei mir zu bleiben.«

»Wenn es das ist, was du Liebe nennst, so kann ich darauf gerne verzichten.« Sie lenkte Schwarzmähne herum und spürte den Aufprall des Geschosses, als es in ihre Schulter drang. Ein grenzenloser Zorn wühlte in ihr, während sie auf die Wirkung wartete; doch dann schüttelte sie den Kopf, wie um ihre Gedanken zu klären.

Telis lachte. »Der Zauber darin ist verkümmert, sei nun die Zeit der Grund oder Ylissas Tod. Meine Männer haben das, vor unserem Aufbruch, an einer der Dienerinnen ausprobiert. Ich wünschte noch immer, du würdest bleiben; doch jetzt weiß ich, daß du nicht bleiben wirst.«

»Beim Styx, du *bist* ein Schurke«, sagte sie, doch aus ihrer Stimme klang längst nicht soviel Abscheu, wie sie hineinzulegen versuchte. Schwarzmähnes kraftvoller Hals wölbte sich unter ihrer Hand, und sie gab die Zügel frei.

ROBIN W. BAILEY

Robin Bailey – genau wie Leigh Brackett, C. L. Moore und Marion Zimmer Bradley – leidet an dem »Handicap«, einen nicht geschlechtsspezifischen Vornamen zu haben; und obwohl der einzige »Robin« in meiner Familie männlichen Geschlechts ist, kaufte ich die Story »Kind des Orkus« unter dem Eindruck, hier schreibe eine Frau über eine Frau. Erst nachdem über den Ankauf entschieden war, entdeckte ich, daß es sich bei Robin Bailey um einen Mann handelte; doch behindert seine Geschlechtszugehörigkeit nicht sein Einfühlungsvermögen in seine Heldin – ein Kennzeichen aller guten Autoren.
Zwei Dinge sollte man wissen, bevor man diese Geschichte liest. Erstens hat Caligula Frauen tatsächlich dazu verurteilt, in römischen Arenen als Gladiatorinnen zu kämpfen; und zweitens trägt Baileys Frau zwar denselben Namen wie die Heldin, besitzt ansonsten jedoch »nur eine spirituelle Ähnlichkeit« mit ihr.
Wie viele Schrifsteller geht Robin Bailey einer ungewöhnlichen weltlichen Tätigkeit nach: Er ist Planetariumsdozent. Im übrigen lehrt er auch Nahkampfsportarten, was es ihm ermöglicht, sehr realistisch über Kriegerinnen zu schreiben. Sein erster Roman, ein Timescape-Buch mit dem Titel Frost, *erschien im April 1983 und handelt gleichfalls von einer Kriegerin; dies ist erst seine zweite verkaufte Erzählung. Voraussagen über Schriftsteller sind gewagt – viele verheißungsvolle Anfänger haben nicht die Disziplin und nicht das Interesse, »bei der Stange zu bleiben«, bis sie von der erwählten Profession leben können – doch falls Robin Bailey weitermacht, sollte er es bis zur Spitze bringen. – MZB*

ROBIN W. BAILEY

Kind des Orkus

Sie blickte in die Arena hinab, starrte aus schmalen Augen auf den hellen, sonnengleißenden Sand und wünschte sich weit weg. Doch immer wieder kam sie hierher, Tag für Tag, inmitten der Menge, auf der Suche nach dem besten Sitz. Aber sie war nicht wie die anderen, diese Tiere, die nur kamen, um das Gemetzel zu genießen. Von denen trennten sie Welten. Sie selbst konnte einfach nicht anders. Ihr Blut hatte sich, oft und oft, mit dem Sand dort vermischt, bis sie eins geworden war mit ihm. Und nachts, in ihren wirren Träumen, hörte sie ihn rufen; und sie folgte dem Ruf, Tag für Tag.

»Göttlich!« seufzte in der obersten Reihe eine fette, schwitzende Matrone, die sich mit Trauben und Süßigkeiten vollstopfte, einen gefüllten Korb griffbereit neben sich. Ihr Begleiter starrte nur stumm, während unten im glutenden Sand ein *retiarius* sein Opfer belauerte, die Hände noch unter der Toga, mit verräterischem Zukken, aktionsbereit.

Schweine, dachte sie. Ein ungeheurer Schrei erscholl im Rund, als der Netzfechter sein Opfer tötete. Die Matrone sprang auf, klatschte in die Hände, kreischte vor Vergnügen; und bückte sich hastig zu ihrem umgestürzten Korb. Früchte und Zuckerwerk lagen verstreut auf dem schmutzigen Gang. Mit einer schaufelartigen Handbewegung beförderte die Frau alles in den Korb zurück. Sie leckte sich die Finger ab, und der nächste Kampf begann.

Zwei Männer schritten auf die kaiserliche Loge zu: ein schwarzer Sklave und ein Deserteur aus der Legion, beide nicht wert, den Namen Gladiator zu tragen. Der neue Kaiser wohnte den Spielen nur an Feiertagen und bei besonderen Anlässen bei. An diesem Tag befanden sich in der Loge lediglich niedere Würdenträger, um den Gruß der Kämpfer entgegenzunehmen.

Beide Männer trugen *gladius* und *pugio*, das Schwert und den Dolch, und sie streckten diese Waffen in die Höhe. *Ave! Morituri te salutant!* riefen sie wie aus einem Mund: Die Todgeweihten grüßen dich.
Sie lauschte auf diese Worte, die für sie wie ein Alptraum waren. Vor einem Jahr hatte Gaius Caligula, der erste Kaiser, der weibliche Gladiatoren in die Arena schickte, ihr die Freiheit und die römischen Bürgerrechte gewährt. Und doch: Wie hatte sie gejubelt, als nur zwei Tage später seine eigenen Soldaten ihn ermordeten – ihn niedermetzelten, so wie sie, seine Gladiatorin, unter seinen Augen so viele niedergemetzelt hatte. Sein Blut würde das Imperium reinwaschen, hatte sie damals geglaubt.
Einen Monat später war sie dann Messalina begegnet. Sie konzentrierte sich wieder auf den Kampf. Die beiden Männer umkreisten einander, ungepanzert, hasenherzig. Plötzlich machte der Legionär einen Ausfall; Metall blitzte, schon sprang er wieder zurück. Eine klaffende Wunde zeichnete den linken Arm des Sklaven. Blut lief über seine Hand, rann die kurze Klinge des *pugio* hinab, tropfte in den Sand.
Das gibt keinen langen Kampf, dachte sie. Zu einem echten Gladiator besaßen beide nicht das Zeug, aber der Legionär bewies wenigstens etwas Schulung.
»Herrin?«
Sie hob den Kopf, schirmte ihre Augen gegen die hochstehende Sonne. Es war ein Bote in der Toga des kaiserlichen Hauses, der ihr jetzt eine frischgeprägte Münze reichte. Das Geldstück trug das Bild des neuen Kaisers, Claudius.
Sie seufzte. Den ganzen Tag schon hatte sie an die Kaiserin denken müssen, die sie jetzt also zu sich rief. War da nicht eine Warnung der Götter gewesen? Nun, eine Wahl blieb ihr nicht. Sie gab dem Boten den *denarius* zurück, für seine Dienste, und entließ ihn.
In der Menge wurden Hohnrufe laut gegen die Kämpfer, die ein langweiliges Gefecht lieferten. Zweimal erst hatten sie Kontakt gehabt, und noch war keiner ernstlich verwundet. Sie umtanzten sich, wichen einander aus.

Sie zuckte die Schultern und erhob sich. Hier auf der Zuschauerseite der hohen Marmormauer war die Sicht kaum halb so interessant. Sie warf einen letzten Blick auf die Kämpfer, schüttelte ihr langes, lockeres Haar in den Nacken, wischte sich den Schweiß von der Stirn, trat gegen einen Patrizierfuß, der ihr den Weg zum Ausgang versperrte.

Neugierige Blicke trafen auf sie. Die Blicke regelmäßiger Arenenbesucher, die sie wiedererkannten. Und wie aus Protest gegen den langweiligen Kampf dort unten begann man in einer Art Sprechgesang ihren Namen zu rufen – zweifellos eine Ehre, die ihr die römischen Edlen erwiesen. Sie beachtete sie nicht weiter; blickte geradeaus, bis die Arena hinter ihr lag.

Obwohl die Sonne herniedersengte, waren die Straßen vom letzten Regen noch voll Schlamm. Wie Brei quoll es um ihre Sandalen, quetschte sich zwischen ihren nackten Zehen hindurch. Ein vorbeirollender Karren spritzte ihre Beine voll Dreck.

»Du großer, mutterloser Batzen aus Fett!« Sie bückte sich, füllte die Handwölbung mit Schlamm, schleuderte den Dreck hinter dem Karrenlenker her – besprenkelte damit seinen Nacken, seinen Rücken. Der Mann straffte die Zügel, brachte den Karren zum Halten und drehte sich wütend um. Er starrte aus geweiteten Augen, mit halboffenem Mund. Und rieb sich das Kinn, leckte sich die Lippen, spornte dann seine Gäule an.

Sie blickte an sich herab. Messalina würde dafür sorgen, daß sie zunächst ein Bad bekam. Schlamm allüberall: Sandalen, Ober- und Untergewand, Schwertscheide und Beine.

Sie fluchte wieder und seufzte.

»Oh, Diana, du siehst jetzt viel besser aus.« Mit strahlendem Lächeln kam ihr Messalina auf dem weiten Marmorfußboden entgegen. Die dünnen Sandalen machten kein Geräusch, und die Kaiserin bewegte sich voll träger, sinnlicher Anmut. »Wenn du nur nicht so lächerlich groß wärst.«

Unbehaglich wand Diana sich in den langen Seidengewändern, die sie auf Drängen der Bediensteten jetzt trug, die *stola* und die *palla*.

Es war schon eine ganze Reihe von Jahren her, seit sie die schwere weibliche Kleidung getragen hatte. Als Gladiatorin hatte sie es gelernt, männlicher Gewandung den Vorzug zu geben. Aber wie dem auch sein mochte: Messalina hatte recht. Selbst ohne Schuhwerk war sie größer als die meisten Männer. In ihrem jetzigen Gewand wirkte sie geradezu gewaltig.

Die *ancilla*, die sie gebadet und angekleidet hatte, sprach vom Eingang her. »Sie trägt das Gewand dir, Herrin, zu Gefallen.«

Diana tastete nach ihrem *pugio*. Sie hatte sich den Dolch unterhalb der *stola* umgegürtet, konnte ihn also nicht ziehen; dennoch war es ein gutes Gefühl, die Waffe bei sich zu haben. »Wie würde dir eine gespaltene Zunge gefallen, kleine Schlange?« Sie blickte zu Messalina. »Ich trage die Sachen, weil sie mir meine andere Kleidung weggenommen hat.«

Mit einer Handbewegung entließ die Kaiserin die indignierte Dienerin. »Trotzdem«, sagte sie zu Diana, unverkennbares Wohlwollen im Blick, »steht dir das Gewand gar nicht übel. Wenn deine Brüste größer wären und du dein Haar anders ...«

Diana fiel ihr ins Wort. »Du hast mich nicht rufen lassen, um über meine körperlichen Eigenschaften zu reden. Was brütest du in dem Leichenhaus, das du deinen Verstand nennst?«

Messalina fuhr auf. Es war, als hätte sie Feuer geschluckt. »Du wagst viel ...«

Diana zuckte die Schultern. »Anfangs konntest du mich mit deinen Drohungen einschüchtern. Aber ich fürchte die Arena nicht mehr. Schick mich doch zurück, wenn du glaubst, eine andere für deine Botengänge zu finden.«

Unwillig preßte Messalina die Lippen aufeinander. Sie trat an einen Tisch und griff nach der kleinen, goldenen Peitsche, ihrem Lieblingsspielzeug. Wie zur Probe knallte sie damit. »Du weißt, daß Claudius mich keinen Mann in meine Dienste nehmen läßt. Der feiste Narr fürchtet, ich würde mit dem Kerl ins Bett hüpfen, und er hat recht. Ich tu's ja ohnehin, wenn ich einen Mann finde, der den Mut hat, einen Kaiser zum Hahnrei zu machen.« Wieder knallte sie mit der Peitsche, warf dabei eine zierliche Vase von

ihrem Piedestal. Die Vase zersprang in tausend Stücke. »Aber das spielt ja weiter keine Rolle, nicht wahr? Du dienst mir, weil du Belohnung und Privilegien zu schätzen weißt; der Gedanke, womöglich wieder ein plebejischer *Niemand* zu sein, ist dir unerträglich. Und wo sonst, wenn nicht in meinen Diensten oder in der Arena, könntest du deine formidablen Talente nutzen?«
Diana lächelte für sich. Dies war der Grund, aus dem sie sich mit Messalina einließ, nein, nicht Belohnung und Privilegien, sondern das Vergnügen: das Vergnügen, mit einer anderen Frau ungeschminkte Wahrheiten auszutauschen. Mochte Messalina auch ein intrigantes, skrupelloses Luder von einer Kaiserin sein, so war sie, Diana, doch noch immer eine Frau voller Mut und Verwegenheit.
Messalina rollte ihre Peitsche zusammen und stemmte die Hände auf die Hüften. »Es gibt da so ein Gerücht«, sagte sie vorsichtig. »In den Hügeln soll ein neuer Kult entstanden sein. Manche sagen, die besäßen das Geheimnis der Unsterblichkeit.« Langsam schüttelte sie den Kopf, zeigte in einem dünnen Lächeln perlweiße Zähne.
Diana trat zu einem Bord und nahm eine Lederflasche voll Wein und zwei irdene Krüge herab.

Indes die müde Sonne in einem Bett aus Scharlachwolken und Purpurschatten versank, beugte Diana sich auf ihrem Sattel vor. Eine Woche vergeblichen Suchens im Nordland lag hinter ihr, und sie fühlte sich knochenlahm und gliedersteif. An vielen Stellen war ihre Haut wund durch die scheuernde Rüstung.
Die Straße führte hinunter in ein bewaldetes Tal. Irgendwo im Schutz der Bäume würde sie lagern; keinesfalls im offenen Gelände, wo man leicht das Opfer von Raubgesindel werden konnte oder die Beute des kalten Nachtwinds. So trieb sie ihr Tier denn weiter an, den sachten Hang hinab.
War Messalina, diese Frage ging ihr wieder durch den Kopf, womöglich nicht weniger wahnsinnig als Caligula? Jener Fettsack hatte gleichfalls dem Traum von Unsterblichkeit nachgejagt, doch

war er einen leichteren Weg gegangen – indem er dem Senat befahl, ihn zum Gott zu deklarieren. Gar so einfältig war Messalina nun doch wieder nicht.

Bäume ragten über ihr hoch. Durch wirres Geäst und dichtes Laub fiel Dunkelheit. Hier und dort sah sie ein Stück Himmel, übersät von zahllosen Sternen. Die Straße, auf der sie reiste, war gut; so klar und so übersichtlich wie alle römischen Straßen. Diana konnte ihren Weg nicht verfehlen.

Eine Woche unablässigen Suchens; und noch immer keine Spur des Kults, von dem Messalina gesprochen hatte. Wer mochte der Kaiserin solche Neuigkeiten zugetragen haben? Aus was für »hochedlen Quellen« schöpfte Messalina da wohl? Narrenvolk wie sie selbst flüsterte ihr etwas ein. Alle sehnten sich nach einem ewigen Leben, zumal die Reichen, die durchs Sterben am meisten zu verlieren hatten. Neue Religionen schossen empor wie Unkraut nach einem nassen Frühling in Rom. Doch Diana bezweifelte die Macht, die jede für sich in Anspruch nahm. Falls es ihr gelang, Messalinas Kult ausfindig zu machen: *was* wohl würde sie finden? Ein paar Hühnchenschlächter und Singsang-Sänger, weiter nichts. Doch weil Messalina ihr das aufgetragen hatte, suchte sie weiter.

Ein Geräusch ließ sie zusammenschrecken: nur eine Eule, die zu ihr herabäugte. Sie lächelte plötzlich. Und nach und nach überkam sie eine wohlige Entspanntheit, die Stimmung, die dem Wald entströmte. Die gleitenden Schatten, das Zirpen der Insekten, das Rascheln des Windes im Laub.

Sie begann zu singen; ihre Stimme erhob sich, klar und sanft; und sie sang eines der Lieder, das die Arena-Huren zu singen pflegten, wenn ihr Geliebter, der Gladiator, am nächsten Tag kämpfen mußte. Sie sang ein Lied der Liebe und der Sehnsucht, ein Lied voller Wünsche und Verheißung, traurig, doch hoffnungsvoll.

Unter den Arena-Huren gab's auch Männer, und sie hatte sich ihrer bedient. Doch nie sangen sie so, wie die Frauen für die Männer sangen. Nie hatte Diana von ihnen die Liebe gefühlt, welche manche der Frauen für die Gladiatoren empfanden. Damals war das nicht so wichtig gewesen; doch seit einiger Zeit spürte sie ein sonderbares Gefühl der Leere – als hätte die Arena etwas herausgesogen aus ihr. Konnte das (diese Frage stellte sie sich) vielleicht *Liebe* sein?

Dicht bei der Straße entdeckte sie eine Lichtung mit einer alten Feuerstelle. Hier hatten also schon andere Reisende ihr Lager aufgeschlagen. Sogar ein Haufen von trockenem Holz befand sich ganz in der Nähe. Sie vergeudete keinen Augenblick. Nachdem sie ihr Pferd angebunden hatte, machte sie ein kleines Feuer. Die Mahlzeit, die sie sich bereitete, war alles andere als üppig: Getreidekörner und heißes, gesalzenes Fleisch. Dann lehnte sie sich gegen ihren Sattel, mit einem *sextarius* Wein. Einen Augenblick überlegte sie. Sollte sie die Rüstung ablegen? Ihre Klugheit behielt die Oberhand. Sie hatte sie so lange anbehalten; auf eine Nacht mehr kam es da gewiß nicht an.

Durch das Laub funkelten die Sterne herab, und das kleine Feuer erlosch nach und nach. Sie stellte die Weinflasche beiseite und schloß die Augen.

Aber sie schlief nicht. Irgend etwas hinderte sie daran; ein schleichendes Gefühl, daß sie nicht allein war; daß sie beobachtet wurde. Als sie's nicht länger aushalten konnte, setzte sie sich auf und griff nach dem *gladius*. Die kurze, breite Klinge zischte aus der Scheide hervor und glühte rötlich im trüben Schein des erlöschenden Feuers. Diana starrte in die Düsternis.

Von der anderen Seite der Lichtung spähte ein junges Mädchen zu ihr herüber. Nackte, spitze Brüste – bleich im bleichen Mondenschein. Tränen schimmerten auf blutlosen Wangen, doch kein Seufzer wurde laut. Eine Elfenbeinhand hob sich, deutete zum Wald.

Dann entschwand das Kind; ging dahin wie Tau in der Sonne.

»Jupiter Optimus Maximus!« Diana sprang auf die Füße und machte Zeichen zum Schutz gegen das Böse. Sie hatte ihren Blick nicht abgewandt. Die Erscheinung war nicht nach und nach entwichen in die Nacht. Sie war entschwunden, verblichen im Nichts!

Ein Schrei ließ ihr Blut erstarren und vertrieb jeden Gedanken an das Kind. Ein Kampfschrei. Sie fuhr herum, hielt ihr Schwert in der Hand. Aus dem Schatten stürzten drei Männer auf sie zu. Zweimal schwang sie den *gladius*, erwischte den ersten der Angreifer mitten im Sprung. Schreiend stürzte er zu Boden, der Bauch eine klaffende Wunde.

Die anderen stießen hart zu, zwangen Diana vereint zu Boden. Der eine packte ihren Schwertarm und hielt ihn fest, bevor die Klinge zum zweitenmal trinken konnte. Diana senkte ihre Zähne in eine weiche Schulter und spürte einen galligen Geschmack und biß kräftiger zu, zertrennte Muskelfasern. Stöhnen und Schreien, vor Schmerz, füllte ihre Ohren, und sie fühlte, wie ein Körper von ihr herunterrollte. Mit der freien Hand schlug sie nach dem anderen Mann, versuchte ihm die Fingernägel in die Augen zu stoßen. Eine Faust traf ihr Kinn, ein Ellenbogen preßte sich gegen ihre Kehle. Dicht über sich sah sie ein Gesicht, böses Grinsen auf breiten Lippen. In den Augen brannte ein Feuer aus Wildheit und Wahn.

Sie spie in diese Augen, nahm dem Feind die Sicht und stieß ihm ihren Schädel gegen den Mund. Zähne knirschten, knackten, und Diana bäumte sich hoch, glitt gedankenschnell unter dem Körper des Mannes hervor. Schon stand sie, das Schwert bereit zum Schlag.

Doch die Männer flüchteten. Blindlings rannten sie in den Wald, und Diana hörte das Knacken im Unterholz. Ihren verwundeten Kameraden hatten die Angreifer zurückgelassen. Sie stieß den Liegenden mit dem Fuß an. Er war tot. Dianas Schwert hatte ihm den Unterleib aufgeschlitzt.

Unwillkürlich beugte sie sich vor. Obwohl im Nachtdunkel nur schwer zu erkennen, gab es doch kaum einen Zweifel: Das Gewand des Toten war purpurfarben gesäumt. Nicht um einen Räuber handelte es sich, sondern um einen Patrizier.

Sie schleppte die Leiche ein Stück in den Wald, um sie nicht für den Rest der Nacht anstarren zu müssen. Der *sextarius* war noch halbvoll. Sie griff danach, nahm einen langen Zug und saß dann gegen ihren Sattel gelehnt: Überdachte das Geschehene.

Jenes Mädchen hatte sie gewarnt. Es hatte genau auf jene Stelle

gedeutet, wo die Angreifer verborgen gewesen waren. Ein Mädchen? Wirklich ein Mädchen? Oder nur ein Truggebilde, hervorgerufen durch das ungewisse Licht?
Diana wischte sich ein wenig Blut von den Lippen, fachte dann wieder ihr Feuer an; doch an Schlaf war nicht zu denken. Grübelnd starrte sie in die Flammen, und immer wieder zog es ihren Blick zu der Stelle, wo die Leiche lag.
Der Morgen kam und brachte dunstiges Sonnenlicht. Dichter Frühnebel kroch zwischen den Bäumen, umhüllte alles mit fahlem Schein und ließ nur den Blick auf ein winziges Stück Straße frei.
Diana zwängte sich durch das Unterholz. Da war ein Gedanke in ihr, eine Angst. Keiner der Angreifer war bewaffnet gewesen. Und die Tatsache, daß sie einen Patrizier getötet hatte, einen unbewaffneten dazu, konnte genügen, sie wieder in die Arena zu schicken. Nicht um zu kämpfen; das fürchtete sie nicht. Sondern zur öffentlichen Kreuzigung.
Sie fand die Leiche, starrte auf den farbigen Saum; riß dann Gras und Unkraut aus, um den Toten zu bedecken.
Rasch sattelte sie ihr Pferd und schwang sich hinauf, folgte der Straße, durch wallende Nebelschwaden. *Als sei Hades auf die Erde gekommen*, dachte sie und hüllte sich fester in ihren Umhang.
Die Sonne stieg, die Luft wurde wärmer, und nach und nach löste der Nebel sich auf. Vor Diana erhoben sich Hügelhöhen, das Tal blieb langsam zurück.
Am Waldrand bog ein alter, ausgetretener Weg von der Straße ab. In Schlangenlinie führte er hangaufwärts zu einem verfallen wirkenden Gebäude, einer Art Villa, hohe Umrisse vor hellem Himmel. Und plötzlich sah Diana, an einer Krümmung des Wegs, eine weibliche Gestalt, die jenem Mädchen glich, das sie in der Nacht gewarnt – und gerettet – hatte.
Doch kaum erspäht, war die Mädchengestalt schon wieder verschwunden.
Diana verharrte einen Augenblick. Unverwandt zum Weg und zur Villa spähend, beugte sie sich grübelnd vor und kratzte sich an einer Stelle, wo eine der Beinschienen die Haut wundgescheuert

hatte. Plötzlich erregte die Villa ihre Neugier, und mit gekrauster Stirn dachte sie an die geheimnisvolle Erscheinung des jungen Mädchens. Dann trieb sie ihr Pferd an, den ungepflegten Weg hinauf.

Eine niedrige Steinmauer umgab das Anwesen. Über dem Eingang spannte sich ein Bogen aus schwarzem, teils verrostetem Eisen. Die Hufe ihres Pferdes polterten auf dem schlecht gepflasterten Weg, der zum Haus führte, doch der Rasen wirkte gepflegt, und aus der Nähe sah man, daß ein wahres Gewirr aus bunten Kletterpflanzen die Vorderfront des Hauses schmückte.

Eine große Tür lud ein. Daneben hing ein Klopfer, leicht verrostetes Metall. Diana schwang sich vom Pferd, betätigte den Klopfer. Nichts rührte sich. Sie klopfte ein zweites, dann ein drittes Mal.

Schließlich glitt innen ein Riegel zurück; die Tür schwang auf. Ein Diener in einem blauen Seidengewand begrüßte sie mit einer tiefen Verbeugung und einem Becher voll kühlem Wein. Überrascht akzeptierte sie und dankte. Der Wein war süß, ein wahres Labsal, und sie leerte den Becher bis auf den letzten Tropfen.

»Ist dein Herr zu Hause?« fragte sie, während sie dem Diener den Becher gab.

Er antwortete nicht, sondern verbeugte sich wieder und winkte ihr, einzutreten.

Vielleicht ist er stumm, dachte sie, während sie ihm nach innen folgte und dann wartete, bis er die Tür wieder verriegelt hatte.

Das Innere der Villa war kostbar ausgestattet. Weiß schimmerten Marmorwände. Tapisserien schmückten die Korridore. In Nischen und Ecken standen Vasen, Büsten und Skulpturen. Den Fußboden deckten üppige Orientteppiche. Der Diener führte Diana durch zwei Räume zu einer weiteren Tür, die er für sie öffnete.

Der Raum, den sie jetzt betrat, war hell. Durch hohe, schmale Maueröffnungen fiel Sonnenlicht. Dann sah sie den Mann, der an einem Block aus feinem, rosafarbenen Marmor arbeitete. Obwohl beträchtliche Teile herausgemeißelt waren, ließ sich die

Skulptur noch nicht genauer erkennen. Als der Mann Diana bemerkte, legte er sein Werkzeug aus der Hand, wischte sich die Finger sauber und trat lächelnd auf Diana zu.
»Decius Paulus Castus«, stellte er sich vor.
»Diana«, sagte sie und verneigte sich: Der Purpur auf dem Saum seines Gewandes war nicht zu übersehen.
»Nur Diana – weiter nichts?« Fragend hob er die Augenbrauen; seine Stimme klang unverändert höflich.
»Nur Diana.«
Er kratzte sich am Kinn. »Römerin? Wohl kaum – trotz deiner ebenso kriegerischen wie männlichen Gewandung. Vielleicht Griechin? Mazedonierin?«
»Ich bin eine freie Bürgerin Roms.« Sie dachte an ihre *rudis*, den kurzen Stab der Freiheit, der an ihrem Sattel hing. Würde er die *rudis* sehen wollen? Er hatte das Recht dazu.
Decius runzelte die Stirn, zuckte mit den Achseln, lächelte dann wieder. »Diana!« Er klatschte in die Hände. »Natürlich! Dein Panzer, die Beinschienen – ich hätte es sofort wissen müssen! Ich habe dich vor zwei Jahren kämpfen sehen. Ganz Rom sprach von dir, dem größten *Secutor* der Spiele – der eine Frau war!«
Sie begriff, daß er ihr seine Anerkennung ausdrücken wollte. Und so verbeugte sie sich wieder – eine Geste, die sie nichts kostete, ihm jedoch zu gefallen schien. Schließlich war er ihr Gastgeber.
»Mein armseliges Atelier ist wenig behaglich«, entschuldigte er sich und führte sie durch einen Türbogen in einen anderen Raum. Dieser, von gleicher Größe, war weit besser ausgestattet und offenbar für den Empfang von Gästen gedacht. Decius deutete auf eine Liege, und Diana nahm Platz und lagerte sich bequem. Augenblicke später tauchte der Diener wieder auf mit zwei weingefüllten, kostbar ziselierten Pokalen. Decius, gar kein Zweifel, besaß Art und Geschmack.
Auf einen Ellbogen gestützt, trank er einen Schluck. »Verrate mir, Gladiator, was führt dich so weit fort von der funkelnden Stadt?«
Auch sie trank einen Schluck, und der Geschmack behagte ihr.

»Ich suche Unsterblichkeit«, sagte sie mit einem Lächeln und nippte wieder.
Decius lehnte sich zurück und beobachtete sie über den Rand seines Pokals hinweg. »Dann bist du zum richtigen Ort gekommen.« Seine dunklen, wie rauchigen Augen schienen über das gerundete Gold zu tanzen.
Sie betrachtete ihn einen Augenblick – einen langen Augenblick. Dies war kein verfetteter Patrizier, durch römisches Wohlleben verwöhnt. Sein Gesicht wirkte hager, ja hart, und an Körpergröße und Schulterbreite konnte er es fast mit Diana aufnehmen. Wäre nicht die verräterische Weichheit seiner Hände gewesen, er hätte ein Krieger sein können. Haupthaar und kurzgestutzter Bart waren dunkel, aber noch dunkler waren seine Augen – wie Gruben, in die man unversehens fallen konnte.
»Was hast du gesagt?«
Er hob seinen Pokal und drehte ihn langsam zwischen den Fingern, so daß er im Sonnenlicht glänzte. »Die Kunst ist unsterblich«, sagte er vorsichtig, »und ich habe mein Haus mit Kunst gefüllt.« Er blinzelte ihr zu, ein feines Lächeln huschte über sein Gesicht. »Aber dergleichen hast du wohl kaum gemeint.«
Genußvoll kostete er vom Wein, und nur widerstrebend löste sich seine Zunge vom Rand des Pokals. Seine Stimme war tief und sonor, und ihr Klang, jedes einzelne Wort, umfing Diana wie eine versteckte Liebkosung. Schon lange hatte sie kein Mann so stark angezogen wie dieser hier.
»Was denn würdest du mit der Unsterblichkeit anfangen«, fragte er, »wenn sie so mir nichts dir nichts zu haben wäre?«
»Ich würde sie der Kaiserin, Messalina, geben«, antwortete sie. »Sie hat mich auf diese törichte Suche geschickt.«
»Und du selbst? Würdest du nicht der Unsterblichkeit teilhaftig werden und bis in alle Ewigkeit leben wollen?«
Sie leerte ihren Pokal. Der Diener, ein unauffälliger Schatten in der Nähe, beeilte sich, ihn wieder zu füllen. »Ich lebe schon jetzt ein Extra-Leben«, sagte sie und erwiderte seinen Blick. »Die Götter haben mich die Arena überleben lassen. Welches Recht hätte

ich, mehr zu verlangen?« Sie erhob sich, den Pokal in der Hand und wanderte im Raum umher, indes ihre Augen bald auf diesem, bald auf jenem schönen Gegenstand ruhten.

»Alle Herrscher träumen davon, ewig zu leben, nicht wahr?« fragte Decius. »Warum aber Messalina?«

Auf einem Piedestal stand eine einsame Schoßharfe. Diana ließ ihre Finger flüchtig über die Saiten gleiten, schlug einen verzerrten Akkord an. »Aus den üblichen Gründen«, erwiderte sie. »Aus Angst vor dem Tod; aus Furcht, den Thron zu verlieren; aus Furcht, Claudius zu verlieren. Offenbar hat der Kaiser der Dame Agrippina schöne Augen gemacht. Mit einem Geschenk wie der Unsterblichkeit möchte Messalina ihn zurückgewinnen und sich bei dem Handel ihren Titel sichern.«

»Hat sie dir das gesagt?«

Diana nickte. »Und ich habe zu ihr gesagt: Sieh zu, daß du ihn ins Bett kriegst. Wenn sie ihn auf die Weise nicht halten kann, kann sie ihn überhaupt nicht halten.«

Sie stimmte eine Saite, schlug wieder einen Akkord an, schien nicht zufrieden. Decius tauchte hinter ihr auf. »Ah, sie sind alle so raffgierig, die hohen Herrscher.« Er seufzte. »Ich möchte mal wissen, was sich die Kaiserin ein solches Geheimnis kosten lassen würde?«

Sie wandte sich zu ihm herum, trank einen kleinen Schluck. »Falls das eine rhetorische Frage ist, so habe ich keine Antwort.« Sie trank wieder, beobachtete Decius aufmerksam. »Doch falls du so eine Art Angebot machst, so kann ich dir sagen, daß sich in meinen Satteltaschen fünfhundert *aurei* befinden, eine bloße Anzahlung für diesen neuen Priester und seine Anhänger.«

»Eine stattliche Summe«, befand Decius. »Doch hast du anscheinend nicht das Glück, zu finden, was du suchst.«

Diana stellte ihren leeren Pokal beiseite. »Natürlich nicht. Noch nie hat es in der Geschichte Roms einen Kult gegeben, welcher der Verehrung des Orkus geweiht war.«

»Des Todesgotts?« Er hob eine Augenbraue, schob die Lippen vor.

»Das behaupten Messalinas Zuträger. Doch ist es mir nicht gelungen, die leiseste Spur eines solchen Kults zu finden. Oder auch nur irgend jemanden, der zugibt, irgend etwas davon zu wissen.«
Er deutete auf die Harfe. »Spielst du?«
Sie nickte. »Ich hab's als Kind gelernt. Auf der Gladiatorenschule war es das einzige, was mich vorm Wahnsinnigwerden bewahrte. Später hielt es mich davon ab, allzuviel zu denken. Für einen Gladiator taugt das Denken nicht.«
Er deutete auf die Liegen, nahm Dianas leeren Pokal. »Spiel für mich«, drängte er. »Jene Saiten haben sehr, sehr lange geschwiegen. Dieses Haus hat nach Musik gedürstet.«
Sie zögerte, nahm dann die Harfe und trug sie zu ihrer Liege, wo sie das Instrument auf den Knien hielt. Die Saiten hatten keinen Schaden genommen; sobald sie gestimmt waren, klangen sie gut.
Ein Lied stieg von ihren Lippen. Diana sang von der Arena; von Männern, sie blutend im heißen Sand starben; von phantastischen Kämpfen und legendären Kriegern; von riesigen Bestien mit reißenden Krallen, rottriefendem Gebiß; von vergänglichem Leben und flüchtigem Ruhm. Wie Wasser fluteten ihre Hände über die Saiten hin und zauberten ungewöhnliche, fast geisterhafte Harmonien hervor.
Nach wenigen Takten schlich der Diener näher und stütze sich auf einen Tisch; weiter heran wagte er sich nicht. Decius lehnte sich still zurück und lauschte hingegeben. Dann sang sie eine muntere Weise, und er lachte und stampfte mit den Füßen. Sie sang ein Klagelied, und eine Träne rann seine Wange hinab.
Als sie schloß, hob er den Kopf. »Deine Lieder haben seltenen Samen getragen an den öden Ort, wo einst meine Seele wohnte.« Er schüttelte den Kopf; Trauer schien ihn zu bedrücken, eine große, schwere Last. Endlich wagte der Diener eine Bemerkung: Was für ein komplexes Bild sie doch böte, mit der Harfe auf den Knien und dem Schwert an der Seite.
»Was für ein empfindsames Talent«, sagte Decius. »Weshalb hat man dich in die Arena geschickt?«
Sie spürte die plötzliche Kälte in sich. Ihr Blick glitt zu den unver-

hangenen Fenstern. Das Licht begann zu verblassen; sie hatte den Tag fortgesungen. Die Nacht war nicht mehr fern.

»Ich hatte einen Mann getötet«. Sie schlug auf der Harfe einen Akkord an, klagenden Klang. Decius' Augen waren voller Fragen, doch auf seinem Gesicht spiegelte sich eine Art väterlicher Besorgtheit, die Diana plötzlich in Zorn versetzte. »Du fragst dich, um wen es sich gehandelt hat, nicht wahr? Um meinen Herrn, dieses stinkende Stück Schweinescheiße. Ich habe ihn abgestochen, genau wie die Dutzende, die ich bei den Spielen tötete.« Sie stieß die Harfe von sich. Mit mißtönendem, wie wehmütigem Klang polterte das Instrument zu Boden, und sein feingeschwungener Hals brach. Diana erhob sich und starrte zu Decius: Sie genoß seine Bestürzung über den Anblick der mißhandelten Harfe.

»Als ich eintrat, hast du mich nach meiner Abstammung gefragt«, schrie sie ihn an. »Aber woher sollte ich meine Abstammung wissen? Ich wurde als Sklavin, stinkende römische Sklavin, geboren und an ein Ungeheuer verkauft, bevor ich erfahren konnte, wer meine Mutter war!« Sie hieb die rechte Faust gegen die linke Handfläche. »Aber ich bin keine Sklavin mehr! Ich bin jetzt frei. Ich habe für meine Freiheit gekämpft und sie gewonnen! Konnte das jemals ein römischer Patrizier von sich sagen?«

Decius kniete sich auf den Boden und nahm die Stücke der zerbrochenen Harfe. Dicke Tränen liefen ihm über die Wangen. Er hielt das Instrument in beiden Armen, wiegte es wie ein Kind. Mit leisem Stöhnen erhob er sich, durchquerte den Raum, blieb dann in der Tür stehen.

»Kannst du solche Musik machen und so kalt sein?«

Nur ein Mann, dachte sie, ein Mann wie so viele, denen sie in ihrem Leben begegnet war. Dennoch gab es da etwas in seinem Wesen, das sie dazu gebracht hatte, ihm einen längst verschüttet geglaubten Teil ihrer selbst zu offenbaren: eine nie verheilte, nun wieder blutende Wunde. Mit wenigen Schritten war sie bei ihm und schlug ihm voll Zorn die Harfe aus den Händen. »So ist es!« zischte sie. »Dafür habt ihr Römer gesorgt!«

Benommen musterte er sie, nur wenige Handbreit entfernt. Dann

hob er das zerbrochene Instrument wieder auf und eilte im Dämmerlicht durch Korridore davon. Der Diener folgte ihm.
Sie rieb sich die Schläfen, starrte durch die jetzt leeren Gänge; lauschte auf Schritte, Stimmen; hörte nichts. Wohin Decius geeilt war, wußte sie nicht. Sie war allein.
Wie nur hatte es geschehen können, daß sie so völlig die Selbstbeherrschung verlor? Mit nicht einem Wort, mit nicht einer Geste war sie beleidigt oder provoziert worden. Decius hatte sie gastlich aufgenommen, ihr gute Gesellschaft und guten Wein geboten. Sie vergalt es ihm übel, indem sie seine geliebte Harfe zerschmetterte. Sie verfluchte ihr jähzorniges Gemüt. *Undankbar*, hatte ihr Herr sie oft genannt. Jetzt blieb ihr nichts weiter übrig, als das Haus leise zu verlassen und ihrem Gastgeber weiteres Ungemach zu ersparen.
Sie durchquerte das Atelier mit der noch gestaltlosen Steinskulptur, die einen langen, wie mahnenden Schatten warf. Die Dämmerung wurde tiefer. Eile war geboten, um noch vor Einbruch der Nacht die Straße zu erreichen. Diana gelangte zur alten Holztür und schob den Riegel zurück.
Decius' Diener wartete. Diana sah den Kampfstock in seinen Händen und zog ihr Schwert. Zischend fuhr die Klinge aus der Scheide, doch geschickt schlug ihr der Diener die Waffe aus der Hand. Sie hob die Arme, um ihren Kopf zu schützen, aber der Mann zielte gegen ihre Rippen und traf. Greller Schmerz durchfuhr sie. Und nun zuckte der Kampfstock auf Dianas Kopf nieder, und sie fiel in ein tiefschwarzes Loch.

Langsam erwachte sie. Und spürte, durch ihr dünnes Leinengewand, eine kalte, glatte Fläche aus Stein. Ihre Panzerung war verschwunden, doch zwischen ihren Brüsten fühlte sie das Gewicht ihres *gladius* in seiner Scheide. Ganz in der Nähe klangen Stimmen, die zur Begleitung von Flötenmusik sonderbare Verse sangen. Diana lag reglos und lauschte mit geschlossenen Augen.
Plötzlich war da etwas, das sie alles andere vergessen ließ. Ein Stöhnen, leise, doch voll unendlicher Qual.

Noch nie hatte sie so etwas gehört, selbst in der Arena nicht. Sie fuhr hoch, zückte die Klinge.
Decius stand kaum eine Armlänge von ihr entfernt. Er beobachtete eine Masse wildwogender Leiber, übergossen vom Flackerlicht der Fackeln. Diana erkannte Gesichter: Patrizier, die an Messalinas Hof zu Gast gewesen waren. Zwei Männer fielen ihr besonders auf. Sie trugen Bißwunden und hatten schadhafte Zähne – verräterische Merkmale.
Wieder erklang das Stöhnen hinter ihr. Sie drehte sich um.
Eine riesige Statue ragte auf, der Gott Orkus auf seinem Thron. Im Fackelschein schienen gewaltige Steinmuskeln zu schwellen. Die Augen, aus pechschwarzem Obsidian, glänzten. Jede der beiden mächtigen Hände umspannte eine kunstvoll gemeißelte Seele; jeder der beiden mächtigen Füße zermalmte eine Seele unter dem Fersen. Genitalien besaß die Statue nicht; Orkus war ein Gott des Todes, nicht des Lebens. Zwischen den Unterschenkeln hielt er ein enormes Speichenrad. Quer über die Nabe war ein bedauernswerter Mensch gespannt, ein Mann offenbar. Zu seinen Füßen – soweit sie sich noch erkennen ließen – kauerte das bleiche Kind, das Diana im Wald erblickt hatte: Es weinte stumme Tränen.
»Willkommen im Tempel des Orkus.« Diana drehte den Kopf und blickte zum lächelnden Decius. Er berührte mit den Fingerspitzen seine Stirn. »Ich entschuldige mich für meinen Diener. Er war unnötig brutal.«
Sie erhob sich von der erhöhten Steinplatte, ihrem unfreiwilligen Ruheplatz; hielt das gezückte Schwert bereit. »Unter normalen Umständen hätte ich ihn durchbohrt.«
»Zweifellos«, sagte er mit einem Seufzer. Er wies auf die Tanzenden, die sich drehend, wirbelnd durch die Grotte bewegten und immer wieder zurückkehrten zum Marmorbecken in der Mitte, wo sie ihre Finger in wie sprudelndes, schwarzes Wasser steckten, um sofort wieder weiterzutanzen.
»Anbeter, die genau dasselbe suchen wie deine Messalina«, sagte Decius. »Aber noch haben sie ihre Hingabe an Orkus nicht bewiesen. Ihr Flehen bleibt unerhört.«

Diana berührte die Steinplatte, auf der sie noch die Wärme ihres Körpers spüren konnte. »Dies ist wohl eine Art Altar.« Plötzlich kam ihr der Gedanke, Decius zu töten; doch sie zögerte. Was hatte sie ihm schon vorzuwerfen? Die Stockhiebe von seiten seines Dieners? Was war schon dabei? Sogar ihr Schwert hatte man ihr gelassen.
Decius lächelte. »Nein, meine Liebe.« Er deutete auf die Statue, auf das Rad mit dem Opfer darauf. »Das ist der Altar. Ich habe die Skulptur selbst geschaffen. Beachte die Eleganz im Detail, die Vorstellungskraft. Manche behaupten, alle Wege führten nach Rom.« Zufrieden und stolz kreuzte er die Arme vor der Brust. »Sie irren sich natürlich. Alle Wege führen zum Hades.«
Das Rad ist die Welt. Das Symbolhafte beeindruckte Diana tief. *Die Speichen sind die Wege; die Nabe ist Hades. Und Orkus herrscht über allem.* Es war eine furchtbare Schönheit.
Das Wesen auf dem Rad wimmerte, und Diana trat näher. Das Opfer war mit Stricken ans Rad gefesselt, und sie schnitten tief ins Fleisch. Die meisten Finger fehlten, auch die meisten Zehen. Zersplitterte Knochen ragten aus der Haut. Blicklosen Tümpeln glichen die Augenhöhlen im rasierten Schädel. Nein, nicht rasiert: Das Haar war abgesengt worden. Die Glieder wirkten wie aus den Gelenken gerenkt, und zahllose Wunden bedeckten den ganzen Körper. Obwohl die Geschlechtsorgane verstümmelt waren, sah Diana, daß es sich tatsächlich um einen Mann handelte – gehandelt hatte. Das Kind zu Füßen des Opfers hob den Kopf, blickte mit tränenüberströmtem Gesicht zu Diana empor.
Diana spürte eine tiefe Übelkeit. Sie wußte, wie verheerend ein Schwert oder ein Dreizack wüten konnte. Sie hatte die Wunden gesehen, die Tigerkrallen rissen; sie war zwischen blutenden Eingeweiden und den abgetrennten Gliedern glückloser Gladiatoren gewatet. Sie hatte Kreuzigungen und Verbrennungen, Enthauptungen und Pfählungen erlebt.
Doch all seiner Grausamkeit zum Trotz hätte Caligula bei Decius in die Schule gehen können.
Sie preßte die Lippen zusammen, packte ihr Schwert fester.

»Du bist auf der Suche nach Unsterblichkeit, Diana.« Ihr Gastgeber glitt an ihr vorbei und zog einen kurzen *pugio* aus den Falten seiner Toga. Er streckte die Hand vor und zog die scharfe Klinge über die entstellten Genitalien seines Gefangenen. »Schau genau zu, denn dies ist das Geheimnis.« Er beugte den Kopf vor, ohne auf das Wimmern des Opfers und das Weinen des Kindes zu achten. Jäh schwoll der Singsang der Tanzenden, als er die ersten Blutstropfen mit seiner Zunge auffing.

Dann wölbte er die Hände zur Schale, füllte sie mit Scharlachrot und bot sie Diana dar.

»Koste Unsterblichkeit!« sagte, nein sang er. »Trinke das Blut von den Organen eines Gefolterten allmonatlich, wenn der Mond sich erneuert; bete zum Dunkelsten der Götter, und versprich ihm das Kostbarste, das du auf der Welt besitzt.« Er streckte seine Hände ihren Lippen entgegen. »Vielleicht wird er dich dann erhören, so wie er mich erhört hat.«

Sie stieß seine Hände von sich fort und wich, ihr Schwert in Bereitschaft, einen Schritt zurück.

»Trink mit mir, Diana.« Decius leckte die bluttriefenden Finger der einen Hand ab, hielt ihr die andere hin. »Du besitzt ein Talent, für das es sich zu leben lohnt; spiele und singe für mich bis in alle Ewigkeit!«

Sie wich noch einen Schritt zurück. »Die Götter müssen dich hassen, daß sie dich so tief in Wahnsinn gestoßen haben.«

Er wischte die Hände über die Toga, verfleckte das weiße Leinen. »Sie hassen mich nicht! Orkus selbst hat mir ewiges Leben gewährt, damit ich mit meiner Kunst fortfahren kann! All die Skulpturen und Tapisserien, die du gesehen hast, stammen von mir; ich habe sie geschaffen! All die Töpfe, die Pokale, sie sind sämtlich mein Werk! Sollte ich sterben und die Welt solcher Schönheit berauben?«

Das Singen, das Tanzen, urplötzlich brach es ab. Mit einem Gefühl des Fröstelns spürte Diana aller Blicke auf sich. Die Menge drängte näher. Vorsichtig bewegte Diana sich im Kreis, bis sie alle im Blickfeld hatte – Decius und die anderen.

»Und was ist mit ihm?« fragte sie und wies mit ihrem Daumen über die Schulter zurück: zu dem Opfer auf dem Rad. »Was für Schönheit hätte womöglich *er* erschaffen können? Ist die Unsterblichkeit es wert, daß du nicht einmal hiervor zurückschreckst?«
Decius zuckte die Achseln. »Er hat einen ziemlich miserablen Wein gekeltert. All die Schmerzen und Qualen, die er leidet, ja selbst sein Leben, sind da nur ein geringer Preis. Ich meinerseits habe der Welt noch so viel zu geben. In diesen Händen ist noch so viel Schöpferkraft!«
Diana drehte sich um und stieß ihren *gladius* mitten in das Herz des Mannes auf dem Rad. Er seufzte laut, hauchte dann sein Leben aus. Diana zog die Klinge heraus, blickte zu Decius. Von der Schwertspitze tropfte Blut. »Vielleicht möchtest du dies ablekken!«
Sie stieß ihm den *gladius* in den Leib, unterhalb der Rippen; riß das Schwert wieder heraus. Die Klinge war ohne einen Tropfen Blut.
»Versuch's nur wieder«, forderte Decius sie mit einem Lächeln auf und breitete seine Arme.
Sie tat es; stieß zu, ein-, zweimal.
Die Menge der Anbeter schrie und drang auf sie ein. Diana empfing sie, kampfbereit.
Doch es war Decius, welcher der Menge Einhalt gebot. »Seht die Macht des Orkus!« rief er mit Donnerstimme und riß sein Gewand auseinander. Keine Wunde zeigte sich auf seinem Fleisch. Langsam drehte er sich herum, damit auch Diana es sehen konnte. Sie starrte auf seinen Leib, auf ihr Schwert, zum Altar.
»Er existiert wirklich!« flüsterte er ihr zu, während seine Anhänger wie besessen zu singen und zu tanzen begannen. Die Leute umringten Diana, wirbelten umher, liefen zum Marmorbecken, schöpften die Hände voll mit schwarzem Wasser, besprenkelten Diana, besprenkelten Decius. »Mein Pakt mit Orkus existiert wirklich.«
Diana dachte an das Kind zu Füßen des Opfers. Sie würde das Mädchen beschützen müssen. Aber das Kind war nicht mehr dort.

Diana suchte es in der Menge. Dort war das Mädchen auch nicht. Nur sich selbst mußte sie verteidigen.
»Das Kostbarste, was man besitzt, hast du gesagt«, rief sie ihrem Gastgeber zu. »Was hast du denn Orkus gegeben?«
»Ein Diadem«, erwiderte er stolz, »aus reinstem Gold, mit schimmernden Perlen und wunderbar eingefaßten Edelsteinen; die Krönung meiner Kunst. Nie hatte die Welt dergleichen geschaut.«
»Wann hast du es geschaffen?« fragte sie scharf und befahl: »Komm nicht näher!«
Er schob ihr nutzloses Schwert beiseite, berührte sie an der Schulter, starrte aus dunkelglühenden Augen. »Es war meine schönste Schöpfung!«
Sie wich weiter zurück, fühlte dann Fleisch an ihrem Hals: das verdrehte Knie des Mannes, den sie aus seinen Qualen erlöst hatte. »Du Narr! Und diese Skulptur deines Gottes? Wann ist sie entstanden – vor oder nach Abschluß des Pakts?«
»Diese ganze Grotte habe ich ihm zu Gefallen geschaffen.«
Sie fühlte ein Lachen in der Kehle. »Du törichter, törichter Narr! Begreifst du denn nicht? Was für Werke hast du denn geschaffen, seit Orkus dein Gebet erhörte?«
Seine Augen verengten sich. »Ich habe ein neues Stück in meinem Atelier«, erwiderte er trotzig.
»Einen gestaltlosen Klumpen Stein«, sagte sie scharf, »den du fast zu nichts zermeißelt hast! Und jene Harfe – du hast sie doch früher gespielt, nicht wahr? Jetzt kannst du das nicht mehr!«
Verwirrt betrachtete er seine Hände. Wieder hielten die Tanzenden inne und spähten herüber. Diana spürte ihre Unsicherheit, ihr Unbehagen. Sie waren Patrizier, gewiß, Roms Aristokratie; doch sie waren auch Kinder, die darauf warteten, daß Decius sie führte.
»Du hast für die Unsterblichkeit einen höheren Preis bezahlt, als dir bewußt ist«, sagte Diana. »Dein Tor ist verrostet; das Metall erglänzt nicht mehr in Schönheit. Dein gepflasterter Weg ist verfallen; wo bleibt da die Schönheit? Du kannst nicht Harfe spielen. Du kannst keine Skulptur meißeln. Begreifst du denn nicht? Or-

kus hat dir deinen kostbarsten Besitz genommen, o ja. Er hat das genommen, was dir dein Leben so wertvoll machte: deine Begabung, Schönheit zu erschaffen.«

»Das ist nicht wahr!« rief er. »Ich besitze diese Fähigkeit noch! Ich kann noch Kunstwerke schaffen!« Er schüttelte die Faust. »Du hättest die Unsterblichkeit mit mir teilen können! Du hast mich geliebt; das fühlte ich, als du für mich sangst. Für einen kurzen Augenblick hast du mich geliebt. Deine makellose Stimme hätte die Zeiten überdauern können, doch all das wirfst du von dir, indem du dich gegen mich wendest!« Jetzt trat er einen Schritt zurück, winkte seinen Anhänger näher.

Dianas Augen streiften durch die Grotte: Sie suchten einen Fluchtweg. Ringsum zog sich eine hohe Hecke hin, und dahinter erblickte Diana eine Mauer. Nirgends fand sich ein Torbogen, ein Eingang. Nun, vielleicht lag er hinter Blattwerk verborgen.

»Deine Stimme, Diana«, sagte Decius leise. »Deine Stimme ist mir kostbar.« Während er sprach, drängten die anderen näher und näher. »Und ich muß sie Orkus geben. Er verlangt kostbare Dinge, Diana.« Seinen Anhängern rief er zu: »Laßt sie das Rad reiten.«

Hände reckten sich nach ihr, und sie zögerte nicht länger. Tief stieß sie ihr Schwert einem Mann in den Unterleib; und zog die Klinge heraus, im spritzenden Blut. Ihre freie Faust traf ein Gesicht, zermalmte Fleisch, zerschmetterte Zähne. Ihre Füße traten, ihre Ellenbogen stießen; und ihr Schwertarm schlug und hackte, bis der Boden unter ihren Füßen eine glitschige Fläche war. Sie gewann freien Weg und gelangte zur Mitte der Grotte.

Wie lange war es her, daß sie Furcht gefühlt hatte, wirkliche Angst? Decius' Anhänger besaßen nicht seine Macht, doch es waren ihrer so viele. Ein Schreckensbild stieg vor Dianas innerem Auge auf: ihr Leib, aufs Rad geflochten, verstümmelt und zermalmt wie jener Körper, der noch immer dort hing. Und wer wohl würde kommen und sie von *ihren* Qualen erlösen?

Wieder drangen die Fanatiker schreiend auf sie ein. Diana wich zurück, auf Rettung hoffend, auf Sicherheit; doch plötzlich verfing sich ihr Fuß, und sie glitt aus.

Das letzte, was sie sah, bevor das Wasser über ihr zusammenschlug, war der Ausdruck von Furcht und Zorn auf Decius' Gesicht. In seiner Kehle schien sich ein Schrei zu ballen, doch sie vernahm den Warnruf nicht mehr.

Feuer füllte ihre Lunge, Panik ihr Gehirn. Es war nur ein kleines Wasserbecken, ein Grottenteich; doch eine Strömung saugte sie in sich ein und zog sie tiefer und tiefer. Aller Widerstand war vergebens. Das kalte, schwarze Wasser riß sie erbarmungslos mit sich. Sie öffnete den Mund, um zu schreien, strampelte ohnmächtig wie eine Puppe.

Sie würde ertrinken, sie wußte es, und sie überließ sich den Göttern; doch im selben Augenblick ließ die Strömung sie aus den Klauen. Ringsum war nichts als pechschwarzes Naß, in dem alles gestaltlos blieb. Mehr auf gut Glück wählte sie den Weg zur Oberfläche und holte mit Armen und Beinen Schwung.

Ihr Kopf, ihre Schultern tauchten aus dem Wasser hervor, und keuchend und hustend schnappte sie nach Luft. Der Grottenteich hatte sich in einen Fluß verwandelt. Das Ufer war nicht weit, und als der Schmerz in ihrer Lunge nachließ, schwamm sie langsam darauf zu.

Plötzlich stutzte sie und hielt sich wassertretend auf der Stelle. Am Ufer sammelte sich eine Menschenmenge. Warum hatte sie die Leute nicht schon eher gesehen oder gehört? Sie begann, wieder zu schwimmen, hielt jedoch sorgfältig Ausschau.

Ihr Fuß berührte sandigen Boden; sie stand, watete ans Ufer und tastete vergeblich nach ihrem Schwert: Sie hatte es verloren. Schweigend starrte die Menge sie an, wich dann nach links und nach rechts zurück.

Acht Träger kamen mit einem riesigen Thron und setzten ihre Last ab und verschmolzen mit der Menge ringsum. Auf dem Thron bewegte sich eine Gestalt und lächelte und winkte Diana heran.

Er – sein Gesicht hatte sie auf den Gesichtern von hundert gefallenen Gladiatoren gesehen; hatte ihn beobachtet, wenn er durch die

Arena schlich; hatte seinen Atem in ihrem Nacken gespürt, wann immer sie kämpfte. Wie wohl hätte sie ihn nicht erkennen sollen, wenn er sie begrüßte?
Sie blickte zum Fluß zurück und entsann sich schaudernd der Geschichten. Orpheus mit seiner Leiter hatte eine solche Reise gewagt, um seine Eurydike zu gewinnen; auch Odysseus, um den Seher Teiresias zu befragen; und Theseus; Herkules; Aeneas mit seinem goldenen Zweig und der Zauberin, die ihn begleitete. Der Weg von der Ober- in die Unterwelt hatte sie durch Höhlen oder durch Felsspalten geführt – oder durch Wasser.
»*Porta Libitinaria*«, flüsterte sie und dachte an den Grottenteich und die ihn umtanzenden Anbeter, »ein Tor zum Tod.«
»Willkommen in Erebus, mein Kind, Fleisch nach meinem Herzen und meinem Geiste.« Die Stimme dröhnte, fing sich im Echo.
Diana straffte sich. »Ich erwidere den Gruß, Gott Aasfresser.« Sie betrachtete ihre Umgebung. Keine Sonne, nur trübes, graues Licht. Keine Bäume und kein Gras, sondern kahle Ebene, so weit das Auge blickte. In der Ferne erhoben sich links und rechts zwei Nebelschwaden. Wenn die Geschichten stimmten, wußte sie, was für Lande dahinter lagen. Sie unterdrückte ein Schaudern und blickte wieder zum Thron. »Hast du letzthin ein paar gute Knochen abgenagt?«
Orkus' Gelächter schien das Fundament der Hölle zu erschüttern. Obwohl er auf seinem Thron aus glänzendem Onyx sitzen blieb, wirkte er plötzlich größer, bedrohlicher. Diana zitterte, fühlte die Schwäche in ihren Knien. Doch sie nahm alle Kraft zusammen, hatte sich wieder in der Gewalt – *und verweigerte dem Gott den Kniefall.*
Und Orkus, hoch oben auf dem Thron, glich wieder einem Mann oder doch dem Abbild eines Mannes. »Ich bewundere eine Frau mit Mut«, sagte er.
Sie zuckte zusammen. Selbst der Tod besaß also einen Sinn für Humor. In der Arena hatte sie wenig davon gespürt.
Er winkte wieder. »Komm, teile mit mir einen Becher vom guten Falerner.« Eine bleiche Frau trat vor. Sie trug ein Tablett mit

sextarius und Pokalen. Orkus schenkte ein. Er reichte Diana einen Pokal. »Du weißt natürlich, daß du keineswegs die üblichen Vorbedingungen erfüllt hast, um hierher zu gelangen?«

Sie betrachtete die Männer und Frauen ringsum, fahle Schatten ihres früheren Selbst; Seelen, wie Diana begriff. Sie hob den dargebotenen Pokal an ihre Lippen, roch daran. »Guter Falerner, daß ich nicht lache!« Verächtlich schüttete sie den Wein aus und starrte auf das leere Gefäß. »Das Zeug stinkt wie ...«

»... wie etwas Totes?« ergänzte der Gott und schüttelte sich wieder vor Gelächter.

Sie preßte die Hände gegen die Ohren und wartete, bis er sich wieder beruhigt hatte.

»Ach ja«, sagte er, wischte sich über die Lippen und stellte seinen Pokal beiseite. »Nun, deine Anwesenheit hat manche Regeln außer Kraft gesetzt. Laß uns also meinen zweiten Gast rufen.« Er schnippte mit den Fingern, und Donner rollte hinweg über den Fluß, aus dem sie aufgetaucht war. Grell fuhr der Blitz hernieder, und er traf auf das Wasser, und eine Wolke aus Dampf stieg empor.

»Schau genau hin«, sagte Orkus zu ihr. »Ich habe dies seit einiger Zeit geübt, aber noch keinerlei Gelegenheit gehabt, es vorzuführen.« Wieder trat eine Gestalt vor, ein dienender Geist, und reichte dem Gott einen kleinen, flachen Stein. Orkus erhob sich ein Stück und schleuderte den Stein, der in weitem Bogen zum Fluß segelte und, zweimal auftreffend, über das Wasser hüpfte. Als der Stein abermals hochschnellte, sah Diana, daß etwas wirbelnd aus dem Wasser tauchte.

»Decius!« rief sie.

Zum drittenmal senkte sich der Stein; und prallte vom Schädel des Priesters ab und versank. Orkus brüllte vor Gelächter, klatschte vergnügt in die Hände. »Nur keine Sorge«, rief er ausgelassen, als er Dianas gefurchte Stirn sah. »Er ist nicht verwundet, höchstens ein bißchen benommen. Siehst du, er kommt zum Ufer geschwommen!« Er schien auf ihren Beifall zu hoffen, doch die Falten auf ihrer Stirn vertieften sich. »Die einfachen Vergnügungen sind's, die diesen Ort erträglich machen.« Mit einem Finger deutete er in die Höhe. »*Die* dort laden mich nicht mehr zu Besuch.«

»Wer mag schon einen Witzbold«, murmelte sie.

Decius stieg aus dem Fluß, die weiße Toga schlammbesudelt, an der linken Schläfe eine dicke Schwellung. Nein, dies war kein bleicher Schatten, keine Seele. Dies war der Decius aus Fleisch und Blut.

Der Priester öffnete den Mund, um zu sprechen.

»Schweig, Rübe!« befahl Orkus. »Unser Pakt wurde gebrochen. Durch das Tor, das ich deiner Obhut anvertraut hatte, ist eine noch lebende Sterbliche in mein Reich eingedrungen.«

»Es war ein unglückseliger Zufall!« rief Decius. »Das plebejische Luder stolperte ...!«

Sie sah ihn an. »Er wird meine Seele früh genug bekommen; doch ohne daß mein Fleisch zuvor auf deinem lästerlichen Altar zerfetzt wird!«

Mit zornrotem Gesicht trat er auf sie zu. »Ich werde dich ihm zum Fraße vorwerfen, Stück für Stück!«

Orkus erhob sich von seinem Thron; und Decius hielt mitten in der Bewegung inne, überrascht zuerst, dann voll Furcht. Die Lippen des Todesgottes spreizten sich zu grauenhaftem Lächeln. »Schon besser.« Er blickte zu Diana. »Ich habe ihn noch nie ausstehen können, doch er war ein so geübter Speichellecker.«

»Laß mich gegen ihn kämpfen«, zischte sie. »Er ist zwar unsterblich, doch wenn ich ihn in ganz kleine Stücke hacke ...«

Der Todesgott hob die Schultern. »Aus welchem Grunde, Kind?«

»Rache«, gab sie zurück. »Da war so eine arme Kreatur, die er grauenvoll marterte, ehe ich ihre gequälte Seele mit einem Schwerthieb befreite. Und wer weiß, wie viele andere noch? Da war auch ein Mädchen ...«

Unverwandt ruhte der Blick des Gottes auf ihr. Sie sah ihr Gesicht, gespiegelt im schwarzen Urgrund seiner Augen. »Was Decius tat, geschah auf mein Geheiß.«

Sie hieb die rechte Faust gegen die linke Hand. »Doch er verdingte sich dir aus eigenen Stücken. Was ihn dazu bewegte, war Selbstsucht, kein höheres Motiv. Und aus Selbstsucht hat er die Seelen anderer verschachert.« Sie blickte zu Decius. »Er ist niedriger als das niedrigste Tier!«

Orkus kratzte sich am Kinn. »Dennoch – er hat mir gedient.«

Mit wilder Geste schüttelte sie feuchte Haarsträhnen aus der Stirn. »Habe ich dir etwa nicht gedient? Begleiche die Rechnung, Leichenfresser. Du schuldest mir was.«

Orkus' Gelächter dröhnte so gewaltig, daß die Erde zitterte und auf dem Fluß hohe Wogen schäumten. »Ich *schulde* dir was, meine Kleine?«

Trotzig stemmte sie die Hände in die Hüften. »Rufe die Seelen herbei, die er dir geschickt hat.«

Orkus schien zu grübeln, nickte dann. Er krümmte den Zeigefinger, und aus der Menge lösten sich drei Seelen. Eine trug eine klaffende Wunde auf der Brust, und Diana erkannte, daß dies der Mann war, den sie auf dem Rad getötet hatte. »Da war auch ein Mädchen«, sagte sie, »und sie war bereits ein Geist, als ich sie sah.«

Wieder nickte Orkus, und er deutete auf die Seele, welche die Schwertwunde trug. »Seine junge Braut, die Selbstmord verübte. Als ihr Bräutigam verschwand, nahm sie sich aus Gram das Leben. Ihr Geist wandert auf Erden umher, denn kein Selbstmörder darf den Fluß Styx überqueren.«

Das war das Gesetz der Götter. Diana bemitleidete das arme Kind, das niemals Ruhe finden würde, dem selbst der schwache Trost der Unterwelt verwehrt blieb. Auch ihr Leben lag schwer auf Decius' Waagschale.

Dianas Stimme war ein leises, feierliches Flüstern. »Nun rufe jene Seelen, die ich dir schickte – nach christlichem Kampf.«

Die Waagschalen: eine senkte sich weit zu Dianas Gunsten, und sie blickte voll Mitgefühl auf die vielen Gesichter, männliche und weibliche. Manche waren Freunde gewesen, vielleicht nur für eine Woche oder einen Tag; bis man in der Arena aufeinandertraf, wo alle Freundschaften endeten. Manche erkannte sie nicht,

ihre Gesichter waren verborgen gewesen hinter Helmen und Visier.
Sie atmete ein, langsam und tief. »Ja, du bist mir etwas schuldig«, sagte sie zu Orkus. »Siehst du, wie gut ich dir gedient habe? Aber ich habe in fairem Kampf getötet; meine Gegner starben mit der Waffe in der Hand.« Ohne den Todesgott aus den Augen zu lassen, stieß sie ihren Zeigefinger gegen Decius vor. »Ich werde ihn nicht in die Welt der Lebenden zurückkehren lassen.«
Scheinbar gefaßt trat Decius, an Diana vorbei, auf den Thron zu, stand mit gekreuzten Armen. Doch sein Gesichtsausdruck und das flackernde Licht seiner Augen straften seine äußerliche Gelassenheit Lügen. »Was ist das Leben einiger Elendiger im Vergleich zu der Schönheit, die ich der Welt geben kann?«
»Die Liebe, die ein Mann für seine Braut empfindet«, sagte Diana voll Zorn, »ist sie nicht schön? Du hast das zerstört. Du blinder Eiferer!« Sie schüttelte den Kopf, ohne recht zu begreifen, warum ihr Tränen in die Augen stiegen – Tränen, die sich nicht unterdrücken ließen. »Du mißbrauchst Menschen! So wie mein Herr seinerzeit mich mißbraucht hat! So wie der Kaiser sie mißbraucht, zur bloßen Ergötzung der Bürger! So wie Messalina mich mißbraucht! Doch damit ist hier Schluß.« Wie bittend streckte sie dem Dunklen Gott eine Hand entgegen. »Höre, was ich dir vorzuschlagen habe.«
Orkus legte die gespreizten Finger gegeneinander. »Es dürfte deiner Aufmerksamkeit kaum entgangen sein, daß es hier unten ein wenig langweilig ist.« Ein Lächeln umspielte seine Mundwinkel. »Was also schlägst du vor?«
»Einen Kampf«, erwiderte sie. »Einen richtigen Kampf wie bei Gladiatorenspielen. Gewinne ich, so bleibt dein Priester für alle Zeiten hier. Verliere ich, so bleibe ich, um dich mit Kampf nach Kampf zu ergötzen, bis die Zeit endet und die Götter mit ihr.« Sie beobachtete ihn aufmerksam, bemerkte die sich plötzlich verfinsternde Miene. «Oder bis dich auch solche Ergötzung zu langweiligen beginnt.«
»Eine mutige Wette.« Er rieb sich das Kinn; doch das Lächeln

kehrte nicht auf jene dunklen Lippen zurück. »Ein Spiel, das dich ehrt – Sieg oder Niederlage. Doch du mußt wissen, Kind, daß deine Erdentage zu Ende sind. Du wirst mein Reich nie mehr verlassen.«

Eine eisige Hand umschloß ihr Herz. Sie dachte an das, was man sich erzählte; dachte an Orpheus und an Aeneas. Waren das Lügen? Sie blickte zu Decius, der plötzlich lächelte. Und drehte den Kopf und sah zum Gefürchteten Gott, zu seinem Antlitz voll erbarmungslosem Ernst. Und ihr Mund öffnete sich, doch sie fand keine Worte.

Orkus streckte ihr eine Hand entgegen. »Fürchte mich jetzt nicht, Tochter; du hast mich lange, allzu lange gekannt. Als Sklavin, als Gladiatorin.« Die Finger der vorgesteckten Hand krümmten sich, winkten, und Diana trat an Decius vorbei und stieg die drei niedrigen Stufen zum Onyx-Thron empor, bis sie sich von Auge zu Auge mit der Gottheit gegenübersah. »Blick mir in die Augen und sieh, daß dort nichts zu fürchten ist.« Seine Hand senkte sich auf ihre rechte Schulter. Unwillkürlich fuhr sie zusammen, beschämt und erleichtert zugleich. Die Berührung ließ sie nicht frösteln, im Gegenteil: Überraschenderweise wärmte sie.

Und plötzlich lächelte der Gott wieder. »Du hast meinen Priester der Selbstsucht bezichtigt. Würdest du für etwas kämpfen, das nicht in deinem Interesse liegt?«

Decius fuhr zusammen. »Was?«

Sie kehrte ihm den Rücken zu. »War mein Angebot nicht selbstlos?«

Orkus berührte ihre andere Schulter und schüttelte sie sacht, fast wie ein Vater. »In der Tat. Und da du kein Selbst besitzt, für das du kämpfst, will ich dir andere Bedingungen anbieten.« Er krümmte einen Finger, und die Seele des Mannes, der auf dem Rad gestorben war, löste sich abermals aus der Menge. »Du hast auf Erden geweilt weit über die dir zugeteilte Zeit hinaus, Diana. Du hast die Arena überlebt, was von einem Weib nicht zu erwarten war. Immer wieder bist du mir entschlüpft, obwohl ich doch nach jedem Gladiatorenspiel bereit war, dich willkommenzuheißen.« Seine

Hand löste sich von ihrer Schulter; sie stieg die niedrigen Stufen hinab und stand neben Decius. Der Priester war bleich, er zitterte.
»Dies ist der Schatten von Gaius Antaeus, einem Weinhändler«, fuhr Orkus fort. »Seine Zeit – und die seiner Braut – endete allzu früh.« Wieder lächelte er. »Kämpfe für sie, Kind, wenn du magst. Und falls du siegst, werden Gaius und seine Braut wieder leben – nachdem sie von Lethes Wasser getrunken haben, um zu vergessen. Schlägst du ein?«
Sie nickte, und plötzlich hatte das Lächeln des Gottes etwas Ansteckendes.
Aber Decius schäumte vor Zorn. »Herr, habe ich dir nicht gut gedient!? Vergiß nicht deinen Pakt mit mir. Ich bin kein Krieger, der es mit den besten von Roms Gladiatoren aufnehmen kann, mag diese hier auch ein Weib sein!«
Donner toste, urplötzlich, und übertönte die laute Stimme des Priesters. Orkus erhob sich von seinem Thron und ragte dunkel empor, mit blitzenden Augen. Rings um Decius wirbelte Sand hoch, gewaltig, mit stechender Kraft, und schleuderte ihn zu Boden, bis er wimmernd lag.
»Kröte, erhebe dich!« befahl Orkus, als der Sand nicht mehr wirbelte und der Donner erstarb. »Du bist mein Spielzeug – etwas, das mir zur Ergötzung dient.« Eine schwarze Faust ballte sich, und die Wogen des Styx sprangen an die Ufer. »Ja, glaubst du, ich würde dir die Ehre zuteil werden lassen, mit dieser Frau zu kämpfen? Du bist dessen nicht würdig! Fürchte nichts in jener Hinsicht. Ein anderer wird an deine Stelle treten.«
Diana erstarrte für einen kurzen Augenblick; dann zwang sie sich zur Ruhe. Hier in der Unterwelt mußte sie offenbar, wieder und wieder, mit Überraschungen rechnen. Nun ja: Als ungeübter Kämpfer wäre Decius für sie eine leichte Beute gewesen. Sie hätte von vornherein damit rechnen müssen, daß Orkus für sie einen anderen Gegner aussuchen würde. Ihm war ja *alles* Ergötzung. Und mit Decius als ihrem Widersacher würde der Spaß allzu schnell zu Ende gehen.

»Stell gegen mich auf, wen du willst«, rief sie. »Meine Wette gilt.«
Decius krümmte sich noch auf dem Boden. »Du hast mir meine Kunst gestohlen«, rief er verzweifelt. »Ich konnte Musik machen, und darum hast du mich beraubt. Ich erschuf...«
Orkus seufzte, lehnte sich auf seinem Thron zurück und betrachtete Diana mit väterlichem Blick. »Du bist ein Kind von meinem Geist. Er ...« Er hob die mächtigen Schultern. »Ich habe nichts geraubt. Ich habe nur genommen, was er mir gab. Sein Körper lebt, weil er mir seine Seele bot. Doch welcher Künstler, welche Künstlerin vermag ohne Seele Schönheit zu finden?«
Sie betrachtete ihn, diesen Gott der dunklen Macht und der Arglist. Ja, sie kannte ihn, kannte ihn seit langem, doch eine Zeitlang hatte eine Art Schleier ihren Blick getrübt. »Rufe deinen Kämpfer, Herr der Geier. Daß du dich so leicht langweilst, hat seinen Grund vielleicht darin, daß du deinen eigenen Worten lauschst.«
Er musterte sie befremdet, fast zornig, brach dann in titanisches Gelächter aus. »Nun denn, es sei!« Orkus schnalzte mit den Fingern, und neben dem Thron erschien ein unbekannter Geist, ein Mann so groß wie Diana, doch doppelt so breit in den Schultern, mit gewaltigen, schwellenden Muskeln all seiner Bleichheit zum Trotz. »Sein Name ist Condorus.«
Sie kannte den Namen. Ein Gladiator wie sie, doch Jahre vor ihrer Zeit. Ein *bestiarius*, der gegen riesige Wildkatzen und Bären kämpfte, bis er eines Tages ausglitt im blutgetränkten Sand.
Die Seelen der alten Krieger versorgten beide mit Rüstung. Am rechten Arm befestigte Diana die *manica*, eine Art Lederhülle mit Plättchen aus Metall. Sie umgürtete sich mit einem *balteus*, einem breiten Band aus metallenen Plättchen, das ihren Leib schützen sollte. Auch hohe Beinschienen legte sie an; auf einen Helm indes verzichtete sie für diesen Kampf. Als Waffe wählte sie einen *gladius* und nahm außerdem einen kleinen, rechteckigen Schild.
Ihr Gegner legte weniger Wert auf Rüstung, seine Waffen waren Netz und Dreizack. Am Gürtel trug er einen *pugio*.
Also stand *secutor* gegen *retiarius*. Diana nickte zufrieden. Dies

war eine Paarung, bei der sie oftmals Siegerin geblieben war. Sie murmelte den traditionellen Gruß, lächelte dann über die Ironie.
»Ich bin *editor* und *lanista*«, verkündete Orkus feierlich. »Solltest du siegen, Condorus, so wirst du wieder Leben haben auf der Erde und Reichtum und Macht dazu. Solltest du siegen, Diana, so wird dies deine Belohnung sein: Tartarus soll den Priester haben und du die Elysischen Gefilde.« Er hob eine Hand: der traditionelle Segen. »Ihr kämpft bis zu meiner Entscheidung.«
Bevor Diana begriff, daß der Kampf begonnen hatte, schlug Condorus zu. Sein Netz, mit Gewichten beschwert, umschlang ihre Füße; er zog, und Diana fiel längelang zu Boden. Sein Dreizack zielte gegen ihren ungeschützten Körper oberhalb des *balteaus*.
Die Zuschauer: ein wie besessen johlendes Pack, das es von den Sitzen riß, in allen Arenen, dachte Diana. Aber nicht hier. Hier gab es keine *cavea*; nur einen Haufen stummer Geister und den Tod persönlich, und der jubelte niemandem zu.
Ihr Mund war voll Sand, und sie spie aus. Gerade rechtzeitig noch schützte sie ihren Oberkörper gegen den tödlichen Stoß: Der Dreizack glitt ab vom Schild. Sie fluchte für sich. Miserabel gemacht. Sie hätte die drei Spitzen des Tridents mit dem Schildrand abklemmen müssen; dann ein scharfer Ruck und ein schmetternder Schlag gegen das Heft.
Zu spät. Wieder stieß Condorus den Dreizack vor. Diana schrie, als eine Spitze quer über ihren Oberarm fuhr und das Fleisch aufriß.
»Das erste Blut!« rief Decius aufgeregt. »Das erste Blut«.
Noch während sie schrie, setzte Diana sich auf und schwang ihr Schwert: durchtrennte das kurze Band, welches das Netz an Condorus' Handgelenk knüpfte. Fest eingestemmt stand ihr Gegner, um mit dem Netz ihre Füße gefesselt zu halten. Nun jedoch, ohne Gegengewicht, stürzte er plötzlich rücklings zu Boden.
Beide kamen gleichzeitig hoch, zwischen sich das Netz auf dem Sand. Sofort zog Condorus den *pugio*. Ohne ihn auch nur einen

Moment aus den Augen zu lassen, machte Diana einen Ausfall, und ihre Bewegungen wirkten so plump, als sei sie durch die Verwundung geschwächt. Condorus griff nach dem Netz, seiner besten Verteidigungswaffe – und Dianas Rechnung ging auf.

Denn Dreizack, *pugio* und Netz waren zuviel. Dianas Schwert zuckte vor und traf ihn an der Schulter; er schrie auf. Schon stand sie bei ihm, schmetterte mit ihrem Schild den Dreizack aus seiner Hand und fing den Stoß seines *pugio* auf ihrer *manica* ab. Dann stieß sie ihm den *gladius* tief in die Achselhöhle, durch den Brustmuskel hinauf.

Condorus schwankte, sackte auf ein Knie. Den kraftlosen Fingern entfiel der Dreizack. Er hob den Kopf, brennenden Schmerz in den flehenden Augen.

Jetzt erst erkannte Diana, daß er kein Blut vergossen hatte. »Was ist mit ihm?« fragte sie verwirrt, denn aus irgendeinem Grund war ihr entfallen, daß sie mit dem toten Condorus gekämpft hatte, mit seinem Geist. Doch da lag er nun, eine bleiche Gestalt mit klaffender Seitenwunde.

»Gar nichts ist mit ihm«, erwiderte Orkus. »Er wartet auf meinen Befehl, sich wieder zu erheben, das ist alles. Er weiß, daß sein Platz hier ist.« Ein tiefes Seufzen folgte seinen Worten; er stützte sein Kinn in eine Hand. »Es war so schnell vorbei. Ich hatte auf einen unterhaltsameren Kampf gehofft. Nun ja, Condorus war außer Übung.«

Ungläubig und verächtlich betrachtete sie die Gestalt auf dem Thron und die ringsum versammelten Seelen, eine endlose Masse, wie sie jetzt sah. Abrupt machte sie kehrt und schleuderte den *gladius* weit über den Styx. Das Schwert prallte aufs Wasser und versank. Kleine, konzentrische Wellen markierten die Stelle, ein Kräuseln, das sich gleich wieder glätten würde.

»Die ausgehandelten Wettbedingungen, Vater Krähe«, sagte sie scharf. »Ich habe wieder gewonnen.«

Verdrossen hockte Orkus auf seinem Thron. »Gaius Antaeus ist schon auf dem Weg zu seiner Braut. Was den Rest betrifft ...« Er deutete mit der Hand.

Plötzlich sah Diana einen lichten Flecken. Fern zur rechten Seite hin hob sich der Nebelschleier und gab den Blick frei auf Wiesen und Täler von atemberaubender Lieblichkeit, Felder voll geisterhafter Narzissen, Wesen, die mit ihrem Lachen Musik machten.
»Die Elysischen Gefilde«, sagte Orkus. »Du hast das Paradies gewonnen.«
Fern zur linken Seite hin teilte sich der andere Nebelschleier, und er enthüllte eine Dunkelheit, die selbst die Herrlichkeit der Gefilde bedrohte. »Dort liegt Tartarus, Gefängnis der Titanengötter und aller verdammten Geister. Dorthin führt dich dein Weg, Priester.«
Decius starrte zu Orkus, zu Diana, zu den Elysischen Gefilden, auf seine nutzlosen Künstlerhände. Der letzte Hauch Farbe entschwand aus seinen Wangen. Bleich wie die anderen Geister, warf er einen langen, sehnsuchtsvollen Blick auf das Paradies. Dann wandte er sich um und schritt davon, auf die Dunkelheit zu.
Diana sah ihm nach, doch irgendeine Genugtuung spürte sie nicht. Sie dachte an seine Villa, an die Skulpturen und die Tapisserien und die Harfe; und daran, wie begierig er gewesen war, daß sie, Diana, für ihn spielte und sang. Ein *Spielzeug*, hatte Orpheus ihn genannt, eine *Ergötzung*. Und ein Amüsement, das nicht länger amüsierte, wurde beiseite geworfen. Wie konnte man einen Narren einen Narren schelten, wenn doch die Götter ihn dazu gemacht hatten?
»Warte!« rief sie, und Decius blieb stehen und drehte sich um. Sie trat zum Fuß des Throns und schüttelte die Faust. »Ich bin bereit, noch einen Kampf auszutragen«, sagte sie zum Tod, » – für das Recht, ihn mit mir zu nehmen.«
Doch der Dunkle schüttelte den Kopf. »Du hast deine Waffe fortgeworfen. Laß es genug sein. Geh zu deinem Frieden.«
Sie spie aus, zwinkerte dann Decius zu. Ein Mann mit einem schlanken, kraftvollen Körper, ein schöner Mann: das war er nach wie vor. »Alter Knochennager! In deiner Nähe herrscht an Schwertern doch niemals Mangel, wollen wir wetten?«

Orkus beugte sich langsam vor, kratzte sich das Kinn, wischte sich die Lippen, legte die Finger gegeneinander, Kuppe für Kuppe. »Wenn du siegst, geht er mit dir. Aber was ist, wenn du verlierst?«
Sie lächelte nur.

DOROTHY J. HEYDT

Dorothy Heydt sagt von sich selbst: »Was die wenigen Angaben zu meinen biographischen Daten betrifft, so muß ich aufpassen, daß sie nicht länger geraten als die Story. Man könnte mich als die Art Idiotin bezeichnen, die alles auf einmal zu machen versucht; Ehemann (einer) Kinder (zwei) Haus (mittelgroß) Garten (klein) Job (groß, Dokumentationseditorin im Universitätscomputerzentrum), Schule (Klassik) und sonderbare Schreibprodukte.«

»Alle (guten) Dinge sind drei« könnte man kaum besser charakterisieren als Dorothy das selber tut: »sonderbares Schreibprodukt.« Ein höchst sonderbares Stück ist es in der Tat, aber wir fanden, es sei genau der richtige Ausklang für eine Anthologie voller Kriegerinnen und Zauberinnen, denn nach der Lektüre ächzten wir und sagten: »Oh, dies ist nun wirklich das Ende.« *Und damit lassen wir es bewenden. – MZB*

DOROTHY J. HEYDT

Alle (guten) Dinge sind drei

Nach der Eroberung von Tarentum (272 v. Chr.) wandte Rom seine Aufmerksamkeit der kleinen unabhängigen Stadt Margaron zu ...

PSEUDOLUS MENDAX
Historien

Vorsichtig überquerte Cynthia die Straße und eilte in den Schutz der Stadtmauer. Bis vor wenigen Minuten waren Wurfgeschosse über die Mauern hinweggeflogen, kopfgroße Steine. Jetzt herrschte draußen vor dem Tor eine unheilvolle Stille, und die Männer oben auf den Mauern wimmelten umher wie aufgescheuchte Ameisen. Cynthia schlüpfte in die untere Tür des Torturms, der im allgemeinen Durcheinander unbewacht war, und setzte ihren Fuß auf die Leiter. Sie hatte etwa zehn oder fünfzehn Sprossen erklommen, als ein gewaltiges Krachen durch das Dunkel hallte, und die Erschütterung sie fast von der Leiter schleuderte. Fest preßte sie das eisenbeschlagene Kästchen an sich, das sie in ihre Stola gewickelt hatte, und stieg nach oben hinauf.
Auf dem Holzboden unter den Schießscharten saß ein alter Mann und hielt seinen Kopf zwischen beiden Händen – ein Greis in einem blauen, silbern bestickten Gewand, der Magier Palamedes. Einen Becher in der Hand, beugte sich ein jüngerer Mann über ihn, ein pickelgesichtiger Jüngling mit dem Flaum eines Bartes. Das mußte sein Sohn Demetrios sein. Sie waren die einzigen unbewaffneten Männer, die Cynthia während der letzten fünf Tage gesehen hatte. Bei ihnen standen der Stadthauptmann von Margaron und zwei seiner Unterführer, und ihre Gesichter waren so grau wie ihre Bärte. »Laßt mich bitte durch.«

Der junge Mann hob den Kopf und musterte sie finster. »Wir können hier heute morgen keine Huren gebrauchen. Wo ist Euelpides, der Arzt?«

»Seit vier Tagen tot. Ich bin Cynthia, seine Tochter – und eine ehrbare Witwe, bezähme also deine Zunge. Was ist Palamedes widerfahren?«

»Einer der Steine hat ihn am Kopf getroffen«, sagte der Jüngling. »Er ist jetzt wach, jedoch nicht bei klarem Verstand. Und uns läuft die Zeit fort ...« Ein erneutes gewaltiges Krachen unterbrach ihn. Durch die Pfeilscharten spähten sie zur Straße hinab.

Drei Wochen lang waren die Römer in stetem Vormarsch auf die Mauern von Margaron vorgerückt, fast ohne, wie sonst, Spuren von Verwüstung zu hinterlassen – niedergebrannte Bauernhäuser, abgestochenes oder verjagtes Vieh –; denn es ging den Römern einzig darum, die Stadt so schnell wie möglich zu erobern. Jetzt befanden sich unten vor der Mauer über hundert römische Soldaten, die sich des Geschoßhagels zu erwehren hatten, welchen die Männer von Margaron auf sie herabregnen ließen. Manche schützten sich mit Schilden aus Flechtwerk, die mit Leder bespannt waren; andere hoben, mit Hilfe von Schlingen, den Rammbock hoch und trugen ihn ein Stück zurück für den nächsten Ansturm gegen das Tor. Das mit Bronze beschlagene Holz zeigte bereits deutliche Spuren: Es drohte, in der Mitte durchzubrechen. Und die Römer, unter den ruhigen Augen ihres Hauptmanns, waren offenbar bereit, ihren Ansturm den ganzen Tag über fortzusetzen, bis zum Erfolg.

Cynthia blickte wieder zum Magier. »Palamedes, kannst du sie aufhalten?«

Der Greis schaute zu ihr empor und lächelte. »Gesalzene Oliven«, sagte er.

»Höllendreck«, murmelte Cynthia und öffnete ihr Kästchen. »Gib mir den Wein.«

Demetrios reichte ihr den Becher, und sie goß eine dunkle Flüssigkeit hinein aus einem nur daumengroßen Alabastergefäß, das ursprünglich als Parfum-Behälter gedient hatte. Lächelnd und mit aufmunterndem Zuspruch gelang es ihr, den Greis zum Schlucken der Mixtur zu bewegen. Es war wie das Füttern eines Kindes. »Die Plejaden stehen tief«, zitierte er traurig, »und die Nacht ist halb vorbei.« (Krach!)

»Er redet nur solch Zeug«, sagte Demetrios. »Und ich weiß nicht, wie dieser Bann bewirkt wird.«

»Welcher Bann?«

Demetrios zuckte die Achseln. »Der Bann, bei dem dies hier verwendet wird.« Er deutete auf die Dinge, die neben Palamedes lagen: ein Bronzeschwert, eine Pergamentrolle mit verkrumpelten Rändern, ein Quarzkristall von der Größe einer Kinderfaust, umgürtet mit goldenem Band. Alle drei Dinge – Cynthia beugte sich vor – trugen irgendwelche Schriftzeichen. »Was sagen sie?«

»Nun, hier steht – « Er wies auf die Rolle. »›Ich bin Pargas, mächtig unter den *daemonia*; wie die Zeit selbst bedecke ich das Land und höhle die trutzigen Steine.‹ Und hier –« Auf dem Schwert ... »– steht: ›Ich, Chalkas, bin mächtig über bloße Worte hinaus; Bücher der Weisheit spalte ich entzwei und zerfetze alle windigen Wörter.‹« (Krach!) »Und das Kristall sagt: ›Ich, Krymos, trotze gleichermaßen Ares wie Zeus; Schwerter und Donnerkeile zertrümmere ich unter meinem Gewicht.‹« Demetrios breitete die Hände, wie um zu sagen: »Das ist alles, was ich darüber weiß.«

»Sie gehören zusammen, nicht wahr«, sagte Cynthia. »Das Kristall – Krymos – sagt, er kann Schwerter zerbrechen, das Schwert sagt –« (Krach!)

»Mein Vater besitzt diese Dinge schon seit Jahren«, erklärte Demetrios. »Er bewahrte sie in drei verschiedenen Truhen auf, die er soweit wie nur möglich voneinander entfernt hielt. Bis heute.«

»Der Rabe ist durstig«, murmelte Palamedes und streckte die Hand nach dem Weinbecher. Demetrios füllte das Gefäß wieder für ihn.

»Ich weiß nicht einmal, ob ich recht daran tue, diese Dinge hier liegen zu lassen, so unmittelbar nebeneinander«, fuhr der Jüngling fort. (Krach!) »Sie werden bei der Berührung warm.«

»Und du hast keine Ahnung, was sie bewirken sollen?«

»Sie sollen die Römer forttreiben«, sagte Demetrios. »Und du brauchst alle drei, wenn sie sich nicht gegen dich kehren sollen. Denn sonst –« Wieder hob er die Schultern. (Krach!)

»Man braucht alle drei«. grübelte Cynthia. »Das Schwert, die Rolle, den Stein. Aber natürlich!« Und sie streckte die Hand vor, um nach dem Kristall zu greifen, doch Demetrios packte sie beim Handgelenk und zog sie auf die Füße.

»Alte Närrin, du läßt dich da auf etwas ein, das nicht einmal *ich* verstehe, wie?« Die dunkle Stola glitt von ihrem Kopf, und von der Pfeilscharte her fiel Licht auf ihr Gesicht. »Verzeihung. Junge Närrin, sollte ich sagen.« (Krach!)

»Ich bin zwanzig«, sagte sie und rieb das so unsanft behandelte Handgelenk. »Alt genug, um meine Kunst zu kennen; alt genug, um Eheweib und Witwe zu sein; und um durch die Römer meinen Vater verloren zu haben, der ganz von meiner Art war. Aber du hast natürlich recht«, fuhr sie ernüchtert fort. »Diese Dinge müssen gefährlich sein.« Sie blickte zu Boden. »Zeus! Was ist denn das?«

Der Jüngling beugte sich vor, um besser zu sehen, und Cynthia schlug ihm mit der flachen Hand hart gegen den Hals. Er stürzte lautlos und lag dann, während Cynthia rasch die Pergamentrolle an sich brachte, mit dem Kopf im Schoß seines Vaters.

Sie steckte die Rolle in den Oberteil ihres Gewands und nahm das Kristall in die eine und das Schwert in die andere Hand. Der Jüngling hatte recht: Die Dinge fühlten sich unbehaglich warm an. (Krach! und das splitternde Geräusch ging ihr mitten durchs Herz.) Sie lief den Wehrgang entlang, an den nervösen Soldaten vorbei, die für ihre Schlingen Ziele suchten, und dann spähte sie zu den Römern hinunter. Diese waren dabei, den Rammbock zurückzuziehen, für die nächste Attacke, und vor dem Tor war jetzt ein Stück Straße frei. Cynthia zögerte einen Augenblick. Dies war ein schreckliches Spiel, eine verzweifelte Tat. »Hermes«, flüsterte sie und schleuderte das Schwert und das Kristall auf das Pflaster unten. Aus ihrem Gewand flatterte die Pergamentrolle hinab zu den anderen beiden Dingen dort.

Ein blaues Licht stieg auf von dem Schwert und dem Kristall, als

beide zusammen dort lagen vor dem Tor, ein tödliches Glühen, das die Augen ätzte. Doch als die Rolle zwischen sie fiel, wich das Licht zurück und wurde zum gleißenden Wirbel von doppelter Manneshöhe und mit allen Farben des Regenbogens. Die Römer ergriffen die Flucht, ließen den Rammbock auf der Straße liegen.
Drei Gestalten stiegen hervor aus dem Lichterwirbel, weiß und rot und golden, weder Götter noch Menschen, mit Leibern wie Wasserspeier und Zähnen wie die von Krokodilen. Der Wirbel aus Licht verblich, dahinstiebend wie Glimmerstaub, indes die Gestalten fortfuhren, einander zu jagen. Ihre furchtbaren Augen hatten kaum einen Blick für die fliehenden Römer oder die schreckensbleichen Männer von Margaron, die oben auf der Mauer kauerten; ihre Aufmerksamkeit war ganz aufeinander gerichtet. Der weiße Pargas erstickte den goldenen Krymos, der den roten Chalkas zertrümmerte, der den weißen Pargas spaltete. Die Mauer bebte.
Demetrios war bei Cynthia. Er rieb sich den Hals. »Und jetzt?«
»Jetzt bringen wir deinen Vater nach Hause. Niemand wird sich heute ans Tor wagen. Wenn Palamedes wieder klar bei Verstand ist, kann er die *daemonia* dorthin schicken, wohin sie gehören. Falls nicht –« Beunruhigt warf sie einen Blick auf die Straße, wo sich ein schmaler Riß zum Spalt zu weiten begann. » –, so werden sie wohl die Stadt zum Einsturz bringen. Aber wenigstens bleibt uns Zeit, uns in Ruhe davonzumachen. Im Hafen liegen Schiffe, und ich habe mir schon immer gewünscht, Syrakus zu sehen.« Sie drängte Palamedes, aufzustehen, und warf noch einen Blick auf das Tohuwabohu auf der Straße.
»Papier bedeckt Stein, Stein bricht Schere, Schere schneidet Papier«, sagte Cynthia. »Wer behauptet, die Götter hätten keinen Sinn für Humor?«

Doch es blieb den Göttern vorbehalten, Margaron zu bezwingen. Innerhalb von zwei Jahren fiel es dem Meer anheim, wo man, bei Ebbe, seine Ruinen bis auf den heutigen Tag sehen kann.

PSEUDOLUS MENDAX
Historien

Marion Zimmer Bradley

Die Feuer von Troia
Roman
Aus dem Amerikanischen von
Manfred Ohl und Hans Sartorius
Band 10287

Luchsmond
Erzählungen
Aus dem Amerikanischen von
V.C. Harksen und Lore Straßl
Band 11444

Lythande
Erzählungen
Aus dem Amerikanischen von
V.C. Harksen und Lore Straßl
Band 10943

Die Nebel von Avalon
Roman
Aus dem Amerikanischen von
Manfred Ohl und Hans Sartorius
Band 8222

Tochter der Nacht
Roman
Aus dem Amerikanischen von
Manfred Ohl und Hans Sartorius
Band 8350

Fischer Taschenbuch Verlag

fi 1588 / 1

Barbara Wood

Bitteres Geheimnis
Roman. Band 10623

Haus der Erinnerungen
Roman. Band 10974

Herzflimmern
Roman. Band 8368

Lockruf der Vergangenheit
Roman. Band 10196

Das Paradies
Roman. 600 Seiten. Geb. W. Krüger Verlag

Rote Sonne, schwarzes Land
Roman. 768 Seiten. Geb. W. Krüger Verlag
und als Band 10897

Seelenfeuer
Roman. Band 8367

Sturmjahre
Roman. Band 8369

Traumzeit
Roman. 574 Seiten. Geb. W. Krüger Verlag